『훈몽자회』 한자음 연구

[지은이 최희수]

중국 연변대학교 조선언어문학학과를 졸업하고 동 대학교 석사과정을 수료한 후, 동 대학교 조선어학과에서 정년퇴임했다. 중국 국가철학사회과학 기금항목 평심위원, 중국 조선어학회 비서장, 중국 조선어교육학회 부회장 등을 역임하였으며, 저술로『조선한자음 연구』,『한국어 기초 문법』,『중국 조선족 언어연구』,『한어 음운학 통론』,『한국어 실용문법』,『한국어 어음훈련 교정』및 각종 한국어 교과서와 논문「조선민족 전설에서의 누르하치」등 수십 편이 있다.

『훈몽자회』 한자음 연구

© 최희수, 2024

1판 1쇄 인쇄__2024년 10월 20일
1판 1쇄 발행__2024년 10월 30일

지은이__최희수
펴낸이__양정섭

펴낸곳__경진출판
      등록__제2010-000004호
      이메일__mykyungjin@daum.net
      사업장주소__서울특별시 금천구 시흥대로 57길(시흥동) 영광빌딩 203호
      전화__070-7550-7776 팩스__02-806-7282

값 23,000원
ISBN 979-11-93985-35-9 93710

『훈몽자회』 한자음 연구

최희수 지음

경진
출판

『훈몽자회』는 언어학자들에게 연구의 보물창고입니다.

『훈몽자회』는 앞의 범례(凡例)에서 훈민정음의 자모에 대한 귀중한 정보를 얻을 수 있습니다. 자모의 명칭과 그 쓰임을 알 수 있습니다. 이 부분은 이미 널리 알려져 있어서 누구나 다 잘 알고 있는 내용입니다.

본문을 통해서는 매우 다양한 정보를 알 수 있습니다.

첫째로는 한자의 형태를 알 수 있습니다. 한자는 중국에서 들어와 그 형태를 그대로 유지하는 것이 있는가 하면 한국에서 변화한 것도 있습니다. 그런데 『훈몽자회』의 표제항은 모두 한자입니다. 그래서 16세기 초기의 한국 한자의 형태를 알 수 있습니다. 한국에서 사용되는 한자도 그 변이형이 많은데, 『훈몽자회』의 한자 표제어에서 그 당시 한자의 형태를 알 수 있습니다. 예컨대 '裘'은 『훈몽자회』의 형태이지만 이것은 『석봉천자문』(1583년)에서는 '裘'으로 나타납니다.

둘째로는 지금까지 알려지지 않았던 한자를 발견할 수 있다는 것입니다. 『훈몽자회』에는 한자 3,360자가 등재되어 있는데, 이 중에서 다음과 같은 한자는 소위 유니코드에도 등재되어 있지 않습니다.

潵 ᄆᆞᆯ 간   輾 바회 거   紖 암둘마기 구

筡 죠릭 리　徵 매툴 미　鶩 다와기 목
麋 기장 미　薜 올미 블　畚 산태 본
鶛 너시 부　瘬 고낼 샹　吀 울 셕
腭 거훔 악　犟 출 위　鷔 두루미 즈
鞞 연좌ㅅ 덤　隮 올미 졔　䳠 오과리 챵
驦 잰물 찬　稞 누리 타　煺 튀흘 퇴
欏 큰림금 파　鞴 불못골 패

　셋째로는 한자의 새김과 음을 알 수 있습니다. 예하면 '天'이란 표제항 아래에 한글로 쓰인 '하늘 텬'에서는 그 한자의 새김인 '하늘'과 그 음인 '텬'을 알 수 있습니다.

　넷째로 그 한자의 성조에 대한 정보도 알 수 있습니다. 예를 들어서 '暑'는 '더울 :셔'로 되어 있고, '候'는 '·긔·운 :후'로 되어 있어서 '署'와 '候'의 한자음의 성조가 모두 상성임을 알 수 있습니다.

　『훈몽자회』에 대한 연구는 오랜 기간 동안 지속되어 왔습니다. 그래서 훈몽자회 연구라는 제목을 가진 연구서도 여럿 보입니다. 이기문 선생님의 '훈몽자회 연구'가 대표적일 것입니다. 특히『훈몽자회』는 한국어사 연구자들에 의해 여기에 등재되어 있는 한자음에 대한 깊이 있는 연구가 진행되어 왔습니다. 그래서『훈몽자회의 한자음 연구』라는 저서도 여럿 보입니다. 이돈주 교수의 저서가 대표적입니다.

　그런데『훈몽자회』에 쓰인 한자음에 대한 것은 한결같이 한국어에서의 한자음에 관한 것입니다. 한국의 한자는 중국으로부터 차용하여 사용한 것이어서 중국의 한자음과 밀접한 연관이 있습니다. 한국에서는 중국의 한자음을 그대로 들여온 것이 아니라 한국어의 음운체계에 맞게 한국의 한자음으로 개신(改新)하여 들여왔습니다. 그렇지만 그 당시 중국의 한자음과 비교하면 중국의 한자음이 한국에 전해지면서 어떠한 변화를 겪었을까를 알 수 있을 것입니다.

그러나 『훈몽자회』의 한자음을 그 당시 중국의 한자음과 비교하여 연구한 업적은 거의 보이지 않습니다. 왜냐하면 한국어사 연구자들에게는 그 당시의 중국 한자음에 대한 정보가 부족했기 때문입니다.

이번에 최희수 교수가 『훈몽자회』의 한자음을 그 당시의 중국어의 한자음과 대비하여 연구해서 그 결과물을 책으로 내게 되었습니다. 놀라운 일입니다. 그래서 크게 경하할 일입니다. 왜냐하면 이전에는 훈몽자회에 대한 이러한 방향의 연구가 없었기 때문입니다.

『훈몽자회』에 쓰인 한자음을 바라보는 시각에는 세 가지가 있습니다.

하나는 한국어를 통해서 그 당시의 한국 한자음을 연구하는 것입니다. 대부분의 '훈몽자회의 한자음 연구'는 바로 이러한 방법이었습니다.

또 하나는 그 당시의 한국의 한자음에 대한 정보를 가지고 중국의 그 당시의 한자음을 연구하는 것입니다만, 중국어 음운사 연구자들 중에서 한국어의 한자음을 검토할 만한 사람은 거의 없었기 때문에 이러한 연구도 거의 없었습니다.

또 하나는 중국의 한자음에 대한 지식을 바탕으로 하여 『훈몽자회』의 한국 한자음을 바라보는 방식입니다. 이 연구도 그리 많지 않습니다. 현대의 중국 한자음은 잘 알고 있지만, 16세기 당시의 중국 한자음에 대한 정보에 정통하지 못하기 때문입니다. 그러나 최희수 교수의 이번 저서는 이러한 시각으로 접근하여 『훈몽자회』의 한자음을 연구한 결과입니다.

최희수 교수는 중국의 한자음 연구자일 뿐만 아니라 한국어 한자음에 대해서 많은 학문적 지식을 갖추고 있는 학자이어서 이 연구가 가능했던 것입니다. 이미 오래 전에 『조선 한자음 연구』(흑룡강민족출판사, 1986), 『한어 음운학 통론』(중문출판사, 1990)의 연구 업적을 남겼습니다. 뿐만 아니라 1984년부터 1985년까지는 중국의 흑룡강성 만주어연구소에서 만주어 연수를 한 적이 있어서 이 방면 연구의 최고 적임자라고 할 수 있습니다.

기존의 중국의 한자음 지식을 토대로 하여 16세기 초기 『훈몽자회』에 쓰인 한국 한자음을 연구한 결과 최희수 교수는 다음과 같은 몇 가지를 밝혀내었습니다.

① 훈민정음의 모음 자모에 있는 'ㆍ'가 한국어 음운이 아니다.
② 중국 한나라 때에 나온 양웅의 '방언'에 한국어 흔적이 있다.
③ 훈몽자회에는 최세진에 의해 수록된 근대 중국어 한자음이 적지 않다.
④ 훈몽자회에서 한국어 t 구개음화 흔적이 발견된다.
⑤ 훈몽자회에서 중국어 정모(精母) 계열의 구개음화 흔적이 발견된다.
⑥ 훈몽자회에서 순음 성모 뒤의 개음 [i], [u]가 소실된다.
⑦ 훈몽자회에서 아후음 성모 뒤의 개음 [i]가 소실된다.
⑧ 훈몽자회에서 3등 운모의 변화와 4등 운모의 변화가 다르다.
⑨ 이 연구를 통해 기존 연구와 다른 16세기 한국어 단모음 체계를 제시하였다.
⑩ 처음으로 훈몽자회의 성모, 운모의 내원을 분석하였다.

물론 추천자는 한국어사 연구자라서 중국의 한자음에 대한 문외한이라 그 결과에 대해 평가할 수 있는 위치에 있지 않습니다. 특히 ①의 중세 한국어에 사용하였던 'ㆍ'는 한국어의 음운이 아니라는 점입니다. 현대어에서 제주어에 'ㆍ'가 그대로 사용되고 있어서 더욱 신뢰하기 어려운 점이지만, 중국 한자음과 비교한 결과이어서 앞으로 더욱 깊이 있게 논구되어야 할 내용이라고 생각합니다.

이 책에서는 한국의 한자가 어떻게 중국으로부터 전래되었는지에 대해서도 관심을 가지고 논했습니다. 고조선의 위치가 기존의 주장과는 다른데, 여러 기록을 참고하였기 때문에 새로운 주장이어서 흥미를 가지게 합니다.

고조선시대와 고려시대 그리고 조선시대의 한자음까지, 그리고 지금까지 언급하지 못한 한자음의 역사도 새롭게 제시되어 있어서 앞으로의 많은 암시와 논의가 포함되어 있다고 할 것입니다.

이 책을 쓰기 위해서 최희수 교수는 많은 시간과 노력을 기울였음을 알 수 있습니다. 추천자를 통해서도 훈몽자회에 대한 많은 자료들을 요청하여 보내 드린 적이 있습니다. 따라서 실제의 문헌 자료를 바탕으로 하여 내어놓은 결과물이어서 신뢰감이 가는 업적이라고 할 수 있습니다.

여러 연구자들에게, 특히 한국 한자음 연구자들에게 많은 도움을 줄 수 있는 업적입니다. 최희수 교수는 80을 훨씬 넘긴 나이임에도 불구하고 노익장을 과시하고 있습니다. 지금도 '중원음운 연구'라는 주제로 책을 또 쓰고 있습니다. 부디 건강하셔서 좋은 업적을 쌓으시기를 고대합니다.

2024년 8월 14일

홍윤표(전 연세대학교 교수)

『훈몽자회』는 1527년 최세진이 편찬한 한자 학습 독본입니다. 우리 민족은 역사적으로 『천자문』, 『유합』을 한자 학습 독본으로 써 왔습니다. 저자가 『훈몽자회인』에서 역사적으로 써 오던 『천자문』과 『유합』의 결함을 지적하고 이들의 결함을 보충하고 이들을 대신하기 위하여 『훈몽자회』를 편찬하였음을 드러내었습니다. 최세진의 한자 교육의 기본사상은 마땅히 한자의 '실자(實字)'부터 배워야 한다는 것입니다. 최세진의 이러한 사상은 『훈몽자회』에서 체현됩니다. 『훈몽자회』에 수록된 한자 3,360자 가운데에서 '실자'가 다수를 차지하고 있습니다. 우리는 『훈몽자회』 한자음에 대한 분석을 통하여 우리말 한자음의 형성과 변화의 역사를 고찰할 수 있으리라 보아 왔습니다. 즉 우리말 한자음 성모와 운모의 내원 분석을 통하여 우리말 한자음의 형성과 발전의 과정을 고찰할 수 있으리라 믿어 왔습니다. 실천은 이를 증명해 주었습니다. 우리는 우리말 한자음의 성모와 운모의 내원분석을 통하여 우리말 한자음이 중국어 상고음을 기초로 하여 형성되었고 중국어 중고음을 기초로 하여 규범되었다는 결론을 내리게 되었습니다.

동시에 우리 민족의 문자 사용 역사도 돌이켜 보았습니다. 우리가 느끼건대 이러한 것들이 우리 민족의 문화 역사 연구에 필요한 내용이라 인정됩니다.

이 책의 출판을 맞아 감사를 드려야 할 분들이 머리에 떠오릅니다. 거기에서 제일 먼저 감사를 드려야 할 분이 홍윤표 교수님이십니다. 홍윤표 교수님은 본 과제의 연구를 적극 지지해 주셨고 연구에 필요한 모든 자료들을 사심 없이 지원해 주셨습니다. 또한 이 책의 추천사도 써 주셨습니다. 이 책은 홍윤표 교수의 지원이 없었다면 이루어질 수 없었을 것입니다. 이에 홍윤표 교수님께 깊은 감사를 드립니다.

그리고 이 책의 출판을 위해 노력해 주신 정인갑 선생과 경진출판 양정섭 사장님 및 편집들에게 감사의 인사를 드립니다. 이분들의 노력과 수고가 없으면 이 책이 빛을 보지 못하였을 것입니다.

끝으로 독자 여러분들의 기탄없는 비평과 질정을 바랍니다.

2024년 9월
최희수

차례

제1장 서론

1. 한자의 기원

문자는 언어를 기록하는 부호체계이다. 그러므로 모든 문자는 언어를 시각으로 감지할 수 있게 하고, 언어를 먼 곳이나 후세에 전달할 수 있게 하는 기능을 갖고 있다. 문자가 언어의 어느 단위를 기록하는가에 따라 문자를 단어문자, 음절문자, 음소문자 세 가지 유형으로 나눈다.

단어문자란 개개의 글자가 단어의 뜻을 나타내는 문자로 표의문자(表意文字)라고도 한다. 예를 들면 중국의 한자 따위가 단어문자에 속한다.

음절문자란 개개의 글자가 하나의 음절을 나타내는 문자로 표음문자(表音文字)의 한 종류이다. 예를 들면 일본 문자 따위가 음절문자에 속한다.

음소문자란 개개의 글자가 하나의 음소를 나타내는 문자로 표음문자의 다른 한 종류이다. 예를 들면 한글이나 로마자 따위가 음소문자에 속한다.

중국 학계에서는 한자가 구경 언어의 어느 단위를 대표로 하는 문자인가? 즉 한자가 무슨 성질의 문자인가를 둘러싸고 오래 동안 쟁론한 끝에 '어소-음절문자(語素-音節文字)'라는 결론을 내리었다.

여기에서의 '어소(語素)'를 '사소(詞素)'라고도 하는데 말의 '뜻'을 의미한다. 즉 '어소'들이 모이어 단어를 이루게 된다. 예를 들어 중국어 단어 '學生'의 경우 '學'과 '生'은 각기 자기의 뜻을 갖고 있는 '어소'이다. 그리고 한자는 하나의 글자가 하나의 음절을 이루기에 음절문자의 성질도 갖고 있으므로 한자를 '어소-음절문자'라고 하였다.

이러한 성질의 한자가 구경 언제 기원하였는가 하는 문제에 대해 오래 동안 쟁론하였으나 아직까지 확실한 판정을 내리지 못하고 있다. 그 원인은 무엇을 문자로 인정하는가 하는 문자의 표준 제정에 있다. 즉 언어를 기록하였음을 기준으로 할 때에는 3천여 년 전 중국 상(商)나라 때에 나온 갑골문을 한자의 기원으로 보아야 할 것이다. 그러나 그 이전 시기에 나온 부호까지를 문자로 볼 때에는 중국의 한자 기원이 대문구문화(大汶口文化), 앙소문화(仰韶文化)에까지 소급하게 되는데 늦어도 지금으로부터 5천여 년 전이다.

개개의 한자는 형(形), 음(音), 의(意)가 결합되어 있다.

형(形)은 개개 한자의 형태, 즉 한자의 모양을 가리키고, 음(音)은 개개 한자의 발음, 즉 한자의 독음을 가리키며, 의(意)는 개개 한자의 의미, 즉 한자의 내용을 가리킨다.

2. 한자의 형태

1) 한자 형태의 기원

세계상의 모든 고문자의 원시 형태는 그림이었다. 예를 들면 수메르의 설형(楔形)문자, 고대 이집트의 성서(聖書)문자 등의 원시 형태는 한자와 마찬가지의 그림 모양이었다. 부동한 나라, 부동한 지역, 부동한 역사 시기에 산생된 문자들의 원시 형태가 비슷하다는 사실은 인류 문자가 모두 그림에서 탈태하였음을 의미한다.

창제 초기 한자의 다수가 상형자라는 사실이 한자가 그림에서 태어났음을 증명해 준다. 중국 상나라 때의 갑골문자나 주나라 때의 금문(金文)의 '고기 어(魚)'자와 '새 조(鳥)'자의 자형은 고기와 새의 모양과 비슷하였다. 이는 한자가 그림에서 기원하였음을 의미한다.

2) 한자 형태의 발전

한자를 쓸 때의 글자 모양을 '자체(字體)', 또는 '서체(書體)'라고 한다. 한자의 모양은 부단히 변화하고 발전하였다. 한자 자체의 변화 발전은 완만하며 점진적이었다. 그러므로 새로운 자체의 탄생이 곧바로 낡은 자체의 폐지를 의미하는 것이 아니라 신구 자체가 한시기 공존해 있다가 낡은 자체가 점점 적게 쓰이면서 서서히 사라진다. 그러나 낡은 자체가 완전히 소실되는 것이 아니라 고금의 자체가 예술 작품으로 되거나 관상품으로 되어 후세에 전해진다.

역사적으로 형성된 한자의 자체에는 아래의 몇 가지가 있다.

(1) 갑골문

갑골문(甲骨文)은 기원전 14세기부터 11세기 사이에 중국 상나라 후기에 사용된 자체이다.

갑골문의 가장 주요한 특성은 그림의 성질이 농후하다는 것이다. 글자의 다수가 그림의 의미가 강한 상형(象形) 글자, 지사(指事) 글자, 회의(會意) 글자들이다.

그리고 글자의 모양이 고정되지 못하였기에 같은 글자를 여러 가지 모양으로 쓰기도 하였다.

(2) 금문

금문(金文)은 기원전 11세기부터 8세기 사이의 중국 서주 때에 사용된 자체로 청동기에 새겨 넣은 글자들이다.

금문은 갑골문에서 발전되어 온 문자이므로 초기의 금문은 갑골문과 비슷한 점이 많았다. 그러나 후기의 성숙된 금문은 상형성이 약화되고 글자의 선조화(線條化)와 부호화(符號化)가 증가되었다.

(3) 대전

대전(大篆)을 주문(籒文)이라고도 하는데 기원전 8세기경의 중국 서주 말기에 『사주편(史籒篇)』에서 쓰인 자체이다.

대전 자체의 특성은 필획이 균일하고 정연하며 선조화와 부호화의 특성이 뚜렷하여 한자 자체의 특징이 기본상 형성되었다.

(4) 육국문자

육국문자(六國文字)란 중국 전국(戰國) 시기에 제(齊), 초(楚), 연(燕), 한(韓), 조(趙), 위(魏) 여섯 개 나라에서 사용한 문자들의 총칭이다.

이 시기 진(秦)나라에서 사용한 대전(大篆) 이외의 여섯 개 나라에서 사용한 한자들의 자형이 각이하였다.

육국문자의 가장 돌출한 특징은 나라들 사이에서 써 온 글자의 모양이 서로 다르고, 간체자(簡體字)가 많이 사용되었다는 사실이다.

(5) 소전

소전(小篆)을 진전(秦篆)이라고도 하는데 진나라 승상(丞相) 이사(李斯)가 대전(大篆)을 간소화한 한자로 진나라에서 통용된 표준 자체이다. 소전은 주요하게 진나라 시기와 서한 초기에 쓰이다가 서한 중기에 예서(隷書)에 대체되었다.

소전의 주요 특징은 필획의 선조화가 제고되고, 상형 정도가 낮아지었으며, 부호성이 증강된 것이다.

(6) 예서

예서(隷書)는 소전(小篆)에서 발전된 자체이다. 예서는 소전에 기초하여 관리들의 서사(書寫) 속도의 제고를 위해 만든 자체로 진나라에서 시작하여 한나라 중기에 이르러 자체의 특수한 풍격을 구비하게 되었다. 예서는 초기 진나라에서 만든 진예(秦隷)와 한나라에서 만든 한예(漢隷)로 구분된다. 서법 예술에서 이르는 예서는 한예를 가리킨다.

한자 자체의 변화 가운데에서 소전이 예서로의 변화가 가장 중요한 변혁이다. 이 변혁 가운데에서 가장 돌출한 변화가 글자 형태의 변화와 필획의 간소화이다. 즉 소전의 꼬불꼬불하고 길게 뻗은 선(線)을 예서에서 평평하고 곧은 선으로 고치고, 글자의 획수를 줄이고, 부수(部首)의 모양을 고치었다.

(7) 해서

해서(楷書)를 진서(眞書) 또는 정서(正書)라고도 한다. 해서의 해(楷) 자의 뜻은 모범, 표준이다. 해서는 중국의 위진(魏晋) 시기부터 현대까지 규범적이고 표준적인 한자의 자체이다. 해서는 예서의 기초 위에서 발전 변화된 자체로 당나라 때에 이르러 완전히 성숙되고 형태가 고정되었다.

해서의 가장 기본적인 특성은 글자가 간단하여 쓰기 쉽고, 글자의 형태가 또렷하여 구별하기 쉬우며, 필획이 자연스럽고 단정한 것이다.

(8) 초서

초서(草書)는 예서, 해서와 함께 쓰인 보조적인 자체이다. 초(草)자는 '대강 대강하다', '참답지 못하다'의 뜻을 갖고 있다. 초서의 가장 두드러진 특성은 서법이 간략하고 자유로운 것이다.

초서에는 장초(章草), 금초(今草), 광초(狂草) 세 가지가 있다.

장초는 예서를 대강 대강 써놓은 자체이다. 중국 동한(東漢) 말기부터 진나라 때까지 사이가 장초의 흥성 시기이고, 원명(元明) 시기가 장초의 중흥 시기이다.

금초는 장초의 계속으로 해서(楷書)를 갈겨쓴 자체이다. 금초가 진(晋)나라 때에 흥성하였다. 금초가 서법이 자유롭고 빨리 쓰기에 글자가 매우 아름다우나 장초보다 더 갈겨쓰기에 글자를 판별하기 어렵다. 하여 오랫동안 소수의 문인 학자들 사이에서만 쓰이고 민중들 사이에서는 널리 쓰이지 않아 실용 가치가 적다.

광초를 대초(大草)라고도 한다. 광초는 중국 당(唐)나라 이후에 금초의 기초 위에서 형성된 자체이다. 광초는 글씨를 미친 듯이 갈겨쓰기에 자형이 많이 고쳐지고 필획이 적어지었다. 하여 광초는 교제의 의미를 상실하고 서법 예술에서 감상품으로 제공된다.

(9) 행서

행서(行書)는 해서와 금초 사이의 유창한 자체이다. 행서의 행(行)은 '유동(流動)'의 뜻을 나타낸다. 그러니 행서란 유동하는 기세를 나타내는 글씨라는 뜻이다.

행서에는 규정된 서법이 없이 '행해(行楷)'와 '행초(行草)'로 나뉜다. '행해'란 해서의 규범에 맞게 쓴 글자를 가리키고, '행초'란 '초서(草書)'와 비슷하게 갈겨쓴 해서를 가리킨다. 그러니 행서를 '초서'처럼 갈겨쓴 '해서'라고 하는 것이 합리적이다. 즉 행서는 '초서'와 비슷하나 초서가 아니고 '해서'와 비슷하나 해서가 아닌 자체이다.

3) 한자의 제자 원리

한자의 제자 원리란 한자를 만드는 원리를 말한다. 중국 한자의 제자 원리에는 '6서(六書)'가 있다. '6서'란 한자를 만드는 여섯 가지의 방법을 가리킨다. '6서'란 말은 일찍이 중국 주나라에서 나온 책 『주례(周禮)』에 실려 있다. 그러나 그때에 '6서'의 구체 내용을 밝혀놓지 않았다. '6서'의 내용은 뒤늦게 동한(東漢)시대에 이르러 허신(許愼)의 『설문해자(說文解字)』에서 구체적으로 밝혀 놓았다.

'6서'의 제자 원리는 아래와 같다.

(1) 상형

상형(象形)이란 객관 사물의 모양을 본떠 글자를 만든다는 뜻이다. 예를 들면 한자의 '日', '月', '山' 따위의 글자가 상형 글자이다.

자료에 의하면 허신의 『설문해자』에 수록된 한자 9,353자 가운데에서 상형 한자가 264자이다.

(2) 지사

지사(指事)란 사물을 가리킨다는 뜻으로 글자를 보면 그 글자의 뜻을 헤아릴 수 있는 글자이다. 예를 들면 '上', '下' 따위의 글자가 지사 글자이다.

허신의 『설문해자』에 수록된 지사 한자가 129자이다.

(3) 회의

회의(會意)란 둘 이상의 글자를 합쳐 새로운 뜻을 나타내는 글자이다. 예를 들면 '林', '炎', '众' 따위의 글자가 회의 글자이다.

허신의 『설문해자』에 수록된 회의자가 1,254자이다.

(4) 가차

가차(假借)란 이미 있는 글자의 음을 빌어 새로운 사물을 표시하는 글자이다. 예를 들면 '令', '長'이 바로 가차 글자이다. 중국 한나라 때에 큰 현(縣, 인구가 만호 이상의 현)의 관리를 령(令)이라 하고 작은 현(인구가 만호 이하의 현)의 관리를 장(長)이라 하였다. 그런데 이런 관리들을 가리킬 글자가 없으니 새로 글자를 만들지 않고 이미 있는 글자인 '令'(원래는 '호령하다'의 뜻), '長'(원래는 '머리가 길다'의 뜻)의 음을 빌어서 관직을 나타내었다.

(5) 전주

허신이 『설문해자』에서 "轉注者, 建類一首, 同意相受, 考、老是也。"

라고 하였다.

역사적으로 전주(轉注)에 대한 해석은 학자에 따라 달랐다. 느끼건 대 전주란 원래 있는 글자에 뜻을 표시하는 자획을 첨가하여 새로운 글자를 만드는 방법으로 인정한다. 예를 들면 '敄'와 '徹', '鰲'가 전주가 된다.

(6) 형성

형성(形聲)이란 말 그대로 글자의 소리를 모방하여 새로운 글자를 만든다는 뜻이다. 예를 들면 '江', '河' 따위의 글자가 형성자이다. 이 두 글자의 왼쪽 변인 물 '수(氵)'는 사물의 유형을 나타내고 오른쪽 변의 '工'과 '可'는 이 글자의 소리를 나타낸다.

형성자의 산생이 한자로 하여금 많은 글자들을 만들어 내게 하였고, 한자를 표의문자로부터 표음문자로 발전하게 하였으며, 한자의 과학성을 크게 제고시키었다.

3. 한자의 어음

모든 문자는 언어를 기록하는 부호이다. 또한 모든 언어는 일정한 형태의 소리로 구성되어 있다. 그러므로 문자가 말의 소리를 기록하게 된다. 한자의 어음이란 개개의 한자가 나타내는 중국어 음절의 소리이다.

역사적으로 중국어 한자의 어음을 연구하는 영역을 음운학(音韻學) 또는 성운학(聲韻學)이라고 한다. 음운학은 부동한 역사 시기에 한자가 나타내는 성(聲), 운(韻), 조(調) 및 그것들의 발전과 변화의 법칙을 연구하는 학문이다. 음운학은 중국의 문자학(文字學), 훈고학(訓詁學)과 밀접한 관계를 갖고 있으면서 공동으로 한자의 기원과 발전 및 응용에 대해 연구한다.

1) 한자 어음의 구조

일반 언어학에서는 어음을 자음과 모음으로 나누지만 음운학에서는 한자의 어음을 성모(聲母), 운모(韻母), 성조(聲調)로 나눈다.

(1) 성모

성모(聲母)를 성(聲)으로 약칭하기도 한다. 중국어의 성모는 일반 언어학에서 이르는 자음에 해당하는 어음이다. 즉 음절의 제일 앞에 오는 소리로 한국어의 초성(初聲)에 해당한다. 예를 들어 '將(jiang)'의 'j'가 성모이다.

(2) 운모

운모(韻母)는 음절의 발음에서 성모 이외의 음질 음운이다. 즉 중국어 음절의 발음에서 성모를 제외한 나머지 부분으로 한국어의 중성(中聲)과 종성(終聲)을 합쳐놓은 부분에 해당한다.

운모는 다시 운모의 구조, 운모의 등호(等呼), 운모의 유형 등으로 나누인다.

① 운모의 구조

운모는 운모를 구성하고 있는 어음들의 위치에 따라 운두, 운복, 운미로 나뉜다.

ㄱ. 운두: 운두는 운모의 제일 앞에 위치해 있는 모음을 가리킨다. 예를 들어 '將(jiang)'의 'i'가 운두이다.

ㄴ. 운복: 운복은 운모에서 가장 핵심으로 되는 모음을 가리킨다. 예를 들어 '將(jiang)'의 'a'가 운복이다.

ㄷ. 운미: 운미는 운모에서 제일 뒤에 위치해 있는 자음이나 모음을 가리킨다. 예를 들어 '將(jiang)'의 'ng' 또는 '外(wai)'의 'i'가 운미이다.

② 운모의 등호

음운학에서는 중고 시기의 한자 운모를 등호로 나누었다. 즉 매개의 운모를 발음할 때 입을 벌리는 정도의 차이에 따라 먼저 4개의 등으로 나누고, 이 네 개의 등을 다시 발음할 때 입술의 원순 여부에 따라 개구호(開口呼)와 합구호(合口呼) 두 개의 호로 나누었다. 그러니 운모를 등호에 따라 8개 유형으로 나누게 된다.

ㄱ. 등(等): 음운학에서의 등은 운모의 모음을 발음할 때의 개구(開口)의 정도를 가리킨다. 그 가운데에서 1등의 개구도가 제일 크고, 2등의 개구도가 그 다음이고, 3등의 개구도가 2등보다 작고, 4등의 개구도가 제일 작다. 그러므로 3등과 4등 운모에는 개음 [i]가 첨가된다. 예를 들면 운모 [ɑ]가 1등에 속하고, 운모 [a]가 2등에 속하며, 운모 [ia]가 3등에 속하고, 운모 [ie]가 4등에 속한다.

ㄴ. 호(呼): 음운학에서의 호는 운모를 발음할 때 입술의 원순 여부를 가리킨다. 즉 개음 [u]의 유무에 따라 개구호와 합구호로 나뉜다. 개음 [u]가 있으면 발음할 때 입술을 오므리게 되므로 합구호라 하고, 개음 [u]가 없으면 발음할 때 입술을 평평하게 하므로 개구호라 한다.

중국어가 근대 시기에 진입한 다음 중국어 어음체계의 변화에 따라 음운학의 호에 변화가 생겨 호를 아래의 4개로 나누었다.

ㄱ. 개구호(開口呼): 개구호는 운두가 없고, 주요 모음이 [i], [u], [y]가 아닌 운모를 가리킨다. 예를 들면 운모 [a], [an], [ei], [ə] 등이다. 자료에 의하면 현대 중국어에서 개구호에 속하는 한자가 45.5%를 차지한다.

ㄴ. 제치호(齊齒呼): 제치호는 운두 [i]가 있거나 주요 모음이 [i]로 된 운모를 가리킨다. 예를 들면 운모 [ia], [ie], [iou], [i] 등이다. 자료에 의하면 현대 중국어에서 제치호에 속하는 한자가 21.75%를 차지한다.

ㄷ. 합구호(合口呼): 합구호는 운두 [u]가 있거나 주요 모음이 [u]로 된 운모를 가리킨다. 예를 들면 운모 [ua], [uan], [uən], [u] 등이다. 자료에 의하면 현대 중국어에서 합구호에 속하는 한자가 27.5%를 차지한다.

ㄹ. 촬구호(撮口呼): 촬구호는 운두 [y]가 있거나 주요 모음이 [y]로 된 운모를 가리킨다. 예를 들면 운모 [ye], [yn], [y] 등이다. 자료에 의하면 현대 중국어에서 촬구호에 속하는 한자가 5.25%를 차지한다.

③ 운모의 유형

음운학에서는 중고 시기의 한자 운모를 운미의 성질에 따라 음성 운모(陰聲韻母), 양성 운모(陽聲韻母), 입성 운모(入聲韻母)로 나누었다.

ㄱ. 음성 운모: 음성 운모란 운모에 자음이 없고 모음으로 끝난 운모를 가리킨다. 예를 들면 운모 [a], [ei], [ə], [i], [u], [y] 등이 음성 운미이다.

ㄴ. 양성 운모: 양성 운모란 운미가 자음 [-m], [-n], [-ŋ]으로 끝난 운모이다. 예를 들면 운모 [am], [ən], [iŋ] 등이 양성 운미이다. 『중원음운(中原音韻)』 이후의 근대 중국어에서 운미 [-m]가 소실되었다.

ㄷ. 입성 운모: 입성 운모란 자음 [-p], [-t], [-k]로 끝난 운모를 가리킨다. 예를 들면 운모 [ap], [ət], [ik] 등이 입성 운미이다. 중국어의 입성 운미는 『중원음운』에서 이미 소실되었으므로 현대 중국어 표준어에는 입성 운모가 존재하지 않는다.

중국어 입성 운미 [-p], [-t], [-k]가 한국 한자음에서는 [-p], [-l], [-k]로 변하였다. 한국 한자음에서는 중국어 자음 운미의 표기를 매우 중시하였다. 하여 한국 한자음에서는 중국어 자음 운미를 한글 자모 'ㅂ[-p], ㄹ[-l], ㄱ[-k], ㅁ[-m], ㄴ[-n], ㅇ[-ŋ]'으로 기본상 완벽하게 표기하고 있다.

(3) 성조
성조(聲調)는 음절을 발음할 때에 나타나는 소리의 높낮이를 가리킨다. 중국 한자가 고대에는 평성, 상성, 거성, 입성 네 개 성조로 되어 있었으나 『중원음운』에서 입성이 소실되고 음평, 양평, 상성, 거성 네 개 성조로 변하였다.
중국어 방언의 성조는 매우 다양하여 지방에 따라 4개로부터 9개까지 쓰이고 있다.
이 책에서는 중국 음운학의 술어들을 그대로 차용하여 쓰기로 한다.

2) 한자 어음의 특성

한자의 어음에는 다음의 몇 가지 특성이 있다.

(1) 일 자 일 음절

일 자 일 음절이란 개개의 한자가 하나의 음절을 이룬다는 뜻이다. 한자는 음소문자가 아니라 음절 문자이므로 하나의 한자가 하나의 음절은 이룬다. 때문에 하나의 한자가 하나의 음절을 이루는 것은 한자 어음의 가장 기본적인 특성이다.

(2) 일 음절 다수 한자

일 음절 다수 한자란 여러 개의 한자가 하나의 음절을 표시한다는 뜻이다. 중국어의 음절 수는 415개이다. 그러나 이같이 제한된 중국어 음절을 표시하는 한자는 수만 개이다. 그러므로 부득이 여러 개의 한자가 하나의 음절을 표시하게 된다. 현대 중국어에서 사용되는 상용한자가 7,000여 개이다. 그러니 평균 17개의 한자가 하나의 현대 중국어 음절을 표시하는 셈이다.

(3) 일 자 다음절

일 자 다음절이란 하나의 한자가 여러 개의 음절을 표시한다는 뜻이다. 중국어에서 하나의 한자가 여러 가지 음절을 표시하는 비례가 높다. 1971년에 출판된 『신화자전(新華字典)』에 수록된 한자가 7,262개이다. 그 가운데에 다음절 한자가 828개이다.

일 자 다음절의 산생은 한자 독음의 변화 결과이다. 한자 독음의 변화 원인에는 여러 가지가 있다. 예를 들면 음으로 뜻을 구별하는 데서 생긴 것, 서사어와 구두어 발음의 차이에서 생긴 것, 방언에서 생긴 것 등이다.

(4) 성, 운 결합의 제한성

성, 운 결합의 제한성이란 중국어에서 성모와 운모의 결합이 자유롭지 못하고 제한되어 있음을 가리킨다. 예를 들면 현대 중국어 성모 z가 운모 ia와 결합되지 못하고 운모 a와는 결합되며, 성모 j가 운모 a와 결합되지 못하고 ia와는 결합될 수 있다.

3) 한자 어음의 변천

이 세상의 모든 사물은 변화하고 발전하게 된다. 언어 문자도 마찬가지이다. 한자가 산생되어서부터 오늘까지 이미 수천 년의 세월이 흘렀다. 이 과정에서 한자의 형체가 변화를 가져왔고 한자의 독음도 변화를 가져왔다. 즉 한자를 읽는 방법도 변화를 가져온 것이다. 한자음 변화의 원인은 중국어 어음 변화의 결과이다. 중국어 어음의 변화에 따라 중국어를 기록하는 문자인 한자의 독음도 변하게 된 것이다. 주지하다시피 한자의 형체는 오랫동안 변하지 않았지만 한자의 독음은 중국어의 변화에 따라 변하였다.

중국어 학계에서 중국어의 변화 역사 시기를 대체로 아래의 4개 시기로 나눈다.

(1) 중국어 상고 시기

기원 3세기 이전의 중국어 역사 시기를 상고 시기로 보고 있다. 중국 역사의 상(商), 주(周), 진(秦), 한(漢) 시기가 중국어 상고 시기에 속한다.

(2) 중국어 중고 시기

기원 4세기부터 12세기까지 사이를 중국어 중고 시기로 보고 있다. 중국 역사의 육조(六朝) 시기부터 당송(唐宋) 시기까지이다. 육조 시기가 전기 중고 시기에 속하고, 당나라 시기가 중기 중고 시기에 속하며, 송나라 시기가 후기 중고 시기에 속한다.

(3) 중국어 근대 시기

13세기부터 20세기 초까지 사이를 중국어 근대 시기로 보고 있다. 중국 역사의 원(元), 명(明), 청(淸) 시기이다. 원나라 시기가 전기 근대어 시기에 속하고, 명청 시기가 중기 근대어 시기에 속하며, 아편전쟁으로부터 5.4운동까지가 후기 근대어 시기에 속한다.

(4) 중국어 현대 시기

5.4운동 이후부터 현재까지 사이를 중국어 현대 시기로 본다. 상술한 역사 단계의 중국어에는 각기 자체의 특점들을 갖고 있다.

4) 한자의 주음 방법

한자가 표음문자가 아니므로 개개의 한자 자체가 해당 글자의 음을 나타내지 못한다. 그러므로 역사적으로 개개 한자의 독음을 표시해 주는 주음 방법이 연구되었다. 지금까지 써내려온 한자의 주음 방법에는 아래의 몇 가지가 있다.

(1) 독여

독여(讀若)란 음이 같거나 비슷한 한자로 다른 한자의 음을 표시하는 방법이다. 예를 들면 '逝', '讀若誓'의 경우 '逝'의 독음이 '誓'와 비슷하다는 뜻이다.

(2) 직음

직음(直音)이란 독음이 같은 글자로 다른 글자의 발음을 표시하는 주음 방법이다. 예를 들면 '釗音招'의 경우 '釗'와 '招'자의 독음이 같음을 의미한다.

(3) 반절

반절(反切)이란 두 개의 한자의 음을 합치어 다른 한자의 독음을 표시하는 방법이다. 어떤 때에는 '××反', '××切'이라고도 한다. 예를 들면 '冬, 都宗切'의 경우 '都'자의 성모 [t]와 '宗'자의 운모 [oŋ]을 합치어 '冬'자의 독음 [toŋ]을 표시한다.

(4) 주음부호

주음부호(注音符號)란 1918년부터 1958년 사이에 중국어 어음을 표시하던 부호이다. 예를 들면 부호 'ㄅ, ㄆ, ㄇ, ㄈ'가 중국어의 성모 [p], [pʻ], [m], [f]를 표시하고 'ㄚ, ㄛ, ㄜ'가 중국어 운모 [a], [o], [ə]를 표시하였다.

(5) 병음자모

병음자모(拼音字母)란 라틴자모로 중국어 어음을 표시하는 부호이다. 예를 들면 라틴자모 'b, p, m, f'가 중국어의 성모 [p], [pʻ], [m], [f]를 표시하고 'a, o, e'가 중국어 운모 [a], [o], [ə]를 표시한다. 병음자모는 1958년부터 사용하기 시작하였다.

4. 한자의 의미

한자가 기원할 때 기본상 하나의 글자가 하나의 객관 사물의 뜻을 나타내었다. 그러므로 상고 시기 한자는 개개의 한자가 하나의 단어를 나타내는 단음절 단어였다. 이러한 상황은 중국어 고대 시기에 지속되었다.

그러나 중국어가 현대 단계에 들어서면서부터 어휘량의 증가와 함께 하나의 한자가 하나의 뜻을 나타내는 상황이 개변되기 시작하였다. 그 주요 원인은 다음절 단어의 증가와 상용한자 수량의 제한에 있다.

한자가 나타내는 뜻에는 아래의 세 가지가 있다.

1) 한자의 본의

한자의 본의(本義)는 해당 한자를 만들 때에 개개의 한자가 나타내던 최초의 원시적 의미이다. 예를 들면 '木'이 나타내는 '나무'의 의미가 '木'자의 본의이고 '日'이 나타내는 '해'의 의미가 '日'자의 본의이다.

2) 한자의 전의

한자의 전의(轉義)는 본의에서 파생되어 나온 의미이다. 예를 들면 '止'자의 본의는 '발가락'이지만 '멈추다'의 뜻은 '止'자의 본의에서 전의된 뜻이다.

3) 한자의 가차의

한자의 가차의(假借義)는 이미 만들어진 글자의 음을 빌어 새로운 사물의 뜻을 표시하는 것이다. 그러므로 한자의 가차의는 한자의 본의와 아무런 관계도 없는 인위적인 뜻이다. 예를 들어 '斤'자의 본의는 '도끼'이다. 그런데 '斤'자가 나타내는 중량 단위의 뜻은 가차에 의해 생긴 뜻으로 이 글자의 본의와는 아무런 관계도 없다.

4) 한자 의미의 변화

한자의 의미는 사용 과정에서 부단히 발전하고 변하게 된다. 한자 의미 변화의 가장 기본적인 형식은 낡은 의미의 소실과 새로운 의미의 산생으로 이 과정에서 한자의 의미가 부단히 개변하게 된다. 예를 들어 한자 '吳'자가 고대에는 '큰소리로 말하다', '크다', '나라이름' 등의 뜻을 나타내었으나 현대에 이르러 '큰소리로 말하다', '크다'의 뜻은 이미 소실되었다. 또 '河'자가 원래는 '황하'를 가리키었는데 현대에는 '물길'을 가리키는 새로운 뜻을 지니고 있다

5. 한자의 수량

한자의 수량은 부단히 증가되었다. 아래의 숫자가 한자 수량 변화의 실태를 보여주고 있다.

진(秦)나라 시기의 한자 수량: 3,300자

한(漢)나라 시기 허신의 『설문해자』의 한자 수량: 9,353자

남조(南朝) 시기 『옥편(玉篇)』의 한자 수량: 16,917자

송(宋)나라 시기 『광운(廣韻)』의 한자 수량: 26,194자

청(淸)나라 시기 『강희자전(康熙字典)』의 한자 수량: 47,035자

현대 시기 『한어대자전(漢語大字典)』의 한자 수량: 60,370자

비록 한자의 수량이 나날이 증가되고 있으나 매개 시대에 상용되는 한자의 수량은 7천여 개이다.

6. 한자의 우점과 결점 및 전도

몇 천 년의 역사를 갖고 있는 문자로 그 자체의 우점(優點)과 결점(缺點) 및 발전 전도를 갖고 있다.

1) 한자의 우점

한자는 아래의 몇 가지 우점을 갖고 있는 문자이다.

(1) 정보량이 많다.

한자가 전달하는 정보량이 많은 것은 개개의 한자가 자체의 뜻을 갖고 있는 특성과 갈라놓을 수 없다. 즉 개개의 한자가 모두 일정한 뜻을 전달하게 되고 매개의 한자가 나타내는 의미가 여러 가지이므로 한자가 전달하는 정보량이 방대하다.

(2) 단어조성 능력이 강하다.

개개의 한자가 자체의 뜻을 나타내므로 한자와 한자의 결합 자체가 새로운 단어를 조성하게 된다. 그러므로 한자는 강력한 단어조성 능력을 갖고 있는 문자이다.

(3) 한자는 시대와 지역을 초월하여 쓰이는 문자이다.

전하는 데 의하면 500년 전의 영문은 전문가가 아니고는 이해할 수 없다고 한다. 그러나 500년 전의 한문을 고중(高中) 수준의 문화인은 이해할 수 있다고 한다. 또한 부동한 지역의 사람들도 한자로 씌어진 글을 보고 이해할 수 있다. 이는 한자가 언어의 차이를 해소할 수 있는 문자임을 의미한다.

(4) 식별 기능이 강하다.

시속 80km 되는 차에서 한자로 씌어 진 지명은 정확히 인식할 수 있으나 로마자로 씌어 진 지명은 정확히 인식하기 어렵다고 한다. 이는 한자의 식별능력이 강함을 의미한다.

(5) 사람의 대뇌 개발에 유리하다.

사람의 대뇌가 병음 자모로 된 정보는 주요하게 왼쪽 두뇌로 처리하나 한자로 된 정보는 좌우 두뇌로 처리한다고 한다. 하여 신경심리학자들이 병음문자를 '단일 대뇌 문자'라 하고, 한자를 '복합 대뇌 문자'라고 한다. 그러니 한자가 인간의 좌우 대뇌를 동시에 발전시키게 한다.

2) 한자의 결점

한자는 위의 몇 가지 우점이 있는 동시에 아래의 몇 가지 결점도 갖고 있다.

(1) 글자의 수량이 많다.
(2) 글자의 형태가 복잡하다.
(3) 글자의 음을 장악하기 어렵다.
(4) 글자의 뜻이 복잡하여 기억하기 어렵다.

상기의 몇 가지 결점은 한자를 배우고 쓰는 데에 어려움을 갖다 준다.

3) 한자의 전도

한자가 갖고 있는 결점으로 하여 20세기 1970년대까지 많은 국내외 문자 학자들이 한자는 배우기 어렵고, 기억하기 어려우며, 쓰기 어려운 문자라고 하면서 표음문자보다 낙후된 문자로 보았다.

그런데 20세기 1980년대부터 한자에 대한 인식이 개변을 가져오면서 한자를 생명력이 있는 문자로 보고 있다.

7. 『훈몽자회(訓蒙字會)』 한자음 연구

1) 『훈몽자회』의 성격

『훈몽자회』는 1527년 최세진(崔世珍)이 한국 아동들의 한자 학습을 위해 편찬한 책이다. 한국에서는 역사적으로 『천자문(千字文)』과 『유합(類合)』을 초학자들의 한자 학습 교본으로 써왔다. 그런데 최세진은 역사적으로 써오던 『천자문』과 『유합』에서 한자의 실자(實字)와 허자(虛字)를 합리하게 수록하지 못한 것으로 보고 이러한 부족 점을 극복하기 위하여 『훈몽자회』를 편찬하였다.

최세진의 한자교육의 가장 기본적인 주장은 한자의 실자로부터 배워야 한다는 것이다. 즉 한자 공부는 반드시 객관 사물의 실질적 의미를 나타내는 글자부터 배워야 한다는 뜻이다, 그리하여 『훈몽자회』에 수록한 한자 3,360자 가운데의 2/3 이상이 구체적인 사물을 나타내는 실자이고 나머지가 반실반허자(半實半虛字)이다.

그리고 『훈몽자회』의 『언문자모(諺文字母)』에서 처음으로 한글 자모의 이름을 지어주었다. 이에 대해 학계에서는 이것이 최세진의 창조가 아니라 전래의 습관을 정리한 것으로 보고 있다.

자료에 의하면 『훈몽자회』의 판본은 우선 미만본(瀰漫本)과 낙예본(洛汭本) 두 종류로 나뉜다. 그 근거는 권하(卷下)의 마지막 장에 '강수미만(洚水瀰漫)'으로 된 『훈몽자회』와 '강수낙예(洚水洛汭)'로 된 『훈몽자회』가 있기 때문이다. 18세기 이전에 출판된 『훈몽자회』들은 미만본이고 그 이후에 출판된 『훈몽자회』들은 낙예본이다.

지금까지 발굴된 『훈몽자회』의 이본들은 아래와 같다.

(1) 예산문고본(1527)

예산문고본(叡山文庫本)은 미만본으로 日本京都比叡山延曆寺의 예산문고에 소장되어 있다.

이 책은 상·중·하 세 권으로 된 활자본으로, 매 면이 10행 18자로 되어 있는데, 매 행에는 글자가 쌍 행으로 되어 있다. 예산문고본은 『훈몽자회』 최고의 판본으로 인정받고 있다.

(2) 고성판본(1532)

고성판본(固城版本)은 미만본으로 일본 대마도 엄원(嚴原)에 있는 장기현립 대마도 역사 민속자료관(長崎縣立對馬島歷史民俗資料館)에 소장되어 있다. 원래는 한국 전적 중 대마도주가(對馬島主家)인 종씨가(宗氏家)의 소장 종가문고본(宗家文庫本)이다. 이 책을 고성판본이라 이름 한 이유는 이 책을 1532년 고성 현령 김수(金銖)가 간행하였기 때문이다.

이 책은 세 권 세 책으로 된 목판본으로, 본문은 4행 4자로 되어 있다.

(3) 내각문고본(1559)

내각문고본(內閣文庫本)은 미만본으로 일본 내각문고에 소장되어 있다.

이 책은 1559년 평안도 상원군에서 목판본으로 간행한 책으로 상중하 3권 1책으로 되어 있다.

(4) 존경각본(1559년?)

존경각본(尊經閣本)은 미만본으로 일본 동경에 있는 前田家尊經閣文

庫에 소장되어 있다.

이 책은 목판본(木版本)으로, 학계에서는 이 책을 다른 판본의 복각본(覆刻本)으로 추정하고 있다.

(5) 동경대학 중앙도서관본(1559년?)

동경대학 중앙도서관본(東京大學中央圖書館本)은 미만본으로 동경대학 중앙도서관에 소장되어 있다.

이 책은 3권 1책의 목판본으로, 매 4자가 1행으로 되어 있다.

(6) 한계본(16~17세기)

한계본(閑溪本)은 미만본으로 고 최범훈 교수의 소장이다. 한계본은 홍윤표 교수에 의해 지어진 이름으로 고 최범훈 교수의 호가 한계였기 때문이다.

이 책은 불분권 1책의 목판본으로, 매 5자가 1행으로 되어 있다.

(7) 규장각본(1613)

규장각본(奎章閣本)은 미만본으로 서울대학교 규장각에 소장되어 있다.

이 책은 3권 1책의 목판본으로, 임진왜란 이후에 나온 최초의 판본으로 추정하였다.

(8) 국립중앙도서관본(18세기)

국립중앙도서관본(國立中央圖書館本)은 낙예본으로 국립중앙도서관에 소장되어 있다.

이 책의 특징은 한글로 쓴 한자 석음 부분에 음각한 곳들이 있다는 것이다. 그리고 이 책은 목판본으로 규장각본을 모본으로 하여 다시 판각한 것으로 보고 있다.

(9) 조선광문회판본(1913)

조선광문회판본(朝鮮光文會版本)은 낙예본으로 여러 곳에 소장되어 있다.

이 책은 규장각본을 따라 간행한 것인데 부분적으로 수정을 가하였고, 잘못 옮겨 쓴 부분이 많기에 이용에 조심할 것을 요하고 있다.

그리고 이 책 뒤에 1912년에 주시경(周時經)이 쓴 "訓蒙字會再刊例"가 붙어 있다.

이 밖에도 한국에는 『훈몽자회』 필사본도 많이 전해지고 있는 것으로 알려지었다. 본 연구에서는 예산문고본을 이용하였다.

2) 『훈몽자회』 한자음 연구의 목적과 방법

(1) 『훈몽자회』 한자음 연구의 목적

『훈몽자회』가 전통적 한국 한자음을 정리해 놓은 문헌임은 이미 널리 알려지었다. 한자음을 이용한 고대문헌 연구는 마땅히 해당 역사 시기의 한자의 어음으로 진행되어야 한다. 예를 들어 고구려 초기의 지명 연구는 마땅히 한자의 상고 음으로 풀이하고 해석해야 한다. 그런데 일부에서는 현대의 한자음으로 고구려 초기의 지명을 풀이하고 해석하는데 이를 합리적이라 말하기 어렵다.

그리고 한국 한자음이 언제 형성되기 시작하였는가는 마땅히 밝혀져야 할 문제이다. 그런데 이에 대한 학자들의 해답이 각이하다, 혹자는 중국 당나라 초기로 보고, 혹자는 10세기경의 중국 개봉음으로 보고, 혹자는 958년을 한국 한자음 체계의 정립 시기로 보고, 혹자는 기원 전후를 한국 한자음의 형성 시기로 보고 있다.

상술한 사실들은 한국 한자음의 형성과 발전에 대한 연구의 필요성을 느끼게 한다. 한국 한자음의 형성과 발전에 대한 연구는 우리 민족의 역사 및 언어의 연구와도 직결되는 문제로 참다운 연구가 기대된다.

본 연구는 바로 이러한 기대와 요구로부터 시작되었다. 즉 한국 한자음이 언제부터 형성되기 시작하였고, 어떻게 발전하여 왔는가를 밝히려는 것이 본 연구의 주요한 목적의 하나이다. 이를 위해 우리는 『훈몽자회』 한자음에 대한 면밀한 분석을 기초로 하여 그 속에 중국의 어느 시기의 어음들이 깔려 있는가를 밝힘으로써 한국 한자음의 형성과 변화 발전의 과정을 밝히게 된다.

(2) 『훈몽자회』 한자음 연구의 방법

상기 목적의 실현을 위해 본 연구에서는 비교분석의 방법으로 『훈몽자회』 한자음과 중국어의 비교를 하게 된다. 중국어와의 비교는 중국어 중고음을 대표로 하는 『대송중수광운(大宋重修廣韻)』(이하 『광운』) 한자음과의 대비를 기초로 하고, 『훈몽자회』 한자음에 침투되어 있는 부동한 시기 중국어 어음의 잔재를 밝혀내게 되는데 그 구체 절차는 아래와 같다.

첫째, 『광운』을 기준으로 하여 『훈몽자회』 한자음 성모와 운모를 분류한다.

둘째, 『훈몽자회』 한자음 성모들의 내원을 분석한다.

셋째, 『훈몽자회』 한자음 운모들의 내원을 분석한다.

넷째, 상기의 분석을 기초로 한국 한자음에서 제기되는 문제들을 논한다.

다섯째, 한국 한자음의 형성 및 발전 과정을 고찰한다.

본 연구는 이상의 몇 가지 절차에 따라 전개하게 된다.

제2장 『훈몽자회』 성모의 내원

『훈몽자회』 한자음 성모의 내원 분석은 『광운』의 성모와 『훈몽자회』 성모의 대비를 기초로 하여 『훈몽자회』 한자음 성모의 내원을 밝히게 된다.

『훈몽자회』 한자음과 중국어 『광운』 음의 성모 대비는 『광운』의 순음(脣音), 설두음(舌頭音), 설상음(舌上音), 치두음(齒頭音), 정치음(正齒音), 아음(牙音), 후음(喉音), 반설음(半舌音), 반치음(半齒音) 등 9개 음의 41개 성모를 기준하여 진행한다.

대비를 통해 주로 『훈몽자회』 한자음 성모의 내원을 고찰하게 된다.

1. 순음

순음(脣音)에는 방모(帮母), 방모(滂母), 병모(並母), 명모(明母), 비모

(非母), 부모(敷母), 봉모(奉母), 미모(微母) 등 8개 성모가 있다.

중국 음운학계에 '고무경순음설(古无輕脣音說)'이 있다. 이 설의 주장인즉 고대 중국어에 非母, 敷母, 奉母, 微母 등의 성모가 존재하지 않았고 이들이 각기 幇母, 滂母, 並母, 明母에 귀속되어 있었다는 것이다. 다수의 학자들이 이 설에 동의하고 있다. 본 연구에서도 이 설에 근거하여 『훈몽자회』 한자음 순음 성모의 내원을 고찰하게 된다.

1) 幇母 [p]

- 邦방, 榜방, 柄병, 餅병, 崩붕, 繃붕, 賓빈, 鬢빈, 氷빙, 杯비, 背비, 輩비, 拜비, 栢빅, 百빅, 伯빅, 博박, 髆박, 膊박, 爆박, 餺박, 盤반, 鉢발, 碧벽, 壁벽, 璧벽, 襞벽, 蘗벽, 邊변, 堡보, 褓보, 寶보, 圃보, 卜복, 北북, 錛분, 卑비, 碑비, 屍비, 匕비, 妣비, 鄙비, 算비, 箄비, 髀비, 臂비, 轡비, 蟞비, 羆비, 擯빈, 殯빈

- 欄파, 芭파, 疤파, 笆파, 靶파, 弝파, 波파, 菠파, 簸파, 板판, 八팔, 麲패, 壩패, 貝패, 蝙편, 鞭편, 陛폐, 嬖폐, 苞포, 飽포, 晡포, 布포, 糒표, 豹표, 鑣표, 表표, 陂피, 彼피, 秕피, 柲필, 筆필, 臂필

幇母가 중국어에서는 상고부터 현대까지 줄곧 [p]음을 유지하였다. 그런데 『훈몽자회』 한자음에서는 51개 한자가 [p]음을 유지하고 32개가 거센 소리 [pʰ]로 변하였다. 변화의 비례가 적지 않다.

『훈몽자회』 한자음 성모 [p]는 중국어 상고 시기 幇母 음의 잔재로 보인다.

한국어에서 거센 소리가 형성되는 시기에 幇母의 한자들이 거센 소리 [pʰ]로 변하였을 것으로 보인다. 그런데 한국어에서 언제 거센

소리가 산생되었는가는 진일보의 연구가 기대되는 과제이다.

그리고 중국의 吳方言, 湘方言, 贛方言, 客家方言, 粵方言, 閩方言 등 방언에서 帮母의 한자를 거센 소리 [pʻ]로 발음하기도 하였음이 주목된다.

2) 滂母 [pʻ]

- 醅빅, 坯빅, 拍빅, 珀빅, 魄빅, 骰박, 濼박, 粕박, 泮반, 醱발, 霹벽, 辟벽, 浦보, 醭복, 噴분, 錍비, 糜비
- 肥파, 肥파, 葩파, 帕파, 坡파, 派패, 篇편, 騙편, 脬포, 泡포, 砲포, 疱포, 匏포, 鋪푸, 品품, 鈚피, 批피, 鈹피, 屁피, 匹필, 胖팡, 烹핑

滂母가 중국어에서는 상고부터 현대까지 줄곧 [pʻ] 음을 유지하였다. 그런데『훈몽자회』한자음에서는 22개가 거센 소리 [pʻ]로 발음되고, 17개가 순한 소리 [p]로 발음된다.

이 같이 한국 한자음에서 순한 소리와 거센 소리가 혼용된 사실은 상고 시기의 한국어에 거센 소리가 없었음을 의미한다. 즉 滂母가 『훈몽자회』에서 [p]로의 발음은 중국어 상고 음의 잔재로 중국어 거센 소리 [pʻ]가 고대 한국어에서 순한 소리 [p]로 발음되었음을 의미한다. 한국 한자음에서 滂母가 [pʻ]로 된 것은 帮母의 경우와 마찬가지로 한국어에서 거센 소리가 생긴 뒤에 나타난 [p]→[pʻ]로의 변화이다.

3) 並母 [b]

- 膀방, 蚌방, 棒방, 雱방, 謗방, 房방, 螃방, 病병, 屛병, 瓶병, 輧병, 蓬봉,

篷봉, 朋붕, 棚붕, 堋붕, 嬪빙, 牝빙, 蘋빙, 蘋빙, 頻븐, 脖븓, 鵓븓, 焙빅,

排비, 陪빅, 埠부, 培비, 白빅, 帛빅, 舶빅, 盤빤, 雹박, 骲박, 箔박, 癍반,

伴반, 蟠반, 鈸발, 甓벽, 闢벽, 弁변, 辯변, 毗변, 鼊별, 鞴보, 捕보, 步보,

捗보, 蔔복, 僕복, 部부, 簿부, 抔부, 殕부, 坌분, 盆분, 踣븍, 偪븨, 屺븨,

鼻비, 婢비, 毗비, 琵비, 脾비, 朧비, 鼙비, 貧빈, 頻빈

- 杷파, 爬파, 琶파, 婆파, 菠파, 阪판, 瓣판, 簿패, 敗패, 稗패, 牌패, 佩패,

便편, 翩편, 坪평, 枰평, 萍평, 麭포, 菢포, 鉋포, 哺포, 咆포, 庖포, 袍포,

匏포, 跑포, 炮포, 葡포, 蒲포, 蒲포, 醋포, 暴포, 鰾표, 瓢표, 藻표, 被피,

鞁피, 髪피, 皮피, 疲피

並母의『훈몽자회』한자음 성모도 [p](71개)와 [p'](40개) 두 가지이다.
並母가 중국어에서 상고 시기부터『광운』까지의 발음이 유성음 [b]
이다.『광운』이후 중국어에서 유성음 성모가 소실되면서 並母의 한자
들이 순한 소리 [p]와 거센 소리 [p']로 분화되었다.

並母의 한자들이『훈몽자회』에서 [p], [p']로 분화됨은 한국어 상고
시기에 중국어 유성음 성모 [b]가 한국어에서 [p]로 발음되었음을 의
미한다. 즉 상고 한국어에 유성음의 유무는 단언할 수 없고 중국어
유성음이 한국어에서 무성음으로 발음되었을 수 있음을 의미한다.

『훈몽자회』에서 並母가 [p]와 [p']로 분화되는데 중국어의 분화와
일치하지 않다. 예를 들면 '盆분, 琵비, 脾비, 朧비, 鼙비, 貧빈' 등이
중국어에서는 [p']로 되었으나『훈몽자회』에서는 [p]로 되고, '敗패,
稗패, 暴포, 鰾표, 被피' 등이 중국어에서는 [p]로 되었으나『훈몽자회』
에서는 [p']로 되었다. 이는 한국어에서 유성음의 분화가 중국어에서
의 분화와 무관하게 이루어졌음을 의미하며, 한·중 두 언어에서 분화
가 일치하지 않음을 의미한다. 또한 한국어에서 나타난 並母의 거센

소리 [p]는 한국어에서 이루어진 [p]→[p'] 변화에 따른 것으로 볼 수도 있다.

『훈몽자회』 한자 '盤빤'의 성모 'ㅆ'[pp]는 'ㅆ'의 'ㅅ'이 사잇소리로 '반ㅅ반'을 표기한 것으로 나타난 된소리 표기이다.

4) 明母 [m]

• 蟒망, 皿명, 䉑명, 名명, 茗명, 槙명, 暝명, 鳴명, 瞑명, 命명, 曚몽, 蒙몽, 夢몽, 霾믹, 買믹, 黃믹, 苺믹, 莓믹, 梅믹, 媒믹, 煤믹, 酶믹, 每믹, 妹믹, 昧믹, 寐믹, 脉믹, 麥믹, 陌믹, 岷밍, 盲밍, 虻밍, 萌밍, 盟밍, 甍밍, 猛밍, 厖방, 媽마, 麻마, 蟆마, 馬마, 瑪마, 螞마, 罵마, 磨마, 魔마, 膜막, 幕막, 鞔만, 饅만, 鰻만, 蠻만, 幔만, 漫만, 鏝만, 瞞만, 抹말, 沫말, 靺말, 賣매, 眠면, 冕면, 面면, 麵면, 搣멸, 滅멸, 蔑멸, 蠛멸, 明명, 袂몌, 毛모, 矛모, 茅모, 蝥모, 帽모, 貌모, 蝐모, 模모, 眸모, 犛모, 鏊모, 某모, 瑁모, 母모, 牡모, 拇모, 姆모, 畝모, 暮모, 姥모, 木목, 目목, 沐목, 苜목, 牧목, 貓묘, 苗묘, 描묘, 廟묘, 墓묘, 貿무, 楙무, 墨묵, 門문, 眉미, 湄미, 迷미, 糜미, 麋미, 獼미, 麛미, 米미, 弭미, 灖미, 民민, 旻민, 泯민, 蜜밀

明母의 『훈몽자회』 한자음 성모는 모두 [m](120개)이다.

明母의 중국어 성모는 상고 시기부터 현대까지 줄곧 [m]이다.

『훈몽자회』에서 明母 한자들의 성모가 [m]로 된 것은 중국어 상고음의 한국 한자음에서의 반영이다.

5) 非母 [pf]

- 舫방, 緋비, 扮반, 髪발, 藩번, 法법, 幅복, 福복, 蝠복, 輻복, 腹복, 缶부,
  否부, 魚부, 夫부, 跗부, 膚부, 斧부, 府부, 俯부, 父부, 柎부, 傅부, 富부,
  賦부, 分분, 饋분, 粉분, 糞분, 非비, 飛비, 扉비, 榧비, 篚비, 沸비
- 販판, 販판, 脯포, 風퐁, 楓퐁, 諷퐁

非母의『훈몽자회』한자음 성모는 [p](35개)와 [p'](6개) 두 가지이다.
중국어 상고 시기에 非母가 존재하지 않았고 非母의 한자들이 幇母
에 귀속되어 있었다. 그 뒤『광운』에서 非母가 幇母에서 분리되어 독
립적인 성모로 되었다.『광운』이후 非母, 敷母, 奉母가 합류되어 중국
어 순치음 성모 [f]로 되었다. 그러니 중국어 非母는 상고 시기부터
현대까지 사이에 [p]→[pf]→[f]로의 변화를 가져왔다.

『훈몽자회』에서 성모 [p]는 중국어 상고음의 잔재로 보인다. 즉 非母
가 幇母에 귀속되어 있을 때의 성모음의 한국 한자음에서의 반영이다.

『훈몽자회』에서 성모 [p']는 한국어에서 거센 소리가 생겨난 이후에
산생된 음이다. 즉 한국어에서 [p]→[p']의 변화를 한 것이다. 한국어에
서 거센 소리가 생긴 시기는 진일보의 연구가 기대된다.

6) 敷母 [pf']

- 紡방, 丰퐁, 峯퐁, 烽퐁, 蜂퐁, 鋒퐁, 捧퐁, 奮번, 旛번, 轓번, 潘번, 肺별,
  蝮복, 稃부, 箁부, 麩부, 俘부, 郛부, 莩부, 副부, 拂불, 妃비
- 肺폐, 豊퐁
- 撫무

敷母의 『훈몽자회』 한자음 성모는 [p](22개), [p'](2개), [m](1개) 세 가지이다.

중국어 상고 시기에 敷母가 존재하지 않았고 敷母의 한자들이 滂母에 귀속되어 있었다. 그 뒤『광운』에서 敷母가 滂母에서 분리되어 독립적인 성모로 되었다. 『광운』 이후 非母, 敷母, 奉母가 합류되어 중국어 순치음(脣齒音) 성모 [f]로 되었다. 그러니 중국어 敷母는 상고 시기부터 현대까지 사이에 [p']→[p'f]→[f]의 변화를 가져 왔다.

『훈몽자회』 敷母의 성모 [p]는 중국어 상고음의 잔재로 보인다. 즉 敷母가 [p]로 발음되던 한국 상고 시기 음의 반영이다.

『훈몽자회』의 한자 '肺폐, 豊퐁'의 성모 [p']는 성모 [p]가 한국어에서의 변형이다. 즉 [p]→[p']의 변화를 한 것이다. 이 변화가 나타난 시기는 진일보의 연구가 기대된다.

『훈몽자회』에 나타난 '撫무'자의 성모 [m]는 유추에 의해 생겨난 것으로 보인다.

7) 奉母 [bv]

* 魴방, 縫봉, 鳳봉, 鰒박, 飯반, 攈번, 燔번, 蘩번, 礬번, 筏벌, 罰벌, 戤벌, 帆범, 輔보, 服복, 㡟복, 鵬복, 枹부, 芙부, 茯부, 符부, 蜉부, 鳧부, 釜부, 腐부, 阜부, 負부, 婦부, 駙부, 蝜부, 鮒부, 幩분, 粉분, 焚분, 馼분, 獖분, 墳분, 漬분, 佛불, 痛블, 肥비, 腓비, 翡비, 剕비
* 吠폐

奉母의 『훈몽자회』 한자음 성모는 [p](44개), [p'](1개) 두 가지이다.
중국어 상고 시기에 奉母가 並母에 귀속되어 있었다. 그 뒤『광운』

에서 奉母가 並母에서 분리되어 독립적인 성모로 되었다. 『광운』 이후 非母, 敷母, 奉母가 합류되어 중국어 순치음 성모 [f]로 되었다. 그러니 중국어 奉母는 상고 시기부터 현대까지 사이에 [b]→[bv]→[f]의 변화를 가져 왔다.

『훈몽자회』 奉母의 성모 [p]는 중국어 상고음이 한국 한자음에서의 반영이다.

『훈몽자회』의 한자 '吠폐'의 성모 [pʰ]는 한국어에서의 거센 소리가 생겨난 이후에 생긴 것이다. 즉 [p]→[pʰ]의 변화를 한 것이다. 이 변화가 나타난 시기는 진일보의 연구가 기대된다.

8) 微母 [ɱ]

• 鋩망, 網망, 輞망, 望망, 蔓만, 晩만, 萬만, 襪말, 娩면, 巫무, 誣무, 武무, 舞무, 廡무, 鵡무, 務무, 霧무, 文문, 蚊문, 紋문, 聞문, 問문, 璺문, 吻믄, 物믈, 薇미, 尾미, 味미

微母의 『훈몽자회』 한자음 성모는 모두 [m](28개)이다.

중국어 상고 시기에 微母가 존재하지 않고 微母의 한자들이 明母에 귀속되어 있었다. 그 뒤 『광운』에서 微母가 明母에서 분리되어 독립적인 성모로 되었다. 『광운』 이후 微母의 일부가 [ɱ]→[v]→[ø]→[w]의 변화를 가져왔다. 그러니 중국어 微母는 상고 시기부터 현대까지 사이에 [m]→[ɱ]→[v]→[ø]→[w]의 변화를 가져온 것이다.

『훈몽자회』에서 微母의 한자가 모두 [m]로 되어 있는데 이는 중국어 상고음의 반영이다.

2. 설두음

설두음(舌頭音)에는 端母, 透母, 定母, 泥母 등 4개 성모가 있다. 이들 4개 성모의 『훈몽자회』 한자음 내원을 밝히면 아래와 같다.

1) 端母 [t]

- 璫당, 襠당, 丁뎡, 疔뎡, 釘뎡, 頂뎡, 鼎뎡, 釘뎡, 碇뎡, 顚뎡, 蠹동, 冬동, 東동, 涷동, 蝀동, 凍동, 棟동, 湩동, 燈등, 凳등, 鐙등, 帶딕, 戴딕, 碓딕, 對딕, 丹단, 担단, 簞단, 疸단, 旦단, 破단, 鍛단, 擔담, 膽담, 德덕, 岉덕, 靮덕, 嫡뎍, 蹢뎍, 鏑뎍, 菂덕, 巔뎐, 癲뎐, 典뎐, 癜뎐, 店뎜, 甋뎨, 堤뎨, 邸뎨, 觗뎨, 瑅뎨, 帝뎨, 刀도, 舠도, 島도, 擣도, 檮도, 都도, 笝도, 覩도, 賭도, 墩돈, 驐돈, 頓돈, 柮돌, 錭됴, 鵰됴, 釣됴, 鳥됴, 貯두, 抖두, 蚪두, 斗두, 蠹두
- 睡타, 打타, 搭탑, 蔕톄, 嚔톄, 蝃톄, 貂툐, 餖투, 鐺탕

端母의 『훈몽자회』 한자음 성모는 다수가 [t](74개)이고, 소수가[tʰ](9개)이다.

중국어에서는 상고 시기부터 현대까지 端母의 음가가 줄곧 [t]였다. 『훈몽자회』 한자음 성모 [t]는 중국어 상고음의 반영으로 보인다. 『훈몽자회』 한자음 성모 [tʰ]는 한국어에서 거센 소리가 생겨난 이후에 생긴 것이다. 즉 [t]→[tʰ]의 변화를 한 것이다. 이 변화가 나타난 시기는 진일보의 연구가 기대된다.

그리고 端母에 속하는 한자 '堤, 肚, 刁, 鍛, 等, 凳' 등이 중국의 일부 방언에서 [tʰ]로 발음되고 있음이 주목된다.

2) 透母 [tʻ]

- 他타, 涶타, 驒탁, 托탁, 飥탁, 槖탁, 籜탁, 撤탄, 攤탄, 灘탄, 炭탄, 貪탐,
  探탐, 塌탑, 塔탑, 榻탑, 湯탕, 帑탕, 錫탕, 聽텽, 廳텽, 桶통, 統통, 痛통,
  呑튼, 態틴, 汰태, 鈦태, 趯텩, 裼텩, 天텬, 鐵텰, 饕텰, 添텸, 舔텸, 帖텹,
  貼텹, 體톄, 涕톄, 套토, 土토, 吐토, 兎토, 菟토, 蓷퇴, 腿퇴, 退퇴, 偸투,
  慝특
- 膛당, 汀뎡, 鞓뎡, 蚗뒤, 貸뒤, 坍단, 猯단, 湍단, 韄달, 獺달, 撻달, 闥달,
  菼담, 毯담, 踏답, 錔답, 梯뎨, 饕도, 禿독, 鵚독, 褪돈, 暾돈, 眺됴, 糶됴,
  鍮듀
- 搯겹
- 蛻예
- 梲졀

透母의『훈몽자회』한자음 성모는 다수가 [tʻ](49개)이고, 일부가
[t](25개), [k](1개), [ø](1개), [ts](1개)이다.

중국어에서는 透母의 음가가 상고 시기부터 현대까지 줄곧 [tʻ]이다.
『훈몽자회』에서의 [t]는 중국어 상고 시기의 성모의 반영이다. 왜냐
하면 고대 한국어에 거센 소리가 없었기에 모든 거센 소리가 다 순한
소리로 발음되었다.

『훈몽자회』에서의 성모 [t]는 한국어에서 거센 소리가 산생된 이후
에 [t]→[tʻ]로 되었다. 한국어에서 거센 소리가 생겨난 시기는 진일보
의 연구가 기대된다.

『훈몽자회』의 한자 '梲졀'의 성모 [ts]는 중국어『광운』이후 변화음
의 반영으로 보인다. 왜냐하면 '梲'자의 현대 중국어 성모가 [tʂ]이기

때문이다. 그러니 16세기 한국 한자음에서의 성모 [ts]는 중국어 성모 [tʂ]의 변형으로 보인다.

『훈몽자회』의 한자 '蛻예'가 현대 중국어에서 [tui], [iue] 두 가지로 발음된다. 그러니 『훈몽자회』 독음 '蛻예'의 성모 [ø]는 중국어음 [iue]의 성모로 보인다.

『훈몽자회』의 한자 '搯겹'의 성모 [k]의 내원은 명확히 밝히기 어려우나 유추에 의해 생겨난 음일 것으로 보인다.

이 밖에 일부분 중국어 방언에서 透母의 한자를 순한 소리 [t]로 발음함이 주목된다. 예를 들면 '踏, 突, 禿, 貸, 跳, 汀' 등이다.

3) 定母 [d]

• 堂당, 棠당, 塘당, 塘당, 螗당, 糖당, 螳당, 廷뎡, 亭뎡, 庭뎡, 蜓뎡, 聤뎡, 艇뎡, 峒동, 動동, 疼동, 彤동, 桐동, 術동, 童동, 僮동, 銅동, 瞳동, 藤등, 騰등, 籐등, 代ᄃᆡ, 袋ᄃᆡ, 黛ᄃᆡ, 臺ᄃᆡ, 擡ᄃᆡ, 段단, 壇단, 蓮달, 淡담, 噉담, 痰담, 談담, 潭담, 薄담, 壜담, 狄덕, 荻덕, 笛덕, 敵덕, 糴덕, 覿덕, 顚뎐, 甸뎐, 淀뎐, 奠뎐, 電뎐, 殿뎐, 澱뎐, 田뎐, 佃뎐, 簟뎜, 蝶뎝, 楪뎝, 蹄뎨, 弟뎨, 娣뎨, 第뎨, 蹄뎨, 苐뎨, 啼뎨, 稊뎨, 綈뎨, 蹄뎨, 鵜뎨, 悌뎨, 道도, 盜도, 稻도, 度도, 鍍도, 濤도, 桃도, 陶도, 萄도, 淘도, 徒도, 途도, 屠도, 圖도, 蠹독, 獨독, 瀆독, 櫝독, 犢독, 牘독, 髑독, 讀독, 韣독, 讟독, 囤돈, 沌돈, 豚돈, 魨돈, 埃돌, 條됴, 蛁됴, 鰷됴, 跳됴, 竇두, 荳두, 脰두, 痘두, 餖두, 肚두, 頭두, 鈍둔, 臀둔, 地디, 跌딜, 垤딜

• 舵타, 惰타, 跎타, 馱타, 駝타, 鐸탁, 彈탄, 袒탄, 奪탈, 牒텹, 恬텸, 棣톄, 頹퇴, 齠툐, 扃투, 骰투, 蕩탕, 怠팀, 苔팀, 食팀

• 滕숭, 盾슌

定母의『훈몽자회』한자음 성모는 다수가 [t](116개)이고, 일부가 [tʼ](20개), s(2개)이다.

중국어에서의 定母의 성모는 상고 시기부터『광운』까지 유성음 [d] 였다.『광운』이후 유성음의 소실과 함께 定母의 성모가 순한 소리 [t]와 거센 소리 [tʼ]로 분화되었다.

『훈몽자회』定母의 성모 [t]는 중국어 상고음의 반영으로 보인다.

『훈몽자회』定母의 성모 [tʼ]는『광운』이후 한국어에서 거센 소리가 생긴 이후에 산생된 [t]→[tʼ]의 변형이다.

『훈몽자회』의 한자 '滕승, 盾슌'의 성모 [s] 내원을 명확히 밝히기 어렵다.

그런데 '盾'자를 중국이 성도(成都) 방언에서 [suən]으로도 발음하고, 쌍봉(双峰) 방언에서 [suan]으로도 발음함이 주목된다.

4) 泥母 [n]

• 囊낭, 曩낭, 佞녕, 農농, 膿농, 齈농, 能능, 內닉, 挪나, 懦나, 糯나, 捼나, 暖난, 男남, 枏남, 南남, 衲납, 納납, 褋내, 鼐내, 年년, 撚년, 捏녈, 鮎념, 捻녑, 瑙노, 腦노, 奴노, 弩노, 餒뇌, 臑뇨, 尿뇨, 訥눌, 泥니, 你니, 溺닉
• 擃션, 枏셤
• 拈졈

泥母의『훈몽자회』한자음 성모는 절대 다수가 [n](36개)이고, 개별 적인 한자의 성모가 [ʐ](2개), [ts](1개)이다.

泥母의 음가가 중국어에서는 상고 시기부터 현대까지 줄곧 [n]이다.

『훈몽자회』泥母의 성모 [n]는 중국어 상고음의 잔재로 보인다.

『훈몽자회』의 한자 '拈졈'이 현대 중국어에서의 독음이 [niæn], [tiæn] 두 가지이다.

허신의 『설문해자』에서 "拈, 揶也。从手, 占聲。"이라 하였다. 이는 '拈'자가 중국어 상고 시기에는 성모 [t]였으나 후에 성모 [n]가 첨가되어 [t], [n] 두 가지로 되었음을 의미한다.

'拈'자가 '咸攝 開口 四等 添韻'에 속하니 『광운』 운모가 [iem]이다. 이 [iem]이 『광운』 이후의 중국어에서 [iem]→[iam]→[ian]→[iən]→[iæn]의 변화를 거쳐 현대 중국어 운모 [iæn]으로 되었다.

그러니 '拈'자의 『광운』 독음 [tiem]이 중국어에서는 [tiem]→[tiam]→[tian]→[tiən]→[tiæn]의 변화를 거쳐 현대 중국어 독음 [tiæn]으로 되었다.

'拈'자의 『훈몽자회』 독음 '졈'[tsiəm]은 중국어 『광운』 독음 [tiem]의 변형이다. 즉 중국어 『광운』 독음 [tiem]이 한국어에서 [tiem]→[tiəm]→[tsiəm]의 변화를 한 것이다.

이는 근대 한국 한자음에서 나타난 [t]→[ts]의 구개음화 현상으로 보인다. 즉 16세기 초에 중국어 성모 [t]가 한국 한자음에서 성모 [ts]로 변하는 [t]의 구개음화가 일어난 것으로 보인다.

여기에서 흥미로운 것은 한국 한자음의 [t]구개음화가 중국어와 한국어 두 언어 사이에서 일어나는 어음 변화라는 사실이다. 예를 들면 한자 '第, 底, 帝, 低, 滴, 的, 迪, 狄, 堤, 敵, 定, 丁, 頂, 订, 点, 典, 停, 听, 挺, 牒, 蝶, 蝶, 天, 田, 添…' 등의 중국어 성모 [t], [tʻ]가 한국어에서 성모 [ts], [tsʻ]로 변하는 구개음화가 일어난다. 즉 이 한자들의 성모가 중국어에서는 [t], [tʻ]이나 한국 한자음에서는 [ts], [tsʻ]로 변하면서 중국어의 설음 [t], [tʻ]가 한국어의 치음 [ts], [tsʻ]로 변하는 구개음화가 일어났다.

한국 한자음에서는 성모 [t]가 모음이나 개음 [i] 뒤에서 [ts]로 변하는 구개음화가 일어나지만 근대 중국어에서는 이 같은 변화가 일어나지 않는다. 그러니 한국 한자음에서 일어나는 [t], [tʰ]의 구개음화란 중국어 성모 [t], [tʰ]가 한국어에서 성모 [ts], [tsʰ]로 변하는 어음 변화이다.

이로부터 우리는 한국 한자음 [t], [tʰ]의 구개음화를 중국어와 한국어 두 언어 사이에서 일어나는 어음 변화로 보게 되고, 한국어 한자음에서 일어나는 [t], [tʰ]의 구개음화란 중국어 성모 [t], [tʰ]가 한국어에서 성모 [ts], [tsʰ]로 변하는 어음 변화라는 결론을 내리게 된다.

근대 한국어 어음 변화에서 홀시할 수 없는 것이 구개음화이다. 한국어 구개음화에 대한 진일보의 연구를 위해서는 아래의 몇 가지에 대한 참다운 연구가 기대된다.

첫째, 한국어 구개음화의 종류 문제

한국어 학계에서 한국어 구개음화의 종류에 대해 ㄷ구개음화, ㅈ구개음화, ㄱ구개음화, ㅎ구개음화, ㄴ구개음화 등 다섯 가지로 보고 있다. 그러나 우리가 보건 대에는 이 이외에도 ㄹ구개음화, ㅅ구개음화, ㅣ구개음화, ㅟ구개음화가 더 있다고 느껴진다.

둘째, 한국어 구개음화가 시작된 시기 문제

한국학계에서 한국어 구개음화가 언제부터 시작되었는가에 대해 많은 연구를 하여 왔다. 그러나 아직까지 한국어 구개음화가 언제, 어느 문헌에서부터 시작되었다고 자신 있게 밝혀놓은 자료는 보기 힘들다.

셋째, 한국어 구개음화가 어느 언어에서부터 시작되었는가 하는 문제

한국어 어휘 구성은 크게 고유어, 한자어, 외래어 세 가지로 되어 있다. 그 가운데에서 근대 한국어의 구개음화가 주요하게는 고유어와 한자어에서 전개되었다. 그런데 아직까지 한국어 구개음화가 구경 어느 언어에서부터 시작되었다고 자신 있게 밝혀놓은 자료를 보지 못하였다. 이는 두 번째의 연구와도 관계되는 문제로 한국어 구개음화 연구에서 중요한 의의를 갖는 문제이다.

왜냐하면 이 문제가 밝혀져야 한국어 구개음화가 고유어에서부터 시작되어 한자어에로 파급되었는지, 아니면 한자어에서부터 시작되어 고유어에로 파급되었는지 하는 문제에 대한 해답을 얻을 수 있기 때문이다. 또한 이 문제에 대한 해답이 한국 근대어 어음 변화 역사 연구와도 관계되는 문제이므로 이에 대한 명확한 해답이 요구된다.

넷째, 한·중 두 언어 구개음화에 대한 비교 연구

근대 한국어에서 구개음화가 있었고 근대 중국어에서도 구개음화가 있었다. 한·중 두 언어에서의 구개음화가 제각기 고립적으로 생겨났는가 아니면 서로 간의 영향으로 하여 생겨났는가가 우리의 흥미를 끈다. 왜냐하면 역사적으로 중국어가 한국어에 많은 영향을 주었었기 때문이다. 특히 한국어에서 대량으로 쓰이는 한자어의 변화와 발전이 중국어의 영향에서 벗어날 수 없었다.

우리가 느끼건대 중·한 두 언어에서 나타난 구개음화의 이론, 구개음화의 종류, 구개음화의 과정, 구개음화의 결과, 구개음화의 상호 영향 여부 등에 대한 비교 연구는 완전히 필요하다고 느껴진다.

『훈몽자회』의 한자 '攔션, 栭셤'의 성모는 [ʐ]이다. 그런데 이들 두 글자의 『광운』 성모는 모두 泥母에 속하는 [n]였으니 『훈몽자회』에서 [n]→[ʐ]의 변화를 한 것이다. 이 두 글자의 현대 중국어 발음은 아래와 같다.

'擩'자의 현대어 발음이 [ʐuo]이니 『훈몽자회』의 성모 [ʐ]와 같다. 이는 '擩'자의 성모가 이미 16세기의 중국어에서 [n]→[ʐ]의 변화가 나타났었음을 말해준다.

『한어대자전(漢語大字典)』에 '柟'자의 현대 중국어 발음이 표시되어 있지 않고 "同'楠'"이라 하였다. 하여 '楠'자의 음을 찾아본 결과 '楠'자의 현대 중국어 발음이 [nan]이고 『광운』 성모가 泥母였다.

그러니 중국어에서 '擩'자는 『광운』 성모 [n]가 [n]→[ʐ]의 변화를 하였고, '柟'자의 동음 한자 '楠'의 발음은 『광운』 성모 [n]를 유지하였다.

『훈몽자회』 '擩션'자의 성모가 [ʐ]라는 사실이 『광운』의 娘母, 日母 두 성모가 중국어 상고 시기에 泥母에 귀속되었었다는 '낭일이모귀니설(娘日二母歸泥說)'의 정확성을 증명해줄 뿐만 아니라 泥母가 『광운』이후에도 日母로의 변화가 있었음을 증명해준다.

총적으로 중국어에서 泥母가 일모로의 변화가 상고 시기뿐만 아니라 『광운』 이후의 근대 중국어에서도 지속된 변화임을 의미한다.

3. 설상음

설상음(舌上音)에는 知母, 徹母, 澄母, 娘母 등 4개 성모가 있다.

중국 음운학계에는 '고무설상음설(古无舌上音說)'이 있다. 이 설의 주장인즉 중국어 상고 시기에 설상음이 존재하지 않았고, 설상음 知母, 徹母, 澄母, 娘母가 설두음 端母, 透母, 定母, 泥母에 귀속되어 있었다는 것이다. 다수의 학자들이 이 설에 동의하고 있다. 본 연구에서도 이 설에 근거하여 『훈몽자회』 한자음 내원을 밝히게 된다.

1) 知母 [ț]

- 張댱, 帳댱, 中듕, 徵딩, 爹댜, 瀦뎌, 謫뎍, 驪뎐, 轉뎐, 猪뎨, 嘲됴, 屯둔,
  窀둔, 䡍듀, 肘듀, 晝듀, 株듀, 蛛듀, 拄듀, 竹듁, 蜘디, 智디, 珍딘
- 瘃탁, 卓탁, 啄탁, 椓탁, 着탹, 哲텰, 築튝, 漲턍, 脹턍, 塚튱, 忠튱, 衷튱,
  砧팀
- 樞좌, 椿좡
- 站참

知母의『훈몽자회』한자음 성모는 다수가 [ț](23개)이고, 일부가[ț'](13 개), [tʂ](2개), [tʂ'](1개)이다.

중국어 상고 시기에는 知母가 端母에 귀속되어 있다가『광운』에서 독립적인 성모로 되었다.『광운』이후에 知母가 照系의 성모와 합류되어 성모 [tʂ]로 변하였다. 그러니 知母는 상고 시기부터 [t]→[ț]→[tʂ]로의 변화를 거쳐 현대 중국어의 성모 [tʂ]로 되었다.

『훈몽자회』에 나타난 知母의 성모 [t]는 중국어 상고음의 반영이다.

『훈몽자회』에 나타난 知母의 성모 [t']는 한국어에서 거센 소리가 생겨난 이후에 산생된 성모이다. 거센 소리가 생긴 시기가 진일보의 연구가 기대된다.

『훈몽자회』의 한자 '樞좌, 椿좡, 站참'의 성모 [tʂ], [tʂ']는『광운』이후 중국어에서 생겨난 성모 [tʂ]의 한국식 표기이다. 그러니 이는 근대 중국어 성모가 한국 한자음에 수입된 것이다.

2) 徹母 [t̺ʻ]

- 蝩댱, 寵툥, 笞틱, 坼틱, 撑팅, 詔텸, 黜튤, 絺티, 癡티, 勅틱, 鷔틱, 蠆태
- 頳뎡, 橒뎡, 蟶뎡, 搋뎌, 樗뎌, 楮뎌, 覘뎜
- 岔차, 椿츈, 褫치

徹母의『훈몽자회』한자음 성모는 다수가 [t̺ʻ](12개)이고, 일부가[tʻ](7개)이며, 개별적인 한자가 [tsʻ](3개)이다.

徹母가 중국어 상고 시기에는 透母에 속하여 있다가『광운』에서 독립적인 성모로 분리되었다. 徹母가『광운』이후 照系의 성모와 합류되어 성모 [tʂ]로 변하였다. 그러니 徹母는 중국어 상고 시기부터 현대까지 사이에 [tʻ]→[t̺ʻ]→[tʂʻ]로의 변화를 거쳐 현대 중국어의 성모 [tʂʻ]로 되었다.

『훈몽자회』에 나타난 徹母의 성모 [t]는 중국어 상고음의 잔재이다. 왜냐하면 상고 시기의 한국어에 거센 소리가 없었기 때문이다.

『훈몽자회』에 나타난 徹母의 성모 [tʻ]는 한국어 성모 [t]의 변형으로 보인다. 이 변화가 나타난 원인과 시기가 진일보의 연구가 기대된다.

『훈몽자회』의 한자 '岔차, 椿츈, 褫치'의 성모 [tsʻ]는『광운』이후, 중국어에서 생겨난 성모 [tʂʻ]의 변형이다. 즉 근대 중국어 성모 [tʂʻ]의 한국식 표기이다. 그러니 이는 근대 중국어 성모가 한국 한자음에 수입된 것이다.

3) 澄母 [d̺]

- 幢당, 場댱, 腸댱, 丈댱, 杖댱, 呈뎡, 裎뎡, 鋥뎡, 蚰듕, 澄딍, 橙딍, 茶다,

賺담, 儲뎌, 芋뎌, 杼뎌, 筯뎌, 廛뎐, 棹도, 礴독, 朝묘, 潮됴, 紬듀, 疇듀,

籌듀, 廚듀, 宙듀, 胄듀, 柱듀, 池디, 墀디, 直딕, 塵딘, 姪딜, 帙딜

• 翀튱, 蟲튱, 澤틱, 宅퇴, 濁탁, 綻탄, 躑텩, 擲텩, 嵒톄, 鎚퇴, 椎퇴, 蘜톡,

鍾튜, 柚튝, 妯튝, 軸튝, 逐튝, 舳튝, 茶튤, 馳티, 痔티, 雉티, 稚티, 蟄팁

• 椽연

澄母의 『훈몽자회』 한자음 성모는 다수가 [t](35개)이고, 일부가 [tʼ](24개), [ø](1개)이다.

중국어 상고 시기에는 澄母가 定母에 귀속되어 있는 유성음이고, 『광운』에서 독립적인 성모로 분리되었다. 『광운』 이후 照系의 성모와 합류하여 순한 소리 성모 [tʂ]와 거센 소리 성모 [tʂʼ]로 분화되었다. 그러니 澄母는 상고 시기의 유성음 성모 [d]가 [d]→[ɖ]→[tʂ]/[tʂʼ]로의 변화를 거쳐 현대 중국어의 성모 [tʂ], [tʂʼ]로 되었다.

『훈몽자회』에 나타난 澄母의 성모 [t]는 중국어 상고음의 반영이다.

『훈몽자회』에 나타난 澄母의 성모 [tʼ]는 한국어에서 거센 소리가 생겨난 이후에 산생된 음이다.

『훈몽자회』의 한자 '椽연'의 성모 [ø]의 내원을 명확히 밝히기 어려우나 유추에 의해 생긴 음으로 보인다.

'椽'자를 중국의 '광주(廣州)'(粵方言)에서 [jyn]으로도 읽고, '양강(陽江)'(粵方言)에서 [jin]으로 읽음이 주목된다.

4) 娘母 [ɳ]

• 娘낭, 孃냥, 醲농, 嬭내, 女녀, 碾년, 鑷녑, 鬧뇨, 杻뉴, 紐뉴, 尼니, 賃님

• 釀양, 鐃요

娘母의『훈몽자회』한자음 성모는 다수가 [n](12개)이고, 개별 한자의 성모가 [ø](제로 성모, 2개)이다.

娘母가 중국어 상고 시기에는 泥母에 귀속되어 있다가『광운』에서 독립적인 성모로 분리되었다. 娘母가『광운』이후에 다시 泥母와 합류하여 현대 중국어의 성모 [n]로 되었다. 그러니 娘母가 역사적으로 [n]→[n̠]→[n]의 변화를 가져온 것이다.

『훈몽자회』娘母의 성모 [n]는 중국어 상고음의 반영으로 보인다.

『훈몽자회』의 한자 '釀, 鐃'의 성모 [ø]는 한국어에서의 변형으로 보인다. 즉 한국어에서 [n]→[ø]의 변화가 있었다.

'釀'자를 중국의 '쌍봉(双峰)'(湘方言)에서 [iɒŋ]으로 읽고, '매현(梅縣)'(客家方言)에서 [iɔŋ]으로 읽고, '광주(廣州)'(粤方言)에서 [iœŋ]으로 읽고, '복주(福州)'(閩方言)에서 [yɔŋ]으로 읽음이 주목된다.

4. 치두음

치두음(齒頭音)에는 精母, 清母, 從母, 心母, 邪母 등 5개 성모가 있다. 이들 5개 성모의 『훈몽자회』 한자음 내원을 밝히면 아래와 같다.

1) 精母 [ts]

• 臟장, 葬장, 將쟝, 漿쟝, 槳쟝, 醬쟝, 精졍, 井졍, 宗종, 綜종, 鬃종, 鯼종, 蹤종, 醬중, 繒증, 甑증, 沛ᄌ, 姿ᄌ, 孳ᄌ, 滋ᄌ, 資ᄌ, 齏ᄌ, 髭ᄌ, 鎡ᄌ, 子ᄌ, 姉ᄌ, 籽ᄌ, 紫ᄌ, 簪줌, 毅직, 栽직, 宰직, 載직, 薺직, 梓직, 咂잡, 姐져, 罝져, 勣젹, 跡젹, 積젹, 績젹, 煎젼, 箋젼, 剪젼, 箭젼, 癤졀, 節졀,

椄졉, 薺졔, 擠졔, 祭졔, 穄졔, 濟졔, 霽졔, 糟조, 早조, 蚤조, 棗조, 澡조,

藻조, 竈조, 租조, 祖조, 鏃족, 尊존, 瘁졸, 卒졸, 左좌, 足죡, 奏주, 樽준,

酒쥬, 俊쥰, 儁쥰, 鯽즉, 楫즙, 稷직, 津진, 進진

- 讚찬, 鑽찬, 拶찰, 借챠, 鷑쳑, 脊쳑, 薦쳔, 睫쳡, 椒쵸, 焦쵸, 蕉쵸, 鷦쵸,

湫츄, 緅츄, 菁쳥, 晴쳥, 嘴췌, 僦취, 醉취

- 餕산

精母의 『훈몽자회』 한자음 성모는 다수가 [ts](80개)이고, 소수가 [ts'](19개), [s](1개)이다.

중국어 精母는 상고 시기부터 현재까지 줄곧 자음 [ts]로 존재해 온 성모이다. 그러나 『광운』 이후 精母의 일부분 한자가 구개음화 하여 [tɕ]로 변하면서 精母가 [ts]와 [tɕ]로 분화되어 현대에까지 이르 렀다. 그러니 精母가 역사적으로 [ts]→[ts]와 [ts]→[tɕ] 두 갈래로 나누 이어졌다.

중국어 역사연구에서 [ts]→[tɕ]로의 변화 년대가 아직 명확히 밝혀 지지 않고 있다. 『훈몽자회』 '娶취, 僦취' 두 한자의 운모가 [iui]이고 이들 성모가 현대 중국어에서 구개음 [tɕ']로 되어 있는 것으로 보아 16세기에 중국어에서 [ts']→[tɕ']의 구개음화가 시작되었을 것으로 보 인다.

이밖에 『훈몽자회』의 한자 '將쟝, 漿쟝, 槳쟝, 醬쟝, 精졍, 井졍, 煎젼, 箋젼, 剪젼, 箭젼, 癤졀, 節졀, 椄졉, 擠졔, 祭졔, 穄졔, 濟졔, 霽졔, 酒쥬, 俊쥰, 津진, 進진' 등의 성모도 이미 구개음 [tɕ]로 변하였을 것으로 보인다.

『훈몽자회』에서 精母의 성모 [ts]는 중국어 상고음의 반영이다.

『훈몽자회』에서 精母의 성모 [ts]는 한국어에서 거센 소리가 산생한

후에 [ts]가 [ts']로의 변형이다.

『훈몽자회』에서 성모 [ts]로 된 精母의 한자 '昨, 自, 在, 极' 등을 중국의 일부 방언에서 거센 소리 [ts']나 [tɕ']로 발음함이 주목된다.

『훈몽자회』의 한자 '餕산'의 성모 [s]의 내원을 명확히 밝힐 수 없으나 유추에 의해 생겨난 것으로 보인다.

2) 淸母 [ts']

- 倉창, 鶬창, 槍창, 搶창, 靑청, 圊청, 淸청, 蜻청, 鯖청, 葱총, 聰총, 娶취, 綷치, 菜치, 搓차, 錯착, 鑹찬, 爨찬, 跐채, 妻쳐, 刺쳑, 戚쳑, 鍼쳑, 擶쳔, 千쳔, 韆쳔, 蒨쳔, 籤쳠, 妾쳡, 砌체, 草초, 騲초, 醋초, 村촌, 寸촌, 鏳죠, 鏊죠, 翠취, 秋츄, 楸츄, 緅츄, 鞦츄, 鞧츄, 鶖츄, 鰍츄, 親친, 七칠, 漆칠, 榇칠, 寢침, 篗침
- 疵ᄌ, 雌ᄌ, 莉ᄌ, 鵲쟉, 疽져, 鴟져, 沮져, 蛆져, 磧젹, 竊졀, 糙조, 滕쥬, 皴쥰, 緝즙
- 焠슈
- 囷균

淸母의 『훈몽자회』 한자음 성모는 다수가 [ts'](51개)이고, 일부가 [ts](14개)이며 개별적인 것이 [s](1개), [k](1개)이다.

중국어 淸母는 상고 시기부터 현대까지 줄곧 [ts']로 존재해 온 성모이다. 그러나 『광운』 이후 淸母의 일부분 한자가 구개음화 하여 [tɕ']로 변하면서 淸母가 [ts']와 [tɕ']로 분화되어 현대에까지 이르렀다. 그러니 淸母가 역사적으로 중국어에서 [ts']→[ts']와 [ts']→[tɕ'] 두 갈래로 나뉜 것이다.

『훈몽자회』淸母의 성모 [ts]는 중국어 상고음의 반영으로 보인다. 왜냐하면 한국어 상고 시기에 거센 소리가 없었기 때문이다.

『훈몽자회』淸母의 성모 [ts']는 한국어에서 거센 소리가 생겨난 후에 산생된 음이다.

『훈몽자회』한자 '焠슈, '困'자'의 성모 [s], [k]의 내원을 명확히 밝히기 어려우나 유추에 의해 생겨났을 가능성이 많은 것으로 보인다.

3) 從母 [dz]

- 資ᄌᆞ, 牸ᄌᆞ, 鰦자, 挫좌, 坐좌, 疾질, 嬙쟝, 檣쟝, 匠쟝, 墙쟝, 薔쟝, 穽졍, 情졍, 繒증, 贈증, 骴ᄌᆞ, 瓷ᄌᆞ, 慈ᄌᆞ, 自ᄌᆞ, 字ᄌᆞ, 蚕줌, 潛줌, 臍ᄌᆡ, 才ᄌᆡ, 財ᄌᆡ, 裁ᄌᆡ, 柞작, 昨작, 撍잠, 褯쟈, 嚼쟉, 賊적, 籍젹, 錢젼, 前젼, 錢젼, 臍졔, 蠐졔, 薺졔, 曹조, 槽조, 螬조, 艚조, 皂조, 造조, 祚조, 族족, 鐏존, 罪죄, 蹲준, 顜쥬, 螓진, 集집
- 銼차, 鑿착, 堉쳑, 瘠쳑, 賤쳔, 踐쳔, 泉쳔, 憔쵸, 樵쵸, 誚쵸, 鷲츄, 晴청, 叢총, 悴췌
- 哂신, 蕈심

從母의 『훈몽자회』성모는 다수가 [ts](53개)이고, 일부가 [ts'](14개)이며, 개별적인 것이 [s](2개)이다.

從母는 유성음으로 중국어 상고 시기부터 『광운』까지 유성음 [dz]였다. 그 이후에 유성음의 소실과 함께 순한 소리 [ts]와 거센 소리 [ts']로 분화되었다. 이렇게 분화된 [ts], [ts']가 다시 [tɕ], [tɕ']로 분화되면서 현대 중국어에 이르러서는 [ts], [ts'], [tɕ], [tɕ']의 네 개 성모로 되었다.

『훈몽자회』에 나타난 從母의 성모 [ts]는 상고 중국어 성모 [dz]의 반영으로 보인다.

『훈몽자회』에 나타난 從母의 성모 [tsʰ]는 한국어서 거센 소리가 생겨난 뒤 산생된 음이다.

『훈몽자회』의 한자 '蕈심'의 성모 [s]는 『광운』 이후 중국어에서 생긴 구개음 [ɕ]의 표기로 보인다. 왜냐하면 '蕈'자의 현대 중국어 발음이 [ɕyn]이기 때문이다. 이는 의심할 바 없이 '蕈'자의 『광운』 성모 [ts]가 [ts]→[s]→[ɕ]의 변화를 가져온 것이다. 한국어에서 [s]와 [ɕ]를 구별하여 표기할 수 없으니 부득이 [s]로 표기한 것이다.

그리고 '蕈'자의 『광운』 운모가 寢韻 [iəm]이다. 그러니 『광운』 이후에 [iəm]→[im]→[in]→[yn]의 변화를 거쳐 현대 중국어 운모 [yn]으로 되었다. 한국어에서 중국어 운미를 엄격히 구별하여 표기하는 원칙에 따라 중국어 운모 [in]/[yn]을 [im]으로 표기한 것으로 보인다.

『훈몽자회』의 한자 '曬신'의 성모 [s]의 내원은 밝히기 어렵다.

4) 心母 [s]

• 棲셔, 桑상, 嗓상, 磉상, 頼상, 相샹, 廂샹, 箱샹, 緗샹, 鬵샹, 星셩, 性셩, 姓셩, 騂숑, 菘숑, 僧숭, 賜ᄾ, 司ᄾ, 絲ᄾ, 撕ᄾ, 蕬ᄾ, 鷥ᄾ, 死ᄾ, 四ᄾ, 笥ᄾ, 璽ᄾ, 蔘ᄉᆞᆷ, 塞식, 賽식, 驤양, 抄사, 梭사, 傘산, 珊산, 狻산, 酸산, 筭산, 三삼, 馺삽, 寫샤, 卸샤, 瀉샤, 西셔, 犀셔, 壻셔, 絮셔, 腊셕, 昔셕, 淅셕, 蜥셕, 錫셕, 潟셕, 碣셕, 仙션, 秈션, 跣션, 獮션, 燹션, 蘚션, 線션, 霰션, 癬션, 楔셜, 糏셜, 痹셜, 雪셜, 歲셰, 洗셰, 鞘소, 搔소, 繅소, 酥소, 蘇소, 櫯소, 素소, 訴소, 嗉소, 塑소, 粟쇽, 殞손, 孫손, 蓀손, 猻손, 鎖쇠, 鞘쇼, 蛸쇼, 宵쇼, 焇쇼, 霄쇼, 簫쇼, 蠨쇼, 笑쇼, 嘯쇼, 嫂수, 艘수, 叟수,

瞍수, 搜수, 藪수, 嗽수, 蒜션, 荽슈, 髓슈, 饞슈, 銹슈, 繡슈, 鬚슈, 夙슉,
蓿슉, 筍슌, 膝슬, 嘶싀, 廝싀, 葸시, 息식, 辛신, 薪신, 信신, 頤신, 訊신,
蟋실, 心심, 寫싸, 尿쉬, 薛벽, 鉞슐
- 臊조, 噪조, 隼쥰
- 糝참, 綃쵸
- 詠튤
- 恤휼
- 薛벽

心母의『훈몽자회』한자음 성모의 절대 다수가 [s](126개)이고, 개별적인 한자의 성모가 [ts](3개), [ts'](2개), [t'](1개), [x](1개), [p](1개)이다.

心母의 성모는 중국어 상고 시기부터『광운』까지 [s]음을 유지하였다. 그 이후에 [s]가 [s]와 [ɕ]로 분화되어 현대 중국어의 성모 [s], [ɕ]로 되었다. 그러니 心母는『광운』이후에 [s], [ɕ] 두 개의 성모로 분화된 것이다.

『훈몽자회』한자음 성모 [s]는 중국어 상고음의 반영으로 보인다.

『훈몽자회』의 한자 '寫싸'의 성모 [ss]는 한국어 어음체계의 영향을 받아 형성된 표기이다.

『훈몽자회』의 한자 '尿'가 현대 중국어에서 [niao]와 [sui] 두 가지로 발음되고 있다. 이는 '尿'자가『광운』에서 '泥母'와 '心母' 두 개 성모에 속하였었기 때문이다. 이 두 가지 발음에서 '心母'의 발음 [sui]가 중국어 상고 시기의 발음이고, '泥母'의 발음 [niao]가 상고 이후에 생겨난 발음으로 보인다.

본 연구의 성모에서 '尿'자를 '心母'에서도 다루면서 '心母'의 발음 [sui]가 우리말 단어로 되었음을 밝히게 된다.

우리말에 '어린아이에게 오줌을 뉠 때 하는 소리'인 '쉬'가 있다. 이는 아이더러 오줌을 누라는 뜻이다. 허신의 『설문해자』에서 "尿, 人小便也."라고 해석하였으니 '尿'의 중국어 뜻이 우리말 단어 '쉬'의 뜻과 꼭 같다. 우리가 보건대 '尿'자가 상고중국어에서는 '心母'에 속하였으나 후에 '泥母'로도 발음된 것이다. 그리고 '尿'자의 『중원음운』 발음도 [suì]로 우리말 '쉬'의 발음과 꼭 같다.

하여 우리는 한국어 단어 '쉬'는 '尿'의 중국어 발음 [suì]에서 차용된 것으로 보려 한다.

중국의 여러 방언에서도 '尿'자의 성모를 [n], [s], [z]로 발음하였다. 예를 들면 북경 방언에서 [niau]/[suei]로, 제남 방언에서 [n̠iɔ]/[suei]로, 무한 방언에서 [niau]/[sei]로, 합비 방언에서 [liɔ]/[se]로, 양주 방언에서 [səi]/[liɔ]로, 소주 방언에서 [sɥ]/[n̠iæ]로, 온주 방언에서 [sɿ]/[n̠ia]로, 조주 방언에서 [zie]로 발음하였다.

『훈몽자회』의 한자 '喿조'의 성모 [ts]는 성모 [s]가 중국어에서의 변형 [ts]가 한국어에서의 반영이다. 즉 '喿'가 중국어에서 [s]→[ts]의 변화가 있었다.

『훈몽자회』의 한자 '臊조, 隼쥰, 慘참, 綃쵸'의 성모 [ts], [ts']는 성모 [s]가 한국어에서의 변형으로 보인다.

『훈몽자회』의 한자 '訹튤, 恤휼, 薛벽'의 성모 [t'], [x], [p]의 내원은 명확히 밝히기 어려우나 유추에 의해 생겨난 것으로 보인다.

心母에 속하는 '臊, 燥, 騷, 泄, 膝, 惜, 粟, 腮, 賽' 등 한자가 중국의 일부 방언에서의 성모가 [ts], [ts']로도 되어 있음이 주목된다.

5) 邪母 [z]

- 庠샹, 翔샹, 象샹, 橡샹, 餳셩, 松숑, 訟숑, 頌숑, 誦숑, 祠ᄼ, 詞ᄼ, 寺ᄼ, 祀ᄼ, 姒ᄼ, 耜ᄼ, 飼ᄼ, 斜샤, 序셔, 漵셔, 嶼셔, 芧셔, 夕셕, 汐셕, 穸셕, 席셕, 旋션, 篲슈, 泅슈, 燧슈, 穗슈, 繸슈, 岫슈, 袖슈, 旬슌, 習습, 闍시, 燼신, 鱏심, 燖심
- 涎연

『훈몽자회』 邪母 성모의 거의 모두 [s](39개)이고, 하나의 성모가 [ø](1개)이다.

邪母의 성모는 중국어 상고 시기부터 『광운』까지 [z]였고, 『광운』 이후에 [s]와 [ɕ]로 분화되어 현대에까지 이른다.

『훈몽자회』에 나타난 邪母의 성모 [s]는 중국어 상고음의 변형으로 보인다.

『훈몽자회』의 한자 '涎'자의 독음 '연'은 유추에 의해 생긴 음으로 보인다.

5. 정치음

중국어 정치음(正齒音)은 다시 정치음장조(正齒音莊組)와 정치음장조 (正齒音章組) 두 가지로 나뉜다.

1) 정치음장조

정치음장조를 '照二'이라고도 한다. 여기에는 莊母, 初母, 生母, 崇母 등 4개 성모가 있다.

중국 음운학계에 조이귀정설(照二歸精說)이 있다. 이 말의 뜻인즉 『광운』에서 照二에 속한 성모들이 상고 시기에는 精母에 귀속되어 있었다는 것이다. 즉 중국어 상고 시기에는 精母와 莊母가 하나의 성 모였고, 清母와 初母가 하나의 성모였으며, 從母와 崇母가 하나의 성모 였고, 心母와 生母가 하나의 성모였었다는 뜻이다. 이 설에 대해 동의 하는 사람도 있고 반대하는 사람도 있다. 본 연구에서는 이 이론에 기초하여 莊母, 初母, 崇母, 生母 등 4개 성모의 내원을 고찰하게 된다.

이들 정치음장조 4개 성모의 『훈몽자회』한자음 내원을 밝히면 아 래와 같다.

(1) 莊母 [ʧ]

- 粧장, 裝장, 滓지, 箏징, 諍징, 咱자, 皻자, 蚱자, 榨자, 鮓자, 盞잔, 醮잠, 樝쟈, 幘젹, 爪조, 笊조, 葅조, 櫛즐, 戠즙, 榛진
- 譖춤, 笮칰, 讀칰, 昃칰, 瘧차, 艫차, 債채, 皺추, 縐추, 毿츄, 仄측, 輜칰, 鯔칰

・鎈ᄼ, 渣사, 詐사

莊母의『훈몽자회』한자음 성모는 다수가 [ts](20개)이고, 일부가 [tsʻ](13개)이며 개별 한자의 성모가 [s](3개)이다.

莊母가 중국어 상고 시기에는 精母에 귀속되어 있다가 『광운』에서 단독 성모로 분리되었다. 『광운』이후 莊母의 다수가 照系에 귀속되어 성모 [tʂ]로 변하고, 일부가 精母에 귀속되어 성모 [ts]를 유지하였다. 그러니 莊母가 상고 시기부터 현재까지 [ts]→[ʧ]→[tʂ], [ts]→[ʧ]→[ts] 두 가지의 변화를 한 것이다.

『훈몽자회』의 성모 [ts]는 莊母의 중국어 상고음의 반영으로 보인다.

『훈몽자회』의 성모 [tsʻ]는 한국어에서 거센 소리가 생겨난 뒤에 산생된 음으로 보인다.

『훈몽자회』의 한자 '鎈ᄼ, 渣사, 詐사'의 성모 [s]의 내원을 명확히 밝히기 어려우나 유추에 의해 생긴 것으로 보인다.

중국의 일부분 방언에서 莊母의 한자 '側, 捉, 箏'의 성모를 [tsʻ]로 발음함이 주목된다.

(2) 初母 [ʧʻ]

・窓창, 瘡창, 囱총, 冊칙, 策칙, 柵칙, 釵차, 叉차, 杈차, 靫차, 汊차, 刹찰, 礎초, 鈔쵸, 炒쵸, 簉추, 厠치, 齔친, 櫬친
・鏟산, 揷삽, 鍤삽

初母의『훈몽자회』한자음 성모는 다수가 [tsʻ](19개)이고 개별 한자가 [s](3개)이다.

初母가 중국어 상고 시기에는 清母에 귀속되어 있다가『광운』에서 단독 성모로 분리되었다.『광운』이후 初母의 다수가 照系에 귀속되어 성모 [tʂ']로 되고, 일부가 清母에 귀속되어 [ts']음을 유지하였다. 그러니 初母가 중국어에서 상고 시기부터 현대까지 [ts']→[tʃ']→[tʂ'], [ts']→[tʃ']→[ts'] 두 가지의 변화를 가져온 것이다.

『훈몽자회』의 성모 [ts']는『광운』이후에 생겨난 거센 소리 [tʂ'], [ts']가 한국어에서 [ts']로 된 것으로 보인다.

『훈몽자회』의 한자 '鑱산, 挿삽, 鍤삽'의 성모 [s]는 한국어에서 [ts]→[s]의 변형이다.

중국의 일부 방언에서 初母에 속한 한자의 성모를 [s]로 발음함이 우리에게 주목된다. 예를 들면 '厠'자의 성모가 北京, 武漢, 成都, 合肥, 揚州, 長沙, 双峰 등지에서 [s]로도 되고, '歼'의 성모가 梅縣에서 [s]로 되고, '篡'자의 성모가 廣州, 陽江에서 [ʃ]로 되었다.

(3) 崇母 [dʒ]

- 牀상, 士ᄉᆞ, 事ᄊᆞ, 槎사, 鋤서, 巢소, 柴싀, 豺싀, 柿시
- 涔즘, 柊즘, 棧잔, 饟잡, 煠잡, 狀장, 儕졔
- 鉏착, 饌찬, 鍘찰, 讒참, 饞참, 寨채, 雛추

『훈몽자회』에서 崇母의 다수가 [s](9개)이고 일부가 [ts](7개), [ts'](7개)이다.

崇母가 유성음으로 중국어 상고 시기에는 從母에 귀속되어 있다가『광운』에서 단독 성모로 분리되었다.『광운』이후에 순한 소리와 거센 소리로 분화되어 다수가 照系의 [tʂ]와 [tʂ']로 변하고, 일부가 精母

의 [ts], [ts']음을 유지하였으며, 개별 한자의 성모가 [ʂ]로 변하였다.

그러니 崇母가 상고 시기부터 현대까지 [dz]→[ʥ]→[ts']→[tʂ'], [dz]→[ʥ]→[ts]→[tʂ], [dz]→[ʥ]→[ts'], [dz]→[ʥ]→[ts], [dz]→[ʥ]→[tʂ]→[ʂ]의 변화를 가져온 것이다.

『훈몽자회』의 성모 [ts], [ts']는 崇母가『광운』이후에 순한 소리와 거센 소리로 분화된 형태의 반영이다.

『훈몽자회』의 성모 [s]는 중국어 성모 [tʂ], [tʂ'], [ʂ]가 한국어에서의 변형이다.

『훈몽자회』의 한자 '事ᄊ'의 성모 [ss]는 한국어 된소리가 한자음에서의 반영이다.

한자 '士, 柿'의 성모가 중국의 北京, 濟南 방언에서 [ʂ]로 발음되고, 太原, 武漢, 成都, 合肥, 揚州, 長沙, 梅縣 등지의 방언에서 [s]로 발음됨이 주목된다.

(4) 生母 [ʃ]

•瀧샹, 霜샹, 孀샹, 猩셩, 雙솽, 師ᄉ, 獅ᄉ, 史ᄉ, 蛳ᄉ, 嗇싱, 穡싱, 生싱,
  笙싱, 甥싱, 鉎싱, 鼪싱, 沙사, 紗사, 裟사, 鯊사, 朔삭, 槊삭, 嗍삭, 索삭,
  驪산, 産산, 山산, 疝산, 訕산, 殺살, 衫삼, 釤삼, 歃삽, 箑삽, 梳소, 疏소,
  蔬소, 所소, 蟀솔, 刷솨, 耍솨, 孿솬, 弰쇼, 筲쇼, 瘦수, 漱수, 搜수, 蒐수,
  溲수, 螋수, 帥슈, 瑟슬, 蝨슬, 筵싀, 曬싀
•醋채, 榱최, 梢쵸, 艄쵸

生母의 『훈몽자회』 한자음 성모는 대다수가 [s](55개)이고 소수가 [ts'](4개)이다.

生母가 중국어 상고 시기에는 心母에 귀속되어 있다가 『광운』에서 단독 성모로 분리되었다. 『광운』 이후에 生母의 다수가 照系의 [ʂ]로 변하고, 일부가 心母에 귀속되어 [s]음을 유지하였다. 그러니 生母가 상고 시기부터 현대까지 [s]→[ʃ]→[ʂ], [s]→[ʃ]→[s] 두 가지 변화를 가져온 것이다.

『훈몽자회』의 성모 [s]는 生母의 중국어 상고음의 반영이다.

『훈몽자회』의 한자 '醮채, 欀취, 梢쵸, 艄죠'의 성모 [tsʼ]는 중국어 성모 [tsʼ], [ʂ]의 변형이다.

중국의 일부 방언에서 生母의 한자를 [tʂʼ], [tsʼ]로 발음함이 주목된다. 예를 들면 '産'자를 北京, 濟南 등지에서 [tʂʼ]로 발음하고 西安, 太原, 武漢, 成都, 合肥, 揚州, 長沙 등지에서 [tsʼ]로 발음하였다. '杉'자를 梅縣에서 [ts]로 발음하고, 廣州, 陽江에서 [tʃ]로 발음하였다. 그리고 한자 '滲'의 성모가 武漢, 成都, 双峰, 南昌, 梅縣, 潮州, 福州에서 [tsʼ]로 되었다.

2) 정치음장조

정치음장조를 '照三'이라고도 한다. 거기에는 章母, 昌母, 船母, 書母, 禪母 등 5개 성모가 있다.

중국 음운학계에 '조삼귀단설(照三歸端說)'이 있다. 이 말의 뜻인즉 『광운』에서 照三에 속한 성모들이 상고 시기에는 端母에 귀속되어 있었다는 것이다. 즉 중국어 상고 시기에는 端母와 章母가 하나의 성모였고, 透母와 昌母, 書母가 하나의 성모였으며, 定母와 船母, 禪母가 하나의 성모였었다는 뜻이다. 중국학계에는 '조삼귀단설'에 동의하는 사람도 있고 동의하지 않는 사람도 있다. 본 연구에서는 이 이론에 기초하여 照三 성모의 내원을 고찰하게 된다.

이들 정치음장조 5개 성모의 『훈몽자회』 한자음 내원을 밝히면 아래와 같다.

(1) 章母 [tɕ]

- 韡쟝, 章쟝, 獐쟝, 掌쟝, 嶂쟝, 鉦졍, 政졍, 終죵, 鍾죵, 螽죵, 鐘죵, 種죵, 踵죵, 烝증, 證증, 赭쟈, 柘쟈, 炙쟈, 煮쟈, 鬻쟈, 繳쟉, 酌쟉, 渚져, 炙젹, 饘젼, 鸇젼, 戰젼, 甄젼, 靳졀, 占졈, 陸죠, 詔죠, 照죠, 腫죵, 注쥬, 炷쥬, 鑄쥬, 舟쥬, 州쥬, 洲쥬, 朱쥬, 珠쥬, 主쥬, 蛀쥬, 粥쥭, 稕쥰, 準쥰, 祇지, 砥지, 芝지, 枝지, 肢지, 脂지, 梔지, 揣지, 旨지, 址지, 沚지, 指지, 咫지, 紙지, 趾지, 志지, 痣지, 織직, 職직, 賑진, 櫛질, 礩질, 斟짐
- 隻쳑, 瞻쳠, 佳쵸, 錐쵸, 燭쵹, 崔쳐, 箒츄, 呪츅, 捶췌, 篲췌, 贅췌, 卮치, 鍼침, 枕침
- 貞뎡, 肫둔, 癉단, 畛딘, 桎딜, 蛭딜, 銍딜
- 蟾셤, 沼쇼

章母의 『훈몽자회』 한자음 성모는 대다수가 [tʂ](70개)이고 소수가 [tʂ'](14개)이며, 개별적인 것이 [t](7개), [s](2개)이다.

章母가 중국어 상고 시기에는 端母에 귀속되어 있다가 『광운』에서 단독 성모로 분리되었다. 章母가 『광운』 이후에 照系의 [tʂ]로 변하였다. 그러니 章母가 상고 시기부터 현대까지 [t]→[ṭ]→[tʃ]→[tʂ]의 변화를 가져온 것이다.

『훈몽자회』의 성모 [tʂ]는 章母가 『광운』 이후의 중국어에서 [tʂ]로 변한 음의 반영으로 보인다.

『훈몽자회』의 성모 [tsʰ]는 한국어에서 거센 소리가 생긴 후에 [ts]의 일부가 변하여 된 것으로 보인다.

『훈몽자회』의 한자 '貞뎡, 朏둔, 癜딘, 畛딘, 桎딜, 蛭딜, 銍딜'의 성모 [t]는 중국어 상고음의 반영으로 보인다.

『훈몽자회』의 한자 '蟾셤, 沼쇼'의 성모 [s]의 내원은 명확히 밝히기 어려우나 유추에 의해 생긴 것으로 보인다.

(2) 昌母 [tɕʰ]

- 菖챵, 娼챵, 廠챵, 唱챵, 荶츙, 銃츙, 醜취, 臭취, 炊취, 秤칭, 處쳐, 尺쳑, 蚇쳑, 斥쳑, 川쳔, 穿쳔, 喘쳔, 釧쳔, 韂쳠, 杪쵸, 觸쵹, 吹츄, 樞츄, 春츈, 蚩치, 眵치, 鴟치, 齒치
- 杵져, 赤젹, 蠢쥰
- 啜텰, 沼툐, 冲튱
- 瘥딜
- 瀋심

昌母의『훈몽자회』한자음 성모는 절대 대다수가 [tsʰ](28개)이고, 개별적인 글자가 [ts](3개), [tʰ](3개), [t](1개), [s](1개)이다.

昌母가 중국어 상고 시기에는 透母에 귀속되어 있다가『광운』에서 단독 성모로 되었다. 昌母가『광운』이후에 照系의 [tʂ]로 변하였다. 그러니 昌母가 상고 시기부터 현대까지 사이에 [t]→[tʲ]→[tʃʰ]→[tʂ]의 변화를 가져온 것이다.

『훈몽자회』의 성모 [tsʰ]는 昌母가『광운』이후의 중국어에서 [tʂ]로 변한 음의 반영으로 보인다.

『훈몽자회』의 성모 [ts]는 한국어에서 나타난 [t]→[ts]의 변형일 것으로 보인다.

『훈몽자회』의 성모 [t]는 중국어 상고음의 반영으로 보인다.

『훈몽자회』의 성모 [t']는 한국어에서 나타난 [t]→[t']의 변형으로 보인다.

『훈몽자회』의 성모 [s]의 내원은 명확히 밝히기 어려우나 유추로 보인다.

(3) 船母 [dz]

- 乘숭, 繩숭, 蛇샤, 麝샤, 射쌰, 抒셔, 船션, 舌셜, 貰셰, 贖쇽, 脣슌, 楯슌, 術슐, 食식, 蝕식, 神신, 甚심, 椹심
- 舐뎨
- 秫튤
- 吮연

船母의 『훈몽자회』 한자음 성모는 절대 대다수가 [s](18개)이고, 개별적인 글자가 [t](1개), [t'](1개), [ø](1개)이다.

船母가 중국어 상고 시기에는 定母에 귀속되어 있다가 『광운』에서 단독 성모로 분리되었다. 船母가 『광운』 이후에 照系의 [ʂ]로 변하였다. 그러니 船母가 상고 시기부터 현대까지 사이에 [d]→[dⱼ]→[dz]→[ʂ]의 변화를 가져온 것이다.

『훈몽자회』의 성모 [s]는 船母가 『광운』 이후 중국어에서 [ʂ]로 변한 음의 반영으로 보인다.

『훈몽자회』의 한자 '射쌰'의 성모 [ss]는 한국어 어음체계의 영향을

받은 것이다.

『훈몽자회』의 한자 '舐뎨'의 성모 [t]는 중국어 상고음의 잔재로 보인다.

『훈몽자회』의 한자 '秫튤'의 성모 [tʰ]는 한국어 성모 [t]의 변형으로 보인다.

『훈몽자회』의 한자 '吮연'의 성모 [ø]은 유추에 의해 산생된 것으로 보인다.

(4) 書母 [ɕ]

- 商샹, 觴샹, 晌샹, 賞샹, 聲셩, 聖셩, 春츈, 升승, 勝승, 賒샤, 舍샤, 蟺셔,
  書셔, 暑셔, 黍셔, 鼠셔, 恕셔, 螫셕, 扇션, 騸션, 說셜, 苫셤, 韘셥, 攝셥,
  世셰, 帨셰, 燒쇼, 收슈, 手슈, 首슈, 狩슈, 獸슈, 輸슈, 水슈, 叔슉, 菽슉,
  蕣슌, 瞬슌, 屎시, 絁시, 詩시, 鳲시, 豕시, 式식, 拭식, 飾식, 伸신, 身신,
  娠신, 紳신, 室실, 嬸심, 翅시, 屍시, 矢시
- 羶견, 痁졈
- 餉향
- 弛이

書母의 『훈몽자회』 한자음 성모는 절대 다수가 [s](55개)이고, 개별적인 한자가 [ts](2개), [x](1개), [ø](1개)이다.

書母가 중국어 상고 시기에는 定母에 귀속되어 있다가 『광운』에서 단독 성모로 되었다. 書母가 『광운』 이후 照系의 [ʂ]로 변하였다. 그러니 書母가 상고 시기부터 현대까지 사이에 [d]→[dʑ]→[ɕ]→[ʂ]의 변화를 가져온 것이다.

『훈몽자회』의 성모 [s]는 『광운』 이후의 중국어에서 [ʂ]로 변한 음의 반영으로 보인다.

『훈몽자회』의 한자 '氈젼, 痁졈'의 성모 [ts]는 중국어 상고음 성모 [d]의 변화형으로 보인다. 즉 한국어에서 [d]→[t]→[ts]의 변화가 있은 것으로 보인다.

『훈몽자회』의 한자 '餉향, 弛이'의 성모 [x], [ø]은 유추에 의해 생긴 것으로 보인다.

(5) 禪母 [z]

• 豉시, 蒔시, 嘗샹, 償샹, 上샹, 裳샹, 城셩, 筬셩, 誠셩, 盛셩, 勺샥, 筮셔, 噬셔, 署셔, 薯셔, 曙셔, 墅셔, 石셕, 鉐셕, 蟬션, 善션, 蟮션, 饍션, 鱔션, 誓셰, 稅셰, 酬슈, 讎슈, 受슈, 售슈, 壽슈, 樹슈, 脽슈, 誰슈, 睡슈, 淑슉, 孰슉, 塾슉, 熟슉, 醇슌, 鶉슌, 蜃슌, 蒪쏜, 時시, 塒시, 氏시, 市시, 是시, 視시, 匙시, 植식, 殖식, 臣신, 辰신, 宸신, 晨신, 鷐신, 腎신, 十십, 鍉시
• 杓쟉, 勺쟉, 妁쟉, 辰진
• 篅쳔, 腨쳔
• 嗜기
• 禪단
• 蜍여

禪母의 『훈몽자회』 한자음 성모는 절대 대다수가 [s](60개)이고, 개별 한자가 [ts](4개), [ts'](2개), [k](1개), [t](1개), [ø](1개)이다.

禪母가 중국어 상고 시기에는 定母에 귀속되어 있다가 『광운』에서 단독적인 성모로 되었다. 禪母가 『광운』 이후에 照系의 성모 [ʂ]로

변하였다. 그러니 禪母가 상고 시기부터 현대까지 사이에 [d]→[dʑ]→ [z]→[ʂ]의 변화를 가져온 것이다.

『훈몽자회』의 성모 [s]는 禪母가 『광운』 이후에 [ʂ]로 변한 음의 반영으로 보인다.

『훈몽자회』의 한자 '蕁씀'의 성모 [ㅆ]는 한국어 어음 체계의 영향을 받은 것이다.

『훈몽자회』의 한자 '禪단'의 성모 [t]는 중국어 상고음 [d]의 잔재로 보인다.

『훈몽자회』의 한자 '杓쟉, 勺쟉, 妁쟉, 辰진, 篍쳔, 腏쳔'의 성모 [ts], [ts']는 한국어 성모 [t]의 변형으로 보인다.

여기에서 나타난 [t]→[ts]/[ts']의 변화가 언제 일어났는가가 흥미 있는 문제이다. 왜냐하면 이들의 변화가 한국어에서 일어난 변화이고, 이들 한자의 운모에 모음 또는 개음 [i]가 들어 있으니 [t]→[ts]/[ts'] 구개음화의 조건이 구비되어 있기에 한국어에서 일어난 [t]의 구개음화로 볼 수 있다.

『훈몽자회』의 한자 '嗜기'와 '蜍여'의 성모 [k], [ø]는 유추로 보인다.

6. 아음

아음(牙音)에는 見母, 溪母, 群母, 疑母 등 4개 성모가 있다. 이들 4개 성모의 『훈몽자회』 한자음 내원을 밝히면 아래와 같다.

1) 見母 [k]

• 矼강, 剛강, 崗강, 綱강, 江강, 姜강, 豇강, 礓강, 疆강, 韁강, 講강, 洚강,
絳강, 扛강, 强강, 襁강, 耕경, 鶊경, 黃경, 梗경, 綆경, 京경, 粳경, 經경,
景경, 頸경, 螢경, 徑경, 敬경, 境경, 鏡경, 肩경, 肩경, 工공, 公공, 功공,
恭공, 蚣공, 拱공, 貢공, 光광, 胱광, 肱굉, 觥굉, 弓궁, 躬궁, 宮궁, 矜궁,
羹깅, 哥가, 歌가, 枷가, 痂가, 家가, 耞가, 笳가, 袈가, 葭가, 假가, 斝가,
椵가, 架가, 嫁가, 稼가, 駕가, 柯가, 茄가, 胳각, 閣각, 角각, 脚각, 桷각,
肝간, 竿간, 笥간, 稈간, 干간, 幹간, 奸간, 間간, 襇간, 簡간, 澗간, 澗간,
諫간, 葛갈, 坩갈, 羯갈, 甘감, 泔감, 柑감, 紺감, 鑑감, 甲갑, 胛갑, 蓋개,
介개, 价개, 車거, 居거, 鋸거, 犍건, 鞬건, 謇건, 湕건, 巾건, 乾건, 檢검,
瞼검, 劍검, 刦겁, 笒게, 篿격, 膈격, 擊격, 氍견, 肩견, 団견, 繭견, 襺견,
見견, 鵑견, 絹견, 畎견, 抉결, 蒹겸, 桂계, 笄계, 稽계, 鷄계, 髻계, 薊계,
階계, 拈고, 羔고, 膏고, 篙고, 餻고, 囊고, 稿고, 告고, 誥고, 沽고, 孤고,
姑고, 菇고, 蛄고, 辜고, 箍고, 古고, 股고, 牯고, 罟고, 羖고, 鼓고, 瞽고,
蠱고, 雇고, 僱고, 錮고, 顧고, 賈고, 谷곡, 穀곡, 梏곡, 滾곤, 棍곤, 昆곤,
骨골, 榾골, 鶻골, 戈과, 抓과, 苽과, 寡과, 鍋과, 菓과, 膈과, 堝과, 蝸과,
郭곽, 椰곽, 彍곽, 官관, 冠관, 棺관, 關관, 觀관, 莞관, 管관, 輨관, 涫관,
盥관, 罐관, 鸛관, 菅관, 舓괄, 括괄, 枴괘, 傀괴, 馘괵, 交교, 郊교, 敎교,
膠교, 嬌교, 狡교, 鉸교, 徼교, 叫교, 窖교, 酵교, 覺교, 橋교, 校교, 咬교,

冓구, 鉤구, 溝구, 篝구, 韝구, 狗구, 笱구, 垢구, 殼구, 雊구, 構구, 覯구,

購구, 屨구, 鳩구, 毆구, 九구, 駒구, 句구, 蠣국, 國국, 膕국, 掬국, 鞠국,

菊국, 鵴국, 軍군, 莙군, 皸군, 裙군, 卷권, 眷권, 鱖궐, 蕨궐, 瘚궐, 蹶궐,

妓궤, 机궤, 龜귀, 鬼귀, 貴귀, 斛규, 鳩규, 閨규, 橘귤, 棘극, 襋극, 戟극,

根근, 跟근, 斤근, 筋근, 槿근, 謹근, 靳근, 今금, 金금, 襟금, 襟금, 錦금,

給급, 汲급, 級급, 肌긔, 基긔, 箕긔, 璣긔, 機긔, 錤긔, 譏긔, 饑긔, 蟣긔,

掎긔, 庋기, 枳기, 桔길, 稭긱, 骼각, 街개, 芥개, 疥개, 界계, 犗계
- 薆히, 痎히, 頦히, 癬히, 懈히, 趄한, 旰한, 骭한, 割할, 鴿합, 閤합, 蛤합,

港항, 革혁, 筧현, 子혈, 袷협, 筴협, 莢협, 蛺협, 鋏협, 頰협, 虹홍, 钁확,

鰥환, 檜회, 儈회, 膾회, 梟효, 姬희
- 薑쌍, 君쓴
- 鵲알, 訐알
- 薉사

見母의 『훈몽자회』 한자음 성모는 대다수가 [k](299개)이고, 일부가 [x](30개)이며, 개별적인 글자가 [sk](2개), [ø](2개), [s](1개)이다.

중국어 見母의 성모가 상고 시기부터 현대까지 줄곧 [k]였다.

『훈몽자회』의 성모 [k]는 見母의 중국어 상고음의 반영이다.

『훈몽자회』의 성모 [x]는 한국어 성모 [k]의 변형으로 보인다.

『훈몽자회』의 한자 '鵲알, 訐알'의 성모 [ø]는 한국어 성모 [k]의 변형으로 보인다.

『훈몽자회』의 한자 '薑쌍, 君쓴'의 성모 'ㅆ'[kk]는 한국 어음체계의 영향으로 생긴 것이다. 특히 사이시옷 표기로 인한 변화로 보인다.

『훈몽자회』의 한자 '薉사'의 성모 [s]의 내원은 명확히 밝히기 어렵다.

2) 溪母 [kʼ]

- 稊강, 炕강, 羌강, 腔강, 蜣강, 卿경, 傾경, 褧경, 蛩공, 孔공, 鞚공, 誆광,
  眶광, 筐광, 壙광, 纊광, 穹궁, 刻극, 揩기, 開기, 客긱, 坑깅, 珂가, 确각,
  看간, 慳간, 渴갈, 坩감, 坎감, 墈감, 瞰감, 嵌감, 鎧개, 祛거, 攘건, 吃걸,
  乞걸, 綌격, 譴견, 犬견, 鍥결, 欹겸, 磬경, 啓계, 契계, 溪계, 鷄계, 等고,
  槁고, 尻고, 考고, 拷고, 犒고, 枯고, 苦고, 庫고, 袴고, 哭곡, 曲곡, 蛐곡,
  坤곤, 閫곤, 科과, 窠과, 蝌과, 課과, 騍과, 袴과, 銙과, 胯과, 鞟곽, 籚곽,
  筈괄, 塊괴, 骹교, 磽교, 蹺교, 轎교, 摳구, 弨구, 口구, 釦구, 寇구, 箆구,
  彀구, 丘구, 蚯구, 糗구, 軀구, 驅구, 麴국, 錁굴, 窟굴, 圈권, 闕궐, 跪궤,
  窺규, 跬규, 隙극, 齦근, 衾금, 起긔, 綺긔, 器긔, 欹긔, 踦긔, 喫긱
- 龕함, 榼합, 伉항, 篋협, 蛞활, 欠흠
- 氣긔
- 泣읍

    溪母의『훈몽자회』한자음 성모는 절대 다수가 [k](107개)이고, 소수
가 [x](6개)이며, 개별적인 글자가 [sk](1개), [ø](1개)이다.

    중국어 溪母의 성모가 상고 시기부터 현대까지 줄곧 [kʼ]였다.

    『훈몽자회』한자음에 성모 [kʼ]가 없다. 중국어 溪母와 群母의 성모
[kʼ]가 한국 한자음에서 모두 [k]로 되었다. 그 원인이 상고 시기 한국
어에 거센 소리가 없었던 데에 있다. 그 뒤 한국어에서 거센 소리가
생겨나면서 다른 성모들에서는 거센 소리가 생겨났다. 그런데 유독
아음에서만 거센 소리가 생겨나지 않았으니 의문이다.

    『훈몽자회』의 성모 [k]는 溪母 중국어 상고음의 반영으로 보인다.

    『훈몽자회』의 한자 '龕함, 榼합, 伉항, 篋협, 蛞활, 欠흠, 泣읍'의 성모

[x], [ø]는 한국어 성모 [k]의 변형으로 보인다.

『훈몽자회』의 한자 '氣킈'의 성모 'ㅅ'[kk]는 한국어 어음체계의 영향으로 생기었다. 특히 사이시옷 표기의 영향으로 보인다.

3) 群母 [g]

- 糠강, 鯨경, 檠경, 瓊경, 筇공, 蛬공, 誑광, 狂광, 瘸가, 碣갈, 茨감, 蘧거,
  苣거, 炬거, 距거, 渠거, 藁거, 鍵건, 傑걸, 儉검, 鉗겸, 黥경, 顴관, 拐괘,
  轎교, 蕎교, 仇구, 臼구, 柩구, 舅구, 梂구, 毬구, 裘구, 臞구, 蠼구, 衢구,
  局국, 郡군, 裙군, 拳권, 權권, 橛궐, 匱궤, 樻궤, 逵규, 葵규, 菌균, 屐극,
  極극, 近근, 芹근, 妗금, 琴금, 禽금, 檎금, 畿긔, 跽긔, 祈긔, 綦긔, 旗긔,
  騎긔, 麒긔, 錡긔, 技기, 芰기, 妓기, 歧기, 耆기

群母의 『훈몽자회』 한자음 성모는 모두가 [k](68개)이다.

중국어 群母는 상고 시기부터 『광운』까지 유성음 [g]였고, 그 이후 중국어에서 유성음이 소실되면서 순한 소리 [k]와 거센 소리 [k']로 분화되어 현대에까지 이른다.

그러나 群母가 한국 한자음에서는 모두 순한 소리 [k]로 되어 있고 거센 소리는 하나도 없다. 왜 한국 한자음 아음에서 거센 소리가 생기지 않았는지 의문이다.

『훈몽자회』의 성모 [k]는 群母의 중국어 상고음의 반영으로 보인다.

4) 疑母 [ŋ]

- 柳앙, 仰앙, 額익, 鷁익, 蛾아, 鵝아, 餓아, 我아, 牙아, 芽아, 衙아, 砑아,

萼악, 鍔악, 樂악, 嶽악, 岸안, 顔안, 眼안, 鴈안, 贋안, 嚴암, 艾애, 騃애,

崖애, 涯애, 刈애, 魚어, 漁어, 圄어, 語어, 馭어, 御어, 言언, 闑얼, 糵얼,

嚴엄, 釅엄, 業업, 嚏역, 妍연, 硯연, 霓열, 猊예, 霓예, 鯢예, 乂예, 藝예,

厫오, 葵오, 熬오, 鰲오, 鰲오, 吾오, 蜈오, 齬오, 五오, 伍오, 捂오, 晤오,

寤오, 玉옥, 獄옥, 兀올, 瓦와, 臥와, 外외, 梧요, 牛우, 腢우, 藕우, 愚우,

芫원, 原원, 蚖원, 黿원, 鳶원, 月월, 刖월, 桅위, 銀은, 齗은, 垠은, 吟음,

礒의, 儀의, 蟻의, 義의, 劓의

- 瘧학, 嚯헐, 瞶훼
- 跰견
- 歹대

疑母의 『훈몽자회』 한자음 성모는 절대 다수가 [ø](89개)이고, 개별적인 한자가 [x](3개), [k](1개), [t](1개)이다.

중국어 疑母는 상고 시기부터 『광운』까지의 성모가 [ŋ]이고, 『광운』이후 현대까지 사이에 [ŋ]이 [ø]으로 변하였다가 다시 [j], [w], [ø]로 분화되었다. 그러니 疑母의 성모 [ŋ]이 상고로부터 현대까지 사이에 [ŋ]→[ø]→[j]/[w]/[ø]의 변화를 가져온 것이다.

『훈몽자회』의 성모 [ø]는 疑母 중국어 상고음의 반영이다.

『훈몽자회』의 한자 '瘧학, 嚯헐, 瞶훼, 跰견'의 성모 [x], [k]는 성모 [ø]의 변형으로 보인다.

『훈몽자회』의 한자 '歹'자가 현대 중국어에서 [ə], [tai] 두 가지로 발음된다. 그러니 16세기에 '歹'자가 이미 [tai]로의 변화가 일어났고 이 변화가 『훈몽자회』에 반영되었음을 의미한다.

7. 후음

후음(喉音)에는 曉母, 匣母, 影母, 雲母, 以母 등 5개 성모가 있다.
이들 5개 성모의 『훈몽자회』 한자음 내원을 밝히면 아래와 같다.

1) 曉母 [x]

- 搞향, 饗향, 馨형, 兄형, 聯홍, 烘홍, 謊황, 薨훙, 胸흉, 蘭하, 蝦하, 罅하,
  壑학, 瞎할, 憨함, 軒헌, 脇협, 醯혜, 蒿호, 薅호, 好호, 呼호, 虎호, 琥호,
  庎호, 髇호, 昏혼, 婚혼, 閻혼, 笏홀, 花화, 華화, 化화, 火화, 貨화, 靴화,
  瘫확, 獲환, 灰회, 晦회, 賄회, 誨회, 曉효, 孝효, 哮효, 吼후, 酗후, 薰훈,
  勳훈, 纁훈, 訓훈, 萱훤, 暄훤, 虺훼, 毁훼, 燬훼, 卉훼, 喙훼, 樺휘, 暉휘,
  觿휴, 鵂휴, 黑흑, 昕흔, 脪흔, 釁흔, 欣흠, 歆흠, 吸흡, 豨희, 蟢희, 戲희,
  香향, 鄉향, 海히, 醢히, 獻헌, 血혈
- 肐걸, 觳곡, 楷골
- 濊예, 枵오, 栩우, 旭욱

曉母의 『훈몽자회』 한자음 성모는 절대 다수가 [x](78개)이고, 개별
적인 한자가 [k](3개), [ø](4개)이다.

중국어 曉母의 성모는 상고 시기부터 현대까지 사이에 줄곧 [x]였다.
『훈몽자회』의 성모 [x]는 曉母의 중국어 상고음의 반영으로 보인다.
『훈몽자회』의 한자 '肐걸, 觳곡, 楷골, 濊예, 枵오, 栩우, 旭욱'의 성모
[k], [ø]는 성모 [x]의 변형으로 보인다.

2) 匣母 [ɣ]

- 頏항, 筇항, 肛항, 缸항, 術항, 航항, 吭항, 巷항, 項항, 行항, 衡형, 脛형,
  形형, 型형, 硎형, 螢형, 汞홍, 紅홍, 葒홍, 葒홍, 鴻홍, 皇황, 凰황, 隍황,
  潢황, 蝗황, 篁황, 蟥황, 幌황, 橫횡, 學흑, 鷽흑, 咳히, 孩히, 骸히, 蟹히,
  核힉, 覈힉, 桁힝, 胻힝, 行힝, 杏힝, 刑형, 河하, 荷하, 蚵하, 廈하, 鰕하,
  遐하, 瑕하, 霞하, 下하, 夏하, 貉학, 鶴학, 靽한, 馯한, 寒한, 汗한, 旱한,
  悍한, 銲한, 翰한, 閑한, 轄할, 含함, 函함, 撼함, 頷함, 鹹함, 艦함, 檻함,
  餡함, 銜함, 陷함, 鉀합, 蠍헐, 覡혁, 弦현, 舷현, 賢현, 莧현, 峴현, 縣현,
  玄현, 衒현, 穴혈, 惠혜, 慧혜, 鞋혜, 薤혜, 豪호, 壕호, 昊호, 號호, 狐호,
  弧호, 壺호, 猢호, 湖호, 瑚호, 箶호, 衚호, 糊호, 鬍호, 鶘호, 戶호, 枑호,
  瓠호, 簄호, 圂혼, 渾혼, 魂혼, 餛혼, 混혼, 澒홍, 闋홍, 禾화, 鏵화, 話화,
  畫화, 樺화, 穫확, 鑊확, 萑환, 寰환, 環환, 鬟환, 宦환, 換환, 豢환, 穗환,
  芄환, 紈환, 猾활, 茴회, 繪회, 餚효, 侯후, 喉후, 帿후, 猴후, 糇후, 鍭후,
  后후, 後후, 候후, 堠후, 狟훤, 樺훤, 痕흔, 齕흘, 麧흘, 劾힐
- 癇간, 匣갑, 翮격, 蹊계, 系계, 斛곡, 槲곡, 縠곡, 鵠곡, 踝과, 槐괴, 畦규,
  紘굉, 莖깅
- 熊웅

匣母의 『훈몽자회』 한자음 성모는 대다수가 [x](154개)이고, 개별적
인 한자가 [k](14개), [ø](1개)이다.

중국어 匣母는 상고 시기부터 『광운』까지 성모가 [ɣ]였고, 『광운』
이후에 曉母와 합류하여 현대까지 [x]이다.

『훈몽자회』의 성모 [x]는 중국어 상고음의 반영이다. 즉 중국어 匣
母가 상고 시기의 한국어에서 효모와 같이 쓰였던 것으로 보인다.

『훈몽자회』의 한자 '瘤간, 匣갑, 翮격, 蹊계, 系계, 斛곡, 槲곡, 穀곡, 鵠곡, 踝과, 槐괴, 畦규, 紘굉, 莖깅, 熊웅'의 성모 [k], [ø]는 한국어 성모 [x]의 변형으로 보인다.

3) 影母 [ø]

• 盎앙, 眏앙, 秧앙, 鴦앙, 英영, 嬰영, 瓔영, 瓔영, 纓영, 影영, 瘿영, 暎영,
  翁옹, 蝟옹, 翰옹, 壅옹, 瓮옹, 鶻옹, 壅옹, 饔옹, 癰옹, 汪왕, 枉왕, 膺웅,
  鷹웅, 愛익, 隘익, 軛익, 櫻잉, 鸚잉, 鸚잉, 阿아, 鴉아, 痾아, 堊악, 惡악,
  幄악, 鞍안, 案안, 晏안, 斡알, 庵암, 鵪암, 俺암, 暗암, 瘖암, 鴨압, 壓압,
  罨압, 埃애, 挨애, 矮애, 餲애, 噫애, 飫어, 億억, 臆억, 鰋언, 堰언, 噦얼,
  淹엄, 醃엄, 閹엄, 饐에, 烟연, 咽연, 宴연, 嚥연, 鷰연, 淵연, 襴염, 靨염,
  黶염, 蝘예, 瞹예, 蔫오, 燲오, 媼오, 襖오, 洿오, 烏오, 沃옥, 屋옥, 鋈옥,
  瘟온, 搵온, 縕온, 醖온, 挼와, 蛙와, 窪와, 倭와, 萵와, 渦와, 窩와, 帵완,
  踠완, 畹완, 跪완, 腕완, 偎외, 椳외, 煨외, 坳요, 夭요, 腰요, 麀우, 優우,
  耰우, 燠욱, 蔚울, 熨울, 鴛원, 寃원, 苑원, 威위, 蝛위, 餵위, 幼유, 恩은,
  癮은, 夗을, 窨음, 音음, 陰음, 飮음, 挹읍, 邑읍, 悒읍, 浥읍, 衣의, 醫의,
  扆의, 椅의, 意의, 薏의, 伊이, 蛜이, 茵인, 姻인, 印인, 一일, 壹일
• 歪괴, 漚구, 甌구, 謳구, 鷗구, 嘔구, 癯구, 嫗구, 藍구
• 臒확, 蠖확
• 彎만

影母의 『훈몽자회』 한자음 성모는 절대 다수가 [ø](143개)이고, 개별적인 글자가 [x](2개), [k](9개), [m](1개)이다.

중국어 影母는 상고 시기부터 『광운』까지 성모가 [ø]이었고, 『광운』

이후 현대까지 사이에 [ø]이 다시 [j], [w], [ø]로 분화되었다. 그러니 影母의 성모가 중국어 상고 시기부터 현대까지 사이에 [ø]→[ø]→ [j]/[w]/[ø]의 변화를 가져온 것이다.

『훈몽자회』의 성모 [ø]는 影母 중국어 상고음의 반영이다.

『훈몽자회』의 한자 '腆확, 蠖확, 歪괴, 漚구, 甌구, 謳구, 鷗구, 嘔구, 瘟구, 嫗구'의 성모 [x], [k]는 성모 [ø]의 변형으로 보인다.

『훈몽자회』의 한자 '彎만'의 성모 [m]은 유추에 의한 것으로 보인다.

4) 雲母 [ɣj]

• 榮영, 蠑영, 泳영, 王왕, 雄웅, 籥약, 莜역, 域역, 閾역, 炎염, 疣우, 友우, 右우, 祐우, 盂우, 宇우, 羽우, 雨우, 芋우, 槦욱, 暈운, 耘운, 雲운, 餫운, 垣원, 員원, 園원, 猿원, 榬원, 轅원, 遠원, 院원, 衍원, 鉞월, 韋위, 幃위, 闈위, 葦위, 緯위, 位위, 胃위, 蝟위, 衛위, 帷유, 囿유

• 鴉효, 彙휘

• 筠균

• 饁녑

雲母의 『훈몽자회』 한자음 성모는 절대 다수가 [ø](45개)이고, 개별적인 글자가 [x](2개), [k](1개), [n](1개)이다.

중국어 음운학계에서 雲母를 于母, 喻三(喻母 3등)이라고도 한다. 그리고 중국 음운학계에 '유삼귀갑설(喻三歸匣說)'이 있다. 이 설의 뜻인즉 『광운』의 喻三(雲母를 가리킴)이 상고 시기에는 匣母에 속하여 있었다는 것이다. 이 주장에 대해 많은 학자들이 수긍하고 있다.

『광운』 이후에 雲母의 성모가 [ø]으로 변하였다가 다시 [j], [w],

[ø]로 분화되었다. 그러니 雲母는 상고 시기 匣母의 성모 [ɣ]로부터 현대까지 사이에 [ɣ]→[ɣj]→[ø]→[j]/[w]/[ø]의 변화를 가져온 것이다.

『훈몽자회』의 성모 [ø]는 雲母가 『광운』 이후에 [ø]으로 변한 것의 반영으로 보인다.

『훈몽자회』의 한자 '鴞효, 彙휘'의 성모 [x]는 중국어 상고음의 잔재이다.

『훈몽자회』의 한자 '筠균'의 성모 [k]는 한국어의 성모 [x]의 변형으로 보인다.

『훈몽자회』의 한자 '饁녑'의 성모 [n]의 내원은 명확히 밝히기 어렵다.

5) 以母 [j]

- 羊양, 洋양, 烊양, 陽양, 楊양, 養양, 楹영, 營영, 贏영, 穎영, 容용, 鎔용, 傭용, 墉용, 勇용, 埇용, 涌용, 蛹용, 踴용, 孕잉, 液익, 腋익, 被익, 爺야, 冶야, 野야, 夜야, 皰야, 藥약, 鑰약, 躍약, 爚약, 籥약, 輿여, 予여, 蕷여, 礜여, 役역, 易역, 疫역, 繹역, 驛역, 鉛연, 蜒연, 筵연, 鳶연, 閻염, 鹽염, 炎염, 燄염, 艶염, 葉엽, 勘예, 譽예, 鷂요, 軺요, 瑤요, 謠요, 舀요, 曜요, 浴욕, 壝유, 油유, 蚰유, 游유, 蝣유, 莠유, 牖유, 柚유, 誘유, 楡유, 諛유, 諭유, 斿유, 育육, 毓육, 鬻육, 匜이, 夷이, 姨이, 廖이, 貽이, 椸이, 飴이, 頤이, 苡이, 昔이, 弋익, 杙익, 翊익, 翼익, 引인, 蚓인, 溢일
- 弈혁, 繘휼, 鷸휼
- 蟫담, 銚됴
- 蜴텩, 鞭톄
- 枰빙
- 蠅숭

- 攔섬
- 籤첨

以母의『훈몽자회』한자음 성모는 절대 다수가 [ø](94개)이고, 개별적인 한자가 [x](3개), [t](2개), [t'](2개), [p](1개), [s](1개), [z̩](1개), [ts'](1개)이다.

중국어 음운학계에서 以母를 余母, 喻四(喻母 四等)라고도 한다. 그리고 중국 음운학계에 '유사귀정설(喻四歸定說)'이 있다. 이 설의 뜻인즉『광운』의 喻四(以母를 가리킴)가 상고 시기에는 定母에 속하여 있었다는 것이다. 이 견해에 수긍하는 학자도 있고 반대하는 학자도 있다. 본 연구에서는 이 설을 지지하는 입장에서 以母의 변화 과정을 고찰하고자 한다.

『광운』이후에 중국어 以母가 [ø]으로 변하였다가 다시 [j], [w], [ø]로 분화되었다. 그러니 중국어 以母는 상고 시기 定母의 성모 [d]로부터 현대까지 사이에 [d]→[j]→[ø]→[j]/[w]/[ø]의 변화를 가져온 것이다.

『훈몽자회』의 성모 [ø]는 以母의 성모가『광운』이후에 [ø]으로 변한 형태의 반영으로 보인다.

『훈몽자회』의 한자 '蟬담, 銚됴, 蜴텩, 鞢톄' 성모 [t], [t']는 중국어 상고음의 잔재이다.

『훈몽자회』의 한자 '弈혁, 繡홀, 鷸홀, 枰빙, 蠅승, 攔섬, 籤첨' 성모 [x], [p], [s], [z̩], [ts']는 유추에 의해 생긴 것으로 보인다.

8. 반설음

반설음(半舌音)에는 來母 하나의 성모가 있다. 來母의 『훈몽자회』
한자음 내원을 밝히면 아래와 같다.

來母 [l]

• 狼랑, 廊랑, 稂랑, 螂랑, 浪랑, 涼량, 梁량, 蜋량, 粮량, 樑량, 兩량, 輛량,
伶령, 囹령, 瓴령, 聆령, 蛉령, 翎령, 零령, 鈴령, 鴒령, 靈령, 欞령, 領령,
嶺령, 令령, 嚨롱, 櫳롱, 籠롱, 聾롱, 鞴롱, 壟롱, 龍룡, 窿륭, 陵릉, 菱릉,
蔆릉, 綾릉, 粦리, 耒리, 冷링, 螺라, 羅라, 蘿라, 籮라, 鑼라, 菰라, 裸라,
瘰라, 酪락, 珞락, 落락, 絡락, 蘭란, 瀾란, 欄란, 嬾란, 鸞란, 卵란, 亂란,
辣랄, 糯랄, 婪람, 襤람, 籃람, 覽람, 攬람, 纜람, 濫람, 爁람, 蠟랍, 鑞랍,
瀧랑, 掠략, 蠣려, 廬려, 閭려, 驢려, 侶려, 旅려, 膂려, 濾려, 櫚려, 曆력,
櫪력, 癧력, 瓅력, 靂력, 蓮련, 憐련, 漣련, 鍊련, 華련, 劣렬, 烈렬, 蚓렬,
鬣렬, 冉렴, 帘렴, 廉렴, 奩렴, 臁렴, 鎌렴, 簾렴, 斂렴, 臉렴, 殮렴, 獵렵,
鬣렵, 犂례, 盝례, 藜례, 鷅례, 禮례, 醴례, 鱧례, 例례, 荔례, 棙례, 礪례,
儷례, 橑로, 鬸로, 撈로, 老로, 笔로, 鵝로, 澇로, 擄로, 蘆로, 爐로, 鱸로,
纑로, 轤로, 顱로, 鷦로, 鱸로, 虜로, 滷로, 櫓로, 輅로, 路로, 露로, 鷺로,
騾로, 碌록, 鹿록, 漉록, 簏록, 轆록, 麓록, 綠록, 窶롱, 賚뢰, 牢뢰, 雷뢰,
擂뢰, 礨뢰, 儡뢰, 瞭뢰, 醪료, 轑료, 僚료, 燎료, 鷯료, 蓼료, 鐐료, 攬루,
蔞루, 樓루, 艛루, 螻루, 髏루, 簍루, 漏루, 瘻루, 鏤루, 褸루, 縷루, 囊류,
壘류, 淚류, 溜류, 流류, 琉류, 旒류, 榴류, 瘤류, 餾류, 鷚류, 柳류, 留류,
六륙, 陸륙, 淪륜, 輪륜, 栗률, 篥률, 葎률, 鰡륵, 勒륵, 肋륵, 櫟륵, 礫륵,
廩름, 檁름, 羸리, 狸리, 梨리, 蜊리, 璃리, 氂리, 籬리, 鸝리, 里리, 娌리,

理리, 裏리, 鯉리, 吏리, 뜰리, 痢리, 履리, 燐린, 鄰린, 鱗린, 麟린, 恡린,

林림, 霖림, 立립, 苙립, 笠립, 粒립, 瀬뢰, 癩뢰

• 嵐남, 藍남, 臘납, 艣노, 祿녹, 李니

• 隷예

• 鎌겸

• 薟험

来母의 『훈몽자회』 한자음 성모는 절대 다수가 [l](236개)이고, 개별적으로 [n](6개), [ø](2개), [m](1개), [s](1개), [k](1개), [x](1개)이다.

중국어에서의 来母는 상고 시기부터 현대까지의 음가가 줄곧 [l]이다. 『훈몽자회』의 성모 [l]는 중국어 상고 시기 음의 반영이다.

『훈몽자회』의 한자 '嵐남, 藍남, 臘납, 艣노, 祿녹, 李니, 隷예'의 성모 [n], [ø]는 성모 [l]가 한국어에서의 변형으로 보인다.

『훈몽자회』의 한자 '薟험, 鎌겸'의 성모 [x], [k]의 내원은 명확히 밝히기 어렵다.

9. 반치음

반치음(半齒音)에는 日母 하나의 성모가 있다.

중국 음운학계에 '낭일이모귀니설(娘日二母歸泥說)'이 있다. 이 말의 뜻인즉 『광운』의 娘母, 日母 두 성모가 상고 시기에는 泥母에 귀속되어 있었다는 것이다. 즉 중국어 상고 시기에는 『광운』의 娘母, 日母, 泥母 세 성모가 하나의 성모였다는 뜻이다. 중국학계에는 낭일이모귀니설의 주장을 동의하는 사람도 있고 동의하지 않는 사람도 있다.

본 연구에서는 이 이론에 동의하여 日母의 내원을 고찰하게 된다. 반치음 日母의 『훈몽자회』 한자음 내원을 밝히면 아래와 같다.

日母 [ȵz]

- 箬샥, 攘샹, 讓샹, 壤샹, 汝셔, 茹셔, 蠕션, 蒬션, 楈션, 髥셤, 染셤, 褥쇽, 柔슈, 儒슈, 孺슈, 乳슈, 緌슈, 肉슉, 閏슌, 戎슝, 枾시, 輀시, 耳시, 珥시, 栮시, 爾시, 餌시, 邇시, 二시, 貳시, 樲시, 人신, 仁신, 刃신, 訒신, 日실, 荏심, 任심, 姙심, 衽심, 紝심, 餁심, 兒ᅀᆞ, 橈요
- 弱약, 襄양, 禳양, 瓤양, 藥예, 蕘요
- 釦뉴, 恁님, 稔님
- 爇셜

日母의 『훈몽자회』 한자음 성모는 절대 다수가 [z](44개)이고, 개별적으로 [n](3개), [ø](6개), [s](1개)이다.

중국어 日母의 음가가 상고 시기부터 현대까지 사이에 [n]→[ȵz]→[ȵ]→[z]/[ø]의 변화가 있었다.

『훈몽자회』의 성모 [z]는 『광운』 이후 중국어에서 나타난 변형의 반영이다. 즉 日母가 『광운』 이후 중국어에서 [z]로 변한 형태의 반영이다.

『훈몽자회』의 한자 '弱약, 襄양, 禳양, 瓤양, 藥예, 蕘요'의 성모 [ø]는 중국어에서 나타난 변화의 영향으로 보인다. 즉 日母의 한자가 중국어에서 [z]→[ø]로의 변화가 있었다. 예를 들면 '耳시, 珥시, 栮시, 爾시, 餌시, 邇시, 二시, 貳시' 등 한자의 성모가 [ø]로 변하였다. 한국어 성모 [ø]의 출현은 중국어에서 나타난 변화의 영향으로 보인다.

이는 중국어에서 [ʐ]→[ø]로의 변화가 이미 16세기에 나타났음을 의미한다.

『훈몽자회』의 한자 '釰뉴, 恁님, 稔님' 성모 [n]는 중국어 상고음의 잔재이다.

『훈몽자회』의 한자 '爇셜'의 성모 [s]의 내원은 명확히 밝히기 어렵다.

제3장 『훈몽자회』 운모의 내원

『훈몽자회』 한자음 운모의 내원 분석은 『광운』의 운모와 『훈몽자회』 운모의 대비를 기초로 하여 『훈몽자회』 한자음 운모가 어느 시기의 중국어 운모와 대응되는가를 밝히게 된다.

『훈몽자회』 한자음 운모의 내원 분석에서는 아래의 몇 가지 문제가 다루어지게 된다.

① 『훈몽자회』 한자음 운모와 중국어 『광운』 운모의 대비를 한다.

주지하다시피 『광운』의 어음체계는 중국어 중고 시기 어음의 대표이자 한국 한자음 규범의 기준이었으므로 한국 한자음 내원 분석에서 회피할 수 없는 내용이다. 특히 한국 한자음 자음 운미 [-k], [-l], [-p], [-m], [n], [ŋ]이 현대까지 줄곧 『광운』 체계를 표준으로 하여 왔기에 한국 한자음 내원 분석에서 『광운』과의 대비는 필수적인 과업이다.

『훈몽자회』 한자음 운모와 중국어『광운』운모의 구체 대비는 아래의 세 가지에 주의한다.

첫째, 중국어『광운』운모 16개 섭(攝) 292개 운(韻)을 기준으로 한다.

『훈몽자회』 한자에 292개『광운』운모의 한자가 다 나타나는 것이 아니다.『훈몽자회』에『광운』292개 운모 가운데의 개별 운모의 한자가 나타나지 않았다. 이들은 본 연구에서 제외된다.

둘째, 음가가 같은 운모들을 통합시킨다.

『광운』292개의 운모 가운데에서 발음이 같은 운모들이 있다. 예를 들면 과섭(果攝)의 1등 개구호에는 歌韻, 哥韻, 箇韻 세 개의 운모가 들어 있는데 이들 세 운모의 발음이 꼭 같다. 본 연구에서는 발음이 같은 운모들을 통합하여 함께 다루게 된다.

셋째, 음가가 같은 운모들의 통합은 등호를 기준으로 한다.

중국어『광운』운모는 등호에 따라 구분된다.『광운』의 같은 등(等)은 다시 호(呼)에 따라 구분된다. 예를 들면『광운』의 지섭(止攝)은 모두 3등 운모로 구성되었는데 그 속에는 4개의 개구호와 3개의 합구호가 있다.

같은 유형의 개구호나 합구호 사이의 발음에는 미세한 차이가 있다. 이 같이 같은 유형 운모 사이에서 나타나는 발음의 미세한 차이를 식별하기란 쉬운 일이 아니다. 학자들이 추정해낸 음을 보면 약간씩 차이가 있으나 거개가 인위적인 것으로 보인다.

『광운』에서 나타나는 발음에서의 미세한 차이들이 다른 언어에 전파되었을 경우, 그것을 접수하는 언어들 어음체계의 제약을 받게 되므로 중국어『광운』의 발음에서 나타나는 미세한 차이들이 무시되는 경우가 많다. 이 점은『훈몽자회』의 한자음 발음표기에서 쉽게 보아낼 수 있다. 이는 한국 한자음 연구에서 마땅한 주의를 돌려야 할 부분이다.

②중국학계 몇몇 학자들의 『광운』음계의 추정음에 대한 분석을 한다.
지금까지 몇몇 학자들이 중국어 『광운』음계에 대한 연구를 하여
왔다. 그 대표적인 학자들로는 高本漢, 趙元任, 王力, 陆志韦, 方孝岳,
李方桂, 董同龢, 周法高, 李荣 등이다. 학자에 따라 『광운』운모 음가에
대한 추정이 다르다. 본 연구에서는 어느 한 학자의 추정음을 기준으
로 하지 않고 여러 학자들의 견해와 『훈몽자회』한자음을 참조하여
중국어 중고음 음가에 대한 필자의 추정음을 제시하게 된다.

이 같이 『훈몽자회』한자음을 참조하여 중국어 『광운』운모의 음가
를 추정하는 근거는 『훈몽자회』한자음이 중국어 『광운』음을 기준으
로 하여 규범한 음으로 보기 때문이다. 바로 이러한 측면에서 볼 때
한국 한자음 연구가 중국어 어음의 역사 연구에 일정한 기여를 하리
라 믿는다.

③『광운』의 운모를 전기(7세기)와 후기(11세기)로 나누어 고찰하고자 한다.
한국 한자음 규범이 통일 신라시기부터 전개되었을 것으로 보이는
데 『광운』을 비롯한 중국어 중고음이 한국 한자음의 규범에 막대한
영향을 주었다.

중국학계에서는 중국어 중고 시기를 4세기부터 12세기까지 사이의
8백여 년간으로 보고 있다. 이 기간에 중국어 중고음을 대표하는 운서
로는 601년 중국 수나라의 육법언 등이 편찬한 『절운(切韻)』과 1008년
중국 북송(北宋)의 진팽년(陈彭年) 등이 편찬한 『대송중수광운(大宋重修
廣韻)』(이하 『광운』)이 있다. 이 두 저서는 중국어 중고음을 대표하는
운서로 중국어 어음의 변화와 발전에 막대한 영향을 미치었다. 이

가운데의『절운』의 원본은 이미 유실되었다.

『광운』은 중국 북송의 진팽년 등이『절운』에 기초하여 편찬한 운서로『절운』보다 수록한 글자 수가 많고, 운목(韻目)도 많이 증가하였다. 그리고 이 두 운서 사이가 시간적으로 400여 년간의 차이가 있다. 이 400여 년이란 기간에 한국어 어음에서 새로운 변화가 나타났을 것이고 중국어 중고 음에서도 이러저러한 변화가 일어났을 것이다. 즉 7~8세기경의 한국어 어음체계와 11~12세기경의 한국어 어음체계에는 차이가 있었을 것이고 당나라 시기의 중국어『절운』음계의 어음과 송나라 시기의 중국어『광운』음계의 어음에도 차이가 있었을 것이다. 이리하여 본고에서는 경우에 따라『광운』운모를 전기(7세기)와 후기(11세기)로 나누어 고찰하고자 한다.

④『광운』이후 중국어 한자음의 역사적 변화 과정을 고찰한다.
고찰의 목적은『훈몽자회』에 흡수된 근대 중국어 어음을 밝혀내려는 데 있다. 여기에는 주로 근대 중국어 어음이 한국 한자음에 수입된 상황에 대한 고찰 및 한·중 두 언어에서 전개된 구개음화 상황에 대한 고찰 등이 포함된다. 동시에 개별『훈몽자회』한자와 중국어 상고 운모의 대비 및 중국어 방언 운모와의 대비도 하게 된다.

1. 果攝

果攝은 음성(陰聲) 운모로 구성된 운모로 그 속에는 1등 개구호 운모 '歌韻, 哿韻, 箇韻', 1등 합구호 운모 '戈韻, 果韻, 過韻', 3등 개구호 운모 '戈韻', 3등 합구호 운모 '戈韻' 등 2개 종류의 개구호와 2개 종류

의 합구호 8개 운모로 구성되었다.『훈몽자회』에는 이들 운모의 한자
가 모두 나타났다. 그리고 매개 운모는 모두 음성 운모로 구성되었다.

상기 운모들이『훈몽자회』의 형태 및 내원을 밝히면 아래와 같다

1) 歌韻, 哿韻, 箇韻: 1등 개구호

- 歌韻: 鹺자, 跎타, 馱타, 駝타, 哥가, 歌가, 柯가, 羅라, 蘿라, 籮라, 钃라, 挪나, 搓차, 他타, 珂가, 河하, 荷하, 鮰하, 抄사, 蛾아, 鵝아, 阿아, 舵타, 我아, 藺하, 餓아
- 哿韻: 左좌, 爹다
- 箇韻: (『훈몽자회』에 한자가 없음.)

果攝 1등 개구호에는 歌韻, 哿韻, 箇韻 세 개의 운모가 있다.『훈몽자회』의 한자는 歌韻, 哿韻 둘뿐이고 箇韻에는 한자가 나타나지 않았다.『훈몽자회』운모의 대다수가 'ㅏ'[ɑ](27개)이고 'ㅘ'[oɑ]=[uɑ]가 하나이다.

果攝 1등 개구호 운모 歌韻, 哿韻, 箇韻에 대한 학자들의 추정음을 보면 대다수 학자들이 운모의 음을 [ɑ]로 보고 陆志韦 혼자가 [ɒ]로 보았다.『훈몽자회』한자음과의 대비로 볼 때 果攝 1등 개구호의 운모를 [ɑ]로 봄이 타당하다고 인정된다.

중국어『광운』운모 [ɑ]가 그 뒤에 [ɑ]→[o]→[ə], [ɑ]→[o]→[uo], [ɑ]→[a]의 변화를 거쳐 현대 중국어의 운모 [a], [ə], [uo]로 되었다.

『훈몽자회』의 다수 운모 'ㅏ'[ɑ]는『광운』운모 [ɑ]가 한국어에서의 반영이다.

『훈몽자회』의 한자 '左좌'가 중국어『중원음운』에서 [o]로 변하고 현대 중국어에서 [uo]로 변하였다. 그러니 '左좌'의『훈몽자회』운모

'ᅪ'[oɑ]=[uɑ]는 합구호 발음의 영향을 받아 생긴 음으로 보인다.

2) 戈韻, 果韻, 過韻: 1등 합구호

- 戈韻: 波파, 菠파, 婆파, 蔢파, 矬좌, 戈과, 鍋과, 堝과, 螺라, 騾로, 磨마,
  魔마, 捼나, 坡파, 湏타, 科과, 窠과, 蝌과, 禾화, 梭사, 倭와, 萵와, 渦와,
  窩와, 膼과
- 果韻: 簸파, 睡타, 菓과, 蓏라, 裸라, 瘰라, 火화, 鎖쇠
- 過韻: 坐좌, 銼차, 惰타, 懦나, 糯나, 課과, 騍과, 貨화, 臥와

果攝 1등 합구호에는 戈韻, 果韻, 過韻 세 개의 운모가 있다. 『훈몽자
회』에는 위의 세 가지 운모의 한자가 다 나타났다. 이들이 『훈몽자회』
의 운모는 'ᅪ'[oɑ]=[uɑ](19개), 'ᅡ'[ɑ](20개), 'ᅬ'[oi](1개), 'ㅗ'[o](1개)로
되어 있다.

果攝의 1등 합구호 운모 戈韻, 果韻, 過韻에 대한 학자들의 추정음을
보면 대다수 학자들이 운모 [uɑ]로 추정하고 陆志韦 혼자가 [wɒ]로
추정하였다. 『훈몽자회』 한자음과의 대비로 볼 때 果攝 1등 합구호의
운모를 [uɑ]로 봄이 타당하다고 인정된다.

중국어 『광운』 운모 [uɑ]가 그 뒤에 [uɑ]→[o], [uɑ]→[o]→[ə], [uɑ]→
[o]→[uo]의 변화를 거쳐 현대 중국어의 운모 [o], [ə], [uo]로 되었다.

『훈몽자회』의 운모 'ᅪ'[oɑ]=[uɑ]는 『광운』 운모 [uɑ]의 반영이다.
한국어 'ᅪ'[oɑ]와 중국어 [uɑ]의 발음은 같고 국제음성기호로의 표기
는 [uɑ]이다.

『훈몽자회』의 운모 'ᅡ'[ɑ]의 내원을 아래의 두 가지로 고려할 수
있다. 하나는 중국어 상고음의 잔재일 수 있다. 왜냐하면 이들 한자의

다수가 중국어 상고 시기에 '가운(歌韻)'에 속하였다. 다른 하나는 중고음 [ua]의 개음 [u]가 탈락되어 [a]로 되었을 수 있다. 운모가 [a]로 변한 한자 다수의 성모가 순음이다. 한국 한자음에서 순음 뒤의 개음이 탈락되는 현상이 존재하기에 나타난 현상일 수 있다.

『훈몽자회』의 한자 '騾로'의 운모가 'ㅗ'[o]이다. 훈몽자회』의 운모 [o]는 근대 중국어 음이 한국 한자음에 수입된 것이다. 중국의 무한, 성도, 온주, 장사 등 지역 방언에서 '騾'의 운모를 [o]로 표기하였음이 주목된다.

『훈몽자회』의 한자 '鎖쇠'의 운모 'ㅚ'[oi]의 내원은 명확히 밝히기 어려우나 'ㅘ'의 오기일 것으로 보인다.

3) 戈韻: 3등 개구호

• 戈韻: 茄가

果攝 3등 개구호에는 戈韻이 있다.『훈몽자회』에 나타난 戈韻의 한자는 하나뿐이다. 3등 운은 1등 운에 개음 [i-]를 첨가한 음이므로 겹모음 [ia]로 되어야 한다. 그런데『훈몽자회』의 개구호 3등 글자는 개음 [i-]가 없는 'ㅏ'로 되어 있다.

果攝의 3등 개구호 戈운에 대한 학자들의 추정음이 각이하다.

趙元任, 王力, 方孝岳, 李荣 등이 [ia]로 추정하고 李方桂, 董同龢가 [ja]로 추정하고 陆志韦가 [ɪɒ]로 추정하고 周法高와 高本漢의 추정음은 밝혀지지 않았다.『훈몽자회』한자음과의 대비로 볼 때 果攝 3등 개구호의 운모를 [ia]로 봄이 타당하다고 인정된다.

중국어『광운』운모 [ia]가 그 뒤에 [ia]→[ia]→[iə]→[iəi/iən]→[iə]→

[ie]의 변화를 거쳐 현대 중국어의 운모 [ie]로 되었다.

『훈몽자회』의 한자 '茄가'의 운모가 'ㅏ'[a]로 되었다. 이는『광운』 운모 [ia]의 개음 [i-]가 탈락된 형태이다. 한국어에서 아후음 성모 뒤의 개음 [i-]가 탈락되는 현상이 있는데 '茄'자의 성모가 아음이기에 개음 [i-]가 탈락된 것으로 보인다. '茄'자를 중국의 온주(溫州) 방언에서 [gɑ]/[dzˑ] 두 가지로 발음함이 주목된다.

4) 戈韻: 3등 합구호

• 戈韻: 瘸가, 靴화

果攝 3등 합구호에는 戈韻 하나가 있다.『훈몽자회』에는 戈韻 한자가 2개 나타났다. 3등 글자는 개음 [i-]를 첨가한 음이므로 겹모음으로 표기됨이 일반적 특징이다. 그런데『훈몽자회』의 합구호 글자에는 개음 [i-]가 나타나지 않은 운모 'ᅪ'[oa]=[ua], 'ㅏ'[a]로 되어 있다.

果攝의 3등 합구호 戈韻에 대한 학자들의 추정음이 각이하다.

趙元任, 王力, 方孝岳, 李荣 등이 [ia]로 추정하고 李方桂, 董同蘇가 [ja]로 추정하고 周法高가 [iua]로 추정하고 高本漢이 [jua]로 추정하고 陆志韦가 [ɪɒ]로 추정하였다. 중국어 등호의 원리대로 볼 때 果攝 3등 합구호의 운모를 [iua]로 봄이 타당하다고 인정된다.

중국어『광운』운모 [iuɑ]가 그 뒤에 [iua]→[iuə]→[iuəi/yəˑ]→[yə]→ [ye]의 변화를 거쳐 현대 중국어의 운모 [ye]로 되었다.

『훈몽자회』의 한자음 '瘸가'는 1등 개구호 음 [ɑ]의 영향을 받아 생겨난 것으로 보인다.

『훈몽자회』의 한자 '靴화'의 운모 'ᅪ'[oa]=[ua]는 중국어 중고음

[iua]의 개음 [i-]가 탈락된 형태이다. 한자 '靴화'의 성모가 후음이다. 한국어에서 아후음 성모 뒤의 개음 [i]가 탈락되는 현상이 존재하기에 [iua]가 [ua]로 되었을 것이다.

2. 假攝

假攝은 2개 종류의 개구호와 1개 종류의 합구호로 구성되었고 매개 등호는 모두 음성 운모로 구성되어 있다. 그 속에는 1등 개구호 운모 '麻韻, 馬韻, 禡韻', 1등 합구호 운모 '麻韻, 馬韻, 禡韻', 3등 합구호 운모 '虞韻, 麌韻, 遇韻' 등 9개의 운모가 들어 있다. 『훈몽자회』에는 이들 운모의 한자가 모두 나타났다.

상기 운모들이 『훈몽자회』에서의 형태 및 그 내원을 밝히면 아래와 같다

1) 麻韻, 馬韻, 禡韻: 2등 개구호

• 麻韻: 芭파, 疤파, 笆파, 杷파, 爬파, 琶파, 茶다, 杈차, 枷가, 痂가, 家가, 耞가, 笳가, 袈가, 葭가, 麻마, 蟆마, 肥파, 肥파, 葩파, 沙사, 紗사, 袈사, 鯊사, 鰕하, 遐하, 瑕하, 霞하, 蝦하, 牙아, 芽아, 衙아, 鴉아, 渣사, 咱자, 皶자, 楂쟈, 瘥차, 鱸차, 釵차, 叉차, 靫차
• 馬韻: 槎사, 假가, 斝가, 椵가, 馬마, 瑪마, 蟆마, 厦하, 下하, 夏하, 鮓자
• 禡韻: 欄파, 靶파, 弝파, 壩패, 岔차, 汊차, 架가, 嫁가, 稼가, 駕가, 罵마, 帕파, 罅하, 砑아, 詐사, 蚱자, 榨자

假攝 2등 개구호에는 麻韻, 馬韻, 禡韻 세 개의 운모가 있다.『훈몽자회』에는 위의 세 가지 운모의 한자가 다 나타났다. 이들이『훈몽자회』의 운모는 대부분 'ㅏ'[a]이며, 'ㅑ'[ia](1개), 'ㅐ'[ai](1개)로 되어 있다.

假攝의 2등 개구호 운모 麻韻, 馬韻, 禡韻에 대한 학자들의 추정음을 보면 모든 학자들이 한결같이 假攝 2등 개구호 운모를 [a]로 보았다.『훈몽자회』한자음과의 대비로 볼 때 假攝 麻韻, 馬韻, 禡韻 2등 개구호의 운모를 [a]로 봄이 타당하다고 인정된다.

중국어『광운』운모 [a]가 그 뒤에 [a]→[a], [a]→[ia]의 변화를 거쳐 현대 중국어의 운모 [a], [ia]로 되었다.

『훈몽자회』의 운모 [ɑ]는『광운』운모 [a]의 변형이다.

중국어에서『광운』부터『중원음운』사이에 아후음 성모 뒤의 개구호 2등에 개음 [i]가 첨가되는 변화가 있었다. 그리하여 假攝 2등 개구호의 한자 '枷가, 痂가, 家가, 耞가, 笳가, 袈가, 葭가, 假가, 斝가, 椵가, 霞하, 蝦하, 厦하, 下하, 夏하, 牙아, 芽아, 衙아, 鴉아' 등이 중국어에서『광운』운모 [a]가『중원음운』에서 [ia]로 변하였고 변화된 운모 [ia]가 현대까지 유지되고 있다. 그런데 상기의 한자들이『훈몽자회』한자음에서 개음 [i]가 첨가되는 변화가 나타나지 않았다. 이는『훈몽자회』의 운모가『광운』음을 그대로 보존하고 있음을 의미한다. 그러니 假攝 麻韻, 馬韻, 禡韻의『훈몽자회』운모 [ɑ]를『광운』초기『절운』(7세기) 음의 잔재로 보는 것이 합리적일 것으로 보인다.

『훈몽자회』의 한자 '壩패'의 운모 [ɑi]의 내원을 명확히 밝히기 어려우나 유추에 의해 생긴 음으로 보인다.

『훈몽자회』의 한자 '欅쟈'의 운모 [ia]의 내원은 명확히 밝히기 어려우나 麻韻 3등 개구호 발음의 영향을 받았을 것으로 보인다.

2) 麻韻, 馬韻, 禡韻: 2등 합구호

• 麻韻: 鏵화, 花화, 華화, 捼와, 蛙와, 窪와, 檛좌, 蝸과
• 馬韻: 踝과, 銙과, 寡과, 毠솨, 瓦와
• 禡韻: 胯과, 樺화, 化화

假攝 2등 합구호에는 麻韻, 馬韻, 禡韻 세 개의 운모가 있다.『훈몽자회』에는 위의 세 가지 운모의 한자가 다 나타났다. 이들이『훈몽자회』의 운모는 모두가 'ㅘ'[oa]=[ua]로 되어 있다.

假攝의 2등 합구호 운모 麻韻, 馬韻, 禡韻에 대한 학자들의 추정음을 보면 아래와 같다.

高本漢, 趙元任, 王力, 陆志韦, 方孝岳, 李方桂 등이 [wa]로 추정하고 董同龢, 周法高, 李荣 등이 [ua]로 추정하였다. [wa]와 [ua]는 표기에서의 차이일 뿐 실제 발음에서는 차이가 없다. 그러니 학자들의 추정음과『훈몽자회』의 발음이 일치한다. 이로부터 우리는『광운』假攝 2등 합구호의 운모를 [ua]로 보고자 한다.

중국어『광운』운모 [ua]가 그 뒤 현대 중국어까지 줄곧 운모 [ua]를 유지하였다.

『훈몽자회』의 운모 'ㅘ'[oa]=[ua]는『광운』운모 [ua]의 한국식 표기이다.

3) 麻韻, 馬韻, 禡韻: 3등 개구호

• 麻韻: 蛇샤, 賒샤, 斜샤, 爺야
• 馬韻: 姐져, 鎔샤, 寫싸, 冶야, 野야, 赭쟈

• 禡韻: 麝샤, 射쌰, 褯쟈, 借챠, 舍샤, 卸샤, 瀉샤, 夜야, 喥야, 柘쟈, 炙쟈

假攝 3등 개구호에는 麻韻, 馬韻, 禡韻 세 개의 운모가 있다. 『훈몽자회』에는 위의 세 가지 운모의 한자가 다 나타났다. 이들이 『훈몽자회』의 운모는 다수가 'ㅑ'[iɑ]이고, 개별적인 한자가 'ㅕ'[iə](1개)로 되어 있다.

假攝의 3등 개구호 운모 麻韻, 馬韻, 禡韻에 대한 학자들의 추정음을 보면 대동소이하다.

趙元任, 王力, 方孝岳, 李荣 등이 [ia]로 추정하고 高本漢, 李方桂, 董同龢 등이 [ja]로 추정하고 陆志韦가 [ɪa]로 추정하고 周法高가 [iɑ]로 추정하였다.

이는 『훈몽자회』 한자음의 다수가 학자들의 추정음과 일치함을 의미한다. 이로부터 우리는 『광운』 假攝 3등 개구호의 음을 [ia]로 보고자 한다.

중국어 『광운』 운모 [ia]가 그 뒤에 [ia]→[iə]→[iəi]→[iəɿ]→[ie]의 변화를 거쳐 현대 중국어의 운모 [ie]로 되었다.

『훈몽자회』의 운모 [iɑ]는 『광운』 운모 [ia]의 변형이다.

『훈몽자회』 한자 '姐져'는 『광운』 이후의 『중원음운』에서 운모 [iə]로 변한 음의 반영이다. 즉 『광운』 假攝 馬韻의 운모 [ia]가 『중원음운』에서 [iə]로 변하고 근대어 말기에 [iə]가 다시 [ie]로 변하였다. 그러니 '姐져'자의 『훈몽자회』 운모 [iə]는 『중원음운』에서 [iə]로 변한 중국어 운모의 반영이다. 이는 근대 중국어 음이 『훈몽자회』에 수입된 것이다.

3. 遇攝

遇攝은 3개 종류의 합구호로 구성되었는데, 매개 등호는 모두 음성 운모로 구성되어 있다. 그 속에는 1등 합구호 운모 '模韻, 姥韻, 暮韻', 3등 합구호 운모 '魚韻, 語韻, 御韻', 3등 합구호 운모 '虞韻, 麌韻, 遇韻' 등 9개의 운모가 들어 있다. 『훈몽자회』에는 이들 운모의 한자가 모두 나타났다.

상기 운모들이 『훈몽자회』에서의 형태 및 그 내원을 밝히면 아래와 같다.

1) 模韻, 姥韻, 暮韻: 1등 합구호

- 模韻: 晡포, 葡포, 蒲포, 蒲포, 酺포, 徒도, 途도, 屠도, 圖도, 都도, 孤고, 姑고, 菇고, 蛄고, 辜고, 箍고, 苽과, 租조, 麤로, 攄로, 蘆로, 爐로, 艫로, 纑로, 轤로, 顱로, 鸕로, 鱸로, 模모, 謨모, 奴노, 鋪포, 枯고, 狐호, 弧호, 壺호, 猢호, 湖호, 瑚호, 箶호, 衚호, 糊호, 鬍호, 鶘호, 呼호, 酥소, 蘇소, 穌소, 吾오, 蜈오, 齬오, 梧요, 蔦오, 洿오, 烏오
- 姥韻: 圃보, 部부, 簿부, 肚두, 覩도, 賭도, 粘고, 沽고, 古고, 股고, 牯고, 罟고, 羖고, 鼓고, 瞽고, 蠱고, 賈고, 祖조, 艣노, 虜로, 滷로, 櫓로, 姆모, 弩노, 浦보, 土토, 吐토, 苦고, 戶호, 簄호, 虎호, 琥호, 五오, 伍오
- 暮韻: 布포, 鉖보, 捕보, 步보, 拵보, 哺포, 祚조, 鍍도, 蠹두, 雇고, 錮고, 顧고, 袴고, 輅로, 路로, 露로, 鷺로, 賂뢰, 暮모, 墓묘, 醋초, 兎토, 菟토, 庫고, 袴과, 枑호, 瓠호, 戽호, 素소, 訴소, 嗉소, 塑소, 捂오, 晤오, 寤오

遇攝 1등 합구호에는 模韻, 姥韻, 暮韻 세 개의 운모가 있다. 『훈몽자

회』에는 위의 세 가지 운모의 한자가 다 나타났다. 이들이 『훈몽자회』의 운모는 다수가 'ㅗ'[o]이고, 개별적인 한자의 운모가 'ㅜ'[u](5개), 'ㅘ'[oɑ]=[uɑ](2개), 'ㅛ'[io](2개), 'ㅚ'[oi](1개)로 되어 있다. 이는 『훈몽자회』의 遇攝 1등 합구호 운모가 기본상 'ㅗ'[o]임을 의미한다.

遇攝 1등 합구호 운모 模韻, 姥韻, 暮韻에 대한 학자들의 추정음을 보면 아래와 같다.

高本漢, 趙元任, 方孝岳, 李方桂, 董同龢, 周法高 등이 [uo]로 추정하고 王力이 [u]로 추정하고 陆志韦가 [wo]로 추정하고 李荣이 [o]로 추정하였다.

『훈몽자회』 한자음의 다수가 李荣의 추정음과 일치한다. 이로부터 우리는 『광운』 遇攝 1등 합구호 운모의 음을 [o]로 보고자 한다.

중국어 『광운』 운모 [o]가 그 뒤에 다수가 [o]→[u], [o]→[uo], [o]→[ou], [o]→[o], [o]→[ə]의 변화를 거쳐 현대 중국어의 운모 [u], [uo], [ou], [o], [ə]로 되었다.

『훈몽자회』의 다수 운모 [o]는 『광운』 운모 [o]의 반영이다.

『훈몽자회』의 한자 '鋪푸, 鋪푸, 部부, 簿부, 肚두, 蠹두'의 운모 [u]는 『광운』 이후 『중원음운』에서 변화된 중국어 운모 [u]의 반영이다. 그러니 위의 한자들의 한국어 운모 [u]는 근대 중국어 어음이 『훈몽자회』에서의 반영으로 최세진이 소위다.

『훈몽자회』의 한자 '苽과, 袴과'의 운모 [uɑ]는 유추에 의해 생긴 것으로 보인다.

『훈몽자회』의 한자 '梧요, 墓묘, 賂뢰'의 운모 [io], [oi]의 내원은 명확히 밝히기 어렵다.

그런데 '梧요'를 중국의 하문 방언에서 운모 [ɔ]로 발음하고 조주 방언에서 [o]로 발음하며, '墓묘'를 중국의 성도, 양주, 소주, 온주, 장사, 조주 등 방언에서 운모 [o]로 발음함이 주목된다.

2) 魚韻, 語韻, 御韻: 3등 합구호

- 魚韻: 蜍여, 摴뎌, 樗뎌, 儲뎌, 鋤서, 黀쥬, 車거, 居거, 廬려, 閭려, 驢려, 埠부, 疽져, 鶋져, 沮져, 蛆져, 蕖거, 渠거, 蕖거, 梳소, 疏소, 蔬소, 書셔, 袪거, 魚어, 漁어, 輿여, 予여, 濋뎌, 猪뎨, 罝져, 菹조
- 語韻: 墅셔, 杵져, 處쳐, 楮뎌, 苧뎌, 杼뎌, 礎초, 抒셔, 筥게, 侶려, 旅려, 膂려, 女녀, 苣거, 炬거, 距거, 汝셔, 所소, 蝑셔, 暑셔, 黍셔, 鼠셔, 序셔, 澲셔, 嶼셔, 芧셔, 圄어, 語어, 煮쟈, 渚져
- 御韻: 署셔, 薯셔, 曙셔, 箸뎌, 鋸거, 濾려, 鑢려, 袈셔, 恕셔, 絮셔, 馭어, 御어, 蕷여, 驤여, 飫어, 翥쟈, 譽예

遇攝 3등 합구호 1에는 魚韻, 語韻, 御韻 세 개의 운모가 있다. 『훈몽자회』에는 위의 세 가지 운모의 한자가 다 나타났다. 이들이 『훈몽자회』의 운모는 다수가 'ㅕ'[iə]이고, 부분적인 한자가 'ㅓ'[ə](18개), 'ㅗ'[o](6개), 'ㅜ'[u](1개), 'ㅠ'[iu](1개), 'ㅑ'[ia](2개), 'ㅖ'[iəi](1개), 'ㅖ'[iəi] (2개)로 되어 있다. 이는 『훈몽자회』 운모의 다수가 'ㅕ'[iə]이고 종류가 다양함을 의미한다.

遇攝 3등 합구호 운모 魚韻, 語韻, 御韻에 대한 학자들의 추정음을 보면 아래와 같다.

陆志韦, 方孝岳, 周法高가 [io]로 추정하고, 高本漢, 李方桂가 [jwo]로 추정하고, 趙元任, 王力이 [iwo]로 추정하고, 董同龢가 [jo]로 추정하고, 李荣이 [ia]로 추정하였다. 여기에서 우리는 『훈몽자회』 한자음의 다수가 학자들의 추정음과 일치하지 않음을 보아낼 수 있다. 이로부터

우리는 『광운』 遇攝 3등 합구호 운모의 음을 陆志韦 등의 견해에 따라 [io]로 보고자 한다.

중국어 『광운』 운모 [io]가 그 뒤에 [io]→[iu]→[u], [io]→[iu]→[u]→ [uo], [io]→[iu]→[iui]→[y]의 변화를 거쳐 현대 중국어의 운모 [u], [y], [uo]로 되었다.

『훈몽자회』의 운모 [iə]는 『광운』 운모 [io]가 한국어에서의 변형으로 보인다. 즉 『광운』 전기(前期, 7세기)에 중국어 운모 [io]가 한국어에서 [io]→[iə]의 변화를 가져온 것으로 보인다. 이는 『광운』 운모의 모음 [o]가 개음 [i]의 영향을 받아 한국어에서 [ə]로 변하면서 생겨났을 수 있다.

『훈몽자회』의 한자 '車거, 居거, 藘거, 渠거, 蕖거, 袪거, 魚어, 漁어, 苣거, 炬거, 距거, 圍어, 語어, 鋸거, 馭어, 御어, 飫어' 등의 운모 'ㅓ'[ə]는 한국어 운모 [iə]가 한국어에서의 변형으로 보인다. 즉 [iə]→[ə]의 변화를 가져오면서 개음 [i]가 소실되었다. 여기에서 개음 [i]가 소실된 한자 다수의 성모가 아후음이라는 사실에 주목할 필요가 있다. 물론 운모 [iə]를 유지한 아후음 성모의 한자 '蜍여, 輿여, 予여, 蕷여, 礜여' 등도 있으나 개음 [i]를 유지한 한자는 소수이다. 그리고 이들 운모 [iə]의 개음 [i]가 근대 한국어에서 첨가되었을 수도 있다.

『훈몽자회』의 한자 '梳소, 疏소, 蔬소, 礎초, 所소, 葅조' 등의 운모 'ㅗ'[o]는 『광운』 이후 중국어에서 나타난 운모 [o]의 반영으로 보인다. 개별적 한자가 중국어에서 [io]→[iu]→[u]→[o]→[uo]의 변화가 있었다. 예를 들면 '所'자가 이러한 변화를 하였다. 그러니 상기 한자들의 운모 [o]는 근대 중국어 운모가 한국 한자음에 반영된 것으로 보아야 할 것이다.

『훈몽자회』의 한자 '縻쥬'의 운모 'ㅠ'[iu]는 중국어의 『광운』 운모

[io]가 『중원음운』에서 [iu]로 변한 음의 반영으로 보인다. 이는 근대 중국어 음이 『훈몽자회』에로의 수입이다.

郭錫良에 의하면 '煮쟈, 翥쟈' 두 글자가 상고 시기에 魚韻에 속하였고 운모가 [ia]였다고 하니 『훈몽자회』의 운모 'ㅑ'[iɑ]를 상고 시기 중국어 어음의 잔재로 봄이 합리적이라 느껴진다.

『훈몽자회』의 한자 '譽예, 猪뎨'의 운모 'ㅖ'[iəi]의 내원을 명확히 밝히기 어려우나 齊韻(4등 개구호) 등 운모의 한자음 영향을 받아 형성된 것으로 보인다. 그리고 '猪뎨'자의 운모가 온주 방언에서 [ei]임이 주목된다.

『훈몽자회』의 한자 '筥게'의 운모 'ㅔ'[əi]의 내원을 명확히 밝히기 어려우나 한국어 운모 'ㅖ'[iəi]의 변형일 수 있다고 느껴진다. 즉 '筥게'자의 성모가 아음이므로 개음 [i]를 잃고 [əi]로 변하였을 수 있다.

3) 虞韻, 麌韻, 遇韻: 3등 합구호

- 虞韻: 樞츄, 廚듀, 柱듀, 雛추, 夫부, 跗부, 膚부, 斧부, 府부, 俯부, 父부, 柎부, 芙부, 符부, 鳧부, 釜부, 稃부, 竽부, 麩부, 俘부, 郛부, 莩부, 駒구, 軥규, 簍루, 縷루, 蠷구, 儒슈, 乳슈, 輸슈, 巫무, 誣무, 武무, 舞무, 廡무, 鵡무, 軀구, 驅구, 蓲구, 臞구, 衢구, 鬚슈, 愚우, 楡유, 諛유, 盂우, 宇우, 羽우, 雨우, 朱쥬, 珠쥬, 主쥬, 株듀, 蛛듀, 拄듀
- 麌韻: 腐부, 撫무, 栩우, 脯포, 輔보
- 遇韻: 樹슈, 傅부, 賦부, 駙부, 鮒부, 句구, 娶취, 孺슈, 務무, 霧무, 酗후, 諭유, 嫗구, 芋우, 注주, 炷주, 鑄주, 蛀쥬

遇攝 3등 합구호 2에는 虞韻, 麌韻, 遇韻 세 개의 운모가 있다. 『훈몽

자회』에는 위의 세 가지 운모의 한자가 다 나타났다. 이들이 『훈몽자회』의 운모는 다수가 'ㅜ'[u], 'ㅠ'[iu]이고, 개별적인 글자들이 'ㅗ'[o](2개), 'ㆌ'[iui](1개)로 되어 있다. 이는 『훈몽자회』遇攝 3등 합구호 운모의 다수가 'ㅜ'[u], 'ㅠ'[iu]임을 의미한다.

遇攝 3등 합구호 운모 虞韻, 麌韻, 遇韻에 대한 학자들의 추정음을 보면 아래와 같다.

陆志韦가 [Iwo]로 추정하고, 方孝岳가 [iwo]로 추정하고, 高本漢, 李方桂가 [ju]로 추정하고, 趙元任, 王力이 [iu]로 추정하고, 董同龢가 [juo]로 추정하고, 李荣이 [io]로 추정하고, 周法高가 [iuo]로 추정하였다. 여기에서 우리는 趙元任, 王力의 추정음 [iu]와 『훈몽자회』에서 두 번째로 많은 운모 [iu]가 일치함을 보아낼 수 있다. 이로부터 우리는 『광운』遇攝 3등 합구호 운모 虞韻, 麌韻, 遇韻의 음을 [iu]로 보고자 한다.

중국어 『광운』 운모 [iu]가 그 뒤에 [iu]→[u], [iu]→[iui]→[y]의 변화를 거쳐 현대 중국어의 운모 [u], [y]로 되었다.

『훈몽자회』의 운모 [iu]는 『광운』 운모 [iu]가 한국 한자음에서의 반영이다.

『훈몽자회』의 한자 '雛추, 夫부, 跗부, 膚부, 斧부, 府부, 俯부, 父부, 柎부, 芙부, 符부, 鳧부, 釜부, 稃부, 箁부, 麩부, 俘부, 郛부, 葐부, 駒구, 簍루, 縷루, 蠷구, 巫무, 誣무, 武무, 舞무, 廡무, 鵡무, 軀구, 驅구, 藍구, 愚우, 盂우, 宇우, 羽우, 雨우, 腐부, 撫무, 栩우, 傅부, 賦부, 駙부, 鮒부, 句구, 務무, 霧무, 酤후, 嫗구, 芋우, 注주, 炷주, 鑄주' 등의 운모 'ㅜ'[u]는 중국어 운모 [u]의 반영이다. 『중원음운』 이후 중국어에서 [iu]→[u]로의 변화가 나타났다. 『훈몽자회』의 운모 [u]는 바로 이 변화에서 생겨난 운모로 근대 중국어 운모가 『훈몽자회』에 수입된 것이다.

『훈몽자회』의 한자 '脯포, 輔보'의 운모 'ㅗ'[o]는 유추에 의해 생겼을 것으로 보인다.

『훈몽자회』의 한자 '娶취'의 운모 'ㅞ'[iui]는『중원음운』이후 중국어에서 나타난 [iu]→[iui] 변형의 운모 [iui]이다. 이는 근대 중국어음이『훈몽자회』에 수입된 것으로 최세진이 소위이다. 이 운모 [iui]가그 뒤 20세기 초의『경음자휘(京音字匯)』에서 [iui]→[y]의 변화를 거쳐현대 중국어 운모 [y]로 되었다.

『훈몽자회』의 한자 '娶'의 운모 'ㅞ'[iui]가 우리에게 아래의 두 가지사실을 명시한다.

(1)『광운』운모 [iu]가 16세기 초에 [iui]로의 변화가 일어났다.

현대 중국어 운모 [y]는『광운』이후 [iu]→[iui]→[y]의 변화를 거쳐생겨난 운모이다. 예를 들면 아래와 같은 한자들에서 위의 변화가일어났다.

① 遇攝魚韻 三等 合口[io]→[iu]→[iui]→[y]: [kʻ]→[tɕʻ]渠, 蕖, 蘧, 瞿, 衢, 劬, 磲, 臞, [k]→[tɕ]居, 裾, 琚, 车, 鶋, [x]→[ɕ]虚, 墟, [ø]→[j]於, 予, 余, 璵, 旟, 轝, 与, 妤, 歟, 欤, 渔, 畲, 舆, 馀, 鱼, [tsʻ]/[ts]→[tɕʻ]/[tɕ]蛆, 趄, 疽, 趑, 苴, 雎, 疽, 沮, [s]→[ɕ]徐, 胥, [l]→[ʎ]胪, 驴, 闾
② 遇攝語韻 三等 合口[io]→[iu]→[iui]→[y]: [k]→[tɕ]巨, 拒, 炬, 距, 秬, 苣, 莒, 咀, 举, 榉, [x]→[ɕ]許, [ø]→[j]圄, 禦, 齬, 圉, 敔, 与, 屿, 语, [s]→[ɕ]序, 绪, 醑, [l]→[ʎ]旅, 膂, [n]→[n]女
③ 遇攝御韻 三等 合口[io]→[iu]→[iui]→[y]: [kʻ]→[tɕʻ]去, [k]→[tɕ]讵, 据, 踞, 锯, [ø]→[j]御, 驭, 豫, 誉, 预, [s]→[ɕ]絮, [l]→[ʎ]滤, 虑
④ 遇攝虞韻 三等 合口[iu]→[iu]→[iui]→[y]: [kʻ]→[tɕʻ]区, 岖, 躯, 驱, 貙, 取,

伛, [k]→[tɕ]俱, 拘, 矩, 聚, 驹, [x]→[ɕ]吁, 詡, [ø]→[j]纡, 于, 宇, 盂, 禹,

羽, 迂, 雨, 雩, 竽, 禺, 愚, 虞, 隅, 庾, 愈, 愉, 瑜, 臾, 萸, 逾, 窬, 俞, 渝,

榆, 歈, 觎, 谀, [s]→[ɕ]需, 鬚, 繻, 须, [l]→[ʎ]偻, 簍, 缕

⑤ 遇攝遇韻 三等 合口[iu]→[iu]→[iui]→[y]: [k]→[tɕ]句, 屦, 具, 懼, [ø]→[j]

妪, 芋, 遇, 裕, 谕, [tsʼ]→[ɕtɕʼ]娶, 趣, [l]→[ʎ]屡

⑥ 臻攝術韻 三等 合口[iuət]→[iu]→[iui]→[y]: [l]→[ʎ]律

⑦ 臻攝物韻 三等 合口[iuət]→[iu]→[iui]→[y]: [kʼ]→[ɕtɕʼ]屈

⑧ 曾攝職韻 三等 合口[iək]→[iu]→[iui]→[y]: [ø]→[j]閾

⑨ 通攝屋韻 三等 合口[iuk]→[iu]→[iui]→[y]: [k]→[tɕ]菊, 踘, [ø]→[j]郁, 育

⑩ 通攝燭韻 三等 合口[iok]→[ĭuk]→[iu]→[iui]→[y]: [kʼ]→[ɕtɕʼ]曲, [k]→[tɕ]

局, 局, [ø]→[j]玉, 欲, 浴, 狱, 鹆, [s]→[ɕ]续

위의 자료는 『중원음운』 운모 [iu]가 현대 중국어 운모 [y]로의 변화
과정을 밝혀주었다.

위의 변화에서 우리의 주목을 끄는 것이 『중원음운』 운모 [iu]가
[iui]로의 변화이다. 즉 운모 [iu]에 왜 운미 [i]가 첨가되었는가 하는
의문이다.

우리는 운모 [iu]가 운모 [y]로의 변화 과정은 운모 [iu]의 모음 [u]가
앞에 위치한 개음 [i]의 영향을 받아 뒤 모음에서 앞 모음으로의 이동
과정이라 인정한다. 이 과정에 뒤 모음 [u]가 필연적으로 가운데 모음
[ㅐ]로의 변화가 생기게 된다. 그러니 모음 [iu]가 [iㅐ]로 변하게 되는
것이다. 그런데 한문이나 만문(滿文)으로는 이 [iㅐ]를 표기할 수 없으니
[iui]로 표기한 것이다. 예를 들면 『한청문감(漢清文鑒)』의 '車, 拘, 居,
駒, 疽, 局, 菊, 矩, 舉, 巨, 句, 拒, 苣, 具, 懼, 聚, 驢, 呂, 侶, 屢, 縷,
律, 慮, 女, 曲, 嶇, 驅, 屈, 蛆…' 등과 『음운봉원(音韻逢源)』(379~381쪽)의

'居, 裾, 琚, 车, 驹, 拘, 俱, 虚, 嘘, 歔, 吁, 蛆, 趄, 疽, 沮, 趄, 苴, 蛆, 雎, 区, 躯, 驱, 岖, 须, 鬚, 胥, 醑, 需, 閭, 驴, 鱼…' 등이다. 그러므로 한글과 만문에서의 모음 [iui]는 사실상 모음 [iʉ]의 표기이다. 이 'ᆔ'[iui]가 20세기 초의 『경음자휘』에서 현대 중국어 운모 [y]로 변하였다.

(2) 16세기에 중국어 精母 계열의 구개음화가 일어났었음을 밝혀준다.

한국어 자모로는 精母 계열의 치음 [ts], [ts'], [s]와 이것들의 구개음인 설면음 [tɕ], [tɕ'], [ɕ]를 구별해 표시할 방법이 없다. 이러한 상황에서 유일한 방법이 운모로 구개음 여부를 판정하는 것이다. 즉 운모 [iui]로의 표기 여부에 따라 구개음화 여부를 판단하는 방법이다. 왜냐하면 운모 [iui]가 현대 중국어 구개음 운모 [y]로 변하였기 때문이다. 『훈몽자회』에서 운모 [iui]로 표기된 한자들을 조사한 결과는 아래와 같다([ ] 안의 국제음성기호는 현대 중국어 발음이다).

娶쥐[tɕ'y], 炊쥐[tʂ'ui], 醉쥐[tsui], 醜쥐[tʂ'ou], 臭쥐[tʂ'ou], 儆쥐[tɕiu]

이상의 여섯 글자 가운데에서 현대 중국어에서 구개음으로 변한 글자는 '娶쥐, 儆쥐' 두 글자뿐이다. 비록 현대 중국어에서 구개음으로 변한 글자가 둘뿐이지만 16세기 한국인들은 위의 여섯 글자를 구개음화된 글자로 인식하였다. 그 근거는 아래와 같다.

첫째, 이들의 성모가 모두 치음이다.

위의 여섯 글자 가운데에서 '炊, 醜, 臭' 세 글자의 성모가 창모(昌母)이고, '醉, 儆' 두 글자의 성모가 精母이고, '娶'자의 성모가 청모(清母)이니 이들 성모가 모두 치음(齒音)에 속한다.

주지하다시피 중국어 구개음화는 치음과 아후음에서 일어나는 어음 변화이다. 그 가운데의 아후음 구개음화가 근대 중국어 말기에 일어났으니 16세기에 치음의 구개음화가 일어났을 것이다.

둘째, 이들의 운모가 모두 [iui]이다.

현대 중국어에서 구개음 운모 [y]로 된 한자 모두가 『중원음운』부터 현대까지 사이에 [iu]→[iui]→[y]의 변화 과정을 거치었다. 그러니 [iui]는 현대 중국어 구개음 운모 [y]가 반드시 경과하여야 할 운모이다.

위의 여섯 글자의 운모가 모두 [iui]라는 사실은 16세기 한국인들이 이 여섯 한자의 성모를 구개음으로 인식하였음을 의미한다.

4. 蟹攝

蟹攝은 7개 종류의 개구호와 8개 종류의 합구호로 구성되었다. 매개 등호는 모두 음성 운모이다. 그 속에는 1등 개구호 운모 '咍韻, 海韻, 代韻', 1등 개구호 운모 '泰韻', 1등 합구호 운모 '灰韻, 賄韻, 隊韻', 1등 합구호 운모 '泰韻', 2등 개구호 운모 '皆韻, 駭韻, 怪韻', 2등 개구호 운모 '佳韻, 蟹韻', 2등 개구호 운모 '卦韻, 夬韻', 2등 합구호 운모 '皆韻, 怪韻', 2등 합구호 운모 '佳韻, 蟹韻', 2등 합구호 운모 '卦韻, 夬韻', 3등 개구호 운모 '祭韻', 3등 개구호 운모 '廢韻', 3등 합구호 운모 '祭韻', 3등 합구호 운모 '廢韻', 4등 개구호 운모 '齊韻, 薺韻, 霽韻', 4등 합구호 운모 '齊韻, 霽韻' 등 30개의 운모가 들어 있다. 『훈몽자회』에 이들 운모의 한자가 모두 나타났다.

상기 운모들이 『훈몽자회』에서의 형태 및 그 내원을 밝히면 아래와 같다.

1) 咍韻, 海韻, 代韻: 1등 개구호

• 咍韻: 才지, 財지, 裁지, 臺디, 擡디, 苔티, 食티, 荄히, 栽지, 勑릭, 開기, 咳히, 孩히, 埃애

• 海韻: 怠티, 頦히, 穀지, 宰지, 綵치, 鎧개, 海히, 醢히

• 代韻: 代디, 袋디, 黛디, 戴디, 載지, 賚뢰, 鼐내, 菜치, 蚨디, 貸디, 態티, 賽싀, 愛의, 万대

蟹攝 1등 개구호 1에는 咍韻, 海韻, 代韻 세 개의 운모가 있다. 『훈몽자회』에는 위 세 가지 운모의 한자가 다 나타났다. 이들이 『훈몽자회』의 운모는 다수가 'ㆍ]'이고, 소수가 'ㅐ'[ɑi](4개), 'ㅚ'[oi](1개)로 되어 있다. 이는 『훈몽자회』 운모의 다수가 'ㆍ]'임을 의미한다.

蟹攝 1등 개구호 1의 咍韻, 海韻, 代韻 운모에 대한 학자들의 추정음을 보면 아래와 같다.

高本漢, 趙元任이 [ɑi]로 추정하고, 王力, 陆志韦, 方孝岳, 李方桂, 李荣 등이 [ɒi]로 추정하고, 董同龢가 [Ai]로 추정하고, 周法高가 [əi]로 추정하였다. 여기에서 우리는 『훈몽자회』 한자음의 다수가 학자들의 추정음과 일치하지 않음을 보아낼 수 있다. 이로부터 우리는 『광운』 蟹攝 1등 개구호의 운모 咍韻, 海韻, 代韻의 음을 다수 학자들의 추정 음에 따라 [ɒi]로 보고자 한다.

중국어 『광운』 운모 咍韻[ɒi], 陌韻[ɐk], 麥韻[æk], 德韻[ək], 職韻 [iək]이 『중원음운』에서 [ai]로 변한 다음 이 [ai]가 다시 [ai]→[ai], [ai] →[a], [ai]→[ə], [ai]→[ə]→[o]의 변화를 거쳐 현대 중국어의 운모 [ai], [a], [ə], [o]로 되었다.

『훈몽자회』의 운모 'ㆍ]'는 『광운』 운모 [ɒi]가 한국어에서 [ɑi]로 변한

것을 최세진이 『훈몽자회』에서 『훈민정음』의 자모 'ㆎ'로 표기한 것이다. 그러니 『훈몽자회』에서 자모 'ㆎ'로의 표기는 최세진이 소위이다.

『훈몽자회』에서는 『훈민정음』의 자모 'ㆍ'가 'ㆍ'와 'ㆎ' 두 곳에서 쓰이었다. 『훈몽자회』의 자모 'ㆍ'가 과연 한국어 음운인가에 대한 논술은 뒤에서 하게 되므로 여기에서는 약하기로 한다.

『훈몽자회』 한자 '埃애, 鎧개, 鼐내, 歹대'의 운모 [ɑi]는 『광운』 운모 [ɒi]가 한국어에서의 변형이다. 이는 16세기에 한국어 운모 [ɑi]를 한글 자모 'ㆎ'와 'ㅒ' 두 가지 글자로 표기하였음을 말해준다.

『훈몽자회』 한자 '資뢰'의 운모 [oi]는 蟹攝 1등 합구호 표기의 영향을 받은 것으로 보인다.

2) 泰韻: 1등 개구호

• 泰韻: 貝패, 帶딕, 蓋개, 瀨뢰, 癩뢰, 柰내, 汰태, 鈦태, 艾애

蟹攝 1등 개구호 2에는 운모 泰韻 하나가 있다. 『훈몽자회』에는 泰韻의 한자가 모두 12개 나타났다. 이들이 『훈몽자회』의 운모는 다수가 'ㅒ'[ɑi]이고, 소수가 'ㅚ'[oi](2개), 'ㆎ'(1개)로 되어 있다. 이는 『훈몽자회』 운모의 다수가 'ㅒ'[ɑi]임을 의미한다.

蟹攝 1등 개구호의 운모 泰韻에 대한 학자들의 추정음을 보면 아래와 같다.

高本漢, 王力, 陆志韦, 方孝岳, 李方桂, 董同龢, 周法高, 李荣 등이 [ɑi]로 추정하고, 趙元任이 [ɑːi]로 추정하였다. 여기에서 우리는 『훈몽자회』 한자음의 다수가 학자들의 추정음과 일치함을 보아낼 수 있다. 이로부터 우리는 『광운』 蟹攝 1등 개구호의 운모 泰韻의 음가를 다수

학자들의 추정음에 따라 [ɑi]로 보고자 한다.

중국어『광운』운모 [ɑi]가 그 뒤에 [ɑi]→[ai], [ɑi]→[ui]→[ei]의 변화를 거쳐 현대 중국어의 운모 [ai], [ei]로 되었다

『훈몽자회』의 운모 [ɑi]는『광운』운모 [ɑi]의 반영이다.

『훈몽자회』한자 '帶디'의 운모 'ㅣ'는 한국어 운모 [ɑi]의 표기로 최세진이 소위이다.

『훈몽자회』의 한자 '瀨뢰, 癩뢰'의 운모 [oi]는 蟹攝 1등 합구호 표기의 영향을 받은 것으로 보인다.

3) 灰韻, 賄韻, 隊韻: 1등 합구호

- 灰韻: 杯빅, 陪빅, 培빅, 頹퇴, 傀괴, 雷뢰, 擂뢰, 儡뢰, 儡뢰, 苺미, 梅미, 媒미, 煤미, 酶미, 坏빅, 摧퇴, 茴회, 灰회, 桅위, 偎외, 根외, 煨외
- 賄韻: 罪죄, 餒뇌, 腿퇴, 賄회
- 隊韻: 背빅, 輩빅, 焙빅, 佩패, 碓디, 對디, 耒리, 苺미, 酶미, 每미, 妹미, 昧미, 蝐모, 内너, 焠슈, 退퇴, 塊괴, 晦회, 誨회, 磑의

蟹攝 1등 합구호 1에는 운모 灰韻, 賄韻, 隊韻 셋이 있다.『훈몽자회』에는 灰, 賄, 隊 세 운모의 한자가 모두 47개 나타났다. 이들이『훈몽자회』의 운모는 다수가 'ㅣ'이고, 일부가 'ㅚ'[oi](20개)이며, 개별적인 한자가 'ㅟ'[ui](1개), 'ㅠ'[iu](1개), 'ㅢ'[ii](1개), 'ㅗ'[o](1개)로 되어 있다. 이는『훈몽자회』운모의 다수가 'ㅣ'임을 의미한다.

蟹攝 1등 합구호의 운모 灰韻, 賄韻, 隊韻에 대한 학자들의 추정음을 보면 아래와 같다.

高本漢이 [wɑi]로 추정하고, 趙元任이 [uɑi]로 추정하고, 王力, 方孝

岳, 李方桂가 [uɒi]로 추정하고, 陆志韦가 [wəi]로 추정하고, 董同龢가 [uAi]로 추정하고, 周法高가 [uəi]로 추정하고, 李荣이 [uɑi]로 추정하였다. 여기에서 우리는 『훈몽자회』 한자음의 다수가 학자들의 추정음과 일치하지 않음을 보아낼 수 있다. 우리는 『광운』 蟹攝 1등 합구호의 운모를 다수 학자들의 견해에 따라 [uɒi]로 보고자 한다.

중국어 『광운』 운모 [uɒi]가 그 뒤에 [uɒi]→[ui]→[uei], [uɒi]→[ui]→[ei], [uɒi]→[ui]→[i], [uɒi]→[ui]→[y], [uɒi]→[ui]→[o]의 변화를 거쳐 현대 중국어의 운모 [uei], [ei], [i], [y], [o]로 되었다

『훈몽자회』에서 운모 'ㆎ'로 표기된 한자들은 『광운』 운모 [uɒi]의 개음 [u]가 탈락되면서 변화된 형태인 [ɑi]를 'ㆎ'로 표기한 것이다. 예를 들면 아래의 한자들이다.

• 杯ᄇᆡ, 陪ᄇᆡ, 培ᄇᆡ, 苺ᄆᆡ, 梅ᄆᆡ, 媒ᄆᆡ, 煤ᄆᆡ, 酶ᄇᆡ, 坏ᄇᆡ, 背ᄇᆡ, 輩ᄇᆡ, 焙ᄇᆡ, 苺ᄆᆡ, 酶ᄆᆡ, 每ᄆᆡ, 妹ᄆᆡ, 昧ᄆᆡ, 內ᄂᆡ, 碓ᄃᆡ, 對ᄃᆡ, 耒ᄅᆡ

상기 한자들의 개음 [u-]가 탈락된 원인은 성모에 있다. 즉 운모 [uɒi] 앞에 오는 성모의 82%가 순음이고 나머지 18%가 설음이다. 한국어에서 순음 뒤의 개음이 탈락되는 법칙이 존재한다. 하여 『광운』 운모 [uɒi]가 한국어에서 [uɒi]→[ɑi]로의 변화가 일어나 형성된 형태 [ɑi]를 최세진이 'ㆎ'로 표기한 것이다.

순음 성모 뒤 개음 [u-]의 탈락은 중국어에서도 나타나는 현상이다. 『훈몽자회』의 한자 '頹ᄐᆈ, 傀괴, 雷뢰, 擂뢰, 儡뢰, 儡뢰, 蓶ᄐᆈ, 茴회, 灰회, 偎외, 椳외, 煨외, 罪죄, 餒뇌, 腿ᄐᆈ, 賄회, 退ᄐᆈ, 塊괴, 晦회, 誨회' 의 운모 'ㅚ'[oi]는 蟹攝 1등 합구호의 중국어 운모 [uɒi]가 한국어에서의 변형 [uɑi]가 변화된 형태로 보인다. 즉 [uɑi]의 개음 [u-]가 뒤의

모음 [ɑ]의 영향을 받아 [o]로 변하고 모음 [ɑ]가 다시 앞의 모음 [o]에 동화되어 사라지면서 모음 [oi]로 변하였을 것으로 보인다.

『훈몽자회』의 한자 '桅위'의 운모 [ui]는 『광운』이후에 나타난 중국 어 어음 변화의 반영으로 보인다. 즉『광운』운모 [uɒi]가 『중원음운』에서 [ui]로 변하였다. 이 [ui]가 『훈몽자회』에 반영되어 운모 [ui]로 되었다. 그리고 '桅'자를 중국어 쌍봉, 남창, 하문, 조주 방언에서 [ui]로 발음함이 주목된다.

『훈몽자회』의 한자 '礙의'의 운모 [ii]는 『광운』이후 중국어에서 나타난 어음 변화의 반영으로 보인다. 즉 중국어『광운』운모 [uɒi]가 [uɒi]→[ui]→[ei]로의 변화 형태가 한국어에서 [ei]→[ii]의 변화가 나타 났을 것으로 보인다.

『훈몽자회』의 한자 '蝐모'의 운모 [o]의 내원은 명확히 밝히기 어려 우나 유추에 의해 생겨난 것으로 보인다.

『훈몽자회』의 한자 '烨슈'의 운모 [iu]의 내원은 명확히 밝히기 어렵다.

4) 泰韻: 1등 합구호

• 泰韻: 檜회, 儈회, 膾회, 繪회, 外외, 蛻예, 濊예

蟹攝 1등 합구호 2에는 泰韻이 있다. 『훈몽자회』에는 泰韻에 속하는 한자가 모두 7개 나타났다. 이들 가운데에서 운모 'ㅚ'[oi]로 된 것이 5개, 운모 'ㅖ'[iəi]로 된 것이 2개이다.

蟹攝 1등 합구호 泰韻의 운모에 대한 학자들의 추정음을 보면 아래 와 같다.

高本漢, 陆志韦, 李方桂가 [wɑi]로 추정하고, 王力, 方孝岳, 董同龢,

周法高, 李荣 등이 [uɑi]로 추정하고, 趙元任이 [uɑ:i]로 추정하였다. 그런데 泰韻 운모가 합구호임을 감안할 때 泰韻 개구호의 운모 [ɑi] 앞에 개음 [u-]가 첨가된 형태인 [uɑi]로 되어야 한다. 그러니 蟹攝 1등 합구호 泰韻의『광운』운모를 마땅히 [uɑi]로 보아야 한다. 이는 다수 학자들의 견해와도 일치하므로 泰韻의 운모를 [uɑi]로 보고자 한다.

중국어『광운』蟹攝 1등 합구호 泰韻의 운모 [uɑi]가 그 뒤에 [uɑi]→ [uai], [uɑi]→[ui]→[uei]의 변화를 거쳐 현대 중국어의 운모 [uai], [uei] 로 되었다.

『훈몽자회』의 운모 'ㅚ'[oi]는 蟹攝 1등 합구호의『광운』운모 [uɑi] 의 변형으로 보인다. 즉 개음 [u-]가 뒤의 모음 [ɑ]의 영향을 받아 모음 [o]로 변하고 모음 [ɑ]가 다시 앞의 모음 [o]에 동화되어 사라지면 서 모음 [oi]로 변한 것으로 보인다. 그러니『훈몽자회』의 운모 'ㅚ'[oi] 는 泰韻의『광운』운모 [uɑi]의 변형으로 보인다.

『훈몽자회』의 한자 '蛻예'가 현대 중국어에서 [t'ui], [ye] 두 가지로 발음되고, '濊예'가 [xui], [wei], [xuo] 세 가지로 발음된다. 그러니『훈 몽자회』에서의 '蛻예, 濊예'는 현대 중국어음 [ye], [wei]가 이루어지기 이전, 齊韻(4등 개구호) 등 운모 발음의 영향을 받아 이루어진 것으로 보인다.

5) 皆韻, 駭韻, 怪韻: 2등 개구호

- 皆韻: 排빙, 豺싀, 儕졔, 痎히, 階계, 稭기, 街개, 霾미, 揩기, 骸히
- 駭韻: 駭애, 挨애
- 怪韻: 拜빙, 憊븨, 介개, 忦개, 芥개, 疥개, 界계, 犗계, 薤혜, 噫애

蟹攝 2등 개구호 1에는 皆韻, 駭韻, 怪韻 세 개의 운모가 있다. 『훈몽자회』에는 위의 세 가지 운모의 한자가 다 나타났다. 이들이 『훈몽자회』의 운모는 다수가 'ㅐ'[ɑi](8개)와 'ㆍㅣ'(7개)이고, 소수가 'ㅖ'[iəi](5개)와 'ㅢ'[ii](2개)이다. 이는 『훈몽자회』 운모의 다수가 'ㅐ'[ɑi]와 'ㆍㅣ'임을 의미한다.

蟹攝 2등 개구호 1에 나타난 운모 皆韻, 駭韻, 怪韻에 대한 학자들의 추정음을 보면 아래와 같다.

高本漢, 趙元任, 李方桂가 [ai]로 추정하고, 王力, 陆志韦, 方孝岳, 董同龢가 [ɐi]로 추정하고, 周法高, 李荣이 [ɛi]로 추정하였다. 여기에서 우리는 학자들의 추정음이 [ai], [ɐi], [ɛi] 세 가지임을 보아낼 수 있다. 이로부터 우리는 학자들의 추정음과의 대비 및 『훈몽자회』 운모와의 대비로부터 蟹攝 2등 개구호 1의 운모 皆韻, 駭韻, 怪韻의 『광운』 음을 [ai]로 보고자 한다.

중국어 『광운』 운모 皆韻[ai], 陌韻[ɐk], 麥韻[æk], 德韻[ək], 職韻[iək] 등이 그 뒤의 『중원음운』에서 [ai]로 되고 『중원음운』이 현대까지 사이에 [ai]→[ai], [ai]→[iai]→[iəi]→[iəꭦ]→[ie]의 변화를 거쳐 현대 중국어의 운모 [ai], [ie]로 되었다.

『훈몽자회』의 운모 [ɑi]는 『광운』 운모 [ai]의 변형이다. 『중원음운』 이전의 중국어에서 아후음 성모 뒤의 개구호 2등 운모가 개음 [i]를 첨가하는 변화가 나타났다. 그러나 『훈몽자회』의 蟹攝 2등 개구호에서 이 변화가 나타나지 않은 것으로 보아 『훈몽자회』 한국 한자음이 중국어 『광운』 음에 기초한 규범이 확고했던 것으로 보인다.

반대로 한자 '儕계, 階계, 界계, 犗계, 薤혜' 등의 운모 [iəi]는 『중원음운』 이후 중국어에서 나타난 변화 [ai]→[iai]→[iəi]의 음 [iəi]의 반영이다. 그러니 이 운모 [iəi]는 근대 중국어 음이 직접 『훈몽자회』에 수입된 것으로 최세진이 소위이다.

중국어 운모 [iəi]가 『훈몽자회』에 반영된 것은 중국어 蟹攝의 근대어 운모 [iəi]가 이미 16세기에 형성되었음을 말해준다. 이러한 자료들이 중국어 어음 변화 역사 시기 추정에 매우 많은 도움을 준다.

『훈몽자회』의 한자 '排ᄇᆡ, 瘀ᄒᆡ, 稭ᄀᆡ, 霾ᄆᆡ, 揩ᄀᆡ, 骸ᄒᆡ, 拜ᄇᆡ'의 운모 'ᆡ'는 『광운』 운모 [ai]의 한국어 변형 [ɑi]의 표기이다. 그러니 이 표기는 최세진이 소위이다.

『훈몽자회』의 한자 '豺싀, 㒹븨'의 운모 'ᅴ'[ii]는 중국어 상고음의 잔재로 보인다. 이들 성모 [s], [p]가 상고 시기 중국어 성모의 잔재이다. '豺싀'자가 중국의 매현 방언에서 [sai]로 발음되고, 양강(陽江) 방언에서 [ʃai]로 발음되며, '㒹븨'의 운모가 중국의 여러 방언에서 [i]임이 주목된다.

6) 佳韻, 蟹韻: 2등 개구호

- 佳韻: 簿패, 牌패, 柴싀, 鞋혜, 崖애, 涯애
- 蟹韻: 買ᄆᆡ, 蕒ᄆᆡ, 嬭내, 蟹ᄒᆡ, 矮애

蟹攝 2등 개구호 2에는 佳, 蟹 두 개의 운모가 있다. 『훈몽자회』에는 위의 두 가지 운모의 한자가 다 나타났다. 이들이 『훈몽자회』 운모의 다수가 'ㅐ'[ɑi](6개)이고 소수가 'ᆡ'(3개), 'ᅴ'[ii](1개)이다. 이는 『훈몽자회』 운모의 다수가 'ㅐ'[ɑi]임을 의미한다.

蟹攝 2등 개구호 2에 나타난 佳, 蟹 두 운모에 대한 학자들의 추정음을 보면 아래와 같다.

高本漢, 王力, 方孝岳, 李方桂가 [ai]로 추정하고, 趙元任이 [aːi]로

추정하고, 陆志韦, 董同龢, 周法高가 [æi]로 추정하고, 李荣이 [ɛi]로 추정하였다. 여기에서 우리는 학자들의 추정음이 [ai], [æi], [ɛi], [aːi] 네 가지임을 보아낼 수 있다. 우리는『광운』蟹攝 1등 개구호 운모와의 대비 및『훈몽자회』운모와의 대비로부터 蟹攝 2등 개구호 2에 나타난 佳, 蟹 두 운모의 음을 皆, 駭, 怪의 음과 같은 [ai]로 보고자 한다.

중국어『광운』운모 佳韻[ai], 陌韻[ɐk], 麥韻[æk], 德韻[ək], 職韻 [iək] 등이『중원음운』'개래' 운부에서 운모 [ai]로 되고, 그 뒤에 [ai]→ [ai], [ai]→[iai]→[iəi]→[iəⁿ]→[ie], [ai]→[iai]→[ia]의 변화를 거쳐 현대 중국어의 운모 [ai], [ie], [ia]로 되었다.

『훈몽자회』의 운모 [ɑi]는『광운』운모 [ai]의 반영이다.

『훈몽자회』의 한자 '買ᄆᆡ, 賣ᄆᆡ, 蟹ᄒᆡ'의 운모 'ᆡ'는 한국어 운모 [ɑi] 의 16세기의 표기이다. 자모 'ᆡ'로의 표기는 최세진이 소위이다.

『훈몽자회』의 한자 '鞋혜'의 운모 'ㅖ'[iəi]는『광운』이후 중국어에서 나타난 어음 변화의 반영이다. 즉『중원음운』이후 중국어에서 나타난 변화 [ai]→[iai]→[iəi]의 [iəi]가 한국 한자음에 수입된 것이다. 그러니 이 운모 [iəi]는 근대 중국어 음이 직접『훈몽자회』에 수입된 것으로 최세진이 소위이다. 그리고 '鞋혜'자가 중국의 무한, 성도, 장사 방언에 서 [xai]로 발음되고, 양주 방언에서 [xɛ]로 발음됨이 주목된다.

『훈몽자회』의 한자 '柴싀'의 운모 'ᅴ'[ii]는 중국어 상고음의 잔재로 보인다. 그리고 '柴싀'가 중국의 양강 방언에서 [ʃai]로 발음됨이 주목 된다.

7) 卦韻, 夬韻: 2등 개구호

• 卦韻: 稗패, 廨ᄒᆡ, 懈ᄒᆡ, 賣매, 派패, 醭채, 隘ᄋᆡ, 債채

• 夬韻: 敗패, 寨채, 蠆태, 餲애

蟹攝 2등 개구호 3에는 卦, 夬 두 개의 운모가 있다. 『훈몽자회』에는
이 두 가지 운모의 한자가 다 나타났다. 이들이 『훈몽자회』의 운모는
다수가 'ㅐ'[ɑi](9개)이고 소수가 'ㆎ'(2개), 'ㅚ'(1개)이다. 이는 『훈몽자회』
운모의 다수가 'ㅐ'[ɑi]임을 의미한다.

蟹攝 2등 개구호 3에 나타난 卦, 夬 두 운모에 대한 학자들의 추정음
을 보면 아래와 같다.

高本漢, 陆志韦, 李方桂, 董同龢, 周法高, 李荣이 [ai]로 추정하고, 王
力, 方孝岳가 [æi]로 추정하고, 趙元任이 [a:i]로 추정하였다. 여기에서
학자들의 추정음이 [ai], [æi], [a:i] 세 가지임을 보아낼 수 있다. 우리
는 『광운』 蟹攝 1등 개구호 운모와의 대비 및 『훈몽자회』 운모와의
대비로부터 蟹攝 2등 개구호에 나타난 卦, 夬 두 운모의 음을 [ai]로
보고자 한다.

중국어 『광운』 운모 卦韻[ai] 陌韻[ɐk], 麥韻[æk], 德韻[ək], 職韻[iək]
등이 『중원음운』 '개래' 운부에서 운모 [ai]로 되고, 그 뒤에 [ai]→[ai],
[ai]→[iai]→[iəi]→[iəʎ]→[ie]의 변화를 거쳐 현대 중국어의 운모 [ai],
[ie]로 되었다.

『훈몽자회』의 운모 [ɑi]는 『광운』 운모 [ai]의 변형이다.

『훈몽자회』의 한자 '廨히, 懈히'의 운모 'ㆎ'는 한국어 운모 [ɑi]의
16세기 표기이다. 이는 최세진이 한국어 운모 [ɑi]를 'ㆎ'로 표기한 것
이다.

『훈몽자회』의 한자 '隘익'이 상고 중국어에서 錫운에 속하였으니
『훈몽자회』의 운모 '익'을 중국어 상고음의 잔재로 보고자 한다.

8) 皆韻, 怪韻: 2등 합구호

• 皆韻: 槐괴, 歪괴
• 怪韻: 聵훼

蟹攝 2등 합구호 1에는 운모 皆韻, 怪韻 둘이 있다. 『훈몽자회』에는
皆韻, 怪韻 두 운모의 한자가 모두 3개 나타났다. 이들이 『훈몽자회』의
운모는 다수가 'ㅚ'[oi](2개)이고, 하나가 'ㆌ'[uəi]이다.

蟹攝 2등 합구호 1의 운모 皆韻, 怪韻에 대한 학자들의 추정음을
보면 아래와 같다.

高本漢, 趙元任, 李方桂가 [wai]로 추정하고, 王力, 陆志韦, 方孝岳이
[wɐi]로 추정하고, 董同龢가 [uæi]로 추정하고, 周法高, 李荣이 [uɛi]로
추정하였다. 우리는 『광운』 蟹攝 2등 합구호의 운모는 마땅히 蟹攝
2등 개구호의 운모 앞에 개음 [u-]를 첨가한 형태여야 한다고 인정한
다. 그리하여 『광운』 蟹攝 2등 합구호의 운모를 [uai]로 보고자 한다.

중국어 『광운』 운모 [uai]가 그 뒤에 [uai]→[uai], [uai]→[uei]의 변화
를 거쳐 현대 중국어의 운모 [uai], [uei]로 되었다

『훈몽자회』 한자 '槐괴, 歪괴'의 운모 'ㅚ'[oi]는 蟹攝 2등 합구호의
『광운』 운모 [uai]의 변형으로 보인다. 즉 개음 [u-]가 뒤의 모음 [a]의
영향을 받아 모음 [o]로 변하고 모음 [a]가 다시 앞의 모음 [o]에 동화
되어 사라지면서 모음 [oi]로 변한 것으로 보인다.

『훈몽자회』에는 'ㆌ[uəi]'를 운모로 하는 한자가 모두 蟹攝 怪韻(2등
합구호)의 '聵훼', 廢韻(3등 합구호)의 '喙훼', 止攝 旨韻(3등 개구호)의
'机궤', 紙韻(3등 합구호)의 '跂궤, 跪궤, 毁훼, 燬훼', 至韻(3등 합구호)의
'蕢궤, 樻궤', 尾韻(3등 합구호)의 '虺훼', 未韻(3등 합구호)의 '卉훼' 등

12개이다. 이들은 아래와 같은 공통점을 갖고 있다.

첫째, 절대 다수가 3등 합구호의 한자인데 개음 [i]가 탈락되었다.

둘째, 성모가 모두 아후음이므로 개음 [i]가 탈락되었다.

셋째, 이들이 16세기 한국 한자음 운모의 발음이 꼭 같은 'ᆌ'[uəi]이다. 『중원음운』齊微 운부의 운모 [ui]가 그 뒤에 [ui]→[uəi]→[uei]의 변화를 거쳐 현대 중국어 운모 [uei]로 되었다. 그러니 『훈몽자회』의 운모 'ᆌ'[uəi]는 근대 중국어 운모 [uəi]가 직접 한국 한자음에 수입된 것으로 최세진이 소위이다.

9) 佳韻, 蟹韻: 2등 합구호

- 佳韻: (『훈몽자회』의 한자가 없음.)
- 蟹韻: 枴괘, 拐괘

蟹攝 2등 합구호 2에는 운모 佳韻, 蟹韻이 있다. 『훈몽자회』에는 佳韻의 한자가 없고 蟹韻의 한자 2개가 나타났다. 이들이 『훈몽자회』의 운모는 'ᅫ'[oɑi]로 되어 있다. 이것을 국제음성기호로 전사하면 [uɑi]가 된다. 그러니 蟹攝 2등 합구호의 『훈몽자회』의 운모가 [uɑi]인 것이다.

蟹攝 2등 합구호 2의 운모 佳韻, 蟹韻에 대한 학자들의 추정음을 보면 아래와 같다.

高本漢, 王力, 方孝岳, 李方桂가 [wai]로 추정하고, 陆志韦이 [wæi]로 추정하고, 董同龢, 周法高가 [uæi]로 추정하고, 李荣이 [uɛi]로 추정하고, 趙元任이 [waːi]로 추정하였다. 우리는 『광운』蟹攝 2등 합구호의 운모는 마땅히 蟹攝 2등 개구호의 운모 [ai] 앞에 개음 [u-]를 첨가한 형태여야 한다고 인정한다. 그러니 『광운』蟹攝 2등 합구호 2의 운모는 [uai]로 되어야 한다.

중국어 『광운』 운모 [uai]의 일부가 그 뒤에 [uai]→[uai], [uai]→[ua], [uai]→[uo]의 변화를 거쳐 현대 중국어의 운모 [uai], [ua], [uo]로 되었다.

『훈몽자회』의 운모 'ㅙ'[oɑi]=[uɑi]는 蟹攝 2등 합구호의 『광운』 운모 [uai]가 한국어에서의 변형이다.

10) 卦韻, 夬韻: 2등 합구호

• 卦韻: 畵화
• 夬韻: 話화

蟹攝 2등 합구호 3에는 卦韻, 夬韻이 있다. 『훈몽자회』에는 卦韻, 夬韻 두 운모의 한자가 모두 2개 나타났다. 이들이 『훈몽자회』의 운모는 모두 'ㅘ'[oɑ]=[uɑ]이다.

蟹攝 2등 합구호 3의 운모 卦韻, 夬韻에 대한 학자들의 추정음을 보면 아래와 같다.

高本漢, 陆志韦, 李方桂가 [wai]로 추정하고, 王力, 方孝岳이 [wæi]로 추정하고, 董同龢, 周法高, 李荣이 [uai]로 추정하고, 趙元任이 [wa:i]로 추정하였다. 우리는 『광운』 蟹攝 2등 합구호 3의 운모는 마땅히 蟹攝 2등 개구호의 운모 앞에 개음 [u-]를 첨가한 형태여야 한다고 인정한다. 그러니 『광운』 蟹攝 2등 합구호의 운모는 마땅히 [uai]로 되어야 한다.

중국어 『광운』 운모 [uai]의 일부가 그 뒤에 [uai]→[ua]의 변화를 거쳐 현대 중국어의 운모 [ua]로 되었다. 『광운』 운모 [uai]가 [ua]로의 변화는 『중원음운』에서 완성되었고, 이 변화가 현대까지 유지되었다.

『훈몽자회』의 운모 'ㅘ'[oa]=[uɑ]는 蟹攝 2등 합구호 3의 卦韻, 夬韻 『광운』 운모 [uai]가 『중원음운』에서 나타난 변형 [ua]의 반영이다. 그러니 『훈몽자회』의 운모 [uɑ]는 근대 중국어 발음이 한국 한자음에 수입된 것으로 최세진이 소위이다.

11) 祭韻: 3등 개구호

• 祭韻: 筮셔, 噬셔, 誓셰, 貰셰, 彘톄, 祭졔, 穄졔, 蠣려, 例례, 礪례, 袂몌, 世셰, 藝예, 鞅톄, 劓예

蟹攝 3등 개구호 1에는 祭韻 하나의 운모가 있다. 『훈몽자회』에는 祭韻 운모의 한자 14개가 나타났다. 이들이 『훈몽자회』의 운모는 다수가 'ㅖ'[iəi](12개)이고 일부가 'ㅕ'[iə](3개)이다. 이는 『훈몽자회』 운모의 다수가 'ㅖ'[iəi]임을 의미한다.

蟹攝 3등 개구호 1의 祭韻에 대한 학자들의 추정음을 보면 아래와 같다.

高本漢, 王力, 方孝岳, 李方桂, 李荣이 [iɛi]로 추정하고, 趙元任, 周法高가 [iæi]로 추정하고, 陆志韦가 [iɛi]로 추정하고, 董同龢가 [jæi]로 추정하였다.

우리는 『광운』 蟹攝 3등 개구호 1의 운모는 蟹攝 1등 개구호 운모 [ɑi]에 개음 [i-]를 첨가한 음으로 보아야 함이 마땅하다고 인정한다. 그러므로 『광운』 蟹攝 3등 개구호 1의 운모는 마땅히 [iɑi]로 되어야 한다. 하여 우리는 『광운』 蟹攝 3등 개구호 운모 祭韻의 음을 [iɑi]로 보고자 한다.

중국어 『광운』 운모 [iɒi]가 그 뒤에 [iɒi]→[iai]→[iəi]→[i], [iɒi]→[iai]→[iəi]→[i]→[ʅ], [iɒi]→[iai]→[iəi]→[əi]→[ei]의 변화를 거쳐 현대 중국어의 운모 [i], [ʅ], [ei]로 되었다.

『훈몽자회』의 한자 '㘴셔, 噬셔, 蠣려'의 운모 'ㅕ'[iə]는 중국어 운모 [iɒi]가 『광운』 초기에 한국어에 3중 겹모음이 없기에 2중 겹모음 'ㅕ'[iə]로 변한 것으로 보인다. 『중원음운』에서 '㘴셔, 噬셔'의 운모가 [ʅ]로 변하고 '蠣려'의 운모가 [i]로 변하였다.

『훈몽자회』의 운모 'ㅖ'[iəi]는 『광운』 운모 [iɒi]가 후에 [iəi]로 변한 것이 한국 한자음에 반영된 것으로 보인다. 이는 근대 중국어 음이 직접 한국 한자음에 수입된 것으로 최세진이 소위이다.

그러니 중국어 『광운』 祭韻 운모 [iɒi]가 한국어에서 초기에 'ㅕ'[iə]로 변하고 후기에 [iəi]로 변한 것이다.

12) 廢韻: 3등 개구호

• 廢韻: ㅈ예, 쥐애

蟹攝 3등 개구호 2에는 운모 廢韻이 있다. 『훈몽자회』에는 이 운모의 한자 2개가 나타났다. 이들이 『훈몽자회』의 운모는 'ㅖ'[iəi](1개)와 'ㅐ'[ɑi](1개)이다.

蟹攝 3등 개구호 2에 나타난 운모 廢韻에 대한 학자들의 추정음을 보면 아래와 같다.

高本漢, 趙元任, 王力, 方孝岳, 李荣이 [iɐi]로 추정하고, 董同龢, 李方桂가 [jɐi]로 추정하고, 周法高가 [iai], [iɑi]로 추정하고, 陆志韦가 [ɪɐi]로 추정하였다.

우리는『광운』蟹攝 3등 개구호의 운모는 蟹攝 1등 개구호 운모에 개음 [i-]를 첨가한 음으로 보아야 함이 마땅하다고 인정한다. 이러한 의미에서 볼 때『광운』蟹攝 3등 개구호의 운모는 마땅히 [iɑi]로 되어야 한다. 이로부터 우리는『광운』蟹攝 3등 개구호 운모 廢韻의 음을 [iɑi]로 보고자 한다.

중국어『광운』운모 [iɑi]가 그 뒤에 [iɑi]→[iai]→[i], [iɑi]→[iai]→[iəi]→[i]→[ʅ], [iɑi]→[iai]→[iəi]→[ie]→[ei]의 변화를 거쳐 현대 중국어의 운모 [i], [ʅ], [ei]로 되었다.

『훈몽자회』한자 'ㄨ예'의 운모 'ㅖ'[iəi]는『광운』운모 [iɑi]가 중국어에서 [iəi]로 변한 것의 반영으로 보인다. 그러니 이는 근대 중국어 음이 한국어에 수입된 것이다.

『훈몽자회』한자 'ㅈ애'의 운모 'ㅐ'[ɑi]는『광운』운모 [iɑi]의 변이 형태로 보이는데 개음 [i]의 탈락은 'ㅈ'의 성모가 아후음이기 때문이다.

한자 'ㅈ애, ㄨ예' 두 글자의 성모가 꼭 같은 아후음인 의모(疑母)인데 왜 부동한 변화가 나타났는지가 의문이다. 가능하게 부동한 시기에 생긴 변화일 수 있다. 즉 한국 한자음에서 'ㅈ'자의 운모 'ㅐ'[ɑi]가 먼저 생기고, 'ㄨ'자의 운모 'ㅖ'[iəi]가 후에 생기었을 수 있다.

13) 祭韻: 3등 합구호

• 祭韻: 帨세, 簪슈, 歲세, 稅세, 衛위, 贅췌

蟹攝 3등 합구호 1에는 祭韻 하나의 운모가 있다.『훈몽자회』에는 위의 운모의 한자가 모두 6개 나타났다. 이들이『훈몽자회』의 운모는 다수가 'ㅖ'[iəi](3개)이고 소수가 'ㅠ'[iu](1개), 'ㅟ'[ui](1개), 'ㆌ'[iuiəi](1개)이다. 이는 글자 수에 비해 운모의 종류가 많음을 말해준다.

蟹攝 3등 합구호 1에 나타난 祭韻 운모에 대한 학자들의 추정음을 보면 아래와 같다.

王力, 方孝岳, 李方桂, 李荣이 [iwɛi]로 추정하고, 趙元任이 [iwæi]로 추정하고, 陆志韦가 [ɪwɛi]로 추정하고, 董同龢가 [juæi]로 추정하고, 高本漢이 [jwɛi]로 추정하고, 周法高가 [iwæi:]로 추정하였다.

우리는『광운』蟹攝 3등 합구호 1의 운모는 蟹攝 1등 합구호 운모 [uɒi]에 개음 [i-]를 첨가한 음으로 보아야 함이 마땅하다고 인정한다. 이러한 의미에서 볼 때『광운』蟹攝 3등 합구호 1의 운모는 마땅히 [iuɒi]로 되어야 한다. 이로부터 우리는『광운』蟹攝 3등 합구호 祭韻의 음을 [iuɒi]로 보고자 한다.

중국어『광운』운모 [iuɒi]가 그 뒤에 [iuɒi]→[iuai]→[ui], [iuɒi]→[iuai]→[ui]→[uəi]→[uei], [iuɒi]→[iuai]→[iuəi]→[ui]→[əi]→[ei]의 변화를 거쳐 현대 중국어의 운모 [ui], [uei], [ei]로 되었다.

『훈몽자회』한자 '贅췌'의 운모 [iuiəi]는『훈몽자회』의 운모 'ㅖ'[uəi]의 오기이다. 즉 운모 [uəi]를 [iuiəi]로 그릇 표기한 것이다.

『훈몽자회』한자 '衛위'의 운모 'ㅟ'[ui]는『광운』이후 중국어에서 변화된 음의 영향을 받아 형성된 것으로 보인다. 즉 중국어『광운』운모 [iuɒi]가『중원음운』에서 [ui]로 변하였다. 그러니『훈몽자회』의 운모 'ㅟ'[ui]는 祭韻 3등 합구호의 근대 중국어 어음이 한국어에 반영된 것으로 이는 최세진이 소위로 보인다.

한자 '歲'가 현대 중국어에서는 [suei]로 발음되고『광운』의 독음도 성모가 '心母'이고 운모가 '祭韻'으로 [siuɒi] 하나로 되어 있다. 그러나 현대 한국어에서는 '나이'를 세는 단어 '살(歲)'과 음독 자 '세(歲)' 두 가지로 쓰이고 있다. 단어 '살'은 상고 중국어 음의 발음이고 독음 '세'는 『훈몽자회』의 독음 '세'의 변형이다. 『훈몽자회』의 운모 'ㅖ'[iəi]는 중고중국어 『광운』 운모 [iuɐi]의 변형인 [iuəi]가 한국어에서의 반영으로 보인다. 즉 중국어 [iuəi]의 개음 [u]가 뒤의 모음 [ə]에 동화되면서 [iəi]로 변하였다. 그리고 '歲'자가 중국 양주 방언에서 [suəi]로 발음됨이 주목된다.

『훈몽자회』의 한자 '帨세, 稅세'의 운모 'ㅖ'[iəi]의 발음은 '歲'와 같은 변화이다.

『훈몽자회』의 한자 '簪슈'의 운모 'ㅠ'[iu]는 『광운』 운모 [iuɐi]가 초기(7~8세기)의 한국어에서 변형으로 보인다. 즉 이 시기의 한국어에 4중 겹모음 [iuɐi]가 없기에 이중 겹모음 'ㅠ'[iu]로 발음되었을 것으로 보인다.

14) 廢韻: 3등 합구호

• 廢韻: 吠폐, 肺폐, 喙훼

蟹攝 3등 합구호 2에는 廢韻이 있다. 『훈몽자회』에는 廢韻의 한자가 모두 3개 나타났다. 이들의 운모는 'ㅖ'[iəi](2개)와 'ㅙ'[uəi](1개)이다.

蟹攝 3등 합구호 2에 나타난 운모 廢韻에 대한 학자들의 추정음을 보면 아래와 같다.

趙元任, 王力, 方孝岳가 [iwɐi]로 추정하고, 高本漢이 [jwɐi]로 추정하고, 董同龢가 [iuɐi]로 추정하고, 李方桂가 [jwɐi]로 추정하고, 周法高가 [iuɑi], [iuɑi]로 추정하고, 陆志韦가 [iwɐi]로 추정하고 李荣이 [iuɐi]로 추정하였다.

우리는『광운』蟹攝 3등 합구호의 운모는 蟹攝 1등 합구호 운모에 개음 [i-]를 첨가한 음으로 보아야 함이 마땅하다고 인정한다. 이러한 의미에서 볼 때『광운』蟹攝 3등 합구호의 운모는 마땅히 [iuɑi]로 되어야 한다고 본다. 이로부터 우리는『광운』蟹攝 3등 합구호 운모 廢韻의 음을 [iuɑi]로 보고자 한다.

중국어『광운』운모 [iuɑi]가 그 뒤에 [iuɑi]→[iuɑi]→[iuəi]→[ui], [iuɑi]→[iuɑi]→[iuəi]→[ui]→[uəi]→[uei], [iuɑi]→[iuɑi]→[iuəi]→[ui]→ [əi]→[ei]의 변화를 거쳐 현대 중국어의 운모 [ui], [uei], [ei]로 되었다.

『훈몽자회』한자 '吠폐, 肺폐'의 운모 'ㅖ'[iəi]는『광운』이후 운모 [iuɑi]의 변형인 운모 [iuəi]의 개음 [u]가 탈락된 형태이다. 개음 [u]의 탈락 원인은 운모 앞의 성모가 순음이기 때문이다.『광운』운모 [iuɑi] 가『중원음운』에서 [ui]로 변하였으니 중국어 운모 [iuəi]는『광운』과 『중원음운』사이에 생겨난 운모이다.

『훈몽자회』한자 '喙훼'의 운모 'ㅞ'[uəi]는『중원음운』'제미(齊微)' 운부의 운모 [ui]가 [ui]→[uəi]→[uei]의 변화를 거쳐 현대 중국어 운모 [uei]로 변화되는 과정의 음이다. 이는 근대 중국어 운모 [uəi]가 직접 한국 한자음에 수입된 것으로 최세진이 소위이다. (蟹攝 怪韻 '聵훼'의 설명을 보라.)

15) 齊韻, 薺韻, 霽韻: 4등 개구호

• 齊韻: 厎비, 篦비, 蜱비, 鼙비, 麂지, 臍졔, 蠐졔, 蠐뎨, 羹뎨, 啼뎨, 梯뎨, 綈뎨, 蹄뎨, 鵜뎨, 羝뎨, 堤뎨, 瞳뎨, 鍉시, 笄계, 稽계, 鷄계, 薑졔, 犂례, 盠례, 藜례, 鱺리, 迷미, 麛미, 泥니, 鎞비, 鈚피, 批피, 棲셔, 妻쳐, 梯뎨, 溪계, 鸂계, 蹊계, 醯혜, 西셔, 犀셔, 洗셰, 猊예, 鯢예, 霓예

- 薺韻: 陛폐, 薺계, 悌뎨, 邸뎨, 舐뎨, 沛ᅕ, 禮례, 醴례, 鱧례, 米미, 體톄, 啓계
- 霽韻: 箅비, 嬖폐, 弟뎨, 娣뎨, 第뎨, 踶뎨, 棣톄, 帝뎨, 蒂톄, 嚏톄, 蜏톄, 髻계, 薊계, 擠졔, 濟졔, 霽졔, 荔례, 梯례, 儷례, 隷예, 砌체, 涕톄, 契계, 系계, 壻셔, 暳예

蟹攝 4등 개구호에는 齊韻, 薺韻, 霽韻 세 개의 운모가 있다.『훈몽자회』에는 위의 세 가지 운모의 한자가 다 나타났다. 이들이『훈몽자회』에서의 운모는 다수가 'ㅖ'[iəi]이고, 소수가 'ㅣ'[i](14개), 'ㅕ'[iə](5개), 'ᆡ'(1개), 'ᆞ'(1개)이다. 이는『훈몽자회』운모의 다수가 'ㅖ'[iəi]임을 의미한다.

蟹攝 4등 개구호에 나타난 齊韻, 薺韻, 霽韻 세 운모에 대한 학자들의 추정음을 보면 아래와 같다.

高本漢, 趙元任, 王力, 方孝岳, 李方桂가 [iei]로 추정하고, 董同龢, 周法高가 [iɛi]로 추정하고, 李榮이 [ei]로 추정하고, 陆志韦가 [ɛi]로 추정하였다. 여기에서 우리는 학자들의 추정음이 [iei], [iɛi], [ei], [ɛi] 네 가지임을 보아낼 수 있다. 그런데 이 네 가지는『훈몽자회』운모 'ㅖ'[iəi]와 다르다. 우리는 다수 학자들의 의견에 따라『광운』蟹攝 4등 개구호에 속한 운모 齊韻, 薺韻, 霽韻의『광운』운모를 [iei]로 보고자 한다.

중국어『광운』운모 [iei]가 그 뒤에 [iei]→[i], [iei]→[i]→[ʅ], [iei]→[i]→[ɿ] 의 변화를 거쳐 현대 중국어의 운모 [i], [ʅ], [ɿ]로 되었다.

『훈몽자회』의 운모 'ㅖ'[iəi]는『광운』운모 [iei]의 변형이다. 즉『광운』운모의 [e]가 한국어에서 [ə]로 변하면서 생겨난 것이다. 이는 한국어에 앞 모음 [e]가 없었기에 중국어의 앞모음 [e]가 한국 한자음에

서 가운데 모음 [ə]로 변하였다.

『훈몽자회』한자 '屍비, 箆비, 螕비, 蓖비, 鎞시, 籭리, 迷미, 麛미, 泥니, 鎞비, 鈚피, 批피, 米미, 箅비' 등의 운모 'ㅣ'[i]는 『광운』 이후 중국어에서 나타난 변형의 운모 [i]의 반영이다. 즉 『광운』 운모 [iei]가 그 이후의 『중원음운』에서 [i]로 변하였다. 그러니 상기 한자들의 운모 'ㅣ'[i]는 근대 중국어 어음을 한국어에서 수입한 것으로 최세진이 소위이다.

『훈몽자회』한자 '棲셔, 西셔, 犀셔, 壻셔, 妻쳐'의 운모 [iə]는 중국어 『광운』 운모 [iei]를 초기에 한국어에서 수입하면서 2중모음 [iə]로 받아들인 것으로 보인다. 이 시기 한국어에서 중국어 모음 [e]를 [ə]로 받아들인 것이다. 이들 가운데의 '西셔, 犀셔, 妻쳐'의 운모가 온주 방언에서 [ei]로 되고, 하문 방언에서 [e]로 됨이 주목된다.

『훈몽자회』의 한자 '沛ᄌ'의 운모 'ㆍ'는 중국어 운모 [ɿ]의 표기로 보인다. 왜냐하면 한자 '沛'의 성모가 精母이기 때문이다. 그리고 자모 'ㆍ'의 사용은 최세진이 소위이다.

『훈몽자회』의 한자 '廥ᄌᆡ'의 운모 'ㆎ'는 한국어 운모 [iəi]의 표기로 보인다. 한글 자모 'ㆎ'의 사용은 최세진이 소위이다.

16) 齊韻, 霽韻: 4등 합구호

• 齊韻: 閨규, 畦규
• 霽韻: 桂계, 惠혜, 慧혜

蟹攝 4등 합구호에는 齊韻, 霽韻 두 개의 운모가 있다. 『훈몽자회』에는 위의 두 가지 운모의 한자가 다 나타났다. 이들이 『훈몽자회』의 운모는 다수가 'ㅖ'[iəi](3개)이고 소수가 'ㅠ'[iu](2개)이다. 이는 『훈몽자회』 운모의 다수가 'ㅖ'[iəi]임을 의미한다.

蟹攝 4등 합구호에 나타난 齊韻, 霽韻 두 운모에 대한 학자들의 추정음을 보면 아래와 같다.

高本漢, 趙元任, 王力, 方孝岳, 李方桂가 [iwei]로 추정하고, 董同龢, 周法高가 [iuɛi]로 추정하고, 李荣이 [uei]로 추정하고, 陆志韦가 [wɛi]로 추정하였다. 중국어 음운학에서 개구호와 합구호의 구별은 개음 [u]/[w]의 유무에 있다. 즉 개구호 운모에는 개음 [u]나 [w]가 없고 합구호 운모에는 개음 [u]나 [w]가 있으므로 개구호 운모에 개음 [u]나 [w]를 첨가하면 합구호가 된다. 그러니 蟹攝 4등 합구호는 蟹攝 4등 개구호의 운모 [iei]에 개음 [u]를 첨가시킨 형태인 [iuei]이다. 이로부터 蟹攝 4등 합구호인 齊韻, 霽韻 두 운모의 『광운』음을 [iuei]로 보고자 한다.

중국어 『광운』 운모 [iuei]가 그 뒤에 [iuei]→[ui], [iuei]→[ui]→[uəi]→[uei]의 변화를 거쳐 현대 중국어의 운모 [ui], [uei]로 되었다.

『훈몽자회』의 한자 '桂계, 惠혜, 慧혜'의 운모 'ㅖ'[iəi]는 『광운』 蟹攝 4등 개구호 발음의 영향을 받아 생겨난 것으로 보인다. 위의 세 글자가 중국 복주(福州) 방언에서 운모가 [ie]임이 주목된다.

『훈몽자회』의 한자 '閨규, 畦규'의 운모 'ㅠ'[iu]의 내원을 명확히 밝히기 어려우나 『광운』 전기(7세기)의 한국어에 4합 모음 [iuei]가 없었기에 [iu]로 발음되었을 것으로 보인다.

5. 止攝

止攝은 4개 종류의 개구호와 3개 종류의 합구호로 구성되었다. 매개 등호는 모두 음성 운모로 구성되었다. 그 속에는 3등 개구호 운모 '支韻, 紙韻, 寘韻', 3등 개구호 운모 '脂韻, 旨韻, 至韻', 3등 개구호 운모 '之韻, 止韻, 志韻', 3등 개구호 운모 '微韻, 尾韻, 未韻', 3등 합구호 운모 '支韻, 紙韻, 寘韻', 3등 합구호 운모 '脂韻, 旨韻, 至韻', 3등 합구호 운모 '微韻, 尾韻, 未韻' 등 21개의 운모가 있다. 『훈몽자회』에 이들 운모의 한자가 모두 나타났다.

상기 운모들이 『훈몽자회』에서의 형태 및 그 내원을 밝히면 아래와 같다.

1) 支韻, 紙韻, 寘韻: 3등 개구호

- 支韻: 卑비, 碑비, 羆비, 陂피, 脾비, 皮피, 疲피, 匙시, 眵치, 螭치, 池디, 馳티, 舓ᄌ, 髭ᄌ, 鸝례, 羸리, 璃리, 籬리, 糜미, 獼미, 鈹피, 雌ᄌ, 騎긔, 錡긔, 歧기, 兒ᅀ, 筵ᄉ, 醨ᄉ, 絁시, 攲긔, 踦긔, 撕ᄉ, 廝ᄉ, 嘶ᄉ, 儀의, 義의, 匜이, 廖이, 橠이, 榯지, 枝지, 肢지, 梔치, 卮치, 蜘디
- 紙韻: 髀비, 鞞패, 彼피, 婢비, 被피, 舓뎨, 庋기, 瀰미, 技기, 妓기, 爾ᅀ, 邇ᅀ, 蘂예, 豕시, 弛이, 綺긔, 壐ᄉ, 蟻의, 咫지, 氏시, 是시, 枳기, 紫ᄌ, 弭미, 跐채, 椅의, 紙지
- 寘韻: 臂비, 鼻비, 鞁피, 髲피, 豉시, 徛긔, 罳리, 疵ᄌ, 莿ᄌ, 刺쳑, 芰기, 翅시, 戲희, 賜ᄉ, 智디

止攝 3등 개구호 1에는 支韻, 紙韻, 寘韻 세 개의 운모가 있다. 『훈몽

자회』에는 위의 세 가지 운모의 한자가 다 나타났다. 이들이 『훈몽자회』의 운모는 다수가 'ㅣ'[i]이고, 일부가 'ㅢ'[ii](12개), 'ㆍ'(10개)이고 소수가 'ㅖ'[iəi](3개), 'ㅐ'[ɑi](2개), 'ㅕㄱ'[iək](1개)이다. 이는 『훈몽자회』 운모의 다수가 'ㅣ'[i]임을 의미한다.

止攝 3등 개구호 1에 나타난 支韻, 紙韻, 寘韻 세 운모에 대한 학자들의 추정음을 보면 아래와 같다.

趙元任, 王力, 李榮이 [iei]로 추정하고, 方孝岳이 [ie]로 추정하고, 李方桂, 董同龢가 [je]로 추정하고, 周法高가 [iɪ:]로 추정하고, 陆志韦가 [ɪei]로 추정하고, 高本漢이 [(j)ie]로 추정하였다. 여기에서 우리는 학자들의 추정음이 각이함을 보아낼 수 있다. 그 가운데에서 周法高의 추정음에 따라 支韻, 紙韻, 寘韻 세 운모의 『광운』음을 [iɪ]로 보고자 한다.

중국어 『광운』 운모 [iɪ]가 그 뒤에 [iɪ]→[i], [iɪ]→[i]→[ʅ], [iɪ]→[i]→[ɿ]의 변화를 거쳐 현대 중국어의 운모 [i], [ʅ], [ɿ]로 되었다. 즉 중국어 『중원음운』 '支思' 운부(韻部)와 '齊微' 운부에서 운모 [i]가 [i], [ʅ], [ɿ]로 분화되었는데 운모 [i] 앞에 오는 성모에 따라 달라지었다. 精母 계열 성모 [ts], [tsʻ], [s] 뒤의 운모 [i]가 [ɿ]로 되고, 照系 계열 성모 [tʂ], [tʂʻ], [ʂ], [ʐ] 뒤의 운모 [i]가 [ʅ]로 되었으며, 非精母 계열과 非照系 계열 성모 뒤의 운모 [i]가 [i]로 되었다.

그러니 『훈몽자회』의 한국어 운모 'ㅣ'[i]는 『중원음운』 이후 중국어에서 생겨난 운모 [ʅ]와 [i]를 표시한다.

즉 『훈몽자회』의 한자 '眵치, 鷘치, 絁시, 絘지, 枝지, 肢지, 梔지, 卮치, 爾ᅀᅵ, 邇ᅀᅵ, 豕시, 恀지, 氏시, 是시, 紙지, 豉시, 翅시' 등의 성모는 照系 계열의 'zh'[tʂ], 'ch'[tʂʻ], 'sh'[ʂ], 'r'[ʐ]이므로 이들 한자 뒤의 운모 'ㅣ'[i]는 중국어 『중원음운』의 운모 [ʅ]를 표시한다.

그러나 『훈몽자회』의 한자 '髀비, 彼피, 婢비, 被피, 庋기, 瀰미, 技기, 妓기, 臂비, 鼻비, 鞁피, 髮피, 皷시, 쁠리' 등의 성모는 非照系 계열과 非精母 계열의 성모들이므로 이들 한자 뒤의 운모 'ㅣ'[i]는 중국어 운모 [i]를 표시한다.

이들과 반대로 『훈몽자회』에서 『훈민정음』 자모 'ᆞ'로 표기된 한 자 '骶ᅐ, 髭ᅐ, 雌ᅐ, 紫ᅐ, 疵ᅐ, 莿ᅐ, 賜ᄼ, 撕ᄼ, 璽ᄼ' 등의 성모가 精母 계열의 'z'[ts], 's'[s]이다. 그러므로 『훈몽자회』의 운모 'ᆞ'는 『중 원음운』의 중국어 운모 [ɿ]를 표시한다.

이는 『훈몽자회』에서의 운모 'ᆞ'가 분명히 중국어 혀끝 앞 모음 [ɿ]를 표시함을 의미한다. 또한 『훈민정음』의 자모 'ᆞ'가 『훈몽자회』 한자음 발음표기에 쓰인 것은 최세진이 소위이다.

『훈몽자회』의 운모 'ᆞ'가 과연 한국어 모음을 표시하는 자모인가 에 대한 논술은 뒤에서 하게 되므로 여기에서 약하기로 한다.

『훈몽자회』의 한자 '騎긔, 錡긔, 錡긔, 欹긔, 踦긔, 廏싀, 嘶싀, 儀의, 義의, 義의, 綺긔, 蟻의, 椅의, 戲희'의 운모 'ᅴ'[ii]는 『광운』 운모 [iɪ]의 변형으로 보인다. 중국의 광주, 양강 방언에서 위의 글자들 가운데의 '義의, 椅의'가 [ji]로 발음되고, '騎긔, 戲희'의 운모가 [ei]로 발음됨이 주목된다.

『훈몽자회』의 한자 '鸝례, 舐뎨, 蘂예'의 운모 'ᆌ'[iəi]의 내원은 蟹攝 齊韻(4등 개구호) 운모 발음의 영향을 받은 것으로 보인다.

郭錫良에 의하면 『훈몽자회』의 한자 '刾척'자가 상고 시기에 錫韻 [iek]에 속하였다고 하니 『훈몽자회』의 운모 'ᅧ'[iək]을 중국어 상고음 의 잔재로 봄이 합리적일 것으로 느껴진다.

2) 脂韻, 旨韻, 至韻: 3등 개구호

- 脂韻: 毗비, 琵비, 膍비, 鴟치, 絺티, 墀디, 餈즈, 瓷즈, 肌긔, 姿즈, 資즈, 薺즤, 梨리, 蜊리, 眉미, 湄미, 麋미, 尼니, 耆기, 師亽, 獅亽, 螄亽, 鳲시, 屍시, 夷이, 姨이, 伊이, 蛦이, 脂지
- 旨韻: 匕비, 妣비, 鄙비, 秕피, 圮비, 雉티, 机궤, 姊즈, 履리, 跽긔, 戾시, 矢시, 死亽, 砥지, 旨지, 指지
- 至韻: 轡비, 嗜기, 視시, 稚티, 自즈, 地디, 痢리, 寐미, 糒비, 屁피, 二亽, 貳亽, 樲亽, 器긔, 劓의, 饐에

止攝 3등 개구호 2에는 脂韻, 旨韻, 至韻 세 개의 운모가 있다. 『훈몽자회』에는 위의 세 가지 운모의 한자가 다 나타났다. 이들이 『훈몽자회』의 운모는 다수가 'ㅣ'[i]이고, 일부가 'ㆍ'(10개), 'ㅢ'[ii](5개)이고, 소수가 'ㆎ'(2개), 'ㅖ'[əi](1개), 'ㅞ'[uəi](1개)이다. 이는 『훈몽자회』 운모의 다수가 'ㅣ'[i]이고, 운모의 종류가 다양함을 의미한다.

止攝 3등 개구호 2에 나타난 脂韻, 旨韻, 至韻 세 운모에 대한 학자들의 추정음을 보면 아래와 같다.

趙元任이 [iː]로 추정하고, 王力, 李荣이 [iə]로 추정하고, 方孝岳, 周法高가 [iei]로 추정하고, 李方桂가 [jiː]로 추정하고, 董同龢가 [jei]로 추정하고, 陆志韦가 [ɾei]로 추정하고, 高本漢이 [(j)i]로 추정하였다. 여기에서 우리는 학자들의 추정음이 각이함을 보아낼 수 있다. 그 가운데에서 趙元任의 추정음 [iː], 李方桂의 추정음 [jiː], 高本漢의 추정음 [(j)i]와 『훈몽자회』의 다수 운모 'ㅣ'[i]가 유사하다. 이로부터 우리는 止攝 3등 개구호 2에 속한 脂韻, 旨韻, 至韻 세 운모의 『광운』음을 李方桂, 高本漢의 추정음에 따라 [ji]로 보고자 한다.

중국어 『광운』 운모 [ji]가 그 뒤에 [ji]→[i]→[i], [ji]→[i]→[ʅ], [ji]→[i]→[ɿ]의 변화를 거쳐 현대 중국어의 운모 [i], [ʅ], [ɿ]로 되었다. 중국어에서 [i]가 [i], [ʅ], [ɿ]로의 분화는 [i] 앞에 오는 성모가 결정한다. 즉 照系 계열 성모 뒤의 [i]가 [ʅ]로 되고, 精母 계열 성모 뒤의 [i]가, [ɿ]로 [ɿ]로 되고, 照系와 精母 이외의 성모가 [i]로 되었다.

『훈몽자회』의 운모 'ㅣ'[i]는 『광운』 이후 『중원음운』에 나타난 운모 [i], [ʅ]의 반영이다. 즉 한자 '鳲시, 屍시, 脂지, 矢시, 旨지, 指지, 視시, 二ㅿl, 貳ㅿl, 樲ㅿl' 등의 성모가 照系 계열의 'zh'[tʂ], 'ch'[tʂ], 'sh'[ʂ], 'r'[ʐ]이니 이들의 운모 'ㅣ'는 근대 중국어 운모 [ʅ]를 표시한다.

그리고 한자 '毗비, 琵비, 朥비, 鴟치, 絺티, 墀디, 梨리, 蜊리, 眉미, 湄미, 麋미, 尼니, 耆기, 夷이, 姨이, 伊이, 蛜이, 匕비, 妣비, 鄙비, 秕피, 雉티, 履리, 轡비, 嗜기, 稚티, 地디, 痢리, 寐ㅁl, 糒비, 屁피' 등의 성모가 非照系와 非精母系이니 이들의 운모 'ㅣ'[i]는 중국어 운모 [i]를 표시한다.

『훈몽자회』에서 운모 'ㆍ'로 표기된 한자 '餈ᄌ, 瓷ᄌ, 姿ᄌ, 資ᄌ, 螄ᄉ, 死ᄉ, 自ᄌ' 등의 성모가 精母 계열의 'z'[ts], 's'[s]이니 운모 'ㆍ'는 『중원음운』에 나타난 근대 중국어 운모 [ɿ]의 표시이다. 『훈몽자회』의 자모 'ㆍ'의 사용은 최세진이 소위이다.

『훈몽자회』의 한자 '肌긔, 朼븨, 跽긔, 器긔, 劓의'의 운모 'ㅢ'[ii]는 『광운』 전기(7세기)의 운모 [ji]의 변형으로 보인다. 중국의 광주, 양강, 복주 방언에서 '器긔'자의 운모가 [ei]임이 주목된다.

『훈몽자회』의 한자 '饐에'의 운모 'ㅔ'[əi]의 내원을 명확히 밝히기 어려우나 이글자의 성모가 후음임을 고려하면 운모 'ㅞ'[uəi]의 개음 [u]의 탈락으로 볼 수 있을 것으로도 보인다.

3) 之韻, 止韻, 志韻: 3등 개구호

- 之韻: 蒔시, 時시, 塒시, 蚩치, 笞티, 癡티, 慈ᄌ, 基긔, 箕긔, 錤긔, 姬희,
  蕤ᄌ, 滋ᄌ, 鬴ᄌ, 鎡ᄌ, 狸리, 嫠리, 棋긔, 旗긔, 麒긔, 栭ᅀᅵ, 輀ᅀᅵ, 詩시,
  祠ᄉ, 詞ᄉ, 司ᄉ, 絲ᄉ, 蕬ᄉ, 鷥ᄉ, 貽이, 飴이, 頤이, 醫의, 芝지, 揥지,
  輜츼, 緇츼
- 止韻: 市시, 齒치, 痔티, 士ᄉ, 柿시, 子ᄌ, 耔ᄌ, 梓지, 李니, 里리, 娌리,
  理리, 裏리, 鯉리, 你니, 耳ᅀᅵ, 栮ᅀᅵ, 史ᄉ, 起긔, 蟢희, 祀ᄉ, 似ᄉ, 耜ᄉ,
  菓시, 苡이, 苢이, 址지, 沚지, 趾지, 滓직
- 志韻: 事ᄊ, 厠치, 廁치, 牸ᄌ, 字ᄌ, 吏리, 珥ᅀᅵ, 餌ᅀᅵ, 寺ᄉ, 飼ᄉ, 閣시,
  笥ᄉ, 意의, 志지, 痣지, 鏄ᄉ

止攝 3등 개구호 3에는 之韻, 止韻, 志韻 세 개의 운모가 있다.『훈몽
자회』에는 위의 세 가지 운모의 한자가 다 나타났다. 이들이『훈몽자
회』의 운모는 다수가 'ㅣ'[i]이고, 일부가 'ᅵ'(25개), 'ᅴ'[ii](13개)이고,
소수가 'ᆡ'(2개)이다. 이는『훈몽자회』운모의 다수가 'ㅣ'[i]임을 의미
한다.

止攝 3등 개구호 3에 나타난 之韻, 止韻, 志韻 세 운모에 대한 학자들
의 추정음을 보면 아래와 같다.

趙元任이 [ei]로 추정하고, 王力, 李荣이 [iəi]로 추정하고, 方孝岳가
[iə]로 추정하고, 周法高가 [ɾi:]로 추정하고, 李方桂가 [ii]로 추정하고,
董同龢가 [(j)i]로 추정하고, 陆志韦가 [iei]로 추정하고, 高本漢이 [(j)i]
로 추정하였다. 여기에서 우리는 학자들의 추정음이 각이함을 보아낼
수 있다. 그 가운데에서 周法高의 추정음 [ɾi:], 李方桂의 추정음 [ii],
高本漢의 추정음 [(j)i]와『훈몽자회』의 다수 운모 'ㅣ'[i]가 유사하다.

이로부터 우리는 止攝 3등 개구호 3에 속한 脂韻, 旨韻, 至韻 세 운모의 『광운』음을 周法高, 李方桂의 추정음에 따라 [ii]로 보고자 한다.

중국어『광운』운모 [ii]가 그 뒤에 [ii]→[i]→[i], [ii]→[i]→[ʅ], [ii]→[i]→[ɿ] 의 변화를 거쳐 현대 중국어의 운모 [i], [ʅ], [ɿ]로 되었다.

『훈몽자회』의 운모 'ㅣ'[i]는『광운』이후 중국어『중원음운』에 나타난 운모 [i]의 반영으로 여기에는 중국어 운모 [i]와 [ʅ]가 포함된다. 즉 한자 '蒔시, 時시, 塒시, 蚩치, 柹ᅀᅵ, 輀ᅀᅵ, 詩시, 芝지, 搘지, 市시, 齒치, 耳ᅀᅵ, 枙ᅀᅵ, 菓시, 址지, 沚지, 趾지, 厠치, 珥ᅀᅵ, 餌ᅀᅵ, 閣시, 志지, 痣지, 柿시' 등의 성모가 照系 계열의 'zh'[tʂ], 'ch'[tʂ'], 'sh'[ʂ], 'r'[ʐ]이니 이들의 운모 'ㅣ'는 근대 중국어 운모 [ʅ]를 표시한다.

그리고 한자 '癡티, 狸리, 氂리, 貽이, 飴이, 頤이, 痔티, 李니, 里리, 娌리, 理리, 裏리, 鯉리, 你니, 苡이, 苢이, 吏리' 등의 성모가 非照系와 非精母系이니 이들의 운모 'ㅣ'[i]는 중국어 운모 [i]의 표시이다.

『훈몽자회』운모 'ᆞ'의 한자 '慈ᄍᆞ, 孶ᄍᆞ, 滋ᄍᆞ, 鼒ᄍᆞ, 鎡ᄍᆞ, 祠ᄉᆞ, 詞ᄉᆞ, 司ᄉᆞ, 絲ᄉᆞ, 蕬ᄉᆞ, 鷥ᄉᆞ, 牸ᄍᆞ, 字ᄍᆞ, 寺ᄉᆞ, 飼ᄉᆞ, 笥ᄉᆞ, 鎑ᄉᆞ, 士ᄉᆞ, 子ᄍᆞ, 籽ᄍᆞ, 梓지, 祀ᄉᆞ, 姒ᄉᆞ, 耟ᄉᆞ' 등의 성모가 精母 계열의 'z'[ts], 's'[s]이다. 이들 운모 'ᆞ'가『중원음운』의 중국어 운모 [ɿ]를 표시한 것이다. 『훈몽자회』에서 자모 'ᆞ'의 사용은 최세진이 소위이다.

『훈몽자회』의 한자 '基긔, 箕긔, 錤긔, 姬희, 綦긔, 旗긔, 麒긔, 醫의, 輢킈, 錙킈, 起긔, 蟢희, 意의'의 운모 'ㅢ'[ii]는『광운』전기(7세기)의 운모 [ii]의 변형으로 보인다. 중국의 광주, 양강 방언에서 '旗긔, 麒긔, 起긔'의 운모를 [ei]라 하고, '醫의, 意의'의 독음을 [ji]라고 함이 주목된다.

『훈몽자회』의 한자 '笤틱, 梓직, 滓직'의 운모 'ᆡ'의 내원을 명확히 밝히기 어려우나 한국어 운모 'ㅢ'[ii]표기로 보인다. 그러니 이는 한국

어 운모 'ㅢ'[ii]를 'ㆎ'로도 표기한 것으로『훈몽자회』의 저자 최세진이
소위이다.

4) 微韻, 尾韻, 未韻: 3등 개구호

• 微韻: 璣긔, 機긔, 譏긔, 饑긔, 幾긔, 祈긔, 豨희, 衣의
• 尾韻: 蟻긔, 辰의
• 未韻: 氣킈

止攝 3등 개구호 4에는 微韻, 尾韻, 未韻 세 개의 운모가 있다.『훈몽
자회』에는 위의 세 가지 운모의 한자가 다 나타났다. 이들이『훈몽자
회』의 운모는 모두가 'ㅢ'[ii](11개)이다. 이는『훈몽자회』의 운모가 모
두 'ㅢ'[ii]임을 의미한다.

止攝 3등 개구호 4에 나타난 微韻, 尾韻, 未韻 세 운모에 대한 학자들
의 추정음을 보면 아래와 같다.

趙元任이 [ei]로 추정하고, 王力, 方孝岳, 周法高, 李荣이 [iəi]로 추정
하고, 李方桂가 [jei]로 추정하고, 董同龢가 [jəi]로 추정하고, 陆志韦가
[ɪəi]로 추정하고, 高本漢이 [(j)ei]로 추정하였다. 여기에서 우리는 학
자들의 추정음이 각이함을 보아낼 수 있다. 그 가운데에서 董同龢의
추정음 [jəi]와 陆志韦의 추정음 [ɪəi]가『훈몽자회』의 운모 'ㅢ'[ii]와
유사하다. 이로부터 우리는 止攝 3등 개구호 4에 속한 微韻, 尾韻, 未韻
세 운모의『광운』음을 陆志韦의 추정음 [ɪəi]로 보고자 한다.

중국어『광운』운모 [ɪəi]가 그 뒤에 [ɪəi]→[iəi]→[i]의 변화를 거쳐
현대 중국어의 운모 [i]로 되었다.

『훈몽자회』의 운모 'ㅢ'[ii]의 내원은『광운』이후 중국어에서 나타

난 운모 [ɪəi]의 변형인 [əi]가 한국어에서 'ㅢ'[ɨi]로 변한 것으로 보인다. 즉 중국어 운모 [əi]의 [ə]가 한국어에서 [ɨ]로 변하면서 'ㅢ'[ɨi]로 된 것이다. 중국의 광주, 양강 방언에서 '祈긔, 氣긔'의 운모를 [ei]라 하고, '衣의'의 독음을 [ji]라고 함이 주목된다.

5) 支韻, 紙韻, 寘韻: 3등 합구호

- 支韻: 炊취, 吹츄, 錘튜, 鵻규, 窺규, 鵹휴
- 紙韻: 妓궤, 嘴췌, 跪궤, 趽규, 毁훼, 燬훼, 髓슈, 捶췌, 篲췌
- 寘韻: 睡슈, 餧위

止攝 3등 합구호 1에는 支韻, 紙韻, 寘韻 세 개의 운모가 있다.『훈몽자회』에는 위의 세 가지 운모의 한자가 다 나타났다. 이들이『훈몽자회』운모는 다수가 'ㅠ'[iu]이고, 소수가 'ㅞ'[iuiəi](2개), 'ㅞ'[uəi](4개), 'ㅟ'[ui](1개), 'ㆌ'[iui](1개), 'ㆌ'[uiəi](1개)이다. 이는『훈몽자회』운모의 다수가 'ㅠ'[iu]이고 운모의 종류가 많음을 의미한다.

止攝 3등 합구호 1에 나타난 支韻, 紙韻, 寘韻 세 운모에 대한 학자들의 추정음을 보면 아래와 같다.

趙元任, 王力, 方孝岳이 [iwe]로 추정하고, 李方桂가 [jwei]로 추정하고, 周法高가 [iur:i]로 추정하고, 陆志韦가 [ɪwe]로 추정하고, 高本漢이 [(j)wie]로 추정하고, 董同龢, 李荣이 [iue]로 추정하였다. 여기에서 우리는 학자들의 추정음이 각이함을 보아낼 수 있다. 주지하다시피 합구호는 개구호에 개음 [u] 또는 [w]를 첨가한 음이다. 그러니 支韻, 紙韻, 寘韻 운모의 합구호는 이들 운모의 개구호인 [iɪ]에 개음 [u]를 첨가시킨 형태 [iuɪ]로 되어야 한다. 이로부터 우리는 支韻, 紙韻, 寘韻

세 운모 3등 합구호의『광운』음을 [iuɪ]로 보고자 한다.

중국어『광운』운모 [iuɪ]가 그 뒤에 [iuɪ]→[ui]→[uei]의 변화를 거쳐 현대 중국어의 운모 [uei]로 되었다.

『훈몽자회』의 운모 'ㅠ'[iu]는 한국에 전파된『광운』운모 [iuɪ]의 변형으로 보인다. 즉『광운』운모 [iuɪ]가 초기인 7세기경에 한국어에 전파될 때 한국어에 3중모음 [iuɪ]가 없었기에『광운』의 운모 [iuɪ]가 한국어에서 [iu]로 발음되었을 것으로 보인다.

『훈몽자회』한자 '炊취'의 운모 'ㆌ'[iui]는『중원음운』이후에 나타난 중국어 운모 [iui]의 영향을 받아 생긴 음이다.

『훈몽자회』의 한자 '餧위'의 운모 'ㅟ'[ui]는『광운』이후 중국어에서 나타난 변형인 운모 [ui]가 한국 한자음에 수입된 것으로 이는 최세진이 소위이다.

『훈몽자회』의 한자 '䃜궤, 跪궤, 毁훼, 燬훼'의 운모 'ㅞ'[uəi]는『중원음운』'제미(齊微)' 운부의 운모 [ui]가 [ui]→[uəi]→[uei]의 변화를 거쳐 현대 중국어 운모 [uei]로 변화되는 과정의 음이다. 이는 근대 중국어 운모 [uəi]가 직접 한국 한자음에 수입된 것으로 최세진이 소위이다. (蟹攝 怪韻 '䝬훼'의 설명을 보라.)

『훈몽자회』紙韻에는 운모 [uəi], [uiəi], [iu], [iuiəi] 네 가지가 있다. 이 가운데에서 '嘴'자의 운모 'ㆎ'[uiəi]를 운모 [uəi]의 오기일 것으로 보인다. 왜냐하면『훈몽자회』한자음에서 운모 [uiəi]로의 표기는 오직 '嘴'자 하나뿐이기 때문이다.

『훈몽자회』의 한자 '捶췌, 箠췌'의 운모 'ㆌ'[iuiəi]는『중원음운』이후 중국어에서 산생된 운모 'ㅞ'[uəi]의 오기로 보인다. 즉 'ㅞ'[uəi]를 'ㆌ'[iuiəi]로 그릇 표기한 것이다. 왜냐하면 중국어에서도 5중 겹모음의 존재가 어렵기 때문이다.

총적으로 止攝 3등 합구호 支韻, 紙韻, 寘韻 등의 중국어 운모가 한국어에서의 변화 양상이 복잡하다. 즉『훈몽자회』止攝 3등 합구호 支韻 운목에는 중국어『광운』초기의 어음, 후기의 어음, 근대 어음 등 여러 시기의 어음들이 다 반영되어 있는 것으로 보인다.

6) 脂韻, 旨韻, 至韻: 3등 합구호

- 脂韻: 脽슈, 誰슈, 鎚퇴, 椎퇴, 龜귀, 虆류, 壘류, 逵규, 葵규, 綏슈, 榱최, 菱슈, 帷유, 佳쵸, 錐죠, 崔츄
- 旨韻: 晷구, 水슈, 壝유
- 至韻: 悴췌, 醉취, 淚류, 翠취, 匱궤, 櫃궤, 帥슈, 燧슈, 穗슈, 繸슈, 位위

止攝 3등 합구호 2에는 脂韻, 旨韻, 至韻 세 개의 운모가 있다.『훈몽자회』에는 위의 세 가지 운모의 한자가 다 나타났다. 이들이『훈몽자회』의 운모는 다수가 'ㅠ'[iu]이고, 일부가 'ㅟ'[ui](3개), 'ㅚ'[oi](3개), 'ㅛ'[io](3개), 'ㅞ'[uəi](2개), 'ㆌ'[iui](1개), 'ㆌ'[iuiəi](1개), 'ㅜ'[u](1개) 등이다. 이는『훈몽자회』운모의 종류가 다양하고 그 중의 다수가 'ㅠ'[iu]임을 의미한다.

止攝 3등 합구호 2에 나타난 脂韻, 旨韻, 至韻 세 운모에 대한 학자들의 추정음을 보면 아래와 같다.

趙元任, 王力이 [wi]로 추정하고, 李荣이 [ui]로 추정하고, [iei]로 추정하고, 方孝岳가 [iwei]로 추정하고, 周法高가 [iuei]로 추정하고, 李方桂가 [jwi:]로 추정하고, 董同龢가 [juei]로 추정하고, 陆志韦가 [iɪwei]로 추정하고, 高本漢이 [(j)wi]로 추정하였다. 여기에서 우리는 학자들의 추정음이 각이함을 보아낼 수 있다. 주지하다시피 합구호는 개구

호에 개음 [u] 또는 [w]가 첨가된 형태이다. 그러니 脂韻, 旨韻, 至韻 운모의 합구호는 이들 운모의 개구호인 [ji]에 개음 [u]를 첨가시킨 형태 [jui]로 되어야 한다. 이로부터 우리는 脂韻, 旨韻, 至韻 세 운모 3등 합구호의『광운』음을 [jui]로 보고자 한다.

중국어『광운』운모 [jui]가 그 뒤에 [jui]→[ui]→[uei], [jui]→[ui]→ [uei]→[ei], [jui]→[ui]→[i]의 변화를 거쳐 현대 중국어의 운모 [uei], [ei], [i]로 되었다.

『훈몽자회』의 운모 'ㅠ'[iu]는 한국에 전파된『광운』운모 [jui]의 변형으로 보인다. 즉『광운』전기(7세기)에 중국어 운모 [jui]가 한국어에 전파될 때 한국어에 3중모음이 없었기에『광운』운모 [jui]가 한국어에서 이중모음 [iu]로 발음되었을 것으로 보인다.

『훈몽자회』의 한자 '龜귀, 翠취, 位위'의 운모 'ㅟ'[ui]는『광운』이후 『중원음운』에서 나타난 변형인 [ui]의 반영이다. 그러니 이는 근대 중국어 음이『훈몽자회』에 수입된 것이다.

『훈몽자회』의 한자 '椎퇴, 槐최'의 운모 'ㅚ'[oi]는 운모 'ㅟ'[ui]의 변종으로 보인다. 즉 중국어 운모 [ui]가 한국어에서 [ui]→[oi]의 변화가 생기었다.

『훈몽자회』의 한자 '隹쵸, 錐쵸'의 운모 'ㅛ'[io]는 한국어에서 생겨난 운모 'ㅠ'[iu]의 변종으로 보인다. 즉 한국어에서 'ㅠ'[iu]→[io]의 변화가 생겼을 것으로 보인다.

『훈몽자회』의 한자 '鳩구'의 운모 'ㅜ'[u]는 한국어 운모 [iu]의 변형으로 보인다. 즉 한국어 운모 [iu]가 [iu]→[u]의 변화를 하였는데 '鳩구'의 성모가 아음이기 때문이다.

『훈몽자회』의 한자 '蕢궤, 樻궤'의 운모 'ㅞ'[uəi]는『중원음운』'제미(齊微)' 운부의 운모 [ui]가 [ui]→[uəi]→[uei]의 변화를 거쳐 현대 중국어 운모 [uei]로 변화되는 과정의 음이다. 이는 근대 중국어 운모 [uəi]가 직접 한국 한자음에 수입된 것으로 최세진이 소위이다. (蟹攝 怪韻 '聵䁔'의 설명을 보라.)

『훈몽자회』의 한자 '忰䁔'의 운모 'ᆐ'[iuiəi]는 『훈몽자회』의 운모 'ᅰ'[uəi]의 오기로 보인다. 즉 운모 'ᅰ'[uəi]를 'ᆐ'[iuiəi]로 잘못 표기한 것이다.

『훈몽자회』의 한자 '醉취'의 운모 'ᅱ'[iui]는 『중원음운』이후 중국어에서 나타난 운모 [iui]의 영향을 받은 것이다.

총적으로 止攝 3등 합구호 脂韻, 旨韻, 至韻의 중국어 운모가 한국어에서의 변화 양상이 복잡하다.

7) 微韻, 尾韻, 未韻: 3등 합구호

- 微韻: 緋빗], 非비, 飛비, 扉비, 肥비, 腓비, 妃비, 薇미, 楎휘, 暉휘, 威위, 蝛위, 韋위, 幃위, 闈위
- 尾韻: 榧비, 篚비, 鬼귀, 尾미, 虺훼, 葦위
- 未韻: 沸비, 翡비, 痸비, 貴귀, 味미, 卉훼, 緯위, 胃위, 蝟위, 彙휘

止攝 3등 합구호 3에는 微韻, 尾韻, 未韻 세 개의 운모가 있다. 『훈몽자회』에는 위의 세 가지 운모의 한자가 다 나타났다. 이들이 『훈몽자회』의 운모는 'ㅣ'[i](15개), 'ᅱ'[ui](14개), 'ᅰ'[uəi](2개), 'ㆎ'(1개)이다. 이는 『훈몽자회』 운모의 다수가 'ㅣ'[i]와 'ᅱ'[ui]임을 의미한다.

止攝 3등 합구호 3에 나타난 微韻, 尾韻, 未韻 세 운모에 대한 학자들의 추정음을 보면 아래와 같다.

趙元任이 [wei]로 추정하고, 王力, 方孝岳가 [iwəi]로 추정하고, 董同

穌, 周法高, 李荣이 [iuəi]로 추정하고, 李方桂가 [jwei]로 추정하고, 陆志韦가 [ɪwəi]로 추정하고, 高本漢이 [(j)wei]로 추정하였다. 여기에서 우리는 학자들의 추정음이 각이함을 보아낼 수 있다. 주지하다시피 합구호는 개구호에 개음 [u] 또는 [w]가 첨가된 형태이다. 그러니 微韻, 尾韻, 未韻 운모의 합구호는 이들 운모의 개구호인 [ɪəi]에 개음 [u]를 첨가시킨 형태 [ɪuəi]로 되어야 한다. 이로부터 우리는 微韻, 尾韻, 未韻 세 운모 3등 합구호의 『광운』 운모를 [ɪuəi]로 보고자 한다.

중국어 『광운』 운모 [ɪuəi]가 그 뒤에 [ɪuəi]→[ui]→[uəi]→[uei], [ɪuəi]→[ui]→[əi]→[ei], [ɪuəi]→[ui]→[i]의 변화를 거쳐 현대 중국어의 운모 [uei], [ei], [i]로 되었다.

『훈몽자회』의 운모 'ㅣ'[i]는 『광운』 운모 [ɪuəi]가 중국어에서 나타난 변형인 [ui]가 한국어에서 변형의 반영으로 보인다. 즉 『광운』 운모 [ɪuəi]의 변형인 [ui]가 한국어에 전파된 다음 한국어에서 [ui]의 개음 [u]가 탈락되어 [i]로 변한 것으로 보인다. 개음 [u]가 탈락된 한자 '非비, 飛비, 扉비, 肥비, 腓비, 妃비, 薇미, 櫃비, 篚비, 尾미, 沸비, 翡비, 剕비, 味미' 등의 성모가 모두 순음(脣音)이기 때문이다. 즉 중국어에서 『광운』 운모 [ɪuəi]의 변형인 운모 [ui]가 한국어에서 [ui]→[i]의 변화를 가져온 것이다.

이 변화가 『중원음운』 이후에 나타났을 것으로 보인다. 왜냐하면 『광운』 微韻, 尾韻, 未韻의 3등 합구호가 『중원음운』에서 운모 [ui]로 변하였기 때문이다. 그러니 상기 한자들의 운모 [i]는 근대 중국어 운모 [ui]가 한국어에서의 변형으로 보아야 하며 이것이 최세진에 의해 『훈몽자회』에 반영된 것이다.

『훈몽자회』의 한자 '樺휘, 暉휘, 威위, 蝛위, 韋위, 幃위, 闈위, 鬼귀, 葦위, 緯위, 胃위, 蝟위, 彙휘'의 운모 'ㅟ'[ui]는 『광운』 운모 [ɪuəi]가

『중원음운』에서 변화된 형태 [ui]의 반영으로 보인다. 즉『광운』운모 [ɪuəi]가『중원음운』에서 나타난 변화 [ɪuəi]→[ui]가 한국어에 반영된 것이다. 상기 한자의 일부가 중국의 일부 방언에서 운모 [ui]로 되어 있음이 주목된다.

　『훈몽자회』의 한자 '虺翽, 卉翽'의 운모 'ㅞ'[uəi]는『중원음운』'제미 (齊微)' 운부의 운모 [ui]가 [ui]→[uəi]→[uei]의 변화를 거쳐 현대 중국 어 운모 [uei]로 변화되는 과정 음의 반영이다. 그러니 이는 근대 중국 어 운모 [uəi]가 직접 한국 한자음에 수입된 것으로 최세진이 소위이 다. (蟹攝 怪韻 '瞶翽'의 설명을 보라.)

　『훈몽자회』의 한자 '緋빗'의 운모 'ㆎ'의 내원은 아래 두 가지 가운데 의 하나일 수 있다.

　하나는『광운』운모 [ɪuəi]가 [ɪuəi]→[ui]→[iə]→[ei] 변화 과정의 운 모 [əi]를 최세진이 'ㆎ'로 표기하였을 수 있다. 즉 근대 중국어 운모 [əi]의 표기일 수 있다.

　다른 하나는 표기에서의 오기일 수 있다. 즉 'ㅣ'를 'ㆎ'로 잘못 표기 하였을 수 있다.

　위의 두 가지 가운데에서 근대 중국어 운모 [əi]의 표기일 가능성이 많은 것으로 보인다.

　총적으로 止攝 3등 합구호 微韻, 尾韻, 未韻 등의 중국어 운모가 한국어에서의 변화 양상이 복잡하다.

6. 效攝

效攝은 모두 개구호로 되어 있다. 그 속에는 1등 개구호 운모 '豪韻, 晧韻, 號韻', 2등 개구호 운모 '肴韻, 巧韻, 效韻', 3등 개구호 운모 '宵韻, 小韻, 笑韻', 4등 개구호 운모 '蕭韻, 篠韻, 嘯韻' 등 12개 운모가 들어 있다. 『훈몽자회』에 이들 운모의 한자가 모두 나타났다.

상기 운모들이 『훈몽자회』에서의 형태 및 그 내원을 밝히면 아래와 같다

1) 豪韻, 晧韻, 號韻: 1등 개구호

- 豪韻: 袍포, 曹조, 槽조, 螬조, 艚조, 濤도, 桃도, 陶도, 萄도, 淘도, 刀도, 舠도, 羔고, 膏고, 篙고, 餻고, 櫜고, 稿고, 糟조, 撈로, 撈로, 牢뢰, 醪료, 轑료, 毛모, 饕도, 尻고, 豪호, 壕호, 蒿호, 薅호, 搔소, 繅소, 臊조, 厫오, 獒오, 熬오, 鰲오, 爊오
- 晧韻: 筦로, 筶고, 堡보, 褓보, 寶보, 皂조, 造조, 道도, 稻도, 島도, 擣도, 禱도, 早조, 蚤조, 棗조, 澡조, 藻조, 老로, 鵠로, 潦료, 姥모, 瑙노, 腦노, 草초, 騲초, 槁고, 考고, 拷고, 昊호, 好호, 嫂수, 媼오, 襖오
- 號韻: 菢포, 暴포, 盜도, 告고, 誥고, 竈조, 澇로, 帽모, 臕뇨, 糙조, 套토, 犒고, 號호, 噪조, 鏊오

效攝 1등 개구호에는 豪韻, 晧韻, 號韻 세 개의 운모가 있다. 『훈몽자회』에는 위의 세 가지 운모의 한자가 다 나타났다. 이들이 『훈몽자회』의 운모는 절대 다수가 'ㅗ'[o]이고, 개별적인 것들이 'ㅛ'[io](3개), 'ㅚ'[oi](1개), 'ㅜ'[u](1개)이다. 이는 『훈몽자회』 운모의 다수가 'ㅗ'[o]임을

의미한다.

效攝 1등 개구호에 나타난 豪韻, 晧韻, 號韻 세 운모에 대한 학자들의
추정음을 보면 아래와 같다.

高本漢, 趙元任, 王力, 方孝岳, 李方桂, 董同龢, 周法高, 李荣 등이 [au]
로 추정하고, 陆志韦가 [ɒu]로 추정하였다. 우리는 다수 학자들의 추정
음에 따라 豪韻, 晧韻, 號韻 세 운모 1등 개구호의『광운』음을 [au]로
보고자 한다.

중국어『광운』운모 [au]가 그 뒤에 다수가 [au]→[au], [au]→[au]→
[iau], [au]→[au]→[o], [au]→[au]→[o]→[uo], [au]→[au]→[o]→[ə]로의
변화를 거쳐 현대 중국어의 운모 [au], [iau], [o], [uo], [ə]로 되었다.

『훈몽자회』의 운모 'ㅗ'[o]는 한국에 전파된『광운』운모 [au]의 변
형으로 보인다. 즉 한국어에 운모 [au]거나 [au]가 존재하지 않았음으
로 이들과 유사한 음인 'ㅗ'[o]로 변한 것이다. 바꾸어 말하면『훈몽자
회』의 운모 'ㅗ'[o]는 한국어 어음체계의 제약을 받아 생겨난 것이다.

『훈몽자회』한자 '嫂수'의 운모 'ㅜ'[u]는 한국어 운모 'ㅗ'[o]의 변화
형태로 보인다. 즉 한국어에서 [o]→[u]의 변화를 가져온 것이다. 그리
고 '嫂'자가 중국의 제남, 합비, 양주, 복주 방언에서 [ɔ]로 발음되고,
하문, 조주 방언에서 [o]로 발음됨이 주목된다.

『훈몽자회』한자 '潦료, 醪료, 膫뇨, 轑료'의 운모 'ㅛ'[io]는 중국어의
운모 [au] 한자의 일부가 근대 중국어에 이르러 [iau]로 변하였는데
이것이 한국어에서 [io]로 되었다. 그러니『훈몽자회』效攝 豪韻, 晧韻,
號韻(1등 개구호)의 운모 [io]는 근대 중국어 음의 한국 한자음에로의
수입으로 최세진이 소위이다.

『훈몽자회』한자 '牢뢰'의 운모 '외'[oi]의 내원은 명확히 밝히기 어
렵다. 그런데 '牢'자가 중국의 여러 방언에서 운모 [au] 외에 [ə], [ɔ],

[æ], [ɜ], [ɣ], [o], [ou] 등으로 발음됨이 주목된다.

2) 肴韻, 巧韻, 效韻: 2등 개구호

- 肴韻: 苞포, 咆포, 庖포, 匏포, 跑포, 炮포, 巢소, 鈔쵸, 交교, 郊교, 膠교, 咬교, 茅모, 螯모, 貓묘, 鐃요, 脬포, 泡포, 弰쇼, 筲소, 梢쵸, 骹교, 磽교, 餚효, 哮효, 髇호, 坳요, 嘲됴, 齠포, 艄쵸, 抓과
- 巧韻: 飽포, 炒쵸, 狡교, 爪조
- 效韻: 豹표, 鉋포, 棹도, 教교, 鉸교, 窖교, 酵교, 校교, 覺교, 貌모, 橈쇼, 鬧뇨, 砲포, 疱포, 庖포, 孝효, 笍조

效攝 2등 개구호에는 肴韻, 巧韻, 效韻 세 개의 운모가 있다. 『훈몽자회』에는 위의 세 가지 운모의 한자가 다 나타났다. 이들이 『훈몽자회』의 운모는 'ㅗ'[o], 'ㅛ'[io] 두 가지이다. 그 가운데의 'ㅗ'[o]가 22개이고 'ㅛ'[io]가 29개이다. 이는 效攝 2등 개구호의 『훈몽자회』 운모의 다수가 'ㅛ'[io]임을 의미한다.

效攝 2등 개구호에 나타난 肴韻, 巧韻, 效韻 세 운모에 대한 학자들의 추정음을 보면 아래와 같다.

高本漢, 趙元任, 王力, 方孝岳, 李方桂, 董同龢, 周法高, 李荣 등이 [au]로 추정하고, 陆志韦가 [ɐu]로 추정하였다. 우리는 다수 학자들의 추정음에 따라 肴韻, 巧韻, 效韻 세 운모 2등 개구호의 『광운』음을 [au]로 보고자 한다.

중국어 『광운』 운모 [au]는 그 뒤에 [au]→[au], [au]→[iau]로의 변화를 거쳐 현대 중국어의 운모 [au], [iau]로 되었다.

『훈몽자회』의 운모 'ㅗ'[o]는 한국어에 전파된 『광운』 운모 [au]의

변형으로 보인다. 즉 한국어에 운모 [au]가 존재하지 않았음으로 이들과 유사한 음인 'ㅗ'[o]로 변한 것이다. 바꾸어 말하면 한국어 어음체계의 제약을 받아 변화된 것이다.

『훈몽자회』의 운모 'ㅛ'[io]가 다수를 차지한다. 중국어 음운학의 2등 한자의 운모는 1등 한자의 운모와 마찬가지로 개음 [i]가 없다. 그러므로 『훈몽자회』의 운모 'ㅛ'[io]의 존재가 중국 음운학의 관점에서 볼 때에는 비합리적이다.

그런데 『광운』 이후 중국어에서 아후음 성모 뒤의 개구호 2등 운모에 개음 [i]가 첨가되어 3등 운모로 변하는 어음 변화가 있었다. 이 변화가 한국 한자음 모두에서 나타난 것이 아니다. 예를 들면 假攝 2등 개구호 '麻韻, 馬韻, 禡韻, 蟹攝', 2등 개구호 '皆韻, 駭韻, 怪韻, 蟹攝', 2등 개구호 '佳韻, 蟹韻, 蟹攝', 2등 개구호 '卦韻, 夬韻, 咸攝', 2등 개구호 '銜韻, 檻韻, 鑑韻, 狎韻, 山攝', 2등 개구호 '山韻, 産韻, 襉韻, 黠韻, 山攝', 2등 개구호 '删韻, 潸韻, 諫韻, 鎋韻, 江攝', 2등 개구호 '江韻, 講韻, 絳韻, 覺韻' 등에서는 2등 개구호에 개음 [i]가 첨가되는 변화가 나타나지 않았다. 이는 한국 한자 아후음 성모 뒤의 개구호 2등 운모에 개음 [i]가 첨가되는 것도 있고 첨가되지 않는 것도 있음을 의미한다.

우리는 『훈몽자회』에서 개음 [i]를 첨가하지 않은 한자의 음은 『광운』의 중국어 음의 반영으로 보고, 개음 [i]를 첨가한 한자의 음은 최세진에 의해 수록된 근대 중국어음의 반영으로 본다. 왜냐하면 중국어에서 아후음 성모 뒤의 2등 개구호가 3등 개구호로의 변화가 13세기의 『중원음운』에서 나타났기 때문이다. 그러므로 肴韻, 巧韻, 效韻 등 2등 개구호의 한자 '鈔쵸, 交교, 郊교, 膠교, 咬교, 貓묘, 鐃요, 弰쇼, 筲쇼, 梢쵸, 骹교, 磽교, 餚효, 哮효, 坳요, 嘲됴, 艄쵸, 炒쵸, 狡교, 豹표, 教교, 鉸교, 窖교, 酵교, 校교, 橈쇼, 鬧뇨, 孝효' 등의 운모 'ㅛ'[io]

는 근대 중국어 운모를 한국 한자음에서 수입한 것으로 보아야 한다. 이 한자들의 운모 [io]는 최세진의 표기이다.

한자 '抓'의 운모가 『중원음운』에서 소호(蕭豪) 운부의 운모 [au]와 가마(家麻) 운부의 운모 [uɑ]로 분화되었다. 그러니 『훈몽자회』 '抓과' 자의 운모 [uɑ]는 『중원음운』 가마(家麻) 운부의 운모 [uɑ]의 반영으로 근대 중국어 운모가 『훈몽자회』에 수입된 것이다. 이는 최세진이 소위다.

3) 宵韻, 小韻, 笑韻: 3등 개구호

- 宵韻: 糠표, 鑣표, 瓢표, 藨표, 弴툐, 朝됴, 潮됴, 憔쵸, 樵쵸, 嬌교, 椒쵸, 焦쵸, 蕉쵸, 鷦쵸, 苗묘, 描묘, 稟쵸, 鍪쵸, 蕎교, 薨요, 燒쇼, 蹻교, 轎교, 枵오, 蛸쇼, 宵쇼, 焇쇼, 霄쇼, 綃쵸, 銚됴, 軺요, 瑤요, 謠요, 夭요, 腰요, 鴞효
- 小韻: 表표, 鰾표, 杪쵸, 橋교, 燎됴, 舀요, 沼쇼
- 笑韻: 誚쵸, 廟묘, 轎교, 鞘소, 鞘쇼, 笑쇼, 鷂요, 曜요, 陛죠, 詔죠, 照죠

效攝 3등 개구호에는 宵韻, 小韻, 笑韻 세 개의 운모가 있다. 『훈몽자회』에는 위의 세 가지 운모의 한자가 다 나타났다. 이들이 『훈몽자회』의 운모는 'ㅛ'[io], 'ㅗ'[o] 두 가지이다. 그 가운데의 'ㅛ'[io]가 52개이고 'ㅗ'[o]가 2개이다. 이는 效攝 3등 개구호 『훈몽자회』 운모의 절대 다수가 'ㅛ'[io]임을 의미한다.

效攝 3등 개구호에 나타난 宵韻, 小韻, 笑韻 세 운모에 대한 학자들의 추정음을 보면 아래와 같다.

高本漢, 王力, 方孝岳, 李荣 등이 [iɛu]로 추정하고, 陆志韦가 [iɛu]로

추정하고, 趙元任이 [iæu]로 추정하고, 李方桂가 [jɐu]로 추정하고, 董同龢가 [jæu]로 추정하고, 周法高가 [iau]로 추정하였다.

우리는 3등 개구호란 1등 개구호에 개음 [i]를 첨가한 형태이므로 宵韻, 小韻, 笑韻 세 운모의 독음은 『광운』 1등 운모 [au]에 개음 [i]를 첨가한 형태인 [iau]로 보고자 한다.

중국어 『광운』 운모 [iau]는 그 뒤에 [iau]→[iau], [iau]→[iau]→[au], 로의 변화를 거쳐 현대 중국어의 운모 [iau], [au]로 되었다.

『훈몽자회』의 운모 'ㅛ'[io]는 한국어에 전파된 『광운』 운모 [iau]의 변형으로 보인다. 즉 한국어에 운모 [iau]가 존재하지 않았음으로 이들과 유사한 음인 'ㅛ'[io]로 변한 것이다. 바꾸어 말하면 한국어 어음 체계의 제약을 받아 변화된 것으로 중국어 『광운』 음의 반영이다.

『훈몽자회』에서 한자 '鞘'의 운모가 'ㅗ'[o], 'ㅛ'[io] 두 가지로 표기되었다. 이는 鞘자가 『광운』에서 두 가지 운모에 귀속되었었기 때문이다. 그 하나는 效攝 2등 肴韻에 속하고 다른 하나는 效攝 3등 笑韻에 속하였다. 그러니 '鞘'의 운모 'ㅗ'[o]는 效攝 2등 肴韻의 음이다.

『훈몽자회』의 한자 '栲오'의 운모 'ㅗ'[o]가 가능하게 중국어 운모 [iao]가 한국어에서 개음 [i]가 탈락되면서 생기었을 수 있다. 왜냐하면 '栲오'자의 성모가 후음 효모(曉母)이기 때문이다.

4) 蕭韻, 篠韻, 嘯韻: 4등 개구호

- 蕭韻: 貂됴, 鯛됴, 鵰됴, 僚료, 鷯료, 鐐료, 條됴, 蜩됴, 韶됴, 鰷됴, 跳됴, 梟효, 簫쇼, 蟭쇼
- 篠韻: 皛뎍, 鳥됴, 蓼료, 曉효
- 嘯韻: 眺됴, 耀됴, 徼교, 叫교, 嘯쇼, 釣됴, 尿뇨

效攝 4등 개구호에는 蕭韻, 篠韻, 嘯韻 세 개의 운모가 있다. 『훈몽자회』에는 위의 세 가지 운모의 한자가 다 나타났다. 이들이 『훈몽자회』의 운모는 'ㅛ'[io], 'ㅕㄱ'[iək] 두 가지이다. 그 가운데의 'ㅛ'[io]가 23개이고 'ㅕㄱ'[iək]이 1개이다. 이는 效攝 4등 개구호 『훈몽자회』 운모의 다수가 'ㅛ'[io]임을 의미한다. 效攝 4등 개구호에 나타난 蕭韻, 篠韻, 嘯韻 세 운모에 대한 학자들의 추정음을 보면 아래와 같다.

高本漢, 趙元任, 王力, 方孝岳, 李方桂 등이 [ieu]로 추정하고, 董同龢, 周法高가 [uiu]로 추정하고, 陆志韦가 [ɛu]로 추정하고, 李荣이 [eu]로 추정하였다.

우리는 4등 개구호의 운모 蕭韻, 篠韻, 嘯韻의 『광운』음을 [iau]로 보고자 한다.

중국어 『광운』 운모 [iau]는 그 뒤에 다수가 [iau]→[iau]로 되고, 소수가 [iau]→[au](예를 들면 '蓼')로의 변화를 거쳐 현대 중국어 운모 [iau], [au]로 되었다.

『훈몽자회』의 운모 'ㅛ'[io]는 한국어에 전파된 『광운』 운모 [iau]의 변형으로 보인다. 즉 한국어에 운모 [iau]가 존재하지 않았음으로 이들과 유사한 음인 'ㅛ'[io]로 변한 것이다. 바꾸어 말하면 한국어 어음 체계의 제약을 받아 변화된 것이다.

한자 '尿'의 『광운』음이 두 가지이다. 하나는 效攝 4등의 '泥嘯'이고, 다른 하나는 止攝 3등의 '心脂'이다. 그러니 效攝에 속하는 '尿'는 '뇨'로 발음되고 止攝에 속하는 '尿'는 '쉬'로 발음된다. '쉬'의 발음이 한국어에서 단어 '쉬'로 차용되었음은 이미 앞에서 지적하였다.

'彴'자의 『광운』음이 '都了切, 上篠端'이니 [tiau]이다. 그런데 『훈몽자회』에서 '彴'자가 입성 운모 'ㅕㄱ'[iək]으로 되어 있다. 이는 운모 'ㅕㄱ'[iək]이 중국어 상고음의 잔재일 가능성을 시사한다.

7. 流攝

流攝은 모두 개구호로 되어 있다. 그 속에는 1등 개구호 운모 '侯韻, 厚韻, 候韻', 3등 개구호 운모 '尤韻, 有韻, 宥韻'과 '幽韻, 黝韻, 幼韻' 등 9개 운모가 들어 있다. 이들 가운데에서 '幽韻', '黝韻' 두 운모의 한자가 『훈몽자회』에서는 나타나지 않았고 幼韻의 한자도 하나만 나타났다.

이들 운모가 『훈몽자회』에서의 형태 및 그 내원을 밝히면 아래와 같다.

1) 侯韻, 厚韻, 候韻: 1등 개구호

- 侯韻: 抔부, 頭두, 扁투, 骰투, 筑도, 脰두, 鉤구, 溝구, 篝구, 韝구, 蔞루, 樓루, 耬루, 螻루, 髏루, 褸루, 偸투, 摳구, 彄구, 侯후, 喉후, 帿후, 猴후, 糇후, 鍭후, 甌구, 謳구, 鷗구, 漚구
- 厚韻: 抖두, 蚪두, 斗두, 狗구, 笱구, 垢구, 某모, 母모, 牡모, 拇모, 畝모, 口구, 釦구, 后후, 後후, 吼후, 叟수, 撒수, 藪수, 腢우, 藕우, 艘수, 膄수
- 候韻: 濱두, 荳두, 脰두, 痘두, 餖두, 毀투, 菁구, 彀구, 雊구, 構구, 覯구, 購구, 奏주, 漏루, 瘻루, 鏤루, 貿무, 楙무, 腠주, 漱수, 寇구, 簆구, 彀구, 候후, 堠후, 嗽수, 漚구

流攝 1등 개구호에는 侯韻, 厚韻, 候韻 세 개의 운모가 있다. 『훈몽자회』에는 위의 세 가지 운모의 한자가 다 나타났다. 이들이 『훈몽자회』의 운모는 'ㅜ'[u], 'ㅗ'[o] 두 가지이다. 그 가운데의 'ㅜ'[u]가 73개이고 'ㅗ'[o]가 6개이다. 이는 流攝 1등 개구호의 『훈몽자회』운모의 대다수

가 'ㅜ'[u]임을 의미한다.

流攝 1등 개구호에 나타난 侯韻, 厚韻, 候韻 세 운모에 대한 학자들의 추정음을 보면 아래와 같다.

高本漢, 趙元任, 王力, 陆志韦, 李方桂, 周法高 등이 [əu]로 추정하고, 方孝岳가 [ou]로 추정하고, 董同龢, 李荣이 [u]로 추정하였다. 여기에서 董同龢, 李荣의 추정음과 『훈몽자회』 운모의 음이 일치함을 보아낼 수 있다. 이로부터 우리는 流攝 1등 개구호의 운모 侯韻, 厚韻, 候韻의 『광운』음을 [u]로 보고자 한다.

중국어 『광운』 운모 [u]는 그 뒤에 [u]→[əu]→[u], [u]→[əu]→[ou], [u]→[əu]→[au]로의 변화를 거쳐 현대 중국어의 운모 [u], [ou], [au]로 되었다.

『훈몽자회』의 운모 'ㅜ'[u]는 『광운』 운모 [u]의 반영이다.

『훈몽자회』의 한자 '筬도, 某모, 母모, 牡모, 拇모, 畝모'의 운모 'ㅗ'[o]는 근대 중국어 운모 [au]가 한국 한자음에서의 변형으로 보인다. 즉 한국어에 겹모음 [au]가 없으니 중국어 운모 [au]가 한국 한자음에서 [o]로 면한 것이다. 왜냐하면 그와 발음이 비슷한 모음 [o]로 변하였다. 이들 가운데의 '母'자의 운모를 중국의 양주, 소주, 온주 방언에서 [o]로 발음하고, '牡, 畝'의 운모를 양주 방언에서 [o]로 발음하며, '某'자의 운모를 양주, 온주 방언에서 [o]로 발음함이 주목된다.

2) 尤韻, 有韻, 宥韻: 3등 개구호

• 尤韻: 酬슈, 讎슈, 紬듀, 疇듀, 籌듀, 梔부, 芣부, 蜉부, 鳩구, 鬮구, 湫츄, 流류, 琉류, 旒류, 榴류, 瘤류, 鶹류, 斿유, 矛모, 眸모, 麰모, 鍪모, 秋츄, 楸츄, 鞦츄, 鞦츄, 韜츄, 鶖츄, 鰍츄, 仇구, 梂구, 毬구, 裘구, 茱슈, 搜수,

蒐수, 螋수, 收슈, 丘구, 蚯구, 鳩帠, 泅슈, 饈슈, 牛우, 油유, 蚰유, 游유,
蝣유, 麀우, 優우, 耰우, 疣우, 舟쥬, 州쥬, 洲쥬, 輈듀
• 有韻: 受슈, 醜취, 缶부, 否부, 無부, 阜부, 負부, 婦부, 蝜부, 九구, 酒쥬,
柳류, 罶류, 杻뉴, 紐뉴, 臼구, 舅구, 溲수, 手슈, 首슈, 糗구, 莠유, 牖유,
誘유, 友우, 槱우, 箒쥬, 肘듀
• 宥韻: 售슈, 壽슈, 臭취, 宙듀, 胄듀, 鷲츄, 富부, 副부, 僦취, 溜류, 餾류,
柩구, 瘦수, 狩슈, 獸슈, 岫슈, 袖슈, 銹슈, 繡슈, 柚유, 右우, 祐우, 囿유,
呪쥬, 晝듀, 皺추, 縐추, 甃

流攝 3등 개구호에는 尤韻, 有韻, 宥韻 세 개의 운모가 있다.『훈몽자
회』에는 위의 세 가지 운모의 한자가 다 나타났다. 이들이『훈몽자회』
의 운모는 'ㅠ'[iu], 'ㅜ'[u], 'ㅗ'[o], 'ㅠㄱ'[uk], 'ㅠㄱ'[iuk], 'ㆌ'[iui] 여섯 가지
이다. 그 가운데의 'ㅠ'[iu]가 63개이고, 'ㅜ'[u]가 41개이고, 'ㅗ'[o]가
4개이고, 'ㆌ'[iui]가 3개이고, 'ㅠㄱ'[uk]이 1개이고, 'ㅠㄱ'[iuk]이 1개이다.
이는 流攝 3등 개구호의『훈몽자회』운모의 다수가 'ㅠ'[iu]임을 의미
한다.

流攝 3등 개구호에 나타난 尤韻, 有韻, 宥韻 세 운모에 대한 학자들의
추정음을 보면 아래와 같다.

高本漢, 趙元任, 王力, 李方桂, 周法高 등이 [iəu]로 추정하고, 方孝岳
가 [iou]로 추정하고, 董同龢, 李榮이 [iu]로 추정하고, 陆志韦가 [iəu]로
추정하였다. 여기에서 董同龢, 李榮의 추정음과『훈몽자회』운모의
다수 음이 일치함을 보아낼 수 있다. 이로부터 우리는 流攝 3등 개구호
의 운모 尤韻, 有韻, 宥韻의『광운』음을 [iu]로 보고자 한다.

중국어『광운』운모 [iu]는 그 뒤에 [iu]→[iu], [iu]→[əu]→[ou], [iu]→
[iəu]→[iou], [iu]→[u], [iu]→[au]로의 변화를 거쳐 현대 중국어의 운모

[iu], [ou], [iou], [u], [au] 등으로 되었다.

『훈몽자회』의 운모 'ㅠ'[iu]는 『광운』 운모 [iu]의 반영이다.

『훈몽자회』의 운모 'ㅜ'[u]는 『광운』 운모 [iu]가 한국 한자음에서
나타난 변화로 보인다. 즉 『광운』 운모 [iu]가 한국 한자음에서 개음
[i]를 잃고 [u]로 변한 형태로 보인다. 운모 [u]로 변한 한자 '梧부,
苶부, 蜉부, 鳩구, 鬮구, 仇구, 梂구, 毬구, 裘구, 搜수, 丘구, 蚯구, 牛우,
麀우, 優우, 櫌우, 疣우, 缶부, 否부, 罘부, 阜부, 負부, 婦부, 蝜부, 九구,
臼구, 舅구, 糗구, 友우, 富부, 副부, 柩구, 右우, 祐우' 등의 성모의 다수
가 순음, 아후음이므로 개음 [i]가 탈락되고, 성모가 치음인 소수의
한자 '蒐수, 螋수, 瘦수, 溲수, 籌추, 皺추, 縐추' 등은 위에서 나타난
[iu]→[u] 변화의 영향을 받은 것으로 보인다.

『훈몽자회』의 한자 '矛모, 眸모, 麰모, 鍪모'의 운모 'ㅗ'[o]는 근대
중국어 음 [au]가 한국 한자음에서 변형으로 보인다. 왜냐하면 한국어
에 겹모음 [au]가 없기에 중국어 음 [au]가 한국어에서 발음이 비슷한
음인 [o]로 변한 것이다. 그러니 이는 근대 중국어 음이 한국 한자음에
서의 변형이다. 이 가운데 '矛'자의 운모를 중국의 양주 방언에서 [ə]
로, 소주 방언에서 [ɤ]로 발음함이 주목된다.

『훈몽자회』의 한자 '醜취, 臭취, 魗취'의 운모 'ㅠ ㅣ'[iui]는 『중원음
운』 이후 근대 중국어에서 생겨난 구개음 운모 [iui]의 영향이다. 이
운모가 『훈몽자회』에 수록된 것은 최세진이 소위이다. 이들 가운데
'臭'자의 운모를 온주 방언에서 [iəu]로 발음하고, 하문 방언에서 [iu]
로 발음함이 주목된다.

郭錫良에 의하면 '呪축'자가 중국어 상고 시기에 覺韻에 속하였다고
하니 『훈몽자회』의 운모 'ㅠㄱ'[iuk]을 상고 시기 중국어 음의 잔재로
봄이 합리적일 것으로 느껴진다.

'椰욱'자의 『광운』 운모가 "於六切, 入屋影"이니 '椰'자의 『훈몽자회』 운모 'ᆨ'[uk]이 중국어 상고음의 잔재로 보인다.

3) 幽韻, 黝韻, 幼韻: 3등 개구호

- 幽韻: (『훈몽자회』의 한자가 없음.)
- 黝韻: (『훈몽자회』의 한자가 없음.)
- 幼韻: 幼유

流攝 3등 개구호에는 幽韻, 黝韻, 幼韻 세 개의 운모가 있다. 이들 세 개 운모 가운데에서 『훈몽자회』의 한자는 幼韻에 속하는 한자 幼 하나뿐이다. 이 하나의 한자로 幽韻, 黝韻, 幼韻 세 가지 운모의 형태와 내원을 밝힌다는 것은 무리이므로 이들 운모에 대한 구체적인 분석을 생략하나 이들 운모의 『광운』 운모를 [iəu]로 보고자 한다.

8. 咸攝

咸攝은 7개의 개구호와 1개의 합구호로 구성되었고 매개 운모에는 양성 운모와 입성 운모가 구비되어 있다. 그 속에는 1등 개구호 운모 '覃韻, 感韻, 勘韻, 合韻', 1등 개구호 운모 '談韻, 敢韻, 闞韻, 盍韻', 2등 개구호 운모 '咸韻, 豏韻, 陷韻, 洽韻', 2등 개구호 운모 '銜韻, 檻韻, 鑑韻, 狎韻', 3등 개구호 운모 '鹽韻, 琰韻, 艷語, 葉韻', 3등 개구호 운모 '嚴韻, 儼韻, 釅韻, 業韻', 3등 합구호 운모 '凡韻, 范韻, 梵韻, 乏韻', 4등 개구호 운모 '添韻, 忝韻, 㮇韻, 帖韻' 등 32개의 운모가 들어 있다.

이들 가운데 개별 운모의 한자가 『훈몽자회』에 나타나지 않았다.

이들 운모가 『훈몽자회』에서의 형태 및 그 내원을 밝히면 아래와 같다.

1) 覃韻, 感韻, 勘韻, 合韻: 1등 개구호

- 覃韻: 蚕줌, 潭담, 薄담, 壜담, 簪줌, 嵐남, 婪람, 栮섬, 男남, 枏남, 南남, 貪탐, 探탐, 龕함, 含함, 函함, 餡함, 錙합, 蔘合, 庵암, 鵪암
- 感韻: 茨담, 坎감, 撼함, 頷함, 慘참, 俺암, 撍잠
- 勘韻: 紺감, 壏감, 暗암
- 合韻: 搭답, 鴿합, 閤합, 蛤합, 咂잡, 衲납, 納납, 踏답, 鎝답, 翟압

咸攝 1등 개구호 1에는 覃韻, 感韻, 勘韻, 合韻 네 개의 운모가 있다. 『훈몽자회』에는 이들 네 개 운모의 한자가 다 나타났다. 이들이 『훈몽자회』의 운모는 '남'[am], '납'[ap]이 36개, 'ㅁ'이 3개, '념'[iəm]이 1개이다. 이는 咸攝 1등 개구호 1의 『훈몽자회』 운모의 절대 다수가 '[am], [ap]'으로 운모의 모음이 [a]임을 의미한다.

咸攝 1등 개구호 1에 나타난 覃韻, 感韻, 勘韻, 合韻 네 운모에 대한 학자들의 추정음을 보면 아래와 같다.

趙元任, 王力, 陆志韦, 方孝岳, 李方桂, 李荣 등이 [ɒm]/[ɒp]으로 추정하고, 董同龢가 [Am], [Ap]으로 추정하고, 高本漢이 [am]/[ap]으로 추정하고, 周法高가 [əm]/[əp]으로 추정하였다. 여기에서 학자들 사이의 추정음이 대동소이함을 보아낼 수 있다. 우리는 咸攝 1등 개구호 1의 운모 覃韻, 感韻, 勘韻, 合韻의 『광운』음을 다수 학자들의 추정에 따라 [ɒm]/[ɒp]으로 보고자 한다.

중국어『광운』운모 [ɒm]/[ɒp]은 그 뒤에 [ɒm]→[am]→[an], [ɒp]→ [ap]→[o]→[ə], [ɒp]→[ap]→[a]의 변화를 거쳐 현대 중국어의 운모 [an], [ə], [a]로 되었다.

『훈몽자회』의 운모 [am]/[ap]은『광운』운모 [ɒm]/[ɒp]이 한국어에서의 변형이다. 즉『광운』운모 [ɒm]/[ɒp]이 한국어에서 [am]/[ap]으로 변한 것이다.

『훈몽자회』의 한자 '蚕줌, 簪줌, 蔘슴'의 운모 'ㅁ'은 한국어에서 생겨난 표기로 최세진이 한국어의 운모 'am'을 'ㅁ'으로 표기한 것이다.

이들 가운데에서 '蚕'자의 성모가 중국의 소주, 온주 방언에서 [z], 장사, 복주 방언에서 [ts]로 되고, 운모가 매현, 광주, 양강, 하문 방언에서 [am]으로 됨이 주목된다.

『훈몽자회』의 한자 '枏셤'이『한어대자전』에도 독음이 없는 글자로 '楠'과 같다고 하였다. 하여 이 글자의 독음 '남'의 내원은 알겠으나 독음 '셤'의 내원은 밝히기 어렵다. 여기에서 성모 ㅿ은 ㄴ가 ㅿ로의 변화로 볼 수도 있다.

2) 談韻, 敢韻, 闞韻, 盍韻: 1등 개구호

- 談韻: 痰담, 談담, 担단, 擔담, 甘감, 泔감, 柑감, 藍남, 襤람, 籃람, 坍단, 坩감, 憨함, 三삼
- 敢韻: 淡담, 啖담, 膽담, 覽람, 攬람, 纜람, 濫람, 㽞람, 攬루, 毯담, 瞰감
- 闞韻: (『훈몽자회』의 한자가 없음.)
- 盍韻: 臘납, 蠟랍, 鑞랍, 塌탑, 塔탑, 榻탑, 榼합, 靸삽

咸攝 1등 개구호 2에는 談韻, 敢韻, 闞韻, 盍韻 네 개의 운모가 있다.

『훈몽자회』에는 이들 네 개 운모 가운데에서 세 개 운모의 한자가 나타났다. 이들이 『훈몽자회』의 운모는 'ㅏ'[am]이 22개, 'ㅏ'[ap]이 8개, 'ㅏ'[an]이 2개, 'ㅜ'[u]가 1개이다. 이는 咸攝 1등 개구호 2의『훈몽자회』운모의 절대 다수가 '[am]/[ap]'으로 운모의 모음이 [a]이다.

咸攝 1등 개구호 2에 나타난 談韻, 敢韻, 闞韻, 盍韻 네 운모에 대한 학자들의 추정음을 보면 아래와 같다.

高本漢, 王力, 陆志韦, 方孝岳, 李方桂, 董同龢, 周法高, 李荣 등이 [am]/[ap]으로 추정하고, 趙元任이 [ɒm]/[ɒp]으로 추정하였다. 여기에서 학자들 사이의 추정음이 대동소이함을 보아낼 수 있다. 우리는 咸攝 1등 개구호 2의 운모 談韻, 敢韻, 闞韻, 盍韻의『광운』음을 다수 학자들의 추정음에 따라 [am]/[ap]으로 보고자 한다.

중국어『광운』운모 [am]/[ap]은 그 뒤에 [am]→[am]→[an], [ap]→[ap]→[o]→[ə], [ap]→[ap]→[a]의 변화를 거쳐 현대 중국어의 운모 [an], [ə], [a]로 되었다.

『훈몽자회』의 운모 [am]/[ap]은『광운』운모 [am]/[ap]이 한국 한자음에서의 반영이다.

『훈몽자회』의 한자 '担단, 坍단'의 운모 'ㅏ'[an]은『광운』이후 중국어에서 산생된 변형의 반영이다. 즉 13세기『중원음운』이후 중국어에서 [am]→[an]의 변화가 나타났는데 이렇게 변화된 형태가 한국어에서의 반영이다. 그러니『훈몽자회』咸攝 1등 개구호의 운모 [an]은 13세기 이후의 근대 중국어 음이 한국어에 반영된 것으로 최세진이 소위이다.

『훈몽자회』의 한자 '攬루'의 운모 'ㅜ'[u]의 내원은 명확히 밝히기 어렵다. '攬'자의 현대 중국어 발음이 [lan]이다. 그런데 중국의 제남, 서안, 태원, 합비, 쌍봉 방언에서 운모가 [æ]로, 소주 방언에서 운모가

[E]로, 온주 방언에서 운모가 [a]로 됨이 주목된다.

3) 咸韻, 嫌韻, 陷韻, 洽韻: 2등 개구호

- 咸韻: 讒참, 饞참, 鹹함
- 嫌韻: (『훈몽자회』의 한자가 없음.)
- 陷韻: 賺담, 陷함, 站참, 蘸잠
- 洽韻: 腤잡, 煠잡, 插삽, 鍤삽, 歃삽, 箑삽

咸攝 2등 개구호 1에는 咸韻, 嫌韻, 陷韻, 洽韻 네 개의 운모가 있다. 『훈몽자회』에는 이들 네 개 운모의 한자 가운데에서 세 개 운모의 한자가 나타났다. 이들이 『훈몽자회』의 운모는 '남'[am], '납'[ap]이 13 개이다. 이는 咸攝 2등 개구호의 『훈몽자회』 운모 모두가 '[am]/[ap]' 으로 되어 있음을 의미한다.

咸攝 2등 개구호 1에 나타난 咸韻, 嫌韻, 陷韻, 洽韻 네 운모에 대한 학자들의 추정음을 보면 아래와 같다.

王力, 陆志韦, 方孝岳, 董同龢, 李荣 등이 [ɐm]/[ɐp]으로 추정하고, 高本漢, 趙元任, 李方桂이 [am], [ap]으로[ɐm] 추정하고, 周法高가 [æm]/[æp]으로 추정하였다. 여기에서 학자들 사이의 추정음이 차이가 있음을 보아낼 수 있다. 우리는 咸攝 2등 개구호 1의 운모 咸韻, 嫌韻, 陷韻, 洽韻의 『광운』음을 다수 학자들의 추정음에 따라 [ɐm]/ [ɐp]으로 보고자 한다.

중국어 『광운』 운모 [ɐm]/[ɐp]은 그 뒤에 [ɐm]→[am]→[an], [ɐm]→ [am]→[iam]→[ian]→[iən]→[iæn], [ɐp]→[ap]→[a]의 변화를 거쳐 현대 중국어의 운모 [an], [iæn], [a]로 되었다.

『훈몽자회』의 운모 [am]/[ap]은『광운』운모 [ɐm]/[ɐp]이 한국어에 전파된 다음의 변형이다. 즉『광운』운모 [ɐm]/[ɐp]이 한국어에서 [am]/[ap]으로 변한 것이다.

4) 銜韻, 檻韻, 鑑韻, 狎韻: 2등 개구호

- 銜韻: 鑑감, 衫삼, 嵌감, 銜함, 巖암
- 檻韻: 艦함, 檻함
- 鑑韻: 釤삼
- 狎韻: 甲갑, 胛갑, 匣갑, 鴨압, 壓압

咸攝 2등 개구호 2에는 銜韻, 檻韻, 鑑韻, 狎韻 네 개의 운모가 있다. 『훈몽자회』에는 이들 네 개 운모의 한자가 다 나타났다. 이들이『훈 몽자회』의 운모는 모두가 '남'[am], '갑'[ap]이다. 이는 咸攝 2등 개구 호 2의『훈몽자회』운모가 '[am]/[ap]'으로 운모의 모음이 [a]임을 의 미한다.

咸攝 2등 개구호 2에 나타난 銜韻, 檻韻, 鑑韻, 狎韻 네 운모에 대한 학자들의 추정음을 보면 아래와 같다.

高本漢, 趙元任, 王力, 陆志韦, 方孝岳, 李方桂, 董同龢, 周法高, 李荣 등이 [am]/[ap]으로 추정하였다. 이는 모든 학자들이 한결같이 銜韻, 檻韻, 鑑韻, 狎韻 네 운모의『광운』음을 [am]/[ap]으로 인정하였다. 우리는 咸攝 2등 개구호 2의 운모 銜韻, 檻韻, 鑑韻, 狎韻의『광운』 음을 다수 학자들의 추정음에 따라 [am]/[ap]으로 보고자 한다.

중국어『광운』운모 [am]/[ap]은 그 뒤에 [am]→[an], [am]→[iam]→ [ian]→[iən]→[iæn], [ap]→[a]→[ia]의 변화를 거쳐 현대 중국어의 운

모 [an], [iæn], [ia]로 되었다.

『훈몽자회』의 운모 [am]/[ap]은 『광운』 운모 [am]/[ap]이 한국어에 전파된 다음의 변형이다. 즉 『광운』 운모 [am]/[ap]이 한국어에서 [am]/[ap]으로 변한 것이다.

咸攝 2등 운모 '銜韻, 檻韻, 狎韻'에 속한 한자 '鑑감, 嵌감, 銜함, 巖암, 艦함, 檻함, 甲갑, 胛갑, 匣갑, 鴨압, 壓압' 등의 성모가 아후음이고 그 뒤의 운모는 개구호 2등이다. 중국어에서 『광운』 이후 아후음 성모 뒤의 개구호 2등에 개음 [i]가 첨가되는 변화가 나타났다. 그런데 상기의 한자들의 한국 한자음에서 개음 [i]를 첨가하지 않은 것으로 보아 한국어 咸攝 2등 개구호에서 아후음 성모 뒤의 개구호 2등 다수의 한자가 『광운』 운모의 음을 유지하면서 개음 [i]를 첨가시키지 않았음을 의미한다.

5) 鹽韻, 琰韻, 艶語, 葉韻: 3등 개구호

- 鹽韻: 覘뎜, 潛줌, 鎌겸, 帘렴, 廉렴, 奩렴, 臁렴, 鎌렴, 簾렴, 籤첨, 鉗겸, 髯셤, 苫셤, 痁졈, 閻염, 鹽염, 簷첨, 淹엄, 醃엄, 閹엄, 炎염, 蟾셤, 占졈, 瞻쳠
- 琰韻: 諂텸, 檢검, 瞼검, 斂렴, 蘞험, 芡감, 儉검, 染셤, 擫셥, 焱염, 襜염, 魘염, 黶염, 臉렴
- 艶韻: 韂쳠, 險렴, 猒염, 艶염, 殮렴
- 葉韻: 棱졉, 鑷녑, 韘셥, 饁녑, 睫쳡, 獵렵, 鬣렵, 妾쳡, 攝셥, 葉엽

咸攝 3등 개구호 1에는 鹽韻, 琰韻, 艶語, 葉韻 네 개의 운모가 있다. 『훈몽자회』에는 이들 네 개 운모의 한자가 다 나타났다. 이들이 『훈몽

자회』의 운모는 '겸'[iəm], '겹'[iəp]이 45개, '검'[əm]이 7개, '남'[am]이
1개, '음'이 1개이다. 이는 咸攝 3등 개구호 1의 『훈몽자회』 운모의
절대 다수가 [iəm]/[iəp]으로 운모의 모음이 'ㅕ'[iə]임을 의미한다.

　咸攝 3등 개구호 1에 나타난 鹽韻, 琰韻, 艶韻, 葉韻 네 운모에 대한
학자들의 추정음을 보면 아래와 같다.

　高本漢, 王力, 方孝岳, 李荣이 [iɛm]/[iɛp]으로 추정하고, 趙元任, 周法
高가 [iæm]/[iæp]으로 추정하고, 李方桂가 [jɛm]/[jɛp]으로 추정하고,
陆志韦가 [ɪɛm]/[ɪɛp]으로 추정하고, 董同龢가 [jæm]/[jæp]으로 추정
하였다. 여기에서 학자들 사이의 추정음이 차이가 있음을 보아낼 수
있다. 우리는 咸攝 3등 개구호 1의 운모 鹽韻, 琰韻, 艶韻, 葉韻의 『광운』
음을 육지위의 추정에 따라 [mɛi]/[iɛp]으로 보고자 한다.

　중국어 『광운』 운모 [iɛm]/[iɛp]은 그 뒤에 [iɛm]→[iɐm]→[iam]→
[ian]→[iən]→[iæn], [iɛm]→[iɐm]→[iam]→[am]→[an], [iɛp]→[iə]→[iəi]
→[iəʅ]→[ie], [iɛp]→[ia]→[iə]→[ə]의 변화를 거쳐 현대 중국어의 운모
[iæn], [an], [ie], [ə]로 되었다.

　『훈몽자회』의 운모 [iəm]/[iəp]은 『광운』 운모 [iɛm]/[iɛp]이 한국어
에 전파된 후에 나타난 변형이다. 즉 『광운』 운모 [iɛm]/[iɛp]의 모음
[ɛ]가 한국어에서 [ə]로 변하였다. 그 원인은 한국어 어음체계에 앞
모음 [ɛ]가 존재하지 않았기 때문이다.

　『훈몽자회』의 한자 '淹엄, 醶엄, 閹엄, 檢검, 瞼검, 儉검'의 운모 [əm]
은 한국어 운모 [iəm]의 변형이다. 운모 [iəm]의 개음 [i]가 탈락되었다.
그 원인은 운모 앞의 성모와 관계된다. 즉 운모 [əm]으로 변한 한자들
의 성모가 아후음이므로 그 뒤의 운모 [iəm]이 [əm]으로 변하였다.

　『훈몽자회』의 한자 '茨감'의 운모 [am]은 『광운』 이후 중국어에서
나타난 변화의 반영으로 보인다. 즉 『광운』 운모 [iɛm]이 [iɛm]→[iam]

→[ian]→[iən]→[iæn]의 변화 과정의 운모 [iam]이 한국어에서 [am]으로 변한 것으로 보인다. '茨감'자의 성모가 아음이기에 개음 [i]가 탈락되었을 것이다.

『훈몽자회』의 한자 '潛줌'이 鹽韻에 속한다. 『광운』 이후에 鹽韻이 [iɐm]→[iɛm]→[iam]→[am]→[an]으로 변화되었다. 그러니 『훈몽자회』의 운모 'ㅁ'은 중국어 운모 [am]의 한국어에서의 표기로 보인다. 'ㅁ'으로의 표기는 최세진이 소위이다.

6) 嚴韻, 儼韻, 釅韻, 業韻: 3등 개구호

- 嚴韻: 枚흠, 嚴엄
- 儼韻: (『훈몽자회』의 한자가 없음.)
- 釅韻: 釅엄
- 業韻: 刧겁, 業업, 脇협

咸攝 3등 개구호 2에 嚴韻, 儼韻, 釅韻, 業韻 네 개의 운모가 있다. 여기에 나타난 『훈몽자회』의 한자가 모두 6개이다. 이 같이 제한된 한자로 이들 운모의 형태와 내원을 밝힌다는 것은 무리이므로 구체적인 분석을 생략하기로 하나 이들의 『광운』 운모를 [iɐm]으로 보고자 한다.

7) 凡韻, 范韻, 梵韻, 乏韻: 3등 합구호

- 凡韻: 帆범, 劒검, 欠흠
- 范韻: (『훈몽자회』의 한자가 없음.)

• 梵韻: (『훈몽자회』의 한자가 없음.)
• 乏韻: 法법

    咸攝 3등 합구호에 凡韻, 范韻, 梵韻, 乏韻 네 개 운모가 있다. 이들 운모에 나타난 『훈몽자회』의 한자가 모두 4개이다. 이 같이 제한된 한자로 이들 운모의 형태와 내원을 밝힌다는 것은 무리이므로 구체적인 분석을 생략하나 이들의 『광운』 운모를 [iwɐm]으로 보고자 한다

8) 添韻, 忝韻, 桥韻, 帖韻: 4등 개구호

• 添韻: 甛텸, 蒹겸, 鮎념, 拈졈, 添텸, 歉겸
• 忝韻: 簟뎜, 舔텸
• 桥韻: 店뎜
• 帖韻: 蝶뎝, 楪뎝, 牒텹, 鋏협, 捻녑, 帖텹, 貼텹, 篋협, 莢협, 蛺협, 頰협

    咸攝 4등 개구호에는 添韻, 忝韻, 桥韻, 帖韻 네 개의 운모가 있다. 『훈몽자회』에는 이들 네 개 운모의 한자가 다 나타났다. 이들이 『훈몽자회』의 운모는 모두 '겸'[iəm](9개)과 '녑'[iəp](11개)이다. 이는 咸攝 4등 개구호의 『훈몽자회』 운모 모음이 [iə]임을 의미한다.
    咸攝 4등 개구호에 나타난 添韻, 忝韻, 桥韻, 帖韻 네 운모에 대한 학자들의 추정음을 보면 아래와 같다.
    高本漢, 趙元任, 王力, 方孝岳, 李方桂, 李荣이 [iem]/[iep]으로 추정하고, 陆志韦, 董同龢, 周法高가 [iɛm]/[iɛp]으로 추정하였다. 우리는 咸攝 4등 개구호의 운모 添韻, 忝韻, 桥韻, 帖韻의 『광운』음을 다수 학자들의 견해에 따라 [iem]/[iep]으로 보고자 한다.

중국어 『광운』 운모 [iem]/[iep]은 그 뒤에 [iem]→[iɐm]→[iam]→
[ian]→[iɛn]→[nɛi], [iem]→[iɐm]→[iam]→[am]→[an], [iep]→[iɐ]→[iəi]
→[iəʅ]→[ie]의 변화를 거쳐 현대 중국어의 운모 [iæn], [an], [ie]로
되었다.

『훈몽자회』의 운모 [iəm]/[iəp]은 『광운』 운모 [iem]/[iep]이 한국어
에서의 변형이다. 즉 『광운』 운모 [iem]/[iep]의 모음 [e]가 한국어에서
[ə]로 변한 것이다. 변화의 원인은 한국어에 앞 모음 [e]가 없었기 때문
이다.

김동소가 『한국어 변천사』에서 중세한국어 모음 'ㅓ'의 발음 위치
를 앞 모음 [e]로 보았는데 우리는 이에 동의하지 않는다. 이와 반대로
한국어에 앞 모음 [e], [ɛ]가 존재하지 않았음으로 중국어의 앞 모음
[e], [ɛ]가 한국어에서 가운데 모음 [ə]로 변한 것으로 본다.

9. 深攝

深攝은 3등 개구호 운모 侵韻, 寢韻, 沁韻, 緝韻으로 구성된 섭이다.
深攝 운모들이 『훈몽자회』에서의 형태 및 그 내원을 밝히면 아래와
같다.

1) 侵韻, 寢韻, 沁韻, 緝韻: 3등 개구호

• 侵韻: 潘심, 涔즘, 梣즘, 鷪심, 今금, 金금, 襟금, 林림, 霖림, 琴금, 禽금,
檎금, 紝심, 餁심, 衾금, 歆흠, 燖심, 心심, 吟음, 蟫담, 瘖암, 音음, 陰음,
斟짐, 鍼침, 砧팀

- 寢韻: 葚심, 椹심, 蕈심, 錦금, 廩름, 檁름, 品품, 寢침, 荏쉼, 恁님, 稔님, 嬸심, 飲음, 枕침
- 沁韻: 賃님, 復침, 妗금, 任심, 姙심, 衽심, 窨음, 譖춤
- 緝韻: 十십, 蟄팁, 集집, 給급, 汲급, 級급, 立립, 苙립, 笠립, 粒립, 緝즙, 泣읍, 吸흡, 習습, 揖읍, 邑읍, 挹읍, 浥읍, 戢즙, 楫즙

深攝 3등 개구호에는 侵韻, 寢韻, 沁韻, 緝韻 네 개의 운모가 있다. 이들이 『훈몽자회』의 운모는 '님'[im]과 '닙'[ip]이 33개, '음'[im]과 '읍'[ip]이 29개, '음'이 3개, '암'[am]이 2개, '움'[um]이 1개이다. 이는 深攝 3등 개구호『훈몽자회』운모의 다수가 [im], [ip], [im], [ip]임을 의미한다.

深攝 3등 개구호에 나타난 侵韻, 寢韻, 沁韻, 緝韻 네 운모에 대한 학자들의 추정음을 보면 아래와 같다.

高本漢, 趙元任, 方孝岳, 李荣이 [iəm]/[iəp]으로 추정하고, 王力, 陆志韦, 周法高가 [iem]/[iep]으로 추정하고, 李方桂, 董同龢가 [jəm]/[jəp]으로 추정하였다. 우리는 深攝 3등 개구호의 운모 侵韻, 寢韻, 沁韻, 緝韻의 『광운』운모의 음을 다수 학자들의 견해에 따라 [iəm]/[iəp]으로 보고자 한다.

중국어『광운』운모 [iəm]/[iəp]은 그 뒤에 [iəm]→[im]→[in], [iəm]→[iən]→[in], [iəm]→[əm]→[ən], [iəp]→[ip]→[i], [iəp]→[i]→[ɿ]의 변화를 거쳐 현대 중국어의 운모 [in], [ən], [i], [ɿ]로 되었다.

『훈몽자회』의 운모 [im]/[ip]은 『광운』운모 [iəm]/[iəp]이 『광운』이후 중국어에서 나타난 변형의 반영으로 보인다. 즉『광운』운모 [iəm]/[iəp]이 중국어에서 [iəm]→[im], [iəp]→[ip]의 변화가 나타났다. 『훈몽자회』의 운모 [im]/[ip]은 중국어에서 나타난 상기 변화의 반영

이다.

『훈몽자회』의 운모 [im]/[ip] 역시 『광운』 운모 [iəm]/[iəp]이 한국어에서의 변형이다. 즉『광운』운모 [iəm]/[iəp]의 개음 [i]가 탈락되어 먼저 한국어에서 [əm]/[əp]으로 변하고, [əm]/[əp]이 다시 [im]/[ip]으로 변하였다. 다시 말하면『광운』운모 [iəm]/[iəp]이 한국어에서 [iəm]/[iəp]→[əm]/[əp]→[im]/[ip]으로 되었다. 여기에서 개음 [i]의 탈락 원인은 그 앞에 오는 성모의 다수가 아후음이기 때문이다.

『훈몽자회』의 한자 '涔즘, 梣즘, 譖춤'의 운모는 최세진이 한국어 운모 [im]이나 [am]을 'ᆷ'으로 표기하였을 것으로 보인다.

『훈몽자회』의 한자 '蟫담, 癔암, 品품'의 운모 [am], [um]의 내원은 명확히 밝히기 어려우나 유추에 의해 생긴 음일 가능성이 많은 것으로 보인다.

10. 山攝

山攝은 6개의 개구호와 6개의 합구호로 구성되었고 매개 등호에는 양성 운모와 입성 운모가 구비되어 있다. 그 속에는 1등 개구호 운모 '寒韻, 旱韻, 翰韻, 曷韻', 1등 합구호 운모 '桓韻, 緩韻, 換韻, 末韻', 2등 개구호 운모 '山韻, 産韻, 襇韻, 黠韻', 2등 개구호 운모 '刪韻, 潸韻, 諫韻, 鎋韻', 2등 합구호 운모 '山韻, 産韻, 襇韻, 黠韻', 2등 합구호 운모 '刪韻, 潸韻, 諫韻, 鎋韻', 3등 개구호 운모 '仙韻, 狝韻, 線韻, 薛韻', 3등 개구호 운모 '元韻, 阮韻, 願韻, 月韻', 3등 합구호 운모 '仙韻, 狝韻, 線韻, 薛韻', 3등 합구호 운모 '元韻, 阮韻, 願韻, 月韻', 4등 개구호 운모 '先韻, 銑韻, 霰韻, 屑韻', 4등 합구호 운모 '先韻, 銑韻, 霰韻, 屑韻' 등

48개의 운모가 들어 있다. 이들 가운데에서 개별 운모의 한자가『훈몽자회』에 나타나지 않았다.

이들 운모가『훈몽자회』에서의 형태 및 그 내원을 밝히면 아래와 같다.

1) 寒韻, 旱韻, 翰韻, 曷韻: 1등 개구호

- 寒韻: 壇단, 彈탄, 丹단, 簞단, 肝간, 竿간, 干간, 奸간, 蘭란, 瀾란, 欄란, 撥탄, 攤탄, 灘탄, 寒한, 珊산, 鞍안
- 旱韻: 袒탄, 疸단, 笥간, 稈간, 趕한, 嬾란, 旱한, 傘산
- 翰韻: 旦단, 幹간, 肝한, 骭한, 讚찬, 炭탄, 看간, 骹한, 骭한, 汗한, 悍한, 銲한, 翰한, 岸안, 案안
- 曷韻: 蓬달, 葛갈, 割할, 辣랄, 韃달, 獺달, 撻달, 闥달, 渴갈, 糲랄

山攝 1등 개구호 1에는 寒韻, 旱韻, 翰韻, 曷韻 네 개의 운모가 있다. 『훈몽자회』에는 이들 네 개 운모의 한자가 다 나타났다. 이들이『훈몽자회』의 운모는 거의 모두가 다 'ㅏ'[an]과 'ㅏㄹ'[al]로 되어 있고 한 개한자의 운모가 'ㅓ'[ən]으로 되었다. 이는 山攝 1등 개구호 1의『훈몽자회』운모의 다수가 [an]/[al]이고 운모의 모음이 [a]임을 의미한다.

山攝 1등 개구호에 나타난 寒韻, 旱韻, 翰韻, 曷韻 네 운모에 대한 학자들의 추정음을 보면 아래와 같다.

高本漢, 趙元任, 王力, 方孝岳, 李方桂, 董同龢, 周法高, 李荣이 [an]/[at]으로 추정하고, 陆志韦가 [ɒn]([an])/[ɒt]([at])으로 추정하였다. 우리는 山攝 1등 개구호의 운모『광운』음을 다수 학자들의 견해에 따라 [an]/[at]으로 보고자 한다.

중국어 『광운』 운모 [ɑn]/[ɑt]은 그 뒤에 [ɑn]→[an], [an]→[an]→
[ian]→[iən]→[iæn], [ɑt]→[a], [ɑt]→[o]→[ə]의 변화를 거쳐 현대 중국
어의 운모 [an], [iæn], [a], [ə]로 되었다.

『훈몽자회』의 운모 [an]/[al]은 『광운』 운모 [an]/[at]이 한국어에서
의 반영이다.

여기에서 주목되는 것은 중국어의 운미 [t]가 한국어에서 [l]로의
변화이다.

최세진이 『사성통고』 범례에서 "대저 우리말의 음은 가볍고 얕으며
중국말의 음은 무겁고 깊다(大低, 本國之音, 輕而淺; 中國之音, 重而深。)."
라고 하였고, 신숙주가 『동국정운(東國正韻)』 서문(序文)에서 "질운(質
韻) 물운(吻韻) 등은 마땅히 단모(端母)로 종성을 삼아야 하지만 우리나
라에서는 래모(來母)로 종성을 삼으니 그 소리가 느리어 입성으로는
적당하지 않다(質勿諸韻宜以端母爲終聲, 而俗用來母; 其聲徐緩, 不宜入聲。)."
라고 하였다.

이 두 기록은 우리에게 한국어와 중국어의 발음에는 차이가 있고,
고대한국어의 발음이 중국어의 발음보다 느리었을 것으로 보인다.
왜냐하면 옛날부터 중국어의 입성 운미 [t]를 한국어에서 [l]로 표기였
기 때문이다. 고대 한국어의 느린 발음이 점차 급해진 사실은 한국어의
형태 변화에서도 보아낼 수 있다. 예를 들면 '기우리(傾어'가 '기우려'
로 되고, '꺼디(陷)어'가 '꺼져'로 되고, '오(來)았다'가 '왔다'로 되는
것 등이다. 바로 고대한국어 발음이 느린 특성으로 하여 중국어의
촉급한 운미 [t]가 한국어에서 느린 운미 [l]로 변하였을 것으로 보인다.

중국어의 운미 [t]가 한국어에서 [l]로의 변화는 퍽 오래전의 고구려
시대로부터였다. 일찍 고구려의 옛 지명이었던 德勿縣을 통일신라시
기에 德水縣으로 고치었다. 그러니 고구려 지명 '덕물현'이 중국식

지명 '덕수현'으로 고쳐지면서 고구려의 단어 '勿'이 중국어 단어 '水'로 바뀌었다. 중국어 '水'의 뜻이 한국어로 '물'이니 고구려어에서 한자 '勿'로 한국어 단어 '물'을 표기한 것이다.

이 표기에서 우리는 아래의 두 가지 사실을 보아낼 수 있다. 그 하나는 지금의 한국어 단어 '물'이 고구려어에서 기원하였음을 알 수 있고, 다른 하나는 한자 '勿'이 중국어에서 物韻에 속하니 운미가 [t]이다. 그런데 고구려에서 중국어 운미가 [t]인 '勿'자를 우리말 단어 '물'의 표기에 쓴 것은 이미 고구려 시기에 한자의 운미 [t]가 [l]로 변하였음을 말해준다. 이는 우리말 한자음에서 중국어 운미 [t]가 [l]로의 변화가 일찍 고구려 시기에 나타난 현상임을 의미한다. 이 변화가 가능하게 고구려 이전 시기에 이미 나타났을 수도 있다.

상술한 사실들로부터 우리는 한국어 발음이 중국어 발음보다 느린 원인으로 하여 중국어의 촉급한 운미 [t]가 한국어에서 느린 운미 [l]로의 변화를 하게 되었고, 이 변화가 이미 고구려 시기에 나타난 현상이라는 결론을 내리게 된다.

그 뒤의 『계림유사』에도 아래와 같은 기록들이 있다.

'綿曰實', '弓曰活', '水曰没', '火曰孛', '石曰突', '馬曰末', '匙曰戌'

위의 기록에서 우리는 '實', '活', '没', '孛', '突', '末', '戌' 등 한자들의 운미가 [l]로 되어 있음을 쉽게 보아낼 수 있다.

『계림유사』의 상기 기록은 우리들에게 중국어 자음 운미가 과연 [p], [t], [k]였겠는가 아니면 [p], [l], [k]였겠는가 하는 의문을 제기하게 한다. 왜냐하면 『계림유사』의 저자 손목(孫穆)이 중국 송나라 사람인데 위에서 밝힌 '實', '活', '没', '孛', '突', '末', '戌' 등 한자들의 운미가

[l]로 되어야 한국어 단어의 표기로 되기 때문이다.

2) 桓韻, 緩韻, 換韻, 末韻: 1등 합구호

- 桓韻: 盤쌘, 瘢반, 蟠반, 官관, 冠관, 棺관, 觀관, 莞관, 鸞란, 鞔만, 饅만, 鰻만, 猯단, 湍단, 崔환, 芄환, 紈환, 獾환, 狻산, 酸산, 帵완, 豌완
- 緩韻: 管관, 輨관, 卵란, 暖난, 盌원, 伴반
- 換韻: 段단, 破단, 鍛단, 鑽찬, 薍란, 幔만, 漫만, 鏝만, 泮반, 鑹찬, 爨찬, 換환, 筭산, 蒜쉰, 涫관, 盥관, 罐관, 鸛관, 腕완
- 末韻: 鉢발, 鈸발, 奪탈, 舐괄, 括괄, 捋찰, 抹말, 沫말, 麩말, 醱발, 梲절, 筈괄, 蛞활, 斡알

山攝 1등 합구호에는 桓韻, 緩韻, 換韻, 末韻 네 개의 운모가 있다. 『훈몽자회』에는 이들 네 개 운모의 한자가 다 나타났다. 이들이 『훈몽자회』의 운모는 '솬'[oan]=[uan]과 '솰'[oal]=[ual]이 24개이고, '산'[an]과 '살'[al]이 33개이고, '권'[uən]이 1개이고, '쿨'[ul]이 1개이고, '클'[iəl]이 1개이다. 이는 山攝 1등 합구호의 『훈몽자회』 운모의 다수가 [uan]/[ual], [an]/[al]임을 의미한다.

山攝 1등 합구호에 나타난 桓韻, 緩韻, 換韻, 末韻 네 운모에 대한 학자들의 추정음을 보면 아래와 같다.

高本漢, 趙元任, 王力, 方孝岳, 李方桂, 董同龢, 周法高, 李榮이 [uan]/[uat]으로 추정하고, 陆志韦가 [wɒn]([wan])/[wɒt]([wat])으로 추정하였다. 우리는 山攝 1등 합구호의 운모의 『광운』음을 다수 학자들의 견해에 따라 [uan]/[uat]으로 보고자 한다.

중국어 『광운』 운모 [uan]/[uat]은 그 뒤에 [uan]→[uan], [uan]→

[an], [uat]→[o], [uat]→[o]→[uo]의 변화를 거쳐 현대 중국어의 운모 [an], [uan], [o], [uo]로 되었다.

『훈몽자회』의 운모 [uan]/[ual]은『광운』운모 [uan]/[uat]이 한국어에서의 변형이다.

『훈몽자회』의 운모 [an]/[al]은『광운』운모 [uan]/[uat]이 중국어에서의 변형의 반영이다. 즉『중원음운』이후 순음 뒤의 운모 [uan]이 [an]으로 변하였다. 예를 들면 한자 '番, 翻, 轓, 藩, 蕃, 膰, 礬, 樊, 繁, 煩, 鐢, 飯, 反, 返, 畈, 販, 曼, 蔓, 犯, 範, 范, 凡, 帆' 등이다. 그러니 한국어 운모 [an]/[al]은 근대 중국어 운모 [an]/[at]이 한국어에 수입된 것이다.

『훈몽자회』의 한자 '盌원, 蒜션'의 운모 [uən]의 내원을 명확히 밝히기 어려우나 중국어 운모 [uan]이 한국어에서 운모 [uən]으로의 변화일 가능성이 있다. 즉 개음 [u]의 영향으로 중국어의 모음 [a]가 한국어에서 [ə]로 변하였을 수 있다. 그런데 '蒜'자를 중국의 남창 방언에서 [sən]으로, 매현 방언에서 [sɔn]으로, 광주 방언에서 [ʃyn]으로 장사 방언에서 [so]로 발음함이 주목된다.

'梲절'의『훈몽자회』운모가 [iəl]이다. 그런데 郭錫良에 의하면 이 글자가 상고 시기에 '月韻'에 속하였다고 하니『훈몽자회』의 운모 [iəl]이 중국어 상고음의 잔재일 가능성이 많다.

3) 山韻, 産韻, 襇韻, 黠韻: 2등 개구호

- 山韻: 山산, 慳간, 癇간, 閑한
- 産韻: 鏟산, 簡간, 瀧간, 驏산, 産산, 眼안, 盞잔
- 襇韻: 襇간, 瓣판, 綻탄, 間간, 莧현, 扮반,

• 點韻: 八팔, 圠갈, 鵠앜, 殺살

山攝 2등 개구호 1에는 山韻, 産韻, 襉韻, 點韻 네 개의 운모가 있다. 『훈몽자회』에는 이들 네 개 운모의 한자가 다 나타났다. 이들이 『훈몽자회』의 운모는 절대 다수가 '간'[an]과 '갈'[ɑl]이고 하나가 '견'[iən]이다. 이는 山攝 2등 합구호 3의 『훈몽자회』 운모의 다수가 [an]/[ɑl]임을 의미한다.

山攝 2등 합구호 1에 나타난 山韻, 産韻, 襉韻, 點韻 네 운모에 대한 학자들의 추정음을 보면 아래와 같다.

高本漢, 趙元任, 陆志韦, 李方桂가 [an]/[at]으로 추정하고, 王力, 方孝岳, 董同龢, 周法高가 [æn]/[æt]으로 추정하고, 李荣이 [ɛn]/[ɛt]으로 추정하였다. 우리는 山攝 2등 합구호 1의 운모 『광운』 음을 高本漢 등의 견해와 『훈몽자회』의 음에 따라 [an]/[at]으로 보고자 한다.

중국어 『광운』 운모 [an]/[at]은 그 뒤에 [an]→[an], [an]→[ian]→[iən]→[iæn], [at]→[a], [at]→[a]→[ia]의 변화를 거쳐 현대 중국어의 운모 [an], [iæn], [a], [ia]로 되었다.

『훈몽자회』의 운모 [ɑn]/[ɑl]은 『광운』 운모 [an]/[at]이 한국어에서의 변형이다.

그리고 '慳간, 瘤간, 閑한, 簡간, 滴간, 眼안, 襉간, 間간, 圠갈, 鵠앜' 등의 아후음 성모 뒤의 2등 개구호에 개음 [i]가 첨가되지 않았다.

이미 앞에서 지적하였지만 『훈몽자회』에는 아후음 성모 뒤의 2등 개구호에 개음 [i]가 첨가된 한자도 있고 첨가되지 않은 한자도 있다. 이는 『훈몽자회』에 13세기 『중원음운』에서 나타난 중국어 어음 변화가 반영된 것도 있고 반영되지 않은 것도 있음을 의미한다. 즉 개음 [i]가 첨가된 한자는 『중원음운』에서 나타난 중국어 어음 변화가 반영된 것이고 개음 [i]가 첨가되지 않은 한자는 『중원음운』에서 나타난 중국어 어음 변화가 반영되지 않은 것이다.

『훈몽자회』의 한자 '莧현'의 운모 [iən]은 山攝 襉韻(2등 개구)이 [an]→[ian]→[iən]→[iæn]으로의 변화 과정의 근대 중국어 운모 [iən]이 한국어에 수입된 것이다. 그러니 이 운모의 수입은 최세진이 소위이다.

4) 刪韻, 潸韻, 諫韻, 鎋韻: 2등 개구호

- 刪韻: 蠜반, 蠻만, 顔안
- 潸韻: 板판, 阪판, 饌찬
- 諫韻: 澗간, 諫간, 訕산, 贋안, 棧잔, 疝산, 鴈안, 晏안
- 鎋韻: 鍘찰, 刹찰, 轄할, 瞎할

山攝 2등 개구호 2에는 刪韻, 潸韻, 諫韻, 鎋韻 네 개의 운모가 있다. 『훈몽자회』에는 이들 네 개 운모의 한자가 다 나타났다. 이들이 『훈몽자회』의 운모는 모두가 'ㅏ'[an]과 'ㅏ'[al]이다. 이는 山攝 2등 개구호 2의 『훈몽자회』 운모의 모음이 [a]임을 의미한다.

山攝 2등 개구호 2에 나타난 刪韻, 潸韻, 諫韻, 鎋韻 네 운모에 대한 학자들의 추정음을 보면 아래와 같다.

高本漢, 趙元任, 方孝岳, 李方桂, 董同龢, 周法高, 李榮이 [an]/[at]으로 추정하고, 王力, 陸志韋가 [en]/[et]으로 추정하였다. 우리는 山攝 2등 합구호 2의 운모 『광운』 음을 高本漢 등의 견해와 『훈몽자회』의 음에 따라 山攝 2등 개구호 1의 山韻, 産韻, 襉韻, 黠韻과 같은 음 [an]/[at]으로 보고자 한다.

중국어 『광운』 운모 [an]/[at]은 그 뒤에 [an]→[an], [an]→[ian]→

[iən]→[iæn], [at]→[a], [at]→[a]→[ia]의 변화를 거쳐 현대 중국어의
운모 [an], [iæn], [a], [ia]로 되었다.

『훈몽자회』의 운모 [ɑn]/[ɑl]은 『광운』 운모 [an]/[at]이 한국어에
전파된 형태의 변형이다.

그리고 '顏안, 澗간, 諫간, 贋안, 鴈안, 晏안, 轄할, 瞎할' 등의 아후음
성모 뒤의 2등 개구호에 개음 [i]가 첨가되지 않은 것으로 보아 山攝
2등 개구호 刪韻, 潸韻, 諫韻, 鎋韻의 한국 한자음에 중국어 『광운』
운모가 확고히 자리 잡은 것으로 보인다.

5) 山韻, 産韻, 襉韻, 黠韻: 2등 합구호

• 山韻: 鰥환
• 産韻: (『훈몽자회』의 한자가 없음.)
• 襉韻: (『훈몽자회』의 한자가 없음.)
• 黠韻: 猾활

山韻 2등 합구호 1에는 山韻, 産韻, 襉韻, 黠韻 네 개의 운모가 있다.
이들 운모에 나타난『훈몽자회』의 한자가 모두 2개이다. 이 같이 제한
된 한자로 이들 운모의 형태와 내원을 밝힌다는 것은 무리이므로 구
체적인 분석을 생략하나 이들의『광운』운모를 [wæn]/[wæt]으로 보
고자 한다

6) 刪韻, 潸韻, 諫韻, 鎋韻: 2등 합구호

• 刪韻: 關관, 菅관, 寰환, 環환, 鬟환, 彎만

• 潸韻: (『훈몽자회』의 한자가 없음.)

• 諫韻: 橞환, 宦환, 豢환

• 鎋韻: 刷솨

山攝 2등 합구호 2에는 刪韻, 潸韻, 諫韻, 鎋韻 네 개의 운모가 있다. 『훈몽자회』에는 潸韻 운모의 한자가 나타나지 않았다. 이들이 『훈몽자회』의 운모에는 '솬'[oan]=[uan]이 9개이고, '산'[an]이 1개이고, '솨'[oa]=[ua]가 1개이다. 이는 山攝 2등 합구호 2의 『훈몽자회』 운모의 다수가 [uan]/[uat]임을 의미한다.

山攝 2등 합구호 2에 나타난 刪韻, 潸韻, 諫韻, 鎋韻 네 운모에 대한 학자들의 추정음을 보면 아래와 같다.

高本漢, 趙元任, 方孝岳, 李方桂가 [wan]/[wat]으로 추정하고, 董同龢, 周法高, 李荣이 [uan]/[uat]으로 추정하고, 王力, 陆志韦가 [wen]/[wet]으로 추정하였다. 우리는 山攝 2등 합구호 2 운모의 『광운』 음을 董同龢 등의 견해와 『훈몽자회』의 음에 따라 [uan]/[uat]으로 보고자 한다.

중국어 『광운』 운모 [uan]/[uat]은 그 뒤에 [uan]→[uan], [uan]→[an], [uat]→[ua]의 변화를 거쳐 현대 중국어의 운모 [an], [uan], [ua]로 되었다.

『훈몽자회』의 운모 [uan]은 『광운』 운모 [uan]이 한국어에서의 변형이다.

『훈몽자회』의 한자 '彎만'의 성모가 영모(影母)이고 운모가 산운(刪韻)이다. 그런데 운모 산운이 중국어 상고 시기에는 원운(元韻)에 속하고 운모가 [an]이었으니 한국어 운모 [an]이 중국어 상고음의 잔재로 보인다. 이 글자의 성모 [ø]가 [m]로의 변화 원인은 밝히기 어렵다.

한자 '刷'가 '할운(鎋韻)'이니 마땅히 운모가 입성이어야 한다. 그런데『훈몽자회』의 음은 '솨'이니 운모가 [ua]이다. 중국어『중원음운』에서 '刷'자의 운모가 [ua]로 변하였다. 그러니『훈몽자회』의 한자 '刷 솨'의 운모 [ua]는 근대 중국어 운모의 수입으로 최세진이 소위이다.

7) 仙韻, 狝韻, 線韻, 薛韻: 3등 개구호

- 仙韻: 鞭편, 便편, 禪단, 蟬션, 籛천, 川천, 穿천, 廛뎐, 椽연, 船션, 錢전, 泉천, 煎전, 鰱련, 篇편, 韉천, 氈전, 攘견, 乾건, 旋션, 涎연, 仙션, 秈션, 鈆연, 蜒연, 筵연, 鳶연, 饘전, 鸇전, 甒전
- 狝韻: 辯변, 善션, 蟮션, 饍션, 鱔션, 腨천, 喘천, 踐천, 謇건, 囝견, 剪전, 輦련, 冕면, 碾년, 獮션, 蘚션, 癬션, 轉뎐
- 線韻: 弁변, 餞전, 賤천, 絹견, 箭전, 面면, 麵면, 騙편, 扇션, 騗션, 譴견, 線션, 堰언, 戰전, 騾뎐
- 薛韻: 虌별, 舌셜, 孑혈, 劣렬, 烈렬, 蛚렬, 鴷렬, 搣멸, 滅멸, 傑걸, 爇셜, 薛벽, 疦셜, 闃얼, 糵얼, 鞙졀, 哲털

山攝 3등 개구호 1에는 仙韻, 狝韻, 線韻, 薛韻 네 개의 운모가 있다. 『훈몽자회』에는 이들 네 개 운모의 한자가 다 나타났다. 이들이『훈몽 자회』의 운모에는 '뎐'[iən]과 '뎔'[iəl]이 71개이고, '건'[ən]과 '걸'[əl]이 7개이고 '간'[an]과 '갈'[al]이 3개이고, '뎩'[iək]이 1개이다. 이는 山攝 3등 개구호 1의『훈몽자회』운모의 다수가 [iən]과 [iəl]임을 의미한다.

山攝 3등 개구호 1에 나타난 仙韻, 狝韻, 線韻, 薛韻 네 운모에 대한 학자들의 추정음을 보면 아래와 같다.

高本漢, 王力, 方孝岳, 李荣이 [ngi]/[ʒi]으로 추정하고, 趙元任, 周法 高가 [iæn]/[iæt]으로 추정하고, 李方桂가 [jɛn]/[jɛt]으로 추정하고, 董

同穌가 [jæn]/[jæt]으로 추정하고, 陆志韦가 [ɪɛn]/[ɪɛt]으로 추정하였다. 우리는 山攝 3등 개구호 1의 운모『광운』음을 高本漢 등의 견해에 따라 [iɛn]/[iɛt]으로 보고자 한다.

중국어『광운』운모 [iɛn]/[iɛt]은 그 뒤에 [iɛn]→[ian]→[iən]→[iæn], [iɛn]→[ian]→[an], [iɛt]→[ia]→[iə]→[ə], [iɛt]→[ia]→[iə]→[ie]의 변화를 거쳐 현대 중국어의 운모 [iæn], [an], [ie], [ə]로 되었다.

『훈몽자회』의 운모 [iən]/[iəl]은『광운』운모 [iɛn]/[iɛt]이 한국어에서의 변형이다. 즉 [iɛn]/[iɛt]→[iən]/[iəl]으로의 변화를 가져온 것이다. 이는 한국어에 앞 모음 [ɛ]가 없었기에 중국어 모음 [ɛ]가 한국어에서 [ə]로 되면서 생긴 변화이다.

『훈몽자회』의 한자 '攘건, 乾건, 謇건, 堰언, 傑걸, 闕얼, 蘗얼'의 운모 [ən]/[əl]은 한국어 운모 [iən]/[iəl]의 변형이다. 즉 한국어 운모 [iən]/[iəl]이 [ən]/[əl]로의 변화로 이들의 성모가 아후음이기 때문에 나타난 변화이다.

『훈몽자회』의 한자 '襌단'자의 성모가 [t]이고 운모가 [an]이다. 여기에서 성모 [t]는 중국어 상고음의 잔재로 보이고 운모 [an]은『광운』이후 중국어에서 나타난 변형의 반영으로 보인다. 즉『광운』이후 중국어에서 [iɛn]→[ian]→[an]의 변화가 나타났다.

한자 '薛'의 운모가 '薛韻'이니 한국어의 운미가 [-l]로 되어야 하는데『훈몽자회』에서의 운미는 [-k]이니 잘못 표기된 것으로 '薛'자에 의해 생긴 유추로 보인다.

8) 元韻, 阮韻, 願韻, 月韻: 3등 개구호

· 元韻: 攇번, 繁번, 旛번, 犍건, 鞬건, 軒헌, 言언

・阮韻: 鍵건, 娩면, 鰋언

・願韻: 獻헌

・月韻: 羯갈, 訐알, 蠍헐, 碣갈

山攝 3등 개구호 2에는 元韻, 阮韻, 願韻, 月韻 네 개의 운모가 있다. 『훈몽자회』에는 이들 네 개 운모의 한자가 다 나타났다. 이들이 『훈몽자회』의 운모에는 '건'[ən]과 '걸'[əl]이 11개이고, '갈'[ɑl]이 2개이고, '견'[iən]이 1개이고, '권'[uən]이 1개이다. 이는 山攝 3등 개구호 2의 『훈몽자회』 운모의 다수가 [ən], [əl]임을 의미한다.

山攝 3등 개구호 2에 나타난 元韻, 阮韻, 願韻, 月韻 네 운모에 대한 학자들의 추정음을 보면 아래와 같다.

高本漢, 趙元任, 王力, 方孝岳, 李荣이 [iɐn]/[iɐt]으로 추정하고, 李方桂, 董同龢가 [jɐn]/[jɐt]으로 추정하고, 周法高가 [iɑn]/[iɑt]으로 추정하고, 陆志韦가 [ɪɐn]/[ɪɐt]으로 추정하였다. 우리는 山攝 3등 개구호 2의 운모 『광운』 음을 高本漢 등의 견해에 따라 [iɐn]/[iɐt]으로 보고자 한다.

중국어 『광운』 운모 [iɐn]/[iɐt]은 그 뒤에 [iɐn]→[iɑn]→[iən]→[iæn], [iɐn]→[iɑn]→[ɑn], [iɐt]→[iɑ]→[iə]→[ie]의 변화를 거쳐 현대 중국어의 운모 [iæn], [ɑn], [ie]로 되었다.

『훈몽자회』의 운모 [ən]/[əl]은 『광운』 운모 [iɐn]/[iɐt]이 한국어에서의 변형이다. 즉 [iɐn]/[iɐt]→[iən]/[iəl]→[ən]/[əl]의 변화를 가져온 것이다. 이 변화에서 중국어 모음 [ɐ]가 한국어에서 [ə]로 변하면서 [iən]/[iəl]로 변하고 개음 [i]가 탈락되어 [ən]/[əl]로 되었다. 중국어 모음 [ɐ]가 한국어에서 [ə]로의 변화는 한국어에 모음 [ɐ]가 없었기 때문이며, 개음 [i]의 탈락은 이 글자들의 성모가 순음과 아후음이기 때문이다.

『훈몽자회』의 한자 '娩면'의 운모 [iɐn]은『광운』이후에 중국어에서 변화된 운모 [iɐn]이 한국어에서의 반영으로 보인다. 즉『광운』운모 [iɐn]이 [iɐn]→[iɑn]→[iən]→[iæn]의 변화를 거쳐 현대 중국어 운모 [iæn]으로 되었다. 그러니『훈몽자회』의 운모 [iɐn]은 근대 중국어 운모 [iən]이 한국어에 수입된 것으로 이 글자 음의 수입은 최세진이 소위이다.

『훈몽자회』의 한자 '羯갈, 訐알, 碣갈'의 운모 [ɑl]의 내원을 명확히 밝히기 어려우나 중국어 상고음의 잔재로 보인다. 그 까닭은 이들이 상고 중국어에서도 月韻에 속하였고 주요 모음이 [a]였기 때문이다.

9) 仙韻, 狝韻, 線韻, 薛韻: 3등 합구호

- 仙韻: 拳권, 權권, 員원, 圈권
- 狝韻: 卷권, 萈션, 楥션
- 線韻: 釧쳔, 眷권, 院원, 衒원
- 薛韻: 啜텰, 雪셜, 說셜

山攝 3등 합구호 1에는 仙韻, 狝韻, 線韻, 薛韻 네 개의 운모가 있다. 『훈몽자회』에는 이들 네 개 운모의 한자가 다 나타났다. 이들이『훈몽자회』의 운모에는 '뎐'[iɐn]과 '뎔'[iɐl]이 6개이고, '뭔'[uən]이 6개이다. 이는 山攝 3등 합구호 1의『훈몽자회』운모의 다수가 [uən], [iɐn], [iɐl]임을 의미한다.

山攝 3등 합구호 1에 나타난 仙韻, 狝韻, 線韻, 薛韻 네 운모에 대한 학자들의 추정음을 보면 아래와 같다.

高本漢, 王力, 方孝岳가 [iwɛn]/[iwɛt]으로 추정하고, 李方桂가 [jwɛn]

/[jwɐt]으로 추정하고, 董同龢가 [juæn]/[juæt]으로 추정하고, 周法高
가 [iuæn]/[iuæt]으로 추정하고, 陆志韦가 [ɪwɐn]/[ɪwɐt]으로 추정하
고, 趙元任이 [iwæn]/[iwæt]으로 추정하고, 李荣이 [iuɐn]/[iuɐt]으로
추정하였다. 우리는 山攝 3등 합구호 1의 운모『광운』음을 高本漢
등의 견해에 따라 [iwɐn]/[iwɐt]으로 보고자 한다.

중국어『광운』운모 [iwɐn]/[iwɐt]은 [iwɐn]→[iuan]→[iuən]→[yən]
→[yæn], [iwɐn]→[iuan]→[uan], [iwɐt]→[iua]→[iuə]→[iuəi/yəʔ]→[yə]
→[ye]의 변화를 거쳐 현대 중국어의 운모 [yæn], [uan], [ye]로 되었다.

『훈몽자회』의 한자 '拳권, 權권, 眷권, 卷권, 院원, 衙원'의 운모 [uən]
은『광운』운모 [iwɐn]이 한국어에의 변형으로 보인다. 즉 중국어 운모
[iwɐn]이 한국어에서 [uən]으로 변한 것이다. 이들 운모의 개음 [i]가
탈락된 원인은 이들 한자의 성모가 아후음이기 때문이다. 그리고 이
들의 중국어 모음 [ɐ]가 한국어에서 모음 [ə]로 변한 원인은 한국어에
앞 모음 [ɐ]가 없었기 때문이다.

『훈몽자회』의 한자 '釧쳔, 萈션, 椵션, 啜텰, 雪셜, 說셜'의 운모
[iən]/[iəl]은『광운』운모 [iwɐn]/[iwɐt]이 한국어에서의 변형으로 보인
다. 즉 중국어 운모 [iwɐn]/[iwɐt]이 한국어에서 [iwen]/[iwɐt]→[iwən]/
[iwət]→[iən]/[iəl]로의 변화로 개음 [w]가 탈락되었다. 개음 [w]의 탈
락 원인은『광운』전기의 한국어에 삼중모음 [iwə]가 없었기 때문인
것으로 보인다.

한자의 중국어 방언 발음이 지방에 따라 다르고 다양하다. 예를
들면 '說'자를 중국의 여러 지방에서 [ʂuo], [ʂuɤ], [ʂɤ], [suə], [so],
[suɐʔ], [sou], [sɤʔ], [ɕy], [ɕye], [ɕya], [sɔt], [ʃyt], [ʃit], [suat], [seʔ],
[sueʔ], [suɔʔ], [sye] 등 19 가지 음으로 발음하고 있다. 그리고 '雪'자
역시 여러 가지 음으로 발음되고 있다. 이는 중국어 한자의 발음이

지방에 따르는 차이가 많음을 의미한다.

10) 元韻, 阮韻, 願韻, 月韻: 3등 합구호

- 元韻: 萱翾, 暄翾, 芫원, 原원, 蚖원, 黿원, 鴛원, 冤원, 垣원, 園원, 猿원, 榬원, 轅원, 狟翾, 藩번, 燔번, 轓번, 礬번, 潘번
- 阮韻: 飯반, 晩만, 畹완, 踠완, 苑원, 遠원
- 願韻: 眅판, 販판, 翻번, 蔓만, 萬만
- 月韻: 髮발, 筏벌, 罰벌, 威벌, 蕨궐, 瘚궐, 蹶궐, 橜궐, 鱖궐, 韈말, 闕궐, 月월, 刖월, 噦얼, 鉞월

山攝 3등 합구호 2에는 元韻, 阮韻, 願韻, 月韻 네 개의 운모가 있다. 『훈몽자회』에는 이들 네 개 운모의 한자가 다 나타났다. 이들이 『훈몽자회』의 운모에는 '원'[uən]과 '월'[uəl]이 24개, '난'[an]과 '랄'[al]이 8개, '건'[ən]과 '걸'[əl]이 10개, '관'[oan]=[uan]이 2개이다. 이는 山攝 3등 합구호 2의 『훈몽자회』 운모의 다수가 [uən], [uəl]임을 의미한다.

山攝 3등 합구호 2에 나타난 元韻, 阮韻, 願韻, 月韻 네 운모에 대한 학자들의 추정음을 보면 아래와 같다.

趙元任, 王力, 方孝岳이 [iwen]/[iwet]으로 추정하고, 高本漢, 李方桂가 [jwen]/[jwet]으로 추정하고, 董同龢가 [juen]/[juet]으로 추정하고, 周法高가 [iuan]/[iuat]으로 추정하고, 陆志韦가 [ɪwen]/[ɪwet]으로 추정하고, 李荣이 [iuen]/[iuet]으로 추정하였다. 우리는 山攝 3등 합구호 2의 운모 『광운』음을 趙元任 등의 견해에 따라 [iwen]/[iwet]으로 보고자 한다.

중국어 『광운』 운모 [iwen]/[iwet]은 [ĭwen]→[iuan]→[iuan]/[yan]→

[iuən]/[yən]→[yæn], [ĭwæn]→[iuan]→[uan], [ĭwen]→[iuan]→[uan]→
[an], [iwet]→[iua]→[iuə]→[iuəi/yʌ˞]→[yə]→[ye], [iwet]→[iua]→[a]의
변화를 거쳐 현대 중국어의 운모 [yæn], [uan], [an], [ye], [a]로 되었다.

『훈몽자회』의 운모 [uən]/[uəl]은『광운』운모 [iwen]/[iwet]이 한국
어에서의 변형이다. 즉 전기(7세기)의 중국어『광운』운모 [iwen]/
[iwet]이 한국어에서 [uən]/[uəl]로 변한 것이다. 한국어에서 중국어
모음 [ɐ]가 [ə]로의 변화는 한국어에 모음 [ɐ]가 없었기 때문이고, 운모
의 개음 [i]가 탈락된 원인은 이들 한자의 성모가 모두 아후음이기
때문이며, 중국어 삼중모음이 한국어에서 이중모음으로의 변화는 이
시기의 한국어에 삼중모음이 없었기 때문으로 보인다.

『훈몽자회』의 한자 '藩번, 燔번, 輴번, 礬번, 潘번, 番번, 筏벌, 罰벌,
橛벌'의 운모 [ən]/[əl]은 전기(7세기)의 중국어『광운』운모 [iwen]/
[iwet]이 한국어에서의 변형으로 보인다. 즉 중국어 운모 [iwen]/[iwet]
이 한국어에서 [ən]/[əl]로 변한 것이다. 이 변화에서 개음 [iw]의 탈락
원인은 이들 성모가 순음이고, 이 시기의 한국어에 삼중 겹모음이
없었기 때문으로 보인다. 그리고 중국어 모음 [ɐ]가 한국어 모음 [ə]로
의 변화는 한국어에 모음 [ɐ]가 없었기에 [ɐ]와 발음부위가 비슷한
모음 [ə]로 변하였을 것으로 보인다.

『훈몽자회』의 한자 '飯반, 晚만, 畈판, 販판, 蔓만, 萬만, 髮발, 韈말'
의 운모 [ɑn]/[ɑl]은『광운』운모 [ĭwen]/[iwet]이 중국어에서의 변화형
[ĭwen]/[iwet]→[iuan]/[iuat]→[uan]/[uat]→[an]/[at]의 운모 [an]/[at]이
한국어에서의 변형이다. 이는 근대 중국어 음 [an]/[at]을 한국어에서
수입한 것으로 최세진이 소위이다.

『훈몽자회』의 한자 '畹완, 豌완'의 운모 'ᅪᆫ'[oan]=[uan]은『광운』
이후 중국어에서 나타난 변화의 형태 [ĭwæn]→[iuan]→[uan]이 한국어

에서의 변형이다. 그러니 이는 한국어에서 근대 중국어 음 [uan]을
수입한 것으로 최세진이 소위이다.

11) 先韻, 銑韻, 霰韻, 屑韻: 4등 개구호

- 先韻: 邊변, 獱빈, 蝙편, 前젼, 田뎐, 畋뎐, 巓뎐, 癲뎐, 肩견, 箋젼, 蓮련,
  憐련, 眠면, 年년, 擧쳔, 千쳔, 天텬, 舷현, 賢현, 趼견, 妍연, 硏연, 烟연,
  咽연, 淵연
- 銑韻: 艑편, 典뎐, 繭견, 襺견, 筧현, 撚년, 峴현, 跣션, 燹션
- 霰韻: 佺젼, 瞑뎐, 甸뎐, 淀뎐, 奠뎐, 電뎐, 殿뎐, 澱뎐, 癜뎐, 釐견, 見견,
  薦쳔, 練련, 蒨쳔, 衒현, 霰션, 硯연, 宴연, 嚥연, 鷰연
- 屑韻: 跌딜, 垤딜, 抉결, 桔길, 癤졀, 節졀, 蔑멸, 蠛멸, 揑녈, 竊졀, 鐵텰,
  餮텰, 鍥결, 頡힐, 楔셜, 糏셜, 囓혈, 蠮예

山攝 4등 개구호에는 先韻, 銑韻, 霰韻, 屑韻 네 개의 운모가 있다.
『훈몽자회』에는 이들 네 개 운모의 한자가 모두 나타났다. 이들이
『훈몽자회』의 운모에는 'ㄹ'[iən]과 'ㄹ'[iəl]이 66개, 'ㄴ'[in]과 'ㄹ'[il]이
5개, 'ㅖ'[iəi]가 1개이다. 이는 山攝 4등 개구호의『훈몽자회』운모의
다수가 [iən], [iəl]임을 의미한다.

山攝 4등 개구호에 나타난 先韻, 銑韻, 霰韻, 屑韻 네 운모에 대한
학자들의 추정음을 보면 아래와 같다.

高本漢, 趙元任, 王力, 方孝岳, 李方桂가 [ien]/[iet]으로 추정하고, 董
同龢, 周法高가 [iɛn]/[iɛt]으로 추정하고, 陆志韦가 [ɛn]/[ɛt]으로 추정하
고, 李荣이 [en]/[et]으로 추정하였다. 우리는 山攝 4등 개구호 운모의
『광운』음을 高本漢, 趙元任 등의 견해에 따라 [ien]/[iet]으로 보고자

한다.

중국어 『광운』 운모 [ien]/[iet]은 [ien]→[ian]→[an], [ien]→[ian]→
[iən]→[iæn], [iet]→[iə]→[ə], [iet]→[iə]→[iəi]→[iəη]→[ie]의 변화를 거
쳐 현대 중국어의 운모 [iæn], [an], [ə], [ie]로 되었다.

『훈몽자회』의 운모 [iən]/[iəl]은 『광운』 운모 [ien]/[iet]이 한국어에
서의 변형이다. 즉 중국어 운모 [ien]/[iet]이 한국어에서 [iən]/[iəl]로
변형이다. 그 원인은 한국어에 앞 모음 [e]가 없었기에 중국어의 앞
모음 [e]가 한국어에서 가운데 모음 [ə]로 변하였다. 그리고 순음과
아후음 성모 뒤에 위치해 있는 4등 운모의 개음 [i]가 탈락되지 않고
보존되어 있음이 주목된다.

『훈몽자회』의 한자 '獱빈, 跌딜, 垤딜, 桔길, 頡힐'의 운모 [in], [il]은
臻攝 眞韻, 軫韻, 震韻, 質韻(3등 개구호)의 운모 [jen]/[jet]이 [jen]→[iən]
→[in], [jet]→[iət]→[it]으로 변화의 영향을 받아 형성된 것으로 보인다.

한자 '蠍'가 '설운(屑韻)'에 속하니 운모가 마땅히 입성이어야 한다.
그런데 『훈몽자회』의 운모가 '예'[iəi]이니 이는 근대 중국어 한자음
[iəi]가 한국 한자음에 수입된 것으로 최세진이 소위로 보인다, .

12) 先韻, 銑韻, 霰韻, 屑韻: 4등 합구호

• 先韻: 鵑견, 弦현, 縣현, 玄현
• 銑韻: 畎견, 犬견
• 霰韻: (『훈몽자회』의 한자가 없음.)
• 屑韻: 穴혈, 血혈

山攝 4등 합구호에는 先韻, 銑韻, 霰韻, 屑韻 네 개의 운모가 있다.

『훈몽자회』에는 이들 가운데에서 霞韻 운모의 한자가 없다. 이들 8개 한자의 『훈몽자회』 운모는 모두 'ㅕ'[iən]과 'ㅕ'[iəl]이다.

山攝 4등 합구호에 나타난 先韻, 銑韻, 霞韻, 屑韻 네 운모에 대한 학자들의 추정음을 보면 아래와 같다.

高本漢, 趙元任, 王力, 方孝岳, 李方桂가 [iwen]/[iwet]으로 추정하고, 董同龢, 周法高가 [iuɑn]/[iuɑt]으로 추정하고, 陆志韦가 [wɛn]/[wɛt]으로 추정하고, 李荣이 [uen]/[uet]으로 추정하였다. 우리는 山攝 4등 합구호 운모의 『광운』음을 高本漢, 趙元任 등의 견해에 따라 [iwen]/[iwet]으로 보고자 한다.

중국어 『광운』 운모 [iwen]/[iwet]은 [iwen]→[iuan]→[iuan]/[yan]→[iuən]/[yən]→[yæn], [iwen]→[iuan]→[uan], [iwet]→[iuə]→[iuəi]→[yəᶦ]→[ye]의 변화를 거쳐 현대 중국어의 운모 [yæn], [uan], [ye]로 되었다.

『훈몽자회』의 운모 [iən]/[iəl]은 『광운』 운모 [iwen]/[iwet]이 한국어에서의 변형으로 보인다. 즉 중국어 운모 [iwen]/[iwet]이 한국어 어음체계의 제약을 받아 모음 [e]가 한국어에서 [ə]로 변하고, 개음 [i]와 모음 [ə] 사이에 끼운 개음 [w]가 앞뒤의 [i]와 [ə]에 동화되어 소실되면서 [iən]/[iəl]로 되었을 것으로 보인다.

그리고 아후음 성모 뒤에 위치해 있는 4등 운모의 개음 [i]가 탈락되지 않고 보존되어 있음이 주목된다.

11. 臻攝

臻攝은 4개의 개구호와 3개의 합구호로 구성되었고 매개 등호에는 양성 운모와 입성 운모가 구비되어 있다. 그 속에는 1등 개구호 운모 '痕韻, 很韻, 恨韻, 没韻', 1등 합구호 운모 '魂韻, 混韻, 慁韻, 没韻', 3등 개구호 운모 '眞韻, 軫韻, 震韻, 質韻', 3등 개구호 운모 '臻韻, 軫韻, 震韻, 櫛韻', 3등 개구호 운모 '欣韻, 隱韻, 焮韻, 迄韻', 3등 합구호 운모 '諄韻, 準韻, 稕韻, 術韻', 3등 합구호 운모 '文韻, 吻韻, 問韻, 物韻' 등 28개의 운모가 들어 있다. 이들 가운데 개별 운모의 한자가 『훈몽자회』에 나타나지 않았다.

이들 운모가 『훈몽자회』에서의 형태 및 그 내원을 밝히면 아래와 같다.

1) 痕韻, 很韻, 恨韻, 没韻: 1등 개구호

- 痕韻: 根근, 跟근, 吞튼, 痕혼, 恩은
- 很韻: 齦근
- 恨韻: (『훈몽자회』의 한자가 없음.)
- 没韻: 齕흘, 麧흘

臻攝 1등 개구호에는 痕韻, 很韻, 恨韻, 没韻 네 개의 운모가 있다. 『훈몽자회』에는 이들 가운데에서 恨韻 운모의 한자가 없다. 이들이 『훈몽자회』의 운모는 'ㅡㄴ'[in]과 'ㅡㄹ'[il]이 7개이고 'ㅡㄴ'이 1개이다.

臻攝 1등 개구호에 나타난 痕韻, 很韻, 恨韻, 没韻 네 운모에 대한 학자들의 추정음은 모두가 다 [ən]/[ət]이다. 우리도 학자들의 추정음대로 臻攝 1등 개구호 운모의 『광운』 음을 [ən]/[ət]으로 보고자 한다.

중국어 『광운』 운모 [ən]/[ət]은 [ən]→[ən], [ən]→[uən], [ət]→[ə]의 변화를 거쳐 현대 중국어의 운모 [ən], [uən], [ə]로 되었다.

『훈몽자회』의 운모 [in]/[il]은 『광운』 운모 [ən]/[ət]이 한국어에서의 변형이다. 즉 중국어 운모 [ən]/[ət]의 모음 [ə]가 한국어에서 모음 [i]로 변하였다. 이는 모음 [ə]와 [i]의 발음부위가 가까우니 나타나게 된 변화이다.

『훈몽자회』의 臻攝 1등 개구호에서 운모 'ᆞᆫ'으로 표기된 한자는 '吞튼'자 하나뿐이다. 臻攝 1등 개구호에 나타난 글자가 모두 '根근, 跟근, 吞튼, 痕흔, 恩은, 齦근, 齕흘, 麧흘' 등 8자이다. 다른 글자들 운모의 모음이 'ᅳ'[i]인데 유독 '吞튼'자의 모음만이 'ᆞ'이다.

주지하다시피 이 '吞튼'자는 『훈민정음해례』의 중성해(中聲解)에서 모음 'ᆞ'의 음가 설명에 쓰인 글자이다. 『훈민정음해례』의 중성해에는 아래와 같은 기록이 있다.

"중성이란 글자의 운(韻) 가운데에 위치하여 초성과 종성을 합치어 음을 이루게 하는 글자이다. 예를 들면 '吞'자의 중성이 'ᆞ'이다. 'ᆞ'가 'ㅌ'와 'ㄴ' 사이에 위치하기에 '튼'이 된다. 즉자의 중성은 'ᅳ'이다. 'ᅳ'가 'ㅈ'와 'ㄱ' 사이에 위치하기에 '즉'이 된다. '침'자의 중성은 'ㅣ'이다. 'ㅣ'가 'ㅊ'와 'ㅁ' 사이에 위치하기에 '침'이 되는 것 등이다(中聲者, 居字韻之中, 合初終而成音。如吞字中聲是ㆍ, ㆍ居ㅌㄴ之間而爲튼。即字中聲是ᅳ, ᅳ居'ㅈ', 'ㄱ'之間而爲'즉'。侵字中聲是'ㅣ', 'ㅣ'居'ㅊ', 'ㅁ'之間而爲'침'之類。)."

위의 중성해에서는 한자 '吞', '即', '侵' 세 글자의 중성 발음을 빌어 새로 만든 글자 'ᆞ', 'ᅳ', 'ㅣ'의 음가를 밝히었다. 『훈민정음해례』의 중성해에 쓰인 '吞', '即', '侵' 세 한자의 독음은 『동국정운』의 한자음 표기로 보인다. 왜냐하면 『훈몽자회』에 '卽'자와 '侵'자가 수록되지 않고 '呑'자 하나만 수록되어 있는데 발음이 '툰'으로 되었다. 여기에서의 모음 'ㆍ'는 『훈민정음』에서 새로 만든 문자이므로 이 글자로 표기된 발음 '툰'은 『동국정운』 한자음의 발음일 수밖에 없다.

'呑'자가 중국 『광운』에서는 臻攝 1등 개구호 痕韻에 속하는 글자이다. 이 '呑'자와 같은 운(韻)에 속하는 한자들로는 '根근, 跟근, 痕흔, 恩은' 등이 있다. 痕韻에 속한 한자들 가운데에서 다른 한자들의 모음은 모두 'ㅡ'인데 유독 '呑'자의 모음만 'ㆍ'인 원인은 『광운』 이후에 나타난 중국어 어음 변화에 있다. 즉 '呑'자의 운모가 13세기 『중원음운』 이후에 [uən]으로 변하였기 때문이다. 그러니 15~16세기에 '呑'자의 중국어 운모가 『광운』의 운모 [ən]으로부터 [uən]으로 변하였다. 『동국정운』 한자음 표기에서는 변화된 중국어 운모 [uən]을 '呑'자의 운모로 받아들이었다. 또한 『훈민정음』에서는 '呑'자의 모음 [uə]를 새로 만든 문자 'ㆍ'의 발음으로 삼았으니 『훈민정음』의 한국어 자모 'ㆍ'가 표시하는 중국어 모음은 [uə]이다.

그런데 『훈민정음』 자모 'ㆍ'로 표기한 중국어 모음과는 모순이 있다. 왜냐하면 『훈몽자회』에 『훈민정음』 자모 'ㆍ'를 운모로 하는 한자 '慈ㅈ, 孳ㅈ, 滋ㅈ, 鼒ㅈ, 鎡ㅈ, 祠ㅅ, 詞ㅅ, 司ㅅ, 絲ㅅ, 蕬ㅅ, 鷥ㅅ, 牸ㅈ, 字ㅈ, 寺ㅅ, 飼ㅅ, 笥ㅅ, 子ㅈ, 耔ㅈ, 祀ㅅ, 姒ㅅ, 粗ㅅ' 등이 있고, 『동국정운』에도 『훈민정음』 자모 'ㆍ'를 운모로 하는 한자 '資, 紫, 子, 恣, 雌, 此, 刺, 私, 思' 등이 있다. 위의 한자들의 성모는 모두 精母 계열의 [ts], [ts'], [s]이고, 근대 중국어의 운모는 [ɿ]이다. 이들 한자의 근대 중국어 운모 [ɿ]는 『광운』의 운모 [i]가 『중원음운』에서 혀끝 앞소리 [ɿ]로 변하면서 형성되었다. 이렇게 『중원음운』에서 형성된 근대 중국어 모음 [ɿ]는 줄곧 현대 중국어에까지 유지되고 있다. 그러니 이들 한자의 중국어 모음 [ɿ]와 '줌'자의 중국어 모음 [uə]의 발음이 모순됨은 불 보듯 번연한 것이다. 즉 꼭 같은 한국어 자모 'ㆍ'로 두 가지 중국어 모음 [uə]와 [ɿ]를 표시한 것이다.

『동국정운』한자음 표기에서 주목되는 것은 '根, 줌, 恩' 세 글자의 운모를 자모 'ᆫ'으로 표기하였다는 사실이다. 『훈몽자회』에서는 위의 세 글자 가운데의 '줌'자만 운모 'ᆫ'으로 표기하고 다른 두 글자는 운모 'ᅳᆫ'으로 표기하였다. 그런데 '根, 줌, 恩' 세 글자가 『중원음운』에서의 운모는 모두가 [ən]이었으나 그 가운데의 '줌'자만 『중원음운』이후의 중국어에서 [uən]으로 변하고 나머지 '根, 恩' 두 글자는 현대까지 줄곧 [ən]을 유지하고 있다. 그러니 『동국정운』에서 '根, 恩' 두 글자의 운모를 'ᆫ'으로의 표기는 완전히 잘못된 표기이다.

『훈민정음해례』에서 'ㆍ'의 발음에 대해 "ㆍ舌縮而聲深"이라 해석하였다. 이 해석이 '줌'자의 중국어 모음 [uə]의 해석에는 적용될 수 있겠으나 '資, 紫, 子, 恣, 雌, 此, 刺, 私, 思' 등 글자의 중국어 모음 [ɿ]의 해석에는 전혀 적용되지 않는다. 왜냐하면 '줌'자의 'ㆍ'가 지칭하는 중국어 모음은 겹모음 [uə]이고, '資, 紫, 子' 등의 'ㆍ'가 지칭하는 중국어 모음은 혀끝 홑모음 [ɿ]이기 때문이다. 그러니 한국어 자모 'ㆍ'가 가리키는 중국어 모음은 이것도 아니고 저것도 아니다.

많은 학자들이 이 같이 불확실한 음을 가리키는 자모 'ㆍ'의 음가를 열심히 추정하였다. 그 결과는 15세기 한국어 자모 'ㆍ'의 음가 문제를 더 이상 논의하지 않게 되었다. 이 같은 결과를 초래한 장본인은 누구이고 이에 대한 평가는 어떻게 해야 할는지가 의문이다.

2) 魂韻, 混韻, 慁韻, 没韻: 1등 합구호

- 魂韻: 錛분, 盆분, 蹲준, 囤돈, 豚돈, 鈍돈, 飩둔, 臀둔, 墩돈, 馣돈, 昆곤,
褌군, 尊존, 樽준, 門문, 噴분, 村촌, 暾돈, 坤곤, 渾혼, 魂혼, 餛혼, 昏혼,
婚혼, 閽혼, 飧손, 孫손, 蓀손, 猻손, 瘟온
- 混韻: 沌돈, 滾곤, 襃사, 㒼만, 閫곤, 混혼
- 慁韻: 坌분, 鐏존, 頓돈, 棍곤, 寸촌, 褪돈, 圂혼, 搵온
- 没韻: 頯ᄫᅳᆯ, 脖ᄫᅳᆯ, 鵓ᄫᅳᆯ, 埃돌, 柮돌, 骨골, 榾골, 鶻골, 卒졸, 訥눌, 欄골,
笏홀, 兀올

臻攝 1등 합구호에는 魂韻, 混韻, 慁韻, 没韻 네 개의 운모가 있다.
『훈몽자회』에는 이들 네 개 운모의 한자가 다 나타났다. 이들이 『훈몽
자회』의 운모는 'ᅩᆫ'[on]과 'ᅩᆯ'[ol]이 41개이고 'ᅮᆫ'[un]과 'ᅮᆯ'[ul]이
12개이고, 'ᅳᆯ'이 3개이고, 'ᅡᆫ'[an]이 1개이고, 'ㅏ'[ɑ]가 1개이다. 이는
『훈몽자회』 운모의 다수가 [on], [ol]임을 말해준다.

臻攝 1등 합구호에 나타난 魂韻, 混韻, 慁韻, 没韻 네 운모에 대한
학자들의 추정음을 보면 아래와 같다.

高本漢, 趙元任, 王力, 方孝岳, 李方桂, 董同龢, 周法高, 李荣이 [uən]/
[uət]으로 추정하고, 陆志韦가 [wən]/[wət]으로 추정하였다. 우리도 다
수 학자들의 추정음대로 臻攝 1등 합구호 운모의 『광운』음을 [uən]/
[uət]으로 보고자 한다.

중국어 『광운』 운모 [uən]/[uət]은 [uən]→[un], [uən]→[un]→[ən],
[uət]→[u]의 변화를 거쳐 현대 중국어의 운모 [un], [ən], [u]로 되었다.

『훈몽자회』의 운모 [on]/[ol]은 『광운』 운모 [uən]/[uət]이 한국어에
서의 변형으로 보인다. 즉 『광운』 운모 [uən]/[uət]이 한국어에 전파된

다음 모음 [ɯ]가 [ə]의 영향을 받아 [o]로 변하고 모음 [ə]가 다시 모음 [o]에 동화되면서 [on]/[ol]로 변하였을 것으로 보인다.

아니면 초기의 『광운』 운모 [uən]/[uət]이 한국어에서 직접 [on]/[ol] 로 변하였을 수 있다. 왜냐하면 7~8세기경의 한국어에 겹모음 [uə]가 없었을 수 있기 때문이다.

『훈몽자회』의 한자 '鐼분, 盆분, 蹲준, 飩둔, 臀둔, 樽준, 門문, 噴분, 坌분, 訥눌'의 운모 [un]/[ul]은 『중원음운』에서 나타난 중국어 음이 한국어에 수입된 것이다. 즉 중국어 『광운』 운모 [uən]/[uət]이 『중원음운』에서 [un]으로 되고, 현대에 이르러 일부가 [ən]으로 변하였다. 예를 들면 '盆, 門, 噴, 喷, 本, 畚' 등이다. 그러니 魂韻, 混韻, 慁韻, 没韻 등의 운모 [un]/[ul]은 근대 중국어 『중원음운』 음의 『훈몽자회』에 수입 된 것으로 최세진이 소위이다. 중국의 매현, 광주, 양강, 하문 등 방언에 서 '盆, 門, 噴'의 운모를 [un], [ɐn]으로 발음함이 주목된다.

『훈몽자회』의 한자 '穎블, 脖블, 鵓블'의 운모 'ㄹ' 한국어 운모 [ol]의 표기로 보이고, 한글 자모 'ㄹ'로의 표기는 최세진이 소위이다.

『훈몽자회』의 한자 '瞞만, 蓑사'의 운모 [ɑn], [ɑ]는 유추에 의해 생긴 것으로 보인다.

3) 眞韻, 軫韻, 震韻, 質韻: 3등 개구호

- 眞韻: 賓빙, 嬪빙, 蘋빙, 邠변, 貧빈, 櫇빈, 臣신, 宸신, 晨신, 鷐신, 辰진, 塵딘, 神신, 蜃진, 巾건, 津진, 鄰린, 鱗린, 麟린, 民민, 泯민, 囷균, 親친, 人신, 仁신, 伸신, 身신, 娠신, 紳신, 辛신, 薪신, 銀은, 茵인, 姻인, 筠균, 珍딘

- 軫韻: 牝빙, 腎신, 泯민, 引인, 蚓인, 菌균, 癮딘, 畛딘

• 震韻: 鬢빙, 殯빈, 蜃슌, 齔친, 櫬친, 進진, 嶙린, 恪린, 刃신, 訒신, 釁흔,
爐신, 信신, 頤신, 訊신, 垔은, 印인, 賑진
• 質韻: 柲필, 筆필, 觱필, 姪딜, 瘷딜, 怢딜, 疾질, 栗률, 篥률, 蜜밀, 匹필,
七칠, 漆칠, 榛칠, 日실, 釾뉴, 蟀솔, 室실, 膝슬, 蟋실, 溢일, 釓을, 一일,
壹일, 桎딜, 蛭딜, 銍딜, 欈질, 磌질

臻攝 3등 개구호 1에는 眞韻, 軫韻, 震韻, 質韻 네 개의 운모가 있다.
『훈몽자회』에는 이들 네 개 운모의 한자가 다 나타났다. 이들이『훈몽
자회』의 운모는 ‘ᆫ’[in]과 ‘ᆯ’[il]이 71개이고, ‘ᆼ’[iŋ]이 7개이고,
‘ᅲᆫ’[iun]과 ‘ᅲᆯ’[iul]이 6개이고, ‘ᅳᆫ’[in]과 ‘ᅳᆯ’[il]이 5개이고, ‘ᅥᆫ’[ən]이
2개이고, ‘ᅧᆫ’[iən]이 1개이고, ‘ᅮᆫ’[un]이 1개이고, ‘ᅩᆯ’[ol]이 1개이고,
‘ᅲ’[iu]가 1개이다. 이는『훈몽자회』운모의 다수가 [in], [il]임을 말해
준다.

臻攝 3등 개구호 1에 나타난 眞韻, 軫韻, 震韻, 質韻 네 운모에 대한
학자들의 추정음을 보면 아래와 같다.

高本漢, 趙元任, 王力, 方孝岳, 李荣이 [ien]/[iet]으로 추정하고, 李方
桂, 董同龢가 [jen]/[jet]으로 추정하고, 周法高가 [iin]/[iit]으로 추정하
고, 陆志韦가 [ɪen]/[ɪet]으로 추정하였다. 우리는 李方桂, 董同龢의 추
정음에 따라 臻攝 3등 개구호 운모의『광운』음을 [jen]/[jet]으로 보고
자 한다.

중국어『광운』운모 [jen]/[jet]은 그 뒤에 [jen]→[iən]→[in], [jen]→
[iən]→[ən], [jet]→[iə]→[i], [jet]→[iə]→[i]→[ʅ]의 변화를 거쳐 현대 중
국어의 운모 [in], [ən], [i], [ʅ]로 되었다.

『훈몽자회』의 운모 [in]/[il]은『광운』운모 [jen]/[jet]이 변형이다.
즉 일찍『광운』전기(7세기)의 한국어에 모음 [je]가 존재하지 않았기

에『광운』운모 [jen]/[jet]이 한국어에서 [in]/[il]로 변하였을 것으로
보인다.『훈몽자회』의 운미 [-l]은『광운』운미 [-t]의 변형이다. 중국
어『중원음운』에서 비록 중국어 입성 운미 [-k], [-t], [-p]가 소실되었
으나『훈몽자회』에서는 이들을 엄격히 보존하고 있음은 한국 한자음
에서 줄곧『홍무정운』의 어음체계를 엄격히 계승하였기 때문으로 보
인다.

『훈몽자회』의 한자 '賓빙, 嬪빙, 嬪빙, 蘋빙, 牝빙, 鬢빙'의 운모 [iŋ]
은 한국어에서 중국어 방언음의 영향을 받았을 것으로 보인다. 중국
의 태원, 양주, 온주, 광주, 양강, 조주, 복주, 건구 등 지역 방언에서
'賓'자 등의 운모 [in]의 운미 [n]을 [ŋ]으로 발음하고 있다.

『훈몽자회』의 한자 '銀은, 釁흔, 垽은, 膝슬, 釳을' 등의 운모 [in]/[il]
은『광운』이후 중국어 운모의 변형인 [nei]/[iət]이 한국어에서의 변형
으로 보인다. '銀'자를 중국의 하문 방언에서 [gun]으로 발음하고, 조
주 방언에서 [ŋɯŋ]으로 발음하고, '膝'자를 중국의 소주 방언에서
[siɪʔ]으로, 광주 방언에서 [ʃɐt]으로, 양주 방언에서 [ɕieʔ]으로 발음함
이 주목된다.

『훈몽자회』의 한자 '巾건'의 운모 [ən]은『광운』이후 중국어 운모의
변형인 [iən]이 한국어에서의 변형으로 보인다. '巾'자를 중국의 매현
방언에서 [kin]으로, 광주, 양강 방언에서 [kɐn]으로, 하문 방언에서
[kun]으로, 조주 방언에서 [kɯŋ]으로 발음함이 주목된다.

『훈몽자회』의 한자 '囷균, 筠균, 菌균, 蠢슌, 栗률'의 운모 [iun]/[iul]
의 내원은 명확히 밝히기 어려우나 유추에 의해 생겼을 가능성이 많
을 것으로 보인다.

『훈몽자회』의 한자 '蟀솔, 鈕뉴'의 운모 [ol], [iu]의 내원은 명확히
밝히기 어려우나 이들 역이 유추에 의해 생겼을 가능성이 많을 것으

로 보인다.

4) 臻韻, 軫韻, 震韻, 櫛韻: 3등 개구호

- 臻韻: 榛진
- 軫韻: (『훈몽자회』의 한자가 없음.)
- 震韻: (『훈몽자회』의 한자가 없음.)
- 櫛韻: 瑟슬, 蝨슬, 櫛즐

臻攝 3등 개구호 2에는 臻韻, 軫韻, 震韻, 櫛韻 네 개의 운모가 있다. 이들 운모에 나타난 『훈몽자회』의 한자가 모두 4개이다. 이 같이 제한된 한자로 이들 운모의 형태와 내원을 밝힌다는 것은 무리이므로 구체적인 분석을 생략하기로 하나 『광운』 운모를 [ien]/[iet]으로 보고자 한다.

5) 欣韻, 隱韻, 焮韻, 迄韻: 3등 개구호

- 欣韻: 斤근, 筋근, 芹근, 昕흔, 齗은
- 隱韻: 槿근, 謹근, 癮은
- 焮韻: 靳근, 近근, 脪흔
- 迄韻: 乞걸, 肐걸

臻攝 3등 개구호 3에는 欣韻, 隱韻, 焮韻, 迄韻 네 개의 운모가 있다. 『훈몽자회』에는 이들 네 개 운모의 한자가 다 나타났다. 이들이 『훈몽자회』의 운모는 'ᅳ'[in]이 11개이고, 'ᅥᆯ'[əl]이 2개이다. 이는 『훈몽자회』운모의 다수가 [in]임을 의미한다.

臻攝 3등 개구호 3에 나타난 欣韻, 隐韻, 焮韻, 迄韻 네 운모에 대한 학자들의 추정음을 보면 아래와 같다.

高本漢, 趙元任, 王力, 方孝岳, 周法高, 李荣이 [iən]/[iət]으로 추정하고, 李方桂, 董同龢가 [jən]/[jət]으로 추정하고, 陆志韦가 [ɪən]/[ɪət]으로 추정하였다. 이는 대다수 학자들의 추정음이 대동소이함을 의미한다. 우리는 다수 학자들의 추정음에 따라 臻攝 3등 개구호 3의 운모 『광운』 음을 [iən]/[iət]으로 보고자 한다.

중국어 『광운』 운모 [iən]/[iət]은 그 뒤에 [iən]→[ən], [iən]→[in], [iet]→[iə]→[i], [iet]→[iə]→[i]→[ɻ]의 변화를 거쳐 현대 중국어의 운모 [ən], [in], [i], [ɻ]로 되었다.

『훈몽자회』의 운모 [in]은 『광운』 운모 [iən]이 한국어에서의 변형이다. 즉 『광운』 운모 [iən]이 『중원음운』 이후에 [ən]으로 변하였다. 이들이 한국어에서 [in]으로 변하였을 것으로 보인다. 그러니 이는 근대 중국어 음이 한국 한자음에로의 수입이다. '斤, 筋, 芹, 近' 등이 중국의 매현 방언에서 [kin], [kʼiun]으로, 광주, 양강 방언에서 [kɐn]으로, 하문 방언에서 [kun]으로 발음됨이 주목된다.

『훈몽자회』의 한자 '乞걸, 肐걸'의 운모 [əl]은 『광운』 운모 [iət]이 한국어에의 변형이다. 즉 이들이 한국어에서 [iet]→[iəl]→[əl]의 변화를 한 것이다. 이들 한자의 성모가 아음이기에 개음 [i]가 탈락되었다. '乞'자가 중국의 매현 방언에서 [kʼɐt]으로, 하문 방언에서 [kʼit]으로, 조주 방언에서 [kʼɯt]으로 발음됨이 주목된다.

6) 諄韻, 準韻, 稕韻, 術韻: 3등 합구호

- 諄韻: 蓴쓩, 肫둔, 窀둔, 醇슌, 鶉슌, 春츈, 椿츈, 脣슌, 淪륜, 輪륜, 皴쥰, 旬슌, 荀슌, 屯둔
- 準韻: 楯슌, 盾슌, 吮연, 蠢쥰, 隼쥰, 準쥰
- 稕韻: 餕산, 俊쥰, 儁쥰, 閏슌, 舜슌, 瞬슌, 稕쥰
- 術韻: 黜튤, 茉튤, 鉥슡, 術슡, 秫튤, 橘귤, 崒졸, 葎튤, 試튤, 怵휼, 繘휼, 鷸휼

臻攝 3등 합구호 1에는 諄韻, 準韻, 稕韻, 術韻 네 개의 운모가 있다. 『훈몽자회』에는 이들 네 개 운모의 한자가 다 나타났다. 이들이 『훈몽자회』의 운모는 '뉸'[iun]과 '뉼'[iul]이 32개이고, '눈'[un]이 3개이고, '넌'[iən]이 1개이고, '난'[ɑn]이 1개이고, '눌'[ol]이 1개이다. 이는 『훈몽자회』 운모의 다수가 [iun], [iul]임을 의미한다.

臻攝 3등 합구호 1에 나타난 諄韻, 準韻, 稕韻, 術韻 네 운모에 대한 학자들의 추정음을 보면 아래와 같다.

高本漢, 趙元任, 王力, 李荣이 [iuen]/[iuet]으로 추정하고, 李方桂, 董同龢가 [juen]/[juet]으로 추정하고, 方孝岳가 [iwen]/[iwet]으로 추정하고, 周法高가 [iuɪn]/[iuɪt]으로 추정하고, 陆志韦가 [ɪwen]/[ɪwet]으로 추정하였다. 이는 대다수 학자들의 추정음이 대동소이함을 의미한다. 우리는 다수 학자들의 추정음에 따라 臻攝 3등 합구호 1의 운모 『광운』 음을 [iuen]/[iuet]으로 보고자 한다.

중국어 『광운』 운모 [iuen]/[iuet]은 그 뒤에 [iuen]→[iun]→[un], [iuen]→[iun]→[yn], [iuen]→[iun]→[un]→[ən], [iuet]→[iu]→[u]→[uo], [iuet]→[iut]→[iu]→[u], [iuet]→[iu]→[iui]→[y]의 변화를 거쳐 현대 중

국어의 운모 [un], [yn], [ən], [uo], [u], [y]로 되었다.

『훈몽자회』의 운모 [iun]/[iul]은 『광운』 운모 [iuen]/[iuet]이 『중원음운』에서 [iun]으로의 변형이 한국 한자음에 반영된 것이다. 그러니 이는 근대 중국어 한자음이 한국 한자음에 수입된 것이다. 그리고 '盾'자의 성모가 중국의 성도, 쌍봉 방언에서 [s]로 발음되고, '盾, 準, 輪, 春, 脣' 등 글자의 운모가 남창, 매현, 하문 등 방언에서 [un]으로 발음됨이 주목된다. 『훈몽자회』의 한자 '肫둔, 窀둔, 屯둔'의 운모 [un]은 중국어 『광운』 운모 [iuen]이 『중원음운』 이후에 [iuen]→[iun]→[un]의 변화를 가져 온 것이 한국 한자음에 반영된 것으로 근대 중국어 한자음이 한국어에 수입된 것으로 최세진이 소위이다.

『훈몽자회』의 한자 '吮연, 餕산, 猝졸'의 운모 [iən], [ɑn], [ol]의 내원은 명확히 밝히기 어려우나 유추에 의해 생긴 음으로 보인다.

7) 文韻, 吻韻, 問韻, 物韻: 3등 합구호

- 文韻: 分분, 饙분, 枌분, 焚분, 黺분, 豶분, 墳분, 濆분, 君권, 軍군, 皸군, 裙군, 文문, 蚊문, 紋문, 聞문, 葷훈, 勳훈, 纁훈, 耘운, 雲운, 莙군
- 吻韻: 粉분, 幨분, 吻믄
- 問韻: 糞분, 郡군, 問문, 璺문, 訓훈, 醞온, 縕온, 暈운, 餫운
- 物韻: 佛불, 拂불, 物믈, 鈯굴, 窟굴, 熨울, 蔚울

臻攝 3등 합구호 2에는 文韻, 吻韻, 問韻, 物韻 네 개의 운모가 있다. 『훈몽자회』에는 이들 네 개 운모의 한자가 다 나타났다. 이들이 『훈몽자회』의 운모는 'ᅮᆫ'[un]과 'ᅮᆯ'[ul]이 36개이고, 'ᅳᆫ'[ɨn]과 'ᅳᆯ'[ɨl]이 2개이고, 'ᅩᆫ'[on]이 2개이고, 'ᅯᆫ'[uən]이 1개이고 'ᅡᆫ'[ɑn]이 1개다. 이는

『훈몽자회』 운모의 절대 다수가 [un]/[ul]임을 의미한다.

臻攝 3등 합구호 2에 나타난 文韻, 吻韻, 問韻, 物韻 네 운모에 대한 학자들의 추정음을 보면 아래와 같다.

高本漢, 趙元任, 王力, 方孝岳, 周法高, 李荣이 [iuən]/[iuət]으로 추정하고, 李方桂, 董同龢가 [juən]/[juət]으로 추정하고, 陆志韦가 [ɪwən]/[ɪwət]으로 추정하였다. 이는 대다수 학자들의 추정음이 대동소이함을 의미한다. 우리는 다수 학자들의 추정음에 따라 臻攝 3등 합구호 2의 『광운』 운모 음을 [iuən]/[iuət]으로 보고자 한다.

중국어 『광운』 운모 [iuən]/[iuət]은 그 뒤에 [iuən]→[iun]→[un], [iuən]→[iun]→[yn], [iuən]→[iun]→[un]→[ən], [iuən]→[iun]→[un]→[uən], [iuət]→[iut]→[iu]→[u], [iuət]→[iut]→[iu]→[u]→[o], [iuet]→[iut]→[iu]→[iui]→[y]의 변화를 거쳐 현대 중국어의 운모 [un], [yn], [ən], [uən], [u], [o], [y]로 되었다.

『훈몽자회』에서 운모 [un]/[ul]은 『광운』 운모 [iuən]/[iuət]이 『중원음운』 이후 중국어에서의 변형 [un]/[ut]이 한국 한자어에로의 반영이다. 그러니 이는 근대 중국어 한자음이 한국 한자음에 수입된 것으로 이는 최세진이 소위이다.

『훈몽자회』의 한자 '縕온, 醞온'의 운모 [on]은 유추에 의해 생겨난 음으로 보인다.

『훈몽자회』의 한자 '吻믄, 物믈'이 상고 시기 중국어 운모가 [uən]/[uət]이었다. 그러니 한자 '吻믄, 物믈'의 『훈몽자회』 운모 [in]/[il]은 상고 시기의 중국어 운모 [uən]/[uət]의 변형으로 보인다. 즉 상고 시기에 한국어에 겹모음 [uə]가 없으니 중국어 운모 [uən]/[uət]이 한국어에서 [in]/[il]로 변하였을 것으로 보인다. '物'자가 소주 방언에서 [mɣʔ]으로, 광주, 양강 방언에서 [mɐt]으로 발음됨이 주목된다.

12. 宕攝

宕攝은 2개의 개구호와 2개의 합구호로 구성되었고 매개 등호에는 양성 운모와 입성 운모가 구비되어 있다. 그 속에는 1등 개구호 운모 '唐韻, 蕩韻, 宕韻, 鐸韻', 1등 합구호 운모 '唐韻, 蕩韻, 宕韻, 鐸韻', 3등 개구호 운모 '陽韻, 养韻, 漾韻, 葯韻', 3등 합구호 운모 '陽韻, 养韻, 漾韻, 葯韻' 등 16개의 운모가 들어 있다. 이들 가운데 개별 운모의 한자가 『훈몽자회』에 나타나지 않았다.

이들 운모가 『훈몽자회』에서의 형태 및 그 내원을 밝히면 아래와 같다.

1) 唐韻, 蕩韻, 宕韻, 鐸韻: 1등 개구호

- 唐韻: 膀방, 髈방, 房방, 螃방, 堂당, 棠당, 塘당, 糖당, 螗당, 糖당, 螳당, 瑭당, 禟당, 剛강, 崗강, 綱강, 臟장, 狼랑, 廊랑, 稂랑, 螂랑, 囊낭, 倉창, 鶬창, 膛당, 湯탕, 穅강, 航항, 吭항, 桑상
- 蕩韻: 榜방, 蕩탕, 蟒망, 帑탕, 嗓상, 磉상, 顙상, 曩낭, 貉학, 鶴학, 壑학, 蕚악, 鍔악, 堊악, 惡악, 濼박

宕攝 1등 개구호에는 唐韻, 蕩韻, 宕韻, 鐸韻 네 개의 운모가 있다. 『훈몽자회』에는 이들 네 개 운모의 한자가 다 나타났다. 이들이 『훈몽자회』의 운모는 'ㅏ'[aŋ]과 'ㅏ'[ak]이 83개이다. 이는 『훈몽자회』운모의 절대 다수가 [aŋ]/[ak]임을 의미한다.

宕攝 1등 개구호에 나타난 唐韻, 蕩韻, 宕韻, 鐸韻 네 운모에 대한 학자들의 추정음을 보면 아래와 같다.

高本漢, 趙元任, 王力, 方孝岳, 李方桂, 董同龢, 周法高, 李荣이 [aŋ]/[ak]으로 추정하고, 陆志韦가 [ɒŋ]/[ɒk]으로 추정하였다. 이는 대다수 학자들의 추정음이 같음을 의미한다. 우리는 다수 학자들의 추정음에 따라 宕攝 1등 개구호 1의 운모『광운』음을 [aŋ]/[ak]으로 보고자 한다.

중국어『광운』운모 [aŋ]/[ak]은 그 뒤에 운모 [aŋ]→[aŋ]→[aŋ], [ak]→[a]→[o]→[ə], [ak]→[a]→[o], [ak]→[a]→[o]→[uo]의 변화를 거쳐 현대 중국어의 운모 [aŋ], [ə], [o], [uo]로 되었다.

『훈몽자회』의 운모 [aŋ]/[ak]은『광운』운모 [aŋ]/[ak]이 한국어에서의 반영이다.

2) 唐韻, 蕩韻, 宕韻, 鐸韻: 1등 합구호

• 唐韻: 光광, 胱광, 皇황, 凰황, 隍황, 潢황, 蝗황, 篁황, 蟥황, 謊황, 汪왕
• 蕩韻: 幌황
• 宕韻: 壙광, 纊광
• 鐸韻: 郭곽, 槨곽, 彉곽, 鄭곽, 籆곽, 穫확, 鑊확, 癨확, 瘫구, 膜확, 蠖확

宕攝 1등 합구호에는 唐韻, 蕩韻, 宕韻, 鐸韻 네 개의 운모가 있다. 『훈몽자회』에는 이들 네 개 운모의 한자가 다 나타났다. 이들이『훈몽자회』의 운모는 'ㅘㅇ'[oaŋ]=[uaŋ]과 'ㅘㄱ'[oak]=[uak]이 24개이고, 'ㅜ'[u]가 1개이다. 이는『훈몽자회』운모의 절대 다수가 [uaŋ]/[uak]임을 의미한다.

宕攝 1등 합구호에 나타난 唐韻, 蕩韻, 宕韻, 鐸韻 네 운모에 대한 학자들의 추정음을 보면 아래와 같다.

高本漢, 趙元任, 王力, 方孝岳, 李方桂가 [waŋ]/[wak]으로 추정하고, 董同龢, 周法高, 李荣이 [uaŋ]/[uak]으로 추정하고, 陆志韦가 [wɒŋ]/[wɒk]으로 추정하였다. 이는 대다수 학자들의 추정음이 대동소이함을 의미한다. 우리는 다수 학자들의 추정음에 따라 宕攝 1등 합구호의 운모『광운』음을 [waŋ]/[wak]으로 보고자 한다.

중국어『광운』운모 [waŋ]/[wak]은 그 뒤에 운모 [waŋ]→[uaŋ], [waŋ]→[uaŋ]→[aŋ], [wak]→[ao]→[o]→[uo] 의 변화를 거쳐 현대 중국어의 운모 [aŋ], [uaŋ], [uo]로 되었다.

『훈몽자회』의 운모 [uaŋ]/[uak]은『광운』운모 [waŋ]/[wak]이 한국어에서의 변형이다.

한자 '瓁'이 '탁운(鐸韻)'에 속하니 운모가 마땅히 입성 [wak]이어야 한다. 그런데『훈몽자회』의 운모가 [u]이다. '瓁'자가『중원음운』에서 운모 [o]로 변하였다. 그러니『훈몽자회』의 운모 [u]는『중원음운』 [o]의 변형으로 보인다. 즉 근대 중국어운모 [o]가 한국어에서 [u]로 변한 것이다. 이는 근대 중국어 운모가 한국어에 수입된 것으로 보아야 한다.

3) 陽韻, 养韻, 漾韻, 药韻: 3등 개구호

• 陽韻: 嘗샹, 償샹, 裳샹, 菖챵, 娼챵, 場댱, 腸댱, 牀상, 瘡창, 嬙쟝, 檣쟝, 墙쟝, 薔쟝, 魴방, 姜강, 礓강, 疆강, 韁강, 强강, 薑썅, 將쟝, 漿쟝, 凉량, 梁량, 粮량, 樑량, 娘냥, 孃냥, 槍챵, 搶챵, 襄양, 禳양, 瓢양, 霜상, 孀상, 商샹, 觴샹, 鏜망, 羌강, 蜣강, 香향, 鄕향, 庠샹, 翔샹, 相샹, 廂샹, 箱샹, 緗샹, 驤양, 羊양, 洋양, 烊양, 陽양, 楊양, 眹앙, 秧앙, 鴦앙, 韔쟝, 章쟝, 獐쟝, 張댱, 粧장, 裝장

- 养韻: 廠챹, 丈댱, 杖댱, 紡방, 襁강, 奬쟝, 兩량, 輛량, 蜋량, 攘샹, 壤샹, 眗샹, 賞샹, 網망, 輞망, 饗햫, 象샹, 橡샹, 鯗샹, 仰앙, 養양, 掌쟝
- 漾韻: 上샹, 唱챹, 輚탕, 狀장, 匠쟝, 舫방, 醬쟝, 醸양, 穬강, 讓샹, 餉햫, 望망, 嶂쟝, 帳댱, 漲탕, 脹탕
- 药韻: 芍샥, 杓쟉, 勺쟉, 妁쟉, 嚼쟉, 脚각, 掠럌, 雀쟉, 鵲쟉, 箬샥, 弱약, 瘧학, 藥약, 躍약, 爚약, 籥약, 籰약, 繳쟉, 酌쟉, 着탁, 鑰약

宕攝 3등 개구호에는 陽韻, 养韻, 漾韻, 药韻 네 개의 운모가 있다. 『훈몽자회』에는 이들 네 개 운모의 한자가 다 나타났다. 이들이 『훈몽자회』의 운모는 'ㅑ'[iaŋ]과 'ㅑ'[iak]이 71개이고, 'ㅑ'[aŋ]과 'ㅏ'[ak]이 33개이다. 이는 『훈몽자회』 운모의 다수가 [iaŋ]/[iak]임을 의미한다.

宕攝 3등 개구호에 나타난 陽韻, 养韻, 漾韻, 药韻 네 운모에 대한 학자들의 추정음을 보면 아래와 같다.

高本漢, 趙元任, 王力, 方孝岳, 李荣이 [iaŋ]/[iak]으로 추정하고, 李方桂가 [jaŋ]/[jak]으로 추정하고, 董同龢가 [jaŋ]/[jak]으로 추정하고, 周法高가 [iaŋ]/[iak]으로 추정하고, 陆志韦가 [ɪaŋ]/[ɪak]으로 추정하였다. 이는 대다수 학자들의 추정음이 대동소이함을 의미한다. 우리는 다수 학자들의 추정음에 따라 宕攝 3등 개구호의 운모 『광운』음을 [iaŋ]/[iak]으로 보고자 한다.

중국어 『광운』 운모 [iaŋ]/[iak]은 그 뒤에 운모 [iaŋ]→[iaŋ], [iaŋ]→[iaŋ]→[aŋ], [iak]→[iao]→[ao]→[o]→[uo], [iak]→[iao], [iak]→[iao]→[ye]의 변화를 거쳐 현대 중국어의 운모 [iaŋ], [aŋ], [uo], [iao], [ye]로 되었다.

『훈몽자회』의 운모 [iaŋ]/[iak]은 『광운』 운모 [iaŋ]/[iak]이 한국어에서의 변형이다.

『훈몽자회』의 운모 [aŋ]/[ak]은 『광운』 운모 [iaŋ]/[iak]이 한국어에서의 변형이다. 『훈몽자회』에 운모 [aŋ]/[ak]으로 된 한자들은 아래와 같다. '牀상, 霜상, 孀상, 粧장, 裝장, 狀장, 瘡창, 槍창, 搶창, 魴방, 紡방, 舫방, 鋩망, 網망, 輞망, 姜강, 礓강, 疆강, 韁강, 强강, 羌강, 蜣강, 糨강, 襁강, 薑쌍, 脚각, 瘧학, 胦앙, 秧앙, 鴦앙, 仰앙' 이들은 개음 [i]가 탈락되면서 중국어 『광운』 운모 [iaŋ]/[iak]이 한국어에서 [aŋ]/[ak]으로 변하였다. 개음 [i]가 탈락된 한자 다수(69.7%)의 성모가 순음과 아후음이다.

이 밖에 치음(齒音)의 한자 '牀상, 霜상, 孀상, 粧장, 裝장, 狀장, 瘡창, 槍창, 搶창' 등도 개음 [i]를 잃었다. 『중원음운』 이후의 중국어에서 照系의 성모 [tʂ], [tʂʻ], [ʂ] 뒤의 개음 [i]가 탈락되는 변화가 있었다. 즉 『중원음운』 [iuŋ]이 [uŋ]으로, [iaŋ]이 [aŋ]으로, [iu]가 [u]로, [iən]이 [ən]으로, [iuan]이 [uan]으로, [iao]가 [ao]로, [iə]가 [ə]로, [iəŋ]이 [əŋ]으로, [iəu]가 [əu]로, [iəm]이 [əm]으로, [iam]이 [am]으로 변하였다. 위에서 열거한 한자들의 성모가 照系의 [tʂ], [tʂʻ], [ʂ]이므로 개음 [i]가 탈락되었다. 그러니 상기 한자들의 운모 [aŋ]은 근대 중국어 음이 한국어에 수입된 것으로 최세진이 소위이다. '裝'자가 중국의 소주, 쌍봉 방언에서 [tsɒŋ]으로, 남창, 매현, 하문 방언에서 [tsɔŋ]으로, 광주, 양강 방언에서 [tʃɒŋ]으로 발음됨이 주목된다.

4) 陽韻, 养韻, 漾韻, 葯韻: 3등 합구호

- 陽韻: 狂광, 誆광, 脆광, 筐광, 王왕
- 养韻: 枉왕
- 漾韻: 誑광

• 药韻: 钁矍

宕攝 3등 합구호에는 陽韻, 养韻, 漾韻, 药韻 네 개의 운모가 있다. 『훈몽자회』에는 이들 네 개 운모의 한자가 다 나타났다. 이들이 『훈몽자회』의 운모는 모두 '냥'[oaŋ]=[uaŋ]과 '냑'[oak]=[uak]이다.

宕攝 3등 합구호에 나타난 陽韻, 养韻, 漾韻, 药韻 네 운모에 대한 학자들의 추정음을 보면 아래와 같다.

高本漢, 趙元任, 王力, 方孝岳 [iwaŋ]/[iwak]으로 추정하고, 李方桂가 [jwaŋ]/[jwak]으로 추정하고, 董同龢가 [juaŋ]/[juak]으로 추정하고, 周法高가 [iuaŋ]/[iuak]으로 추정하고, 陆志韦가 [ɪwaŋ]/[ɪwak]으로 추정하고, 李荣이 [iuaŋ]/[iuak]으로 추정하였다. 이는 대다수 학자들의 추정음이 대동소이함을 의미한다. 우리는 다수 학자들의 추정음에 따라 宕攝 3등 합구호의 운모 『광운』 음을 [iwaŋ]/[iwak]으로 보고자 한다.

중국어 『광운』 운모 [iwaŋ]/[iwak]은 그 뒤에 운모 [iwaŋ]→[uaŋ], [iwaŋ]→[uaŋ]→[aŋ], [iwak]→[iua]→[iuə]→[yəˠ]→[ye]의 변화를 거쳐 현대 중국어의 운모 [uaŋ], [aŋ], [ye]로 되었다.

『훈몽자회』의 운모 [uaŋ]/[uak]은 『광운』 운모 [iwaŋ]/[iwak]이 한국어에서의 변형이다. 즉 『광운』 운모 [iwaŋ]/[iwak]이 한국어에서 [uaŋ]/[uak]으로 변한 것이다. 이는 『광운』 운모 [iwaŋ]/[iwak]의 개음 [i]가 탈락되면서 한국어 운모 [uaŋ]/[uak]으로 되었다. 개음 [i]가 탈락된 한자의 성모 모두가 아후음이다. 이는 한국어에 아후음 성모 뒤의 개음 [i]가 탈락되는 법칙이 존재했었음을 의미한다.

13. 江攝

江攝은 오직 하나의 2등 개구호로 구성된 섭이다. 거기에는 江韻,
讲韻, 絳韻, 覺韻 네 개의 운모가 들어 있는데 세 개의 양성 운모와
하나의 입성 운모로 구성되었다. 이 네 개의 운모에는 『훈몽자회』의
한자가 다 나타나 있다.

이들 운모가 『훈몽자회』에서의 형태 및 그 내원을 밝히면 아래와
같다.

江韻, 讲韻, 絳韻, 覺韻: 2등 개구호
 • 江韻: 邦방, 幢당, 窓창, 矼강, 江강, 豇강, 扛강, 厖방, 瀧상, 腔강, 缸항,
   肛항, 樁촹, 雙솽, 瀧랑
 • 讲韻: 蚌방, 棒방, 講강, 港항, 項항, 摃항
 • 絳韻: 洚강, 絳강, 胖팡, 巷항
 • 覺韻: 雹박, 駁박, 濁탁, 鋜착, 角각, 桷각, 骰박, 朔삭, 槊삭, 嗍삭, 确각,
   學흑, 鷽흑, 樂악, 嶽악, 渥악, 卓탁, 啄탁, 椓탁, 鰒박

江攝 2등 개구호에는 江韻, 讲韻, 絳韻, 覺韻 네 개의 운모가 있다.
『훈몽자회』에는 이들 네 개 운모의 한자가 다 나타났다. 이들이 『훈몽
자회』의 운모는 'ㅏ'[aŋ]과 'ㅏ'[ak]이 38개이고, 'ㅘ'[oaŋ]=[uaŋ]이 2개
이고, 'ㅡ'이 2개이고, 'ㅑ'[iaŋ]이 1개이다. 이는 『훈몽자회』 운모의 다
수가 [aŋ]/[ak]임을 의미한다.

江攝 2등 개구호에 나타난 江韻, 讲韻, 絳韻, 覺韻 네 운모에 대한
학자들의 추정음을 보면 아래와 같다.

高本漢, 趙元任, 王力, 陆志韦, 方孝岳, 李方桂, 董同龢, 李荣이 [ɔŋ]/

[ɔk]으로 추정하고, 周法高가 [oŋ]/[ok]으로 추정하였다. 이는 거의 모든 학자들의 추정음이 일치함을 의미한다. 우리는 다수 학자들의 추정음에 따라 江攝 2등 개구호 운모의 『광운』음을 [ɔŋ]/[ɔk]으로 보고자 한다.

중국어 『광운』운모 [ɔŋ]/[ɔk]은 그 뒤에 운모 [ɔŋ]→[aŋ], [ɔŋ]→[aŋ]→[iaŋ], [ɔŋ]→[aŋ]→[uaŋ], [ɔk]→[ak]→[o], [ɔk]→[ak]→[o]→[uo], [ɔk]→[ak]→[o]→[io]→[ye], [ɔk]→[ak]→[ao], [ɔk]→[ak]→[ao]→[iao]의 변화를 거쳐 현대 중국어의 운모 [aŋ], [iaŋ], [uaŋ], [o], [uo], [ye], [ao], [iao]로 되었다.

『훈몽자회』의 운모 [aŋ]/[ak]은 『광운』운모 [ɔŋ]/[ɔk]이 중국어에서의 변형의 반영이다. 즉 『광운』운모 [ɔŋ]/[ɔk]이 중국어에서 [aŋ]/[ak]으로의 변형이 한국어에서 [aŋ]/[ɑk]으로 된 것이다. '江'자가 중국의 광주, 양강, 건구 방언에서 [kɔŋ]으로, 하문, 조주 방언에서 [kaŋ]으로 발음됨이 주목된다.

중국어에서 『광운』이후에 성모 아후음 뒤의 2등 개구호가 개음 [i]를 첨가하면서 운모 [aŋ]/[ak]이 [iaŋ]/[iak]으로 변하였다. 그런데 한국어 江攝 2등 개구호에서 개음 [i]가 첨가되는 변화가 '摃향' 하나의 한자에서만 나타났다. 이는 한국어에서 대다수 江攝 2등 개구호 한자가 아후음 성모 뒤에서 개음 [i]를 첨가하지 않았음을 의미한다.

『훈몽자회』한자 '學흑, 鷽흑'의 운모 'ᅟᅳᆨ'은 한국어 운모 [ɑk]이 한글 자모 'ᅟᅳᆨ'으로의 표기로 이 표기는 최세진이 소위이다.

『훈몽자회』의 한자 '雙솽, 樁촹'의 운모 [uaŋ]은 『광운』이후, 중국어에서 나타난 [ɔŋ]→[aŋ]→[uaŋ] 변화의 운모 [uaŋ]의 반영이다. 그러니 이 두 한자의 『훈몽자회』의 운모 [uaŋ]은 근대 중국어 음의 수입으로 최세진이 소위이다.

14. 曾攝

曾攝은 2개 종류의 개구호와 2개 종류의 합구호로 구성되었고 매개 등호에는 양성 운모와 입성 운모가 구비되어 있다. 그 속에는 1등 개구호 운모 '登韻, 等韻, 嶝韻, 德韻', 1등 합구호 운모 '登韻, 德韻', 3등 개구호 운모 '蒸韻, 拯韻, 証韻, 职韻', 3등 합구호 운모 '职韻' 등 11개의 운모가 들어 있다. 이들 가운데 개별 운모의 한자가 『훈몽자회』 에 나타나지 않았다.

이들 운모가 『훈몽자회』에서의 형태 및 그 내원을 밝히면 아래와 같다.

1) 登韻, 等韻, 嶝韻, 德韻: 1등 개구호

- 登韻: 崩붕, 朋붕, 棚붕, 藤등, 騰등, 滕승, 燈등, 曾증, 繒증, 能능, 僧승, 堋붕, 籐등
- 等韻: (『훈몽자회』의 한자가 없음.)
- 嶝韻: 贈증, 凳등, 鐙등
- 德韻: 北븍, 䴬부, 踣븍, 賊적, 德덕, 鰳륵, 勒륵, 肋륵, 墨묵, 愿특, 刻긱, 黑흑, 塞싀

曾攝 1등 개구호에는 登韻, 等韻, 嶝韻, 德韻 네 개의 운모가 있다. 『훈몽자회』에는 等韻 운모의 한자가 나타나지 않았다. 이들이 『훈몽자회』의 운모는 'ㅇ'[iŋ]과 'ㅣ'[ik]이 20개이고, 'ㅇ'[uŋ]과 'ㄱ'[uk]이 4개이고, 'ㅓ'[ək]이 2개이고, 'ㄱ'이 1개이고, 'ㅣ'가 1개이고 'ㅜ'[u]가 1개이다. 이는 『훈몽자회』 운모의 다수가 [iŋ]/[ik]임을 의미한다.

曾攝 1등 개구호에 나타난 登韻, 等韻, 嶝韻, 德韻 네 운모에 대한 학자들의 추정음을 보면 아래와 같다.

高本漢, 趙元任, 王力, 陆志韦, 方孝岳, 李方桂, 董同龢, 周法高, 李荣 모두가 한결같이 [əŋ]/[ək]으로 추정하였다. 이는 모든 학자들의 추정음이 일치함을 의미한다. 우리도 다수 학자들의 추정음에 따라 曾攝 1등 개구호 운모의 『광운』음을 [əŋ]/[ək]으로 보고자 한다.

중국어 『광운』 운모 [əŋ]/[ək]은 그 뒤에 [əŋ]→[əŋ], [əŋ]→[uŋ]→ [əŋ], [ək]→[uk]→[ai]→[ə], [ək]→[uk]→[ai]→[ə]→[o], [ək]→[ai]→[iai] →[ə], [ək]→[ai], [ək]→[ui]→[uəi]→[uei], [ək]→[uk]→[ui]→[əi]→[ei] 의 변화를 거쳐 현대 중국어의 운모 [əŋ], [ə], [o], [uei], [ai], [ei]로 되었다.

『훈몽자회』의 운모 [iŋ]/[ik]은 『광운』 전기(7세기)의 중국어 운모 [əŋ]/[ək]이 한국어에서의 변형이다. 즉 『광운』 운모 [əŋ]/[ək]의 모음 [ə]가 한국어에서 [i]로 변하였다.

『훈몽자회』의 한자 '賊적, 德덕'의 운모 [ək]은 『광운』 후기(11세기) 의 중국어 운모 [ək]의 반영으로 보인다. 그러니 중국어 『광운』 운모 [ək]이 한국어에서의 변화가 [ik]으로의 변화와 [ək]으로의 변화 두 가지이다. 이는 중국어 『광운』의 발음이 한국어에로의 전파가 전기(7 세기)와 후기(11세기)에 구별이 있었음을 의미한다.

曾攝 1등 개구호의 경우 전기(7세기)에는 『광운』 운모 [əŋ]/[ək]의 모음 [ə]가 한국어에서 [i]로 변하고, 후기(11세기)에는 『광운』의 원음 [ə]를 유지한 것으로 보인다. 이는 수백 년간 유지된 중국어 『광운』 어음 체계의 변화와 관계될 것으로 보인다. 즉 『광운』 모음 [ə]가 『광운』 전기에는 한국어 모음 [i]에 가깝게 발음되었으나 『광운』 후기에 는 한국어 모음 [ə]와 비슷이 발음되었을 수 있다.

『절운』과『광운』사이는 4백여 년의 시차가 있다. 이 4백여 년 사이에 중국어와 한국어는 모두 이러저러한 변화가 나타날 수 있다. 예를 들면 7~8세기경의 한국어에 모음 [ə]가 없었기에 중국어 모음 [ə]를 한국어에서 [ɨ]로 받아들이었으나 11~12세기경의 한국어에 모음 [ə]가 생기었기에 중국어의 [ə]를 한국어에서 [ə]로 받아들일 수도 있다. 그 결과 한국어에서 중국어의『광운』운모를 받아들이는 데서는 전기와 후기의 차이가 있을 수 있다. 또한 이 사이에 중국어 어음에서도 변화가 있을 수 있음에 주의를 돌려야 한다.

『광운』의 모음 [ə]가 한국어에서 모음 [ɨ]로의 변화가 臻攝 1등 개구호의 痕韻, 很韻, 恨韻, 没韻에서도 나타났다. 즉 臻攝의『광운』운모 [ən]/[ət]의 다수가 한국어에서 [in]/[il]로 표기되고 '즌튼'자 하나만 'ㄴ'으로 표기되었다. 여기에서의 운모 [in]은『광운』초기의 한국어 발음의 표기로 보이고 'ㄴ'은 15세기 중국어 운모 [uən]의 표기이다.

상기의 사실들은 한국 한자음 연구에서는 같은 운모에 속하는 글자들이라도 발음에서 시대에 따르는 차이가 있음에 주의할 필요가 있다.

『훈몽자회』의 한자 '朋붕, 棚붕, 北북, 墨묵'의 운모 [uŋ]/[uk]은『광운』이후에 중국어에서 나타난 운모 [uŋ]/[uk]의 반영으로 보인다. 즉『광운』운모 [əŋ]/[ək]이 [əŋ]→[uŋ]→[əŋ], [ək]→[uk]→[ai]→[ə]으로의 변화 과정의 운모 [uŋ]/[uk]의 반영이다. 한자 '朋붕, 棚붕'이 중국의 무한, 성도, 양주 방언에서 [pʻoŋ]으로, 남창 방언에서 [pʻuŋ]으로 발음됨이 주목된다.

『훈몽자회』의 한자 '刻극'의 운모 'ㄱ'은 한국어 운모 [ik]의 표기로 최세진이 소위이다. 한자 '刻'을 중국의 양강 방언에서 [kʻɐk]으로, 광주 방언에서 [hɐk]으로 발음함이 주목된다.

한자 '殯부'자가 '덕운(德韻)'에 속하니 [k]를 운미로 하는 입성 운모로 되어야 한다. 그런데『훈몽자회』'殯부'의 운모가 [u]이다. 그러니 운모 [u]는『광운』이후 근대 중국어에서 생겨난 운모 [o]가 한국어에서 [o]→[u]의 변화를 한 것으로 보인다.

한자 '塞'자가 '덕운(德韻)'에 속하니 [k]를 운미로 하는 입성 운모로 되어야 한다. 그런데『훈몽자회』'塞ᄉᆡ'의 운모가 'ᆡ'이다. 그러니 이는『광운』이후 근대 중국어에서 생겨난 운모 [ai]가 한국어에 수입된 것이다.『훈몽자회』에서 운모 'ᆡ'로의 표기는 최세진이 소위이다.

2) 登韻, 德韻: 1등 합구호

- 登韻: 肱굉, 薨훙
- 德韻: 國국

曾攝 1등 합구호에는 登韻, 德韻 두 개의 운모가 있다.『훈몽자회』에는 이들 두 개 운모의 한자가 다 나타나기는 하였으나 모두 3자이다. 이들이『훈몽자회』의 운모는 'ᆼ'[uŋ]과 'ᆨ'[uk]이 2개이고, 'ᆼ'[oiŋ]이 1개이다.

曾攝 1등 합구호에 나타난 登韻, 德韻 두 운모에 대한 학자들의 추정음을 보면 아래와 같다.

高本漢, 趙元任, 陆志韦, 李方桂가 [wəŋ]/[wək]으로 추정하고, 王力, 方孝岳, 董同龢, 周法高, 李荣이 [uəŋ]/[uək]으로 추정하였다. 이들의 추정음 사이에는 큰 차이가 없다. 우리는 다수 학자들의 추정음에 따라 曾攝 1등 합구호 운모의『광운』음을 [uəŋ]/[uək]으로 보고자 한다.

중국어『광운』운모 [uəŋ]/[uək]은 그 뒤에 [uəŋ]→[uŋ], [uəŋ]→[uŋ] →[əŋ], [uək]→[ai]→[ə], [uək]→[uk]→[ui]→[uə]→[uo]의 변화를 거쳐 현대 중국어의 운모 [uŋ], [uaŋ], [ə], [uo]로 되었다.

『훈몽자회』의 운모 [uŋ]/[uk]은 『광운』운모 [uəŋ]/[uək]이 『광운』 이후 중국어에서 나타난 변형의 반영이다. 즉 『광운』운모 [uəŋ]/[uək] 이 『중원음운』에서 [uŋ]/[uk]으로 변하였는데 이 변화가 한국어에 반 영되어 운모 [uŋ]/[uk]으로 되었다.

『훈몽자회』의 한자 '肱굉'의 운모 [oiŋ]의 내원은 명확히 밝히기 어 렵다.

3) 蒸韻, 拯韻, 証韻, 职韻: 3등 개구호

- 蒸韻: 氷빙, 澄등, 乘승, 繩승, 繒증, 秎궁, 陵릉, 菱릉, 淩릉, 綾릉, 升승, 勝승, 蠅승, 膺응, 鷹웅, 烝증, 徵딩
- 拯韻: (『훈몽자회』의 한자가 없음.)
- 証韻: 秤칭, 甑증, 孕잉, 證증
- 职韻: 直딕, 食식, 棘극, 稷직, 極극, 拭식, 息식, 翼익, 臆억, 植식, 殖식, 勅틱, 鷿틱, 蝕식, 襫극, 嗇식, 穡식, 式식, 飾식, 弋익, 杙익, 翊익, 億억, 薏의, 織직, 職직, 昃칙, 仄측

曾攝 3등 개구호에는 蒸韻, 拯韻, 証韻, 职韻 네 개의 운모가 있다. 『훈몽자회』에는 이들 네 개 운모 가운데의 拯韻 운모의 한자가 나타나 지 않았다. 이들이 『훈몽자회』의 운모는 '늑'[ik]이 21개이고, 'ㅣㅇ'[iŋ]과 'ㅣ'[ik]이 22개이고, 'ㅚ'이 3개이고, 'ㅢ'[ɨi]가 1개이다. 이는 『훈몽자회』 운모의 다수가 [iŋ], [ik], [iŋ], [ik]임을 말해준다. 상기 운모들의 변화

에서 職韻의 변화가 다양함을 알 수 있다.

曾攝 3등 개구호에 나타난 蒸韻, 拯韻, 証韻, 職韻 네 운모에 대한 학자들의 추정음을 보면 아래와 같다.

高本漢, 趙元任, 王力, 方孝岳, 李荣이 [iəŋ]/[iək]으로 추정하고, 李方桂, 董同龢가 [jəŋ]/[jək]으로 추정하고, 陆志韦가 [ɹieŋ]/[ɹiek]으로 추정하고, 周法高가 [ieŋ]/[iek]으로 추정하였다. 우리는 다수 학자들의 추정음에 따라 曾攝 3등 합구호 운모의『광운』음을 [iəŋ]/[iək]으로 보고자 한다.

중국어『광운』운모 [iəŋ]/[iək]은 그 뒤에 [iəŋ]→[iŋ], [iəŋ]→[əŋ], [iəŋ]→[iun]→[yn], [iək]→[ai], [iək]→[ai]→[ə], [iək]→[ik]→[i], [iək]→[ik]→[i]→[ʅ]의 변화를 거쳐 현대 중국어의 운모 [iŋ], [əŋ], [yn], [ai], [ə], [i], [ʅ]로 되었다.

『훈몽자회』의 운모 [iŋ]/[ik]은 중국어 운모 [iəŋ]/[iək]의 변형인 [əŋ]/[ək]이 한국어에서 [iŋ]/[ik]으로 변하였다. 즉 중국어『광운』운모 [iəŋ]/[iək]이『중원음운』에서의 변화형 [əŋ]/[ək]이 한국어에서 [iŋ]/[ik]으로 변화한 것이다.

이는 曾攝 3등 개구호의 '蒸韻, 拯韻, 証韻, 職韻'에서도 曾攝 1등 개구호 '登韻, 等韻, 嶝韻, 德韻'에서와 마찬가지로『광운』운모 [iəŋ]/[iək]의 변화형 [əŋ]/[ək]이 한국어에서 [iŋ]/[ik]으로 되었다. 이는 중국어 운모 [əŋ]/[ək]이 한국어에서 일반적으로 [iŋ]/[ik]으로 변함을 의미한다.

『훈몽자회』의 운모 [iŋ]/[ik]은『광운』이후 중국어에서 나타난 변화의 형태, 즉 중국어 [iəŋ]/[iək]→[iŋ]/[ik]으로 변형의 반영이다. 그러니『훈몽자회』의 운모 [iŋ]/[ik]의 표기는 최세진이 소위이다.

『훈몽자회』의 한자 '臆억, 億억'의 운모 [ək]은『광운』운모 [iək]이 한국어에서 [iək]→[ək]의 변화를 한 것이다. 이 변화의 원인은 '臆억, 億억'의 성모가 후음이기 때문이다. 그러니 이는 한국어에서 나타난 변화이다.

『훈몽자회』의 한자 '嗇식, 穡식, 昃칙'이 중국어에서의 운모가 職韻이니 자연스럽게 운미 [k]를 갖게 된다. 그런데 운모 'ㅢ'의 모음 'ㅢ'가 중국어 [iək]→[ai] 변화의 모음 [ai]와 대응 되는 것으로 보아 근대 중국어 모음 [ai]에 직운(職韻)의 운미 [k]를 첨가시켜 만들어진 형태로 보인다. 즉 근대 중국어 모음 [ai]에 중세 중국어 운미 [k]를 첨가시킨 것이다. 자모 'ㅢ'의 사용은 최세진이 소위다. 한자 '嗇'을 중국의 광주, 양강 방언에서 [ʃɪk]으로, 하문 방언에서 [sɪk]으로, 조주 방언에서 [sek]으로 발음함이 주목된다.

『훈몽자회』의 한자 '薏의'의 운모 [ii]의 내원은 명확히 밝히기 어려우나 유추에 의해 생긴 음으로 보인다.

4) 职韻: 3등 합구호

· 职韻: 域역, 閾역

曾攝 3등 합구호에는 职韻 하나의 운모가 있다. 『훈몽자회』에 나타난 한자는 '域역, 閾역' 두 글자뿐인데 운모가 모두 'ㅕ'[iək]이다.

曾攝 3등 합구호에 나타난 职韻 운모에 대한 학자들의 추정음을 보면 아래와 같다.

高本漢, 李方桂가 [jwək]으로 추정하고, 趙元任이 [iwɔk]으로 추정하고, 王力, 方孝岳, 李荣이 [iuək]으로 추정하고, 董同龢가 [juək]으로 추정하고, 陆志韦가 [ɪwek]으로 추정하고, 周法高가 [iuek]으로 추정하

였다. 우리는 다수 학자들의 추정음에 따라 曾攝 3등 합구호 職韻 운모의 『광운』음을 [iuək]으로 보고자 한다.

중국어 『광운』 운모 [iuək]은 그 뒤에 [iuək]→[iu]→[iui]→[y]의 변화를 거쳐 현대 중국어의 운모 [y]로 되었다.

『훈몽자회』의 [iək]은 『광운』 운모 [iuək]이 한국어에서의 변형이다. 이들의 성모가 후음인데 개음 [i]가 보존되어 있는 것으로 보아 근대 중국어 음을 한국 한자음에 수입한 것으로 보인다. 그러니 이를 최세진이 소위로 보아야 한다.

15. 梗攝

梗攝은 5개 종류의 개구호와 5개 종류의 합구호로 구성되었고 매개 등호에는 양성 운모와 입성 운모가 구비되어 있다. 그 속에는 2등 개구호 운모 '庚韻, 梗韻, 映韻, 陌韻', 2등 개구호 운모 '耕韻, 耿韻, 諍韻, 麥韻', 2등 합구호 운모 '庚韻, 梗韻, 映韻, 陌韻', 2등 합구호 운모 '耕韻, 諍韻, 麥韻', 3등 개구호 운모 '庚韻, 梗韻, 映韻, 陌韻', 3등 개구호 운모 '清韻, 静韻, 勁韻, 昔韻', 3등 합구호 운모 '庚韻, 梗韻, 映韻, 陌韻', 3등 합구호 운모 '清韻, 静韻, 昔韻', 4등 개구호 운모 '青韻, 迥韻, 徑韻, 錫韻', 4등 합구호 운모 '青韻, 迥韻, 錫韻' 등 37개의 운모가 들어 있다. 이들 가운데 개별 운모의 한자가 『훈몽자회』에 나타나지 않았다.

우리가 느끼건대 『훈몽자회』 운모의 내원 분석에서 제일 힘든 것이 梗攝 운모에 대한 분석이다. 그 원인이 경섭에는 같은 등호에 속하는 운모들이 여럿이고, 그들이 『광운』 이후 중국어에서의 변화 발전이 같으며, 『훈몽자회』에서의 발음도 같기 때문이다. 예를 들면 2등 개구호에 두 가지이고, 2등 합구호에 두 가지이며, 3등 개구호에 두 가지이고, 3등 합구호에 두 가지이다.

이 같은 상황을 고려하여 등호가 같은 운모들을 합치어 분석하는 것도 무리가 아니라고 인정된다. 하여 梗攝에서는 등호가 같은 운모들을 합쳐 다루기로 한다.

梗攝의 운모가 『훈몽자회』에서의 형태 및 그 내원을 밝히면 아래와 같다.

1) 庚韻, 梗韻, 映韻, 陌韻: 2등 개구호

- 庚韻: 鶊경, 羹깅, 桁힝, 衡형, 粳경, 坑깅, 盲밍, 虻밍, 烹핑, 生싱, 笙싱, 甥싱, 鉎싱, 眚싱, 猩셩, 行힝, 䲁명, 鐺팅
- 梗韻: 打타, 董경, 梗경, 綆경, 冷링, 猛밍, 杏힝
- 映韻: 胻힝
- 陌韻: 栢븩, 百븩, 伯븩, 白븩, 帛븩, 舶븩, 坼튁, 澤튁, 宅튁, 骼각, 陌믹, 拍븩, 珀븩, 魄븩, 客긱, 額익, 軛익, 瘂아, 笮칙

梗攝 2등 개구호 1에는 庚韻, 梗韻, 映韻, 陌韻 네 개의 운모가 있다. 『훈몽자회』에는 이들 네 개 운모의 한자가 다 나타났다. 이들이 『훈몽자회』의 운모는 'ㅣㅇ'과 'ㅓㅣ'이 33개이고, 'ㅕ'[iəŋ]이 8개이고, 'ㅏ'[a]가 1개이고, 'ㅏ'[ak]이 1개이다. 이는 『훈몽자회』 운모의 다수가 'ㅣㅇ', 'ㅓㅣ'임을 말해준다.

梗攝 2등 개구호 1에 나타난 庚韻, 梗韻, 映韻, 陌韻 네 운모에 대한 학자들의 추정음을 보면 아래와 같다.

高本漢, 趙元任, 王力, 方孝岳, 李方桂, 董同龢, 李荣이 [ɐŋ]/[ɐk]으로

추정하고, 陆志韦, 周法高가 [aŋ]/[ak]으로 추정하였다.

우리는 梗攝 2등 개구호 운모의『광운』음을 [æŋ]/[æk]으로 보고자
한다.

2) 耕韻, 耿韻, 諍韻, 麦韻: 2등 개구호

- 耕韻: 繃붕, 橙등, 耕경, 氓밍, 萌밍, 薨밍, 莖깅, 甍영, 櫻잉, 鸎잉, 鸚잉,
  箏정
- 耿韻: (『훈몽자회』의 한자가 없음.)
- 諍韻: 諍징
- 麦韻: 虉벽, 柵칙, 簀격, 膈격, 核힉, 覈힉, 翮격, 讀칙, 冊칙, 策칙, 革혁,
  脉믹, 麥믹, 謫뎌, 幘격

梗攝 2등 개구호 2에는 耕韻, 耿韻, 諍韻, 麦韻 네 개의 운모가 있다.
『훈몽자회』에는 이들 네 개 운모 가운데의 耿韻의 한자가 나타나지
않았다. 이들이『훈몽자회』의 운모는 'ㅣ'과 'ㅟ'이 17개이고, 'ㅕ'[iəŋ]과
'ㅕ'[iak]이 9개이고, 'ㅇ'[iŋ]이 2개이다. 이는『훈몽자회』운모의 다수
가 'ㅣ', 'ㅟ'임을 말해준다.

梗攝 2등 개구호 2에 나타난 耕韻, 耿韻, 諍韻, 麦韻 네 운모에 대한
학자들의 추정음을 보면 아래와 같다.

高本漢, 王力, 方孝岳, 李方桂, 董同龢, 周法高가 [æŋ]/[æk]으로 추정
하고, 趙元任, 陆志韦가 [ɐŋ]/[ɐk]으로 추정하고 李榮이 [ɛŋ]/[ɛk]으로
추정하였다.

우리는『훈몽자회』梗攝 2등 개구호의 운모와 다수 학자들의 추정
음에 따라 梗攝 2등 개구호 운모의『광운』음을 [æŋ]/[æk]으로 보고

자 한다.

중국어 『광운』 운모 [æŋ]/[æk]은 그 뒤에 [æŋ]→[əŋ], [æŋ]→[əŋ]→[iəŋ], [æŋ]→[əŋ]→[iəŋ]→[iŋ], [æk]→[ai], [æk]→[ai]→[iai]→[ə], [æk]→[ai]→[ə], [æk]→[ai]→[ə]→[o], [æk]→[a]→[ia]→[iə]의 변화를 거쳐 현대 중국어의 운모 [əŋ], [iəŋ], [iŋ], [ai], [ə], [o], [iə]로 되었다.

『훈몽자회』의 운모 [iəŋ]/[iək]은 『광운』 운모 [æŋ]/[æk]이 중국어에서 변형의 반영이다. 중국어에서 『광운』으로부터 『중원음운』 사이에 아후음 성모 뒤의 개구호 2등에 개음 [i]가 첨가되는 변화가 나타났다. 이 변화의 영향으로 하여 중국어 운모 [æŋ]/[æk]이 중국어에서 운모 [iæŋ]/[iæk]으로 변하였다. 중국어에서 [iæŋ]/[iæk]으로 변한 운모가 한국어에서는 [iəŋ]/[iək]으로 되었다. 변화의 원인은 한국어에 모음 [æ]가 없기에 중국어 모음 [æ]가 한국어에서 모음 [ə]로 변하였다. 이 변화가 한국어에서는 아후음 이외의 성모에도 파급되어 '猩셩, 甖몋, 蘗벽, 謫뎍, 幘졕' 등 한자의 운모도 [iəŋ]/[iək]으로 되었다.

그러니 중국어 梗攝 아후음 성모 뒤 2등 개구호에서는 개음 [i]가 첨가되는 변화가 나타났고, 이로 인하여 나타난 운모 [iəŋ]/[iək]을 근대 중국어 운모로 보아야 할 것이다.

『훈몽자회』의 한자 '骼각'의 운모 [ɑk]은 유추로 하여 생긴 것으로 보인다.

『훈몽자회』 梗攝 2등 개구호 운모 'ㅕ', 'ㅖ'은 『광운』 운모 [æŋ]/[æk]이 한국어에서의 변화 형태인 [iəŋ]/[iək]의 표기로 보이고, 한글 자모 'ㅕ', 'ㅖ'의 사용은 최세진이 소위이다.

『훈몽자회』의 한자 '繃붕, 橙둥'의 운모 [iŋ]은 중국어 『광운』 운모 [æŋ]이 한국어에 전파된 다음, 한국어에서 [æŋ]→[əŋ]→[iŋ]의 변화를 하여 이루어지었을 것으로 보인다. 그러니 이 변화는 『광운』 전기(7~8

세기)의 중국어 운모의 변화로 보인다. 한자 '繃'이 중국의 여러 방언에서 [pəŋ], [poŋ], [puŋ], [paŋ], [pɐŋ], [pɪŋ], [peiŋ], [paiŋ] 등으로 발음됨이 주목된다.

『훈몽자회』의 한자 '打타, 瘂아'의 운모 [ɑ]는 『광운』 이후 중국어에서 생겨난 음이다. 왜냐하면 『중원음운』에서 '打타'자의 운모가 [a]였고, '瘂아'자의 운모가 [ia]였기 때문이다. 그러니 이 두 운모는 근대 중국어 음을 한국어에서 수입한 것으로 최세진이 소위이다.

3) 庚韻, 梗韻, 映韻, 陌韻: 2등 합구호

- 庚韻: 觥굉, 橫횡, 蠑영
- 梗韻: (『훈몽자회』의 한자가 없음.)
- 映韻: (『훈몽자회』의 한자가 없음.)
- 陌韻: (『훈몽자회』의 한자가 없음.)

梗攝 2등 합구호 1에는 庚韻 하나에만 한자 셋이 있다. 이같이 적은 수량의 한자로 『훈몽자회』 한자음의 형태와 내원을 밝히기 어려우므로 구체 분석을 약하기로 하나 『광운』 운모를 [wæŋ]/[wæk]으로 보고자 한다.

4) 耕韻, 諍韻, 麦韻: 2등 합구호

- 耕韻: 紘굉
- 諍韻: (『훈몽자회』의 한자가 없음.)
- 麦韻: 馘괵, 蟈국, 膕국

梗攝 2등 합구호 2에 나타난 한자가 모두 넷이고 靜韻에는 한자가 없다. 이같이 적은 수량의 한자로『훈몽자회』한자음의 형태와 내원을 밝히기 어려우므로 구체 분석을 약하기로 하나『광운』운모를 [wæŋ]/[wæk]으로 보고자 한다.

5) 庚韻, 梗韻, 映韻, 陌韻: 3등 개구호

- 映韻: 柄병, 病병, 鋻덩, 敬경, 鏡경, 命명, 暎영
- 陌韻: 戟극, 屐극, 綌격, 隙극, 嚇역

梗攝 3등 개구호 1에는 庚韻, 梗韻, 映韻, 陌韻 네 개의 운모가 있다.『훈몽자회』에는 이들 네 개 운모의 한자가 다 나타났다. 이들이『훈몽자회』의 운모는 'ㅕ'[iəŋ]과 'ㅕ'[iək]이 24개이고, 'ㅢ'[ik]이 3개이고, 'ㅣ'이 2개이다. 이는『훈몽자회』운모의 다수가 [iəŋ]/[iək]임을 말해준다.

梗攝 3등 개구호 1에 나타난 庚韻, 梗韻, 映韻, 陌韻 네 운모에 대한 학자들의 추정음을 보면 아래와 같다.

高本漢, 趙元任, 王力, 方孝岳, 李荣이 [iɐŋ]/[iɐk]으로 추정하고, 李方桂, 董同龢가 [jɐŋ]/[jɐk]으로 추정하고, 周法高가 [iaŋ]/[iak]으로 추정하고, 陆志韦가 [ɪæŋ]/[ɪæk]으로 추정하였다.

梗攝 3등 개구호 운모의『광운』음을 [iæŋ]/[iæk]으로 보고자 한다.

6) 清韻, 静韻, 勁韻, 昔韻: 3등 개구호

- 清韻: 城셩, 筬셩, 誠셩, 頳뎡, 檉뎡, 蟶뎡, 呈뎡, 裎뎡, 情졍, 晴쳥, 精졍, 菁쳥, 睛쳥, 名명, 槇명, 圊쳥, 清쳥, 聲셩, 餳셩, 楹영, 嬴영, 瓔영, 瓔영,

縷영, 鉦정, 貞뎡

- 静韻: 餠병, 穽정, 頸경, 井정, 領령, 嶺령, 藜경, 梬빙, 癭영
- 勁韻: 盛셩, 令령
- 昔韻: 碧벽, 璧벽, 襞벽, 闢벽, 腊석, 石셕, 鉐셕, 赤젹, 尺쳑, 蚇쳑, 斥쳑, 蹢텩, 擲텩, 籍젹, 堉쳑, 瘠쳑, 藉젹, 鯽즉, 鵲쳑, 脊쳑, 辟벽, 磧젹, 螫셕, 夕셕, 汐셕, 夃셕, 席셕, 昔셕, 潟셕, 碣셕, 液익, 腋익, 被익, 易역, 繹역, 驛역, 蜴텩, 弈혁, 炙젹, 隻쳑

梗攝 3등 개구호 2에는 清韻, 静韻, 勁韻, 昔韻 네 개의 운모가 있다. 『훈몽자회』에는 이들 네 개 운모의 한자가 다 나타났다. 이들이 『훈몽자회』의 운모는 'ㅕ'[iən]과 'ㅕ'[iək]이 78개이고, 'ㅚ'이 3개이고, 'ㅟ'[ik] 이 1개이고, 'ㅓ'[ək]이 1개이고, 'ㅣ'[iŋ]이 1개이다. 이는 『훈몽자회』 운모의 다수가 [iən]/[iək]임을 말해준다.

梗攝 3등 개구호 2에 나타난 清韻, 静韻, 勁韻, 昔韻 네 운모에 대한 학자들의 추정음을 보면 아래와 같다.

高本漢, 王力, 陆志韦, 方孝岳, 李荣이 [iɛŋ]/[iɛk]으로 추정하고, 李方桂, 董同龢가 [jɛŋ]/[jɛk]으로 추정하고, 趙元任, 周法高가 [iæŋ]/[iæk] 으로 추정하였다.

우리는 『훈몽자회』 梗攝 3등 개구호의 운모와 다수 학자들의 추정음에 따라 梗攝 3등 개구호 운모의 『광운』 음을 [iæŋ]/[iæk]으로 보고자 한다.

중국어 『광운』 운모 [iæŋ]/[iæk]은 그 뒤에 [iæŋ]→[iəŋ]→[əŋ], [iæŋ]→[iəŋ]→[iŋ], [iæk]→[ui], [iæk]→[ui]→[i], [iæk]→[ui]→[y], [iæk] →[i]→[ʅ], [iæk]→[i]의 변화를 거쳐 현대 중국어의 운모 [əŋ], [iŋ], [i], [y], [ʅ]로 되었다.

『훈몽자회』의 운모 [iəŋ]/[iək]은『광운』운모 [iæŋ]/[iæk]이 중국어에서의 변형의 반영이다. 즉 중국어에서 [iæŋ]→[iəŋ]→[iŋ], [iæŋ]→[iəŋ]→[əŋ]의 변화가 있었는데 중국어에서의 [iəŋ]이 한국어에서 [iəŋ]/[iək]으로 되었다.

『훈몽자회』의 한자 '檘빙'의 운모 [iŋ]은『광운』이후의 근대 중국어 운모 [iŋ]의 반영으로 보인다. 즉『광운』운모 [iæŋ]의 변화 형태 [iæŋ]→[iəŋ]→[iŋ]의 반영이다. 그러니 이는 근대 중국어 음이 한국어에 수입된 것으로 최세진이 소위이다.

『훈몽자회』의 한자 '戟극, 屐극, 隙극, 鯽즉'의 운모 [ik]은『광운』전기(7세기)의 운모 [iæk]이 한국어에서의 변화 형태 [ək]의 변종으로 보인다. 즉『광운』운모 [iæk]이 한국어에서 [iæk]→[ək]→[ik]의 변화를 일으킨 것이다. 여기에서 개음 [i]의 탈락은 이들 한자의 성모가 아음이기 때문이다.

『훈몽자회』의 한자 '撐팅, 盟밍, 液익, 腋익, 襪익'의 운모 'ㅣ', 'ㅢ'은 한국어 운모 [iəŋ]/[iək]의 표기로 보이고, 한글 자모 'ㅣ', 'ㅢ'의 사용은 최세진이 소위이다. 한자 '盟'이 중국의 여러 방언에서 [məŋ], [miŋ], [moŋ], [meŋ], [miɛŋ], [mɛŋ], [məŋ], [meiŋ] 등으로 발음되고 있음이 주목된다.

7) 庚韻, 梗韻, 映韻, 陌韻: 3등 합구호

• 庚韻: 榮영, 兄형
• 梗韻: (『훈몽자회』의 한자가 없음.)
• 映韻: 泳영
• 陌韻: (『훈몽자회』의 한자가 없음.)

梗攝 3등 합구호 1에 나타난 한자가 모두 셋이고 梗韻, 陌韻 두 운모의 한자가 없다.

梗攝 3등 합구호 1에 나타난 庚韻, 梗韻, 映韻, 陌韻 네 운모에 대한 학자들의 추정음을 보면 아래와 같다.

高本漢, 趙元任, 王力, 方孝岳가 [iweŋ]/[iwek]으로, 李荣이 [iuɐŋ]/[iuɐk]으로, 陆志韦가 [ɪwæŋ]/[ɪwæk]으로, 周法高가 [iuaŋ]/[iuak]으로, 李方桂가 [jweŋ]/[jwek]으로, 董同龢가 [juɐŋ]/[juɐk]으로 추정하였다.

우리는 梗攝 3등 합구호의 『광운』 운모를 [iwæŋ]/[iwæk]으로 보고자 한다.

8) 清韻, 静韻, 勁韻, 昔韻: 3등 합구호

• 清韻: 瓊경, 傾경, 營영
• 静韻: 穎영
• 昔韻: 役역, 疫역, 莈역

梗攝 3등 합구호 1, 2에 나타난 한자가 모두 10이다. 이들의 운모가 모두 [iəŋ]/[iək]이다.

梗攝 3등 합구호 2에 나타난 清韻, 静韻, 昔韻 세 운모에 대한 학자들의 추정음을 보면 아래와 같다.

高本漢, 王力, 陆志韦, 方孝岳가 [iwɜŋ]/[iwɜk]으로, 李荣이 [iuɐŋ]/[iuɐk]으로, 趙元任이 [iwæŋ]/[iwæk]으로, 董同龢가 [juɜŋ]/[juɜk]으로, 周法高가 [iuæŋ]/[iuæk]으로, 李方桂가 [jweŋ]/[jwɜk]으로 추정하였다.

우리는 梗攝 3등 합구호의 『광운』 운모를 [iwæŋ]/[iwæk]으로 보고자 한다.

중국어 『광운』 운모 [iwæŋ]/[iwæk]은 그 뒤에 [iwæŋ]→[iuŋ], [iwæŋ]→[iuŋ]→[uŋ], [iwæŋ]→[iəŋ]→[iŋ], [iwæk]→[ui]→[i], [iwæk]→[i]의 변화를 거쳐 현대 중국어의 운모 [iuŋ], [uŋ], [iŋ], [i]로 되었다.

『훈몽자회』의 운모 [iəŋ]/[iək]은 중국어 『광운』 운모 [iwæŋ]/[iwæk]이 한국어에서의 변화 형태로 보인다. 즉 한국어에 모음 [æ]가 없기에 중국어 모음 [æ]가 한국어에서 [ə]로 변하고, 한국어에 3중 겹모음 [iwə]가 없기에 중국어 개음 [iw]가 한국어에서 [i]로 변하였다.

9) 靑韻, 迥韻, 徑韻, 錫韻: 4등 개구호

- 靑韻: 軿병, 屛병, 瓶병, 萍평, 廷뎡, 亭뎡, 庭뎡, 蜓뎡, 聤뎡, 丁뎡, 疔뎡, 釘뎡, 經경, 伶령, 囹령, 瓴령, 聆령, 蛉령, 翎령, 零령, 鈴령, 鴒령, 靈령, 櫺령, 暝명, 瞑명, 靑쳥, 蜻쳥, 鯖쳥, 汀뎡, 鞓뎡, 聽텽, 廳텽, 形형, 型형, 硎형, 刑형, 馨형, 星셩
- 迥韻: 艇뎡, 頂뎡, 鼎뎡, 茗명
- 徑韻: 釘뎡, 碇뎡, 顁뎡, 徑경, 佞녕, 聖셩, 磬경, 脛형, 性셩, 姓셩, 政졍
- 錫韻: 壁벽, 甓벽, 狄뎍, 荻뎍, 笛뎍, 敵뎍, 糴뎍, 覿뎍, 馰뎍, 嫡뎍, 蹢뎍, 鏑뎍, 苖뎍, 擊격, 勛격, 跡격, 績격, 歷력, 櫪력, 癧력, 瓅력, 靂력, 櫟륵, 礫륵, 溺닉, 霹벽, 戚쳑, 鏚쳑, 趯텩, 喫긱, 覡혁, 淅셕, 錫셕, 裼텩, 鶂익

梗攝 4등 개구호에는 靑韻, 迥韻, 徑韻, 錫韻 네 개의 운모가 있다. 『훈몽자회』에는 이들 네 운모의 한자가 다 나타났다. 이들이 『훈몽자회』의 운모는 'ㅕㅇ'[iəŋ]과 'ㅕㄱ'[iək]이 85개이고, 'ㅣㄱ'[ik]이 2개이고, 'ㅣㄱ'[ik]이 2개이고, 'ㅣㄱ'이 1개이다.

梗攝 4등 개구호 1에 나타난 靑韻, 迥韻, 徑韻, 錫韻 네 운모에 대한

학자들의 추정음을 보면 아래와 같다.

高本漢, 趙元任, 王力, 方孝岳, 李方桂, 董同龢가 [ieŋ]/[iek]으로 추정하고, 周法高가 [iɐŋ]/[iɐk]으로 추정하고, 李荣이 [eŋ]/[ek]으로 추정하고, 陆志韦 [ɐŋ]/[ɐk]으로 추정하였다. 우리는 다수 학자들의 추정음에 따라 梗攝 4등 개구호 1의 운모의 『광운』음을 [ieŋ]/[iek]으로 보고자 한다.

중국어 『광운』 운모 [ieŋ]/[iek]은 그 뒤에 [ieŋ]→[iəŋ]→[iŋ], [ieŋ]→[iəŋ]→[əŋ], [iek]→[i], [iek]→[i]→[ɿ], [iek]→[ui]→[i]의 변화를 거쳐 현대 중국어의 운모 [iŋ], [əŋ], [i], [ɿ]로 되었다.

『훈몽자회』의 운모 [iəŋ]/[iək]은 『광운』 운모 [ieŋ]/[iek]이 한국어에서의 변형이다. 즉 『광운』 운모 [ieŋ]/[iek]의 모음 [ie]가 한국어에서 모음 [iə]로 변하였다. 그 원인은 이 시기의 한국어에 앞 모음 [e]가 없었기 때문이다.

『훈몽자회』의 한자 '櫟륵, 礰륵'의 운모 [ik]은 『광운』 운모 [iek]이 한국어에서의 변형으로 보인다. 즉 『광운』 운모 [iek]이 한국어에서 [iek]→[iək]→[ək]→[ik]의 변화를 한 것으로 보인다. '櫟륵, 礰륵' 두 글자에서 개음 [i]가 탈락되어 [iək]→[ək]→[ik]의 변화가 생기었을 것으로 보인다.

『훈몽자회』의 한자 '溺닉, 喫긱'의 운모 [ik]은 『광운』 운모 [iek]이 한국어에서의 변형으로 보인다. 즉 『광운』 운모 [iek]이 한국어에서 [iek]→[iək]→[ik]의 변화를 하였을 것으로 보인다. 한자 '溺'이 중국의 광주, 양강 방언에서 [nɪk]으로, 소주 방언애서 [ŋiɪʔ], 조주 방언에서 [nek]으로, 복주 방언에서 [niʔ]으로 발음됨이 주목된다.

『훈몽자회』의 한자 '鷁읰'의 운모 'ㆆ'은 한국어 운모 [iək]의 표기로 보이고, 한글 자모 'ㆆ' 사용은 최세진이 소위이다.

10) 靑韻, 逈韻, 錫韻: 4등 합구호

- 靑韻: 扃경, 扃경, 螢형
- 逈韻: (『훈몽자회』의 한자가 없음.)
- 錫韻: (『훈몽자회』의 한자가 없음.)

梗攝 4등 합구호 1에 나타난 한자가 모두 셋이고 逈韻, 錫韻 두 운모의 한자가 없다. 이같이 적은 수량의 한자로 『훈몽자회』 한자음의 형태와 내원을 밝히기 어려우므로 구체 분석을 약하기로 하나 『훈몽자회』의 운모를 [iweŋ]/[iwek]으로 보고자 한다.

16. 通攝

通攝은 4개 종류의 합구호로 구성되었고 매개 등호에는 양성 운모와 입성 운모가 구비되어 있다. 그 속에는 1등 합구호 운모 '東韻, 董韻, 送韻, 屋韻', 1등 합구호 운모 '冬韻, 湩韻, 宋韻, 沃韻', 3등 합구호 운모 '東韻, 送韻, 屋韻', 3등 합구호 운모 '鍾韻, 腫韻, 用韻, 燭韻' 등 15개의 운모가 들어 있다. 이들 가운데 개별 운모의 한자가 『훈몽자회』에 나타나지 않았다.

이들 운모가 『훈몽자회』에서의 형태 및 그 내원을 밝히면 아래와 같다.

1) 東韻, 董韻, 送韻, 屋韻: 1등 합구호

- 東韻: 蓬봉, 篷봉, 叢총, 峒동, 桐동, 童동, 僮동, 銅동, 瞳동, 螽동, 東동, 涷동, 蝀동, 工공, 公공, 功공, 蚣공, 鬉종, 鬷종, 嚨롱, 櫳롱, 籠롱, 聾롱, 韛롱, 朦몽, 葱총, 聰총, 囪총, 崆공, 紅홍, 葒홍, 篊홍, 鴻홍, 瀜홍, 哄홍, 烘홍, 虹홍, 翁옹, 螉옹, 鞥옹
- 董韻: 動동, 蠓몽, 桶통, 孔공, 汞홍, 塕옹
- 送韻: 衕동, 凍동, 棟동, 湩동, 貢공, 齈농, 痛통, 鞚공, 鬨홍, 瓮옹, 齆옹
- 屋韻: 卜복, 僕복, 碡독, 獨독, 瀆독, 櫝독, 犢독, 牘독, 髑독, 讀독, 韣독, 讟독, 幅복, 福복, 蝠복, 輻복, 腹복, 服복, 鵩복, 蝮복, 葍복, 谷곡, 穀곡, 族족, 鏃족, 祿녹, 磟록, 鹿록, 漉록, 簏록, 轆록, 麓록, 木목, 目목, 沐목, 苜목, 牧목, 醭복, 禿독, 鵚독, 哭곡, 斛곡, 槲곡, 縠곡, 轂곡, 屋옥, 燠욱

通攝 1등 합구호 1에는 東韻, 董韻, 送韻, 屋韻 네 개의 운모가 있다. 『훈몽자회』에는 이들 네 운모의 한자가 다 나타났다. 이들이 『훈몽자회』의 운모는 'ㅗᆼ'[oŋ]과 'ㅗㄱ'[ok]이 100개이고, 'ㅜㄱ'[uk]이 1개이다.

通攝 1등 합구호 1에 나타난 東韻, 董韻, 送韻, 屋韻 네 운모에 대한 학자들의 추정음을 보면 아래와 같다.

高本漢, 趙元任, 王力, 陆志韦, 李方桂, 董同龢, 周法高, 李荣이 [uŋ]/[uk]으로 추정하고, 方孝岳가 [oŋ]/[ok]으로 추정하였다. 우리는 『훈몽자회』 다수 한자의 음가와 方孝岳의 추정음에 따라 通攝 1등 합구호 1운모의 『광운』 음을 [oŋ]/[ok]으로 보고자 한다.

중국어 『광운』 운모 [oŋ]/[ok]은 그 뒤에 [oŋ]→[uŋ], [oŋ]→[uŋ]→[əŋ], [ok]→[uk]→[u]의 변화를 거쳐 현대 중국어의 운모 [uŋ], [əŋ], [u]로 되었다.

『훈몽자회』의 운모 [oŋ]/[ok]은『광운』운모 [oŋ]/[ok]이 한국어에
서의 반영이다.

『훈몽자회』의 한자 '燠욱'의 운모 [uk]은『광운』운모 [ok]이『광운』
이후 중국어에서 나타난 변형의 반영으로 보인다. 즉『광운』운모
[ok]이 [ok]→[uk]→[u]로의 변화 과정 음인 [uk]의 반영이다. 그러니
『훈몽자회』의 한자 '燠욱'의 운모 [uk]은『광운』이후의 근대 중국어
음이 한국 한자음에 수입된 것으로 최세진이 소위이다.

2) 冬韻, 湩韻, 宋韻, 沃韻: 1등 합구호

- 冬韻: 疼동, 彤동, 冬동, 宗종, 農농, 膿농
- 湩韻: (『훈몽자회』의 한자가 없음.)
- 宋韻: 綜종, 統통
- 沃韻: 纛독, 梏곡, 鵠곡, 沃옥, 鋈옥

通攝 1등 합구호 2에는 冬韻, 湩韻, 宋韻, 沃韻 네 개의 운모가 있다.
『훈몽자회』에는 이들 네 운모 가운데의 湩韻을 제외한 나머지 세 개
운모의 한자가 나타났다. 이들이『훈몽자회』의 운모는 전부가 'ㆁ'
[oŋ]과 'ㅗㄱ'[ok]이다. 이는 通攝 1등 합구호 1의 운모와 같다.

通攝 1등 합구호 2에 나타난 冬韻, 湩韻, 宋韻, 沃韻 운모에 대한
학자들의 추정음을 보면 아래와 같다.

高本漢, 趙元任, 王力, 李方桂, 董同龢, 周法高가 [uoŋ]/[uok]으로 추
정하고, 陆志韦가 [woŋ]/[wok]으로 추정하고, 方孝岳이 [uŋ]/[uk]으로
추정하고, 李荣이 [oŋ]/[ok]으로 추정하였다. 우리는『훈몽자회』다수
한자의 음가와 李荣의 추정음에 따라 通攝 1등 합구호 2운모의『광운』

음을 [oŋ]/[ok]으로 보고자 한다.

중국어 『광운』 운모 [oŋ]/[ok]은 그 뒤에 [oŋ]→[uŋ], [oŋ]→[uŋ]→
[əŋ], [ok]→[uk]→[u], [ok]→[uk]→[u]→[uo], [ok]→[uk]→[u]→[ə],
[ok]→[uk]→[u]→[o]의 변화를 거쳐 현대 중국어의 운모 [uŋ], [əŋ],
[u], [uo], [ə], [o]로 되었다.

『훈몽자회』의 운모 [oŋ]/[ok]은 『광운』 운모 [oŋ]/[ok]이 한국어에
서의 반영이다.

3) 東韻, 送韻, 屋韻: 3등 합구호

- 東韻: 戎슝, 穹궁, 熊웅, 菘숑, 雄웅, 終죵, 螽죵, 中듕, 忠튱, 衷튱, 充츙,
  翀튱, 蟲튱, 風풍, 楓풍, 豊풍, 弓궁, 躬궁, 宮궁, 窿륭
- 送韻: 銃츙, 衶듕, 諷풍, 鳳봉, 夢몽
- 屋韻: 淑슉, 孰슉, 塾슉, 熟슉, 柚튝, 妯튝, 軸튝, 逐튝, 舳튝, 掬국, 鞠국,
  菊국, 鵴국, 六륙, 陸륙, 肉슉, 叔슉, 菽슉, 麴국, 夙슉, 蓿슉, 育육, 毓육,
  鬻육, 粥쥭, 竹듁, 築튝

通攝 3등 합구호 1에는 東韻, 送韻, 屋韻 세 개의 운모가 있다. 『훈몽
자회』에는 이들 세 운모의 한자가 모두 나타났다. 이들이 『훈몽자회』
의 운모는 'ㅠㅇ'[iuŋ]과 'ㅠㄱ'[iuk]이 31개이고, 'ㅜㅇ'[uŋ]과 'ㅜㄱ'[uk]이 15이
고, 'ㅛㅇ'[ioŋ]이 3개이다. 이는 通攝 3등 합구호 1의 운모의 다수가
'[iuŋ]/[iuk]임'을 의미한다.

通攝 3등 합구호 1에 나타난 東韻, 送韻, 屋韻 운모에 대한 학자들의
추정음을 보면 아래와 같다.

高本漢, 趙元任, 王力, 周法高, 李荣이 [iuŋ]/[iuk]으로 추정하고, 李方

桂, 董同龢가 [juŋ]/[juk]으로 추정하고, 陆志韦가 [ɹuŋ]/[ɹuk]으로 추정하고, 方孝岳이 [ioŋ]/[iok]으로 추정하였다. 우리는 方孝岳이 추정음에 따라 通攝 3등 합구호 1의 운모의『광운』음을 [ioŋ]/[iok]으로 보고자 한다.

중국어『광운』운모 [ioŋ]/[iok]은 그 뒤에 [ioŋ]→[iuŋ]→[uŋ], [ioŋ]→[iuŋ]→[uŋ]→[əŋ], [iok]→[iuk]→[iu], [iok]→[iuk]→[iu]→[u], [iok]→[iuk]→[iu]→[iui]→[y]의 변화를 거쳐 현대 중국어의 운모 [iuŋ], [uŋ], [əŋ], [iu], [u], [y]로 되었다.

『훈몽자회』의 운모 [iuŋ]/[iuk]은『광운』운모 [ioŋ]/[iok]이『광운』이후『중원음운』의 중국어 음의 변형 [iuŋ]/[iuk]이 한국어에서의 반영이다. 그러니 이는 중국어 근대음이 한국 한자음에서의 수입이다.

『훈몽자회』의 한자 '菘슝, 終죵, 螽죵'의 운모 [ioŋ]은『광운』운모 [ioŋ]이 한국어에서의 반영이다. 한자 '終'의 하문 방언에서 [tsioŋ]임이 주목된다.

『훈몽자회』의 한자 '穹궁, 熊웅, 雄웅, 風풍, 楓풍, 豊풍, 弓궁, 躬궁, 宮궁, 諷풍, 掬국, 鞠국, 菊국, 鵴국, 麴국'의 운모 [uŋ]/[uk]은 중국어 운모 [ioŋ]→[iuŋ]→[uŋ]으로의 변화 형태인 [uŋ]/[uk]이 한국어애서의 수입이다. 그러니 이는 근대 중국어 운모가 한국어에 수입된 것으로 최세진이 소위이다. 한자 '風, 諷'이 중국의 남창, 매현 방언에서 [fuŋ]으로, 광주, 양강 방언에서 [fʊŋ]으로 발음됨이 주목된다.

4) 鍾韻, 腫韻, 用韻, 烛韻: 3등 합구호

• 鍾韻: 冲튱, 縫봉, 丰봉, 峯봉, 烽봉, 蜂봉, 鋒봉, 恭공, 蹤죵, 龍룡, 寵롱, 釀농, 筇공, 螽공, 舂숑, 胸흉, 松숑, 容용, 鎔용, 備용, 墉용, 甕옹, 饔옹,

癃옹, 鍾죵, 鐘죵
- 腫韻: 寵튱, 捧봉, 拱공, 壟롱, 駥숑, 勇용, 埇용, 涌용, 蛹용, 踊용, 種죵, 踵죵, 腫죵, 塚튱
- 用韻: 訟숑, 頌숑, 誦숑
- 燭韻: 蠋툑, 贖쇽, 綠록, 局국, 褥숙, 曲곡, 蛐곡, 粟쇽, 玉옥, 獄옥, 浴욕, 燭쵹, 瘃탁, 觸쵹, 幞복, 旭욱, 足죡,

通攝 3등 합구호 2에는 鍾韻, 腫韻, 用韻, 燭韻 네 개의 운모가 있다. 『훈몽자회』에는 이들 네 운모의 한자가 다 나타났다. 이들이 『훈몽자회』의 운모는 '죵'[ioŋ]과 '쵹'[iok]이 32개이고, '옹'[oŋ]과 '옥'[ok]이 26이고, '융'[iuŋ]이 2개이고, '욱'[uk]이 2개이고, '각'[ak]이 1개이다. 이는 通攝 3등 합구호 2의 운모의 다수가 '[ioŋ]/[iok]'임을 의미한다.

通攝 3등 합구호 2에 나타난 鍾韻, 腫韻, 用韻, 燭韻 운모에 대한 학자들의 추정음을 보면 아래와 같다.

高本漢, 周法高가 [iuoŋ]/[iuok]으로 추정하고, 趙元任, 王力이 [iwoŋ]/[iwok]으로 추정하고, 李方桂가 [jwoŋ]/[jwok]으로 추정하고, 董同龢가 [juoŋ]/[juok]으로 추정하고, 李荣이 [ioŋ]/[iok]으로 추정하고, 陆志韦가 [ɪwoŋ]/[ɪwok]으로 추정하고, 方孝岳이 [iuŋ]/[iuk]으로 추정하였다. 우리는 『훈몽자회』 다수의 음가와 李荣의 추정음에 따라 通攝 3등 합구호 2의 운모의 『광운』 음을 [ioŋ]/[iok]으로 보고자 한다.

중국어 『광운』 운모 [ioŋ]/[iok]은 그 뒤에 [ioŋ]→[iuŋ], [ioŋ]→[iuŋ]→[uŋ], [ioŋ]→[iuŋ]→[uŋ]→[əŋ], [iok]→[iuk]→[iu], [iok]→[iuk]→[iu]→[u], [iok]→[iuk]→[iu]→[iui]→[y]의 변화를 거쳐 현대 중국어의 운모 [iuŋ], [uŋ], [əŋ], [iu], [u], [y]로 되었다.

『훈몽자회』의 운모 [ioŋ]/[iok]은 『광운』 운모 [ioŋ]/[iok]이 한국어

에서의 반영이다.

『훈몽자회』의 운모 [oŋ]/[ok]은 한국어 운모 [ioŋ]/[iok]의 변형이다. 즉 운모 [ioŋ]/[iok]의 개음 [i]가 탈락된 형태이다. 개음 [i]가 탈락된 글자들 성모의 다수가 순음과 아후음이다.

『훈몽자회』의 한자 '冲듕, 胸흉'의 운모 [iuŋ]은『광운』이후 중국어에서 나타난 변형인 [iuŋ]을 한국어에서의 수입으로 보인다. 그러니 이는 근대 중국어 음을 한국어에서 수입한 것으로 최세진이 소위이다. 한자 '胸흉'의 매현 방언 발음이 한국어 발음과 꼭 같은 [xiuŋ]임이 주목된다.

『훈몽자회』의 한자 '局국, 旭욱'의 운모 [uk]은 중국어『광운』이후에 변화된 운모 [iuk]이 한국어에서의 변형으로 보인다. 즉 중국어 운모 [iuk]이 한국어에서 개음 [i]가 탈락되어 [uk]으로 되었다. 개음 [i]의 탈락 원인은 '局국, 旭욱' 두 한자의 성모가 아후음이기 때문이다. 한자 '局국'의 광주, 양강 방언 발음이 [kök]임이 주목된다.

『훈몽자회』의 한자 '瘃탁'의 운모 [ɑk]의 내원은 명확히 밝히기 어려우나 유추에 의해 나타난 변화로 보인다.

제4장 『훈몽자회』 한자음 내원 분석에서 제기되는 문제

위의 두 개 장에서 『훈몽자회』 성모와 운모의 내원을 분석하였다. 분석에서 볼 수 있듯이 성모와 운모의 변화에서 운모의 변화가 성모의 변화보다 더 복잡하다. 이는 단어의 뜻 변화에서 운모의 변화가 성모의 변화보다 더 큰 작용을 하기 때문인 것으로 보인다. 이미 위의 내원 분석에서 지적하였듯이 한국 한자음에서 진일보의 설명을 요구하는 부분이 한두 가지가 아니다.

이 장에서는 『훈몽자회』 성모와 운모의 내원 분석에서 제기되는 문제들에 대해 논의하고자 한다.

1. 『훈몽자회』 한자음의 특성

중국어 한자음은 이미 14세기의 『중원음운』에서 입성 운미 [-k],

[-t], [-p]가 소실되고 양성 운미 [-m]가 보존되어 있었다. 그러나『훈몽자회』한자음에서는 중국어 입성 운미를 엄격히 보존하고 있으면서 [-k], [-l], [-p]로 표기하였다. 그리고『훈민정음』의 자모 [丶]를 모음으로 한 자음 운미도 있다. 예를 들면 '頼븡, 脖븡, 浡즘, 桲즘, 液익, 腋익' 등이다.

　『훈몽자회』한자음에서 중국어 입성 운미를 매우 완전하게 엄격히 보존한 까닭은 세종대왕을 비롯한 당시의 한국 지배층이 중국 명(明) 태조(太祖)가 편찬한 운서『홍무정운(洪武正韻)』을 중국어 공부의 최고 권위서로 인정하였기 때문이다.

　『홍무정운』은『禮部韻略』,『切韻指掌圖』등을 참고서로 하여 편찬한 운서로 당송(唐宋)시대의 한자음과 평, 상, 거, 입 네 개 성조를 엄격히 계승하였다.『훈몽자회』에서 표기한 절대 다수 한자들의 입성 운미가『광운』의 입성과 일치하다. 이는 한학에 조예가 깊은 최세진이 한자의 성조 식별에 각별한 주의를 돌리었음은 의미한다.

　우리는 한국 한자음에서 아래 몇 가지 특성을 보아낼 수 있다.

　첫째, 한국 한자음은 중국어의 상고음, 중고음, 근대음에서 유입된 음으로 형성되었다.

　둘째, 한국 한자음은 중국어 상고음에 기초하여 형성되고, 중고음에 기초하여 규범되었다.

　셋째, 한국 한자음에서 성조의 구분을 매우 중시하였는바 이는『홍무정운』의 영향으로 보인다.

　넷째, 한국 한자음 운모에서 입성 운미가 줄곧 [-k], [-l], [-p]로 표기되었다.

　다섯째, 중국 한자 입성 운미의 절대 다수가 한국 한자음에서 계승되고 있다.

여섯째, 한국 한자음은 한국어 어음 체계의 제약을 받으면서 변화 발전하였다.

일곱째, 『훈민정음』 창제 이후의 한국 한자음은 줄곧 한글로 표기되었다.

여덟째, 한국 한자음에는 유추에 의해 새긴 음들이 적지 않다. 그 원인이 신숙주가 지적한 것처럼 글자 모양이 비슷한 글자를 같은 음으로 잘못 인식한 데 있다.

2. 『훈몽자회』 성모의 내원

이미 『훈몽자회』 성모 내원 분석에서 지적한 바와 같이 『훈몽자회』 성모의 다수가 중국어 상고 음과 대응된다. 즉 순음의 [p], [m], 설음의 [t], [n], [l], 치음의 [ts], [s], 아음의 [k], [ŋ], 후음의 [x], [ø] 등의 다수가 중국어 상고 음에서 기원하였음을 쉽게 보아낼 수 있다.

이는 한국 한자음 성모의 다수가 중국어 상고 음에 기초하였음을 의미한다. 이 밖에 『훈몽자회』 성모의 거센 소리는 중국어 중고 음이나 근대 음에 기초하여 형성된 음이고, 된소리는 한국어 음에 기초하여 형성된 음이다. 이는 『훈몽자회』 한자음 성모에 중국어 상고음, 중고음, 근세음 및 한국어음이 반영되어 있음을 의미한다.

한국 한자음 성모에서 제일 이해되지 않는 것이 아음에서 거센 소리 [kʰ]가 없는 현상이다. 주지하다시피 현대 한자음 아음의 거센 소리는 '캬'(佉. 1개 글자), '쾌'(夬, 快, 佮, 噲, 筷. 5개 글자) 두 개 음절 여섯 글자이다.

『훈몽자회』 아음에는 거센 소리가 하나도 없고 된 소리가 '薑쌍,

君군, 氣킈' 셋이 나타났다. 그런데 이 세 글자가 현대어에서 모두
순한 소리로 변하고 '吃(喫)킥'자 하나가 새로 나타났다. 이는 현대
한국 한자음 아음에 거센 소리가 거의 없고 된소리 하나가 있음을
의미한다.

한국어에서 한자음이 와전되는 현상의 산생 원인에 대해 신숙주가
『동국정운』 서문에서 아래와 같이 지적하였다.

"일찍 책을 지어 바른 것을 전해주지 못하였기에 어리석은 스승이나
속세의 선비들이 반절법도 모르고 성모와 운모의 분류법에도 어두웠다.
그리하여 혹자는 글자 모양이 비슷한 글자를 같은 음으로 읽고, 앞 세대
에서 임금의 이름자를 피하던 습관에 따라 다른 음으로 읽기도 한다. 혹
자는 두 글자를 합하여 한 글자로 읽거나, 한 글자의 음을 둘로 나누기도
한다. 혹자는 다른 글자를 차용하기도 하고, 글자의 획을 더하거나 덜기도
하며, 혹자는 중국의 음을 따르기도 하고 우리나라 음을 따르기도 한다.
이러한 제 원인으로 하여 글자의 자모, 칠음, 청탁, 사성이 모두 변하였다.
예를 들어 아음(牙音)에서 계모(溪母) 글자의 태반을 견모(見母)로 읽으니
이는 자모가 변한 것이다. 또 계모에 속하는 글자가 간혹 효모(曉母)로도
발음되니 이것은 칠음이 변한 것이다(而曾无著書, 以傳其正, 庸師俗儒不知
切字之法, 昧於紐躡之要。 或因字體相似而爲一音, 或前代避諱而假他音, 或
合二字爲一, 或分一音爲二, 或借用他字, 或加減点畵, 或依漢音, 或从俚語。
而字母、七音、淸濁、四聲皆有變焉。 若以牙音言之, 溪母之字, 太半入於見
母, 此字母之變也。 溪母之字, 或入於曉母, 此七音之變也。)."

여기에서 한국 한자음에서 계모의 글자를 견모나 효모의 음으로
발음하는 원인이 자모 식별과 발음 위치 판정의 잘못이라고 하였을

뿐 왜 자모와 발음 위치를 잘못 판정하게 되는가 하는 기본 원인은 밝혀주지 않았다. 즉 결과적으로 계모를 견모로 인식하였고, 아음을 후음으로 인식한다고만 하였지 왜 이렇게 인식하게 되었는가는 밝혀주지 못하였다. 그러므로 한국 한자음 아음에 왜 거센 소리가 없는가 하는 원인은 진일보의 연구가 있어야 할 과제이다. 우리가 느끼건대 아래의 몇 가지 원인이 서로 작용하였을 것으로 보인다.

첫째, 한국어 상고부터 중세까지 사이의 오랫동안 한국어에 자음 'ㅋ'를 첫소리로 하는 단어가 없거나 적게 쓰이었다.

둘째, 한국어에서 거센 소리 'ㅋ'의 발음이 다른 거센 소리 'ㅍ', 'ㅌ', 'ㅊ'의 발음보다 어렵다.

셋째, 한국 한자음 아음의 발음이 이미 기원전부터 순한 소리 'ㄱ'로 고착되었을 것으로 보인다.

이상의 몇 가지 원인은 추정에 불과하다. 총적으로 한국 한자음 아음에 거센 소리가 존재하지 않는 원인을 한국어 어음체계에서 찾아야 할 것으로 보인다.

3. 『훈몽자회』 한자음 성모 체계

16세기 『훈몽자회』 한자음 성모의 체계는 아래와 같다.

순한 소리: ㄱ[k], ㄷ[t], ㄹ[l], ㅂ[p], ㅅ[s], ㅈ[ts], ㅿ[z̦], ㅎ[x]
거센 소리: ㅌ[tʻ], ㅍ[pʻ], ㅊ[tsʻ]
된 소리: ㅺ[kk], ㅽ[pp], ㅆ[ss]
코 소리: ㅇ[ŋ], ㄴ[n], ㅁ[m]

반모음: [j], [w]
제로 성모: ㅇ[ø]

　이상은『훈몽자회』한자음 성모의 체계이다. 이상의 체계에서 우리
는 아래의 몇 가지 사실을 보아낼 수 있다.
　첫째,『훈몽자회』한자음 성모에 된소리 ㄲ[kk], ㅃ[pp], ㅆ[ss] 세
가지가 존재하였고 여기에 쓰인 한자는 '菫쌍, 君꾼, 氣끠', '盤빤', '寫
쌰, 蕣쓘, 射쌰, 事쓰' 등 8자뿐이다. 이들 세 가지 성모 가운데에서
현대 한국 한자음에서 된소리 [kk]만 성모로 남아 있을 뿐이고 글자도
바뀌었다. 그리고『훈몽자회』에서 된소리로 발음되던 한자들이 현대
한국 한자음에서는 모두 순한 소리로 변하였다. 이것은 사이시옷의
탈락에 기인한다.
　둘째,『훈몽자회』한자음 성모 거센 소리에 아음 성모 ㅋ[k]가 존재
하지 않았다. 그러나 현대 한국 한자음에서는 여섯 개 한자가 거센
소리로 되었다.
　셋째,『훈몽자회』한자음 성모에서 중국어 치음성모 [ts], [s]의 구개
음화 흔적이 발견된다. 예를 들면 '娶취, 傲취' 등글자의 성모가 이미
16세기『훈몽자회』에서 구개음 [tɕ']로 변하였을 것으로 보인다.
　위에서 지적한 사실들로부터 우리는『훈몽자회』한자음 성모에는
중국어 상고 음이 제일 많고, 그 다음이 중고 음이며, 마지막으로 중국
어 근대 음 성모가 반영되어 있음을 보아낼 수 있다. 그리고 한국
한자음에 된소리가 존재함은 중국어 한자음이 한국어 어음체계에 적
응되어 가고 있음을 의미한다. 이는 한반도에서 지속적으로 중국어의
한자음을 수입하였고, 중국어 한자 발음이 점차 한국어 어음체계에
적응되어 가고 있음을 설명한다.

4. 『훈몽자회』 운모의 내원

제3장 『훈몽자회』 운모 내원 분석에서 보아낼 수 있듯이 『훈몽자회』 운모의 다수가 중국어 중고 음과 대응된다. 예를 들면 果攝, 假攝, 遇攝, 蟹攝, 止攝, 流攝, 咸攝, 山攝, 臻攝, 宕攝, 曾攝, 通攝 등섭의 여러 운모들이다.

이는 『훈몽자회』 운모의 다수가 중국어 중고 음에 기초하였음을 의미한다. 이 밖에 『훈몽자회』 운모에는 중국어 상고 음의 흔적과 근대 음의 흔적도 남아 있음을 발견하였다. 이는 『훈몽자회』 한자음 운모에 중국의 상고 음, 중고 음, 근대 음이 모두 반영되어 있음을 의미한다. 또한 운모의 내원 분석에서 『훈몽자회』 한자음 운모가 성모보다 한국어 어음체계의 제약을 더 많이 받았음도 보았다.

5. 『광운』 운모와 『훈몽자회』 운모의 대응 여부에 따른 분류

우리는 위의 대비에서 중국어 『광운』 운모와 『훈몽자회』 한자음 운모 사이에는 대응 관계가 이루어지는 것도 있고 대응 관계가 이루어지지 않는 것도 있음을 보았다. 여기에서 이르는 대응 관계의 형성 여부는 절대적이 아니라 상대적임을 의미한다. 즉 해당 운모 주류의 대응 여부에 따라 판단한 것이다.

우리의 조사에 의하면 『광운』 운목(韻目) 총수가 89개이다. 그 가운데에서 대응 관계가 이루어지는 것이 37개로 운목 총수의 41.4%를 차지하고, 대응 관계가 이루어지지 않는 것이 52개로 운목 총수의 58.6%를 차지한다.

하지만 이 두 가지 운목에 포함된 한자의 수량 비례는 같지 않다. 대응 관계가 이루어지는 운목에 소속된 한자의 수량은 16,73자로『훈몽자회』한자 총수의 49.5%를 차지하고, 대응 관계가 이루어지지 않는 운목에 소속된 한자의 수량은 1,687자로『훈몽자회』한자 총수의 50.5%를 차지한다. 이는 운목의 수량 비례와 해당 운목에 소속된 한자의 수량비례가 같지 않음을 의미한다.

대응 관계가 이루어지는 운목과 이루어지지 않는 두 가지 유형 운목의 구체 상황은 아래와 같다(『훈몽자회』를『훈몽』으로 약칭함).

1) 대응 관계가 이루어지는 운목

(1) 果攝
① 1등 개구호 歌韻, 哿韻, 箇韻:『광운』운모 [ɑ]:『훈몽』운모 [ɑ]
② 1등 합구호 戈韻, 果韻, 過韻:『광운』운모 [uɑ]:『훈몽』운모 [uɑ]

(2) 假攝
① 2등 개구호 麻韻, 馬韻, 禡韻:『광운』운모 [a]:『훈몽』운모 [a]
② 2등 합구호 麻韻, 馬韻, 禡韻:『광운』운모 [ua]:『훈몽』운모 [ua]
③ 3등 개구호 麻韻, 馬韻, 禡韻:『광운』운모 [ia]:『훈몽』운모 [iɑ]

(3) 遇攝
① 1등 합구호 模韻, 姥韻, 暮韻:『광운』운모 [o]:『훈몽』운모 [o]
② 3등 합구호 虞韻, 麌韻, 遇韻:『광운』운모 [iu]:『훈몽』운모 [iu]

(4) 蟹攝

① 1등 개구호 咍韻, 海韻, 代韻: 『광운』 운모 [ɒi]: 『훈몽』 운모 [ai], [丶ㅣ]

② 1등 개구호 泰韻: 『광운』 운모 [ai]: 『훈몽』 운모 [ai]

③ 2등 개구호 皆韻, 駭韻, 怪韻: 『광운』 운모 [ai]: 『훈몽』 운모 [ai], [丶ㅣ]

④ 2등 개구호 佳韻, 蟹韻: 『광운』 운모 [ai]: 『훈몽』 운모 [ai]

⑤ 2등 개구호 卦韻, 夬韻: 『광운』 운모 [ai]: 『훈몽』 운모 [ai]

⑥ 2등 합구호 佳韻, 蟹韻: 『광운』 운모 [uai]: 『훈몽』 운모 [uai]

(5) 止攝

① 3등 개구호 支韻, 紙韻, 寘韻: 『광운』 운모 [iɪ]: 『훈몽』 운모 [i], [丶]

② 3등 개구호 脂韻, 旨韻, 至韻: 『광운』 운모 [ji]: 『훈몽』 운모 [i], [丶]

③ 3등 개구호 之韻, 止韻, 志韻: 『광운』 운모 [ii]: 『훈몽』 운모 [i], [丶]

(6) 流攝

① 1등 개구호 侯韻, 厚韻, 候韻: 『광운』 운모 [u]: 『훈몽』 운모 [u]

② 3등 개구호 尤韻, 有韻, 宥韻: 『광운』 운모 [iu]: 『훈몽』 운모 [iu]

(7) 咸攝

① 1등 개구호 覃韻, 感韻, 勘韻, 合韻

  : 『광운』 운모 [ɒm]/[ɒp]: 『훈몽』 운모 [am]/[ap]

② 1등 개구호 談韻, 敢韻, 闞韻, 盍韻

  : 『광운』 운모 [am]/[ap]: 『훈몽』 운모 [am]/[ap]

③ 2등 개구호 咸韻, 豏韻, 陷韻, 洽韻

  : 『광운』 운모 [ɐm]/[ɐp]: 『훈몽』 운모 [am]/[ap]

④ 2등 개구호 銜韻, 檻韻, 鑑韻, 狎韻

: 『광운』 운모 [am]/[ap]: 『훈몽』 운모 [am]/[ap]

(8) 山攝

① 1등 개구호 寒韻, 旱韻, 翰韻, 曷韻

　: 『광운』 운모 [an]/[at]: 『훈몽』 운모 [an]/[al]

② 1등 합구호 桓韻, 緩韻, 換韻, 末韻

　: 『광운』 운모 [uan]/[uat]: 『훈몽』 운모 [uan]/[ual]

③ 2등 개구호 山韻, 産韻, 襉韻, 黠韻

　: 『광운』 운모 [an]/[at]: 『훈몽』 운모 [an]/[al]

④ 2등 개구호 删韻, 潸韻, 諫韻, 鎋韻

　: 『광운』 운모 [an]/[at]: 『훈몽』 운모 [an]/[al]

⑤ 2등 합구호 山韻, 産韻, 襉韻, 黠韻

　: 『광운』 운모 [wan]/[wat]: 『훈몽』 운모 [uan]/[ual]

⑥ 2등 합구호 删韻, 潸韻, 諫韻, 鎋韻

　: 『광운』 운모 [uan]/[uat]: 『훈몽』 운모 [uan]/[ual]

(9) 臻攝

① 1등 개구호 痕韻, 很韻, 恨韻, 没韻

　: 『광운』 운모 [ən]/[ət]: 『훈몽』 운모 [in]/[il]

(10) 宕攝

① 1등 개구호 唐韻, 蕩韻, 宕韻, 鐸韻

　: 『광운』 운모 [aŋ]/[ak]: 『훈몽』 운모 [aŋ]/[ak]

② 1등 합구호 唐韻, 蕩韻, 宕韻, 鐸韻

　: 『광운』 운모 [waŋ]/[wak]: 『훈몽』 운모 [uaŋ]/[uak]

③ 3등 개구호 陽韻, 养韻, 漾韻, 葯韻

  : 『광운』 운모 [iaŋ]/[iak] : 『훈몽』 운모 [iɑŋ]/[iɑk]

(11) 曾攝

① 1등 개구호 登韻, 等韻, 嶝韻, 德韻

  : 『광운』 운모 [əŋ]/[ək] : 『훈몽』 운모 [iŋ]/[ik]

(12) 通攝

① 1등 합구호 東韻, 董韻, 送韻, 屋韻

  : 『광운』 운모 [oŋ]/[ok] : 『훈몽』 운모 [oŋ]/[ok]

② 1등 합구호 冬韻, 湩韻, 宋韻, 沃韻

  : 『광운』 운모 [oŋ]/[ok] : 『훈몽』 운모 [oŋ]/[ok]

③ 3등 합구호 東韻, 送韻, 屋韻

  : 『광운』 운모 [iuŋ]/[iuk] : 『훈몽』 운모 [iuŋ]/[iuk]

④ 3등 합구호 鍾韻, 腫韻, 用韻, 烛韻

  : 『광운』 운모 [ioŋ]/[iok] : 『훈몽』 운모 [ioŋ]/[iok]

위의 자료를 귀납하면 아래와 같다.

『광운』 운모 [ɑ]/[a] : 『훈몽』 운모 [ɑ]

『광운』 운모 [ɒi]/[ɑi]/[ai] : 『훈몽』 운모 [ai], [·ㅣ]

『광운』 운모 [ɑn]/[ɑt]/[an]/[at] : 『훈몽』 운모 [ɑn]/[ɑl]

『광운』 운모 [ɒm]/[ɒp], [ɑm]/[ɑp], [am]/[ap], [ɐm]/[ɐp]

        : 『훈몽』 운모 [am]/[ap]

『광운』 운모 [ɑŋ]/[ɑk] : 『훈몽』 운모 [ɑŋ]/[ɑk]

『광운』 운모 [ən]/[ət]: 『훈몽』 운모 [in]/[il]

『광운』 운모 [əŋ]/[ək]: 『훈몽』 운모 [iŋ]/[ik]

『광운』 운모 [o]: 『훈몽』 운모 [o]

『광운』 운모 [oŋ]/[ok]: 『훈몽』 운모 [oŋ]/[ok]

『광운』 운모 [u]: 『훈몽』 운모 [u]

『광운』 운모 [uɑ], [ua]: 『훈몽』 운모 [uɑ]

『광운』 운모 [uai]: 『훈몽』 운모 [uɑi]

『광운』 운모 [uan]/[uat], [wan]/[wat], [uan]/[uat]: 『훈몽』 운모 [uɑn]/[uɑl]

『광운』 운모 [waŋ]/[wak]: 『훈몽』 운모 [uɑŋ]/[uɑk]

『광운』 운모 [iɪ], [ji], [ii]: 『훈몽』 운모 [i], [ㆍ]

『광운』 운모 [ia]: 『훈몽』 운모 [iɑ]

『광운』 운모 [iaŋ]/[iak]: 『훈몽』 운모 [iɑŋ]/[iak]

『광운』 운모 [ioŋ]/[iok]: 『훈몽』 운모 [ioŋ]/[iok]

『광운』 운모 [iu]: 『훈몽』 운모 [iu]

『광운』 운모 [iuŋ]/[iuk]: 『훈몽』 운모 [iuŋ]/[iuk]

2) 대응 관계가 이루어지지 않는 운목

(1) 果攝

(2) 假攝

(3) 遇攝

3등 합구호 魚韻, 語韻, 御韻: 『광운』 운모 [io]: 『훈몽』 운모 [iə]

(4) 蟹攝

① 1등 합구호 灰韻, 賄韻, 隊韻: 『광운』 운모 [uɒi]: 『훈몽』 운모 [oi], [ㆎ]

② 1등 합구호 泰韻: 『광운』 운모 [uɑi]: 『훈몽』 운모 [oi]

③ 2등 합구호 皆韻, 怪韻: 『광운』 운모 [uai]: 『훈몽』 운모 [oi]

④ 2등 합구호 卦韻, 夬韻: 『광운』 운모 [uai]: 『훈몽』 운모 [ua]

⑤ 3등 개구호 祭韻: 『광운』 운모 [iɒi]: 『훈몽』 운모 [iə], [iəi]

⑥ 3등 개구호 廢韻: 『광운』 운모 [iɑi]: 『훈몽』 운모 [ai], [iəi]

⑦ 3등 합구호 祭韻: 『광운』 운모 [iuɒi]: 『훈몽』 운모 [iəi], [iuiəi], [iu], [ui]

⑧ 3등 합구호 廢韻: 『광운』 운모 [iuɑi]: 『훈몽』 운모 [iəi], [uəi],

⑨ 4등 개구호 齊韻, 薺韻, 霽韻

  : 『광운』 운모 [iei]: 『훈몽』 운모 [i], [iəi], [ㆎ], [ㆍ]

⑩ 4등 합구호 齊韻, 霽韻: 『광운』 운모 [iuei]: 『훈몽』 운모 [iu], [iəi]

(5) 止攝

① 3등 개구호 微韻, 尾韻, 未韻: 『광운』 운모 [ɪəi]: 『훈몽』 운모 [ii]

② 3등 합구호 支韻, 紙韻, 寘韻

  : 『광운』 운모 [iuɪ]: 『훈몽』 운모 [iu], [uəi], [iui], [ui], [iuəi], [iuiəi]

③ 3등 합구호 脂韻, 旨韻, 至韻

  : 『광운』 운모 [juɪ]: 『훈몽』 운모 [iu], [oi], [io], [iui], [iuiəi], [uəi], [ui]

④ 3등 합구호 微韻, 尾韻, 未韻

  : 『광운』 운모 [ɪuəi]: 『훈몽』 운모 [i], [ui], [uəi], [ㆎ]

(6) 效攝

① 1등 개구호 豪韻, 晧韻, 號韻: 『광운』 운모 [ɑu]: 『훈몽』 운모 [o]

② 2등 개구호 肴韻, 巧韻, 效韻: 『광운』 운모 [au]: 『훈몽』 운모 [o], [io]

③3등 개구호 宵韻, 小韻, 笑韻:『광운』운모 [iɑu]:『훈몽』운모 [io]

④4등 개구호 蕭韻, 篠韻, 嘯韻:『광운』운모 [iɑu]:『훈몽』운모 [io], [u]

(7) 流攝

①3등 개구호 幽韻, 黝韻, 幼韻:『광운』운모 [ieu]:『훈몽』운모 [iu]

(8) 咸攝

①3등 개구호 鹽韻, 琰韻, 艷語, 葉韻

  :『광운』운모 [iɐm]/[iɐp]:『훈몽』운모 [iəm]/[iəp], [iəm]/[am], [ㅂ]

②3등 개구호 嚴韻, 儼韻, 釅韻, 業韻

  :『광운』운모 [iɐm]/[iɐp]:『훈몽』운모 [əm]/[əp], [im]

③3등 합구호 凡韻, 范韻, 梵韻, 乏韻

  :『광운』운모 [iwɐm]/[iwɐp]:『훈몽』운모 [əm]/[əp]

④4등 개구호 添韻, 忝韻, 㮇韻, 帖韻

  :『광운』운모 [iem]/[iep]:『훈몽』운모 [iəm]/[iəp]

(9) 深攝

①3등 개구호 侵韻, 寢韻, 沁韻, 緝韻

  :『광운』운모 [iəm]/[iəp]:『훈몽』운모 [im]/[ip], [im]/[ip], [ㅂ]

(10) 山攝

①3등 개구호 仙韻, 狝韻, 線韻, 薛韻

  :『광운』운모 [iɛn]/[iɛt]:『훈몽』운모 [iən]/[iəl], [ən]/[əl], [an]/[al]

②3등 개구호 元韻, 阮韻, 願韻, 月韻

  :『광운』운모 [iɐn]/[iɐt]:『훈몽』운모 [iən]/[iəl], [ən]/[əl], [al]

③ 3등 합구호 仙韻, 狝韻, 線韻, 薛韻

　: 『광운』 운모 [iwɛn]/[iɜwɛt]: 『훈몽』 운모 [uən], [iən]/[iəl]

④ 3등 합구호 元韻, 阮韻, 願韻, 月韻: 『광운』 운모 [iwɐn]/[iɜwɛt]

　: 『훈몽』 운모 [uɑn]/[uəl]/[leu]/[ɑn]/[ɑl]/[ən]/[əl]/[uɑn]

⑤ 4등 개구호 先韻, 銑韻, 霰韻, 屑韻

　: 『광운』 운모 [ien]/[iet]: 『훈몽』 운모 [iən]/[iəl], [in]/[il], [iəi]

⑥ 4등 합구호 先韻, 銑韻, 霰韻, 屑韻

　: 『광운』 운모 [iwen]/[iwet]: 『훈몽』 운모 [iən]/[iəl]

(11) 臻攝

① 1등 합구호 魂韻, 混韻, 慁韻, 没韻

　: 『광운』 운모 [uən]/[uət]: 『훈몽』 운모 [on]/[olㅣ, [un]/[ul], [ㄹ]

② 3등 개구호 眞韻, 軫韻, 震韻, 質韻: 『광운』 운모 [jen]/[jet]

　: 『훈몽』 운모 [in]/[il], [iŋ], [in], [il], [ən], [iən], [iun]

③ 3등 개구호 臻韻, 軫韻, 震韻, 櫛韻

　: 『광운』 운모 [iən]/[iət]: 『훈몽』 운모 [in]/[il]

④ 3등 개구호 欣韻, 隱韻, 焮韻, 迄韻

　: 『광운』 운모 [iən]/[iət]: 『훈몽』 운모 [in], [əl]

⑤ 3등 합구호 諄韻, 準韻, 稕韻, 術韻: 『광운』 운모 [iuen]/[iuet]

　: 『훈몽』 운모 [iun]/[iul], [un], [ol], [iən], [ɑn]

⑥ 3등 합구호 文韻, 吻韻, 問韻, 物韻

　: 『광운』 운모 [iuən]/[iuət], : 『훈몽』 운모 [un]/[ul], [in]/[il], [on], [uən]

(12) 宕攝

① 3등 합구호 陽韻, 養韻, 漾韻, 葯韻

: 『광운』 운모 [iwaŋ]/[iwak]: 『훈몽』 운모 [uaŋ]/[uak]

(13) 江攝

① 2등 개구호 江韻, 讲韻, 絳韻, 覺韻

: 『광운』 운모 [ɔŋ]/[ɔk]: 『훈몽』 운모 [aŋ]/[ak], [iaŋ]/[uaŋ], [ㅓ]

(14) 曾攝

① 1등 합구호 登韻, 德韻

: 『광운』 운모 [uəŋ]/[uək]: 『훈몽』 운모 [uŋ]/ [uk], [oiŋ]

② 3등 개구호 蒸韻, 拯韻, 証韻, 职韻

: 『광운』 운모 [iəŋ]/[iək]: 『훈몽』 운모 [iŋ]/[ik], [iŋ]/[ik], [iək], [ㅓ]

③ 3등 합구호 职韻: 『광운』 운모 [iuək]: 『훈몽』 운모 (无)

(15) 梗攝

① 2등 개구호 庚韻, 梗韻, 映韻, 陌韻

: 『광운』 운모 [æŋ]/[æk]: 『훈몽』 운모 [ʌ]/[ㅓ], [iəŋ], [a]

② 2등 개구호 耕韻, 耿韻, 諍韻, 麦韻

: 『광운』 운모 [æŋ]/[æk]: 『훈몽』 운모 [ʌ]/[ㅓ], [iəŋ]/[iək], [iŋ]

③ 2등 합구호 庚韻, 梗韻, 映韻, 陌韻

: 『광운』 운모 [wæŋ]/[wæk]: 『훈몽』 운모 [oiŋ]/[iəŋ]

④ 2등 합구호 耕韻, 諍韻, 麦韻

: 『광운』 운모 [wæŋ]/[wæk]: 『훈몽』 운모 [oiŋ]/[oik], [uk]

⑤ 3등 개구호 庚韻, 梗韻, 映韻, 陌韻

: 『광운』 운모 [iæŋ]/[iæk]: 『훈몽』 운모 [iəŋ]/[iək], [ik], [ʌ]

⑥ 3등 개구호 清韻, 静韻, 劲韻, 昔韻

: 『광운』 운모 [iæŋ]/[iæk]: 『훈몽』 운모 [iəŋ]/[iək], [ək], [ik], [ㅓ]

⑦ 3등 합구호 庚韻, 梗韻, 映韻, 陌韻

: 『광운』 운모 [iwɐŋ]/[iwɐk]: 『훈몽』 운모 [iəŋ]

⑧ 3등 합구호 清韻, 静韻, 昔韻

: 『광운』 운모 [iwɛŋ]/[iwɛk]: 『훈몽』 운모 [iəŋ]/[iək]

⑨ 4등 개구호 青韻, 迥韻, 徑韻, 錫韻

: 『광운』 운모 [ieŋ]/[iek]: 『훈몽』 운모 [iəŋ]/[iək], [ik]/[ik], [ㅓ]

⑩ 4등 합구호 青韻, 迥韻, 錫韻

: 『광운』 운모 [iweŋ]/[iwek]: 『훈몽』 운모 [iəŋ]

위의 자료들을 귀납하면 대체로 아래와 같다.

『광운』 운모 [io]: 『훈몽』 운모 [iə]

『광운』 운모 [uɒi]: 『훈몽』 운모 [oi]

『광운』 운모 [iɑi]: 『훈몽』 운모 [iəi]

『광운』 운모 [iei]: 『훈몽』 운모 [iəi]

『광운』 운모 [ɿəi]: 『훈몽』 운모 [ii]

『광운』 운모 [jui]: 『훈몽』 운모 [iui]

『광운』 운모 [ɑu]: 『훈몽』 운모 [o]

『광운』 운모 [iɑu]: 『훈몽』 운모 [io]

『광운』 운모 [ieu]: 『훈몽』 운모 [iu]

『광운』 운모 [iɛm]/[iɛp]: [dɐi]: 『훈몽』 운모 [iəm]/[iəp]

『광운』 운모 [iem]/[iep]: [dɐi]/[mɐi]: 『훈몽』 운모 [iəm]/[iəp]

『광운』 운모 [iəm]/[iəp]: [mɐi]: 『훈몽』 운모 [im]/[ip]

『광운』 운모 [iɛn]/[iɛt]: [ɾɐi]/[nɐi]: 『훈몽』 운모 [iən]/[iəl]

『광운』운모 [iɐn]/[iɐt]: 『훈몽』운모 [iəi]/[iəl]

『광운』운모 [iwɐn]/[iwɐt]: 『훈몽』운모 [uən]/[uəl]

『광운』운모 [ien]/[iet]: 『훈몽』운모 [iəi]/[iəl]

『광운』운모 [ien]/[iet]: 『훈몽』운모 [in]/[il]

『광운』운모 [iən]/[iət]: 『훈몽』운모 [in]/[il]

『광운』운모 [iuen]/[iuet]: 『훈몽』운모 [iun]/[iul]

『광운』운모 [iwaŋ]/[iwak]: 『훈몽』운모 [uɑŋ]/[uɑk]

『광운』운모 [uəŋ]/[uək]: 『훈몽』운모 [uŋ]/[uk]

『광운』운모 [iəŋ]/[iək]: 『훈몽』운모 [iŋ]/[ik]

『광운』운모 [iæŋ]/[iæk]: 『훈몽』운모 [iəŋ]/[iək]

『광운』운모 [ieŋ]/[iek]: 『훈몽』운모 [iəŋ]/[iək]

위의 자료들에서 아래의 몇 가지 사실을 보아낼 수 있다.

첫째, 『광운』홑음절 운모가 『훈몽자회』에서 홑음절 운모로 되었다.

둘째, 『광운』2음절 운모가 『훈몽자회』에서 2음절 운모로 되었다.

셋째, 『광운』3음절 운모가 『훈몽자회』에서 2음절 운모로 되었다.

넷째, 『광운』의 앞 모음 [e]/[ɛ]/[æ]와 가운데 모음 [ɐ]가 『훈몽자회』에서 가운데 모음 [ə]로 되었다.

다섯째, 『광운』모음 [ei]가 『훈몽자회』에서 모음 [i], [i]로 변하였다.

여섯째, 대응되는 운모의 다수가 중국어 『광운』운모이다.

일곱째, 대응되지 않는 운모의 다수가 중국어 『광운』운모의 변형, 근대음, 상고음이다.

이상에서 우리는 중국어 『광운』운모가 한국 한자음 운모의 주류를 이루고, 근대 중국어 운모가 직접 『훈몽자회』에 수입되었으며, 한국 한자음에 중국어 상고음의 잔재도 남아 있음을 보아낼 수 있다.

6. 순음 성모 뒤 개음의 탈락

중국어 개음에는 [i]/[u](혹은 [w])가 있다. 개음 [i]는 3등과 4등 운모 앞에 놓이고 개음 [u]/[w]는 합구호 앞에 놓인다. 예를 들어 [a]가 1등 이나 2등 운모로 될 경우에는 홀로 모음 [a]로 표기되나 3등이나 4등 운모로 될 경우에는 그 앞에 개음 [i]가 첨가되어 [ia]로 표기된다. 운모 [a]가 1등이나 2등 합구호로 될 때에는 그 앞에 개음 [u]/[w]가 첨가되어 운모 [ua] 또는 [wa]로 변한다. 운모 [a]가 3등이나 4등 합구 호로 되는 경우에는 그 앞에 개음 [iu]/[iw]가 첨가되어 [iua] 또는 [iwa] 로 변한다. 그러니 개음 [i]가 첨가되는 운모는 3등과 4등 운모이고 개음 [u]/[w]는 1등, 2등, 3등, 4등 운모에 다 첨가될 수 있다.

『훈몽자회』 한자음에서 순음 뒤의 개음 [i]거나 [u]/[w]의 탈락 여부 를 조사한 결과는 아래와 같다.

(1) 果攝 1등 합구호 戈韻, 果韻, 過韻

: 『광운』 운모 [ua] → 『훈몽』 운모 [a]

戈韻: 波파, 菠파, 婆파, 藔파, 磨마, 魔마, 坡파

果韻: 簸파

過韻:

(2) 遇攝 3등 합구호 魚韻, 語韻, 御韻

:『광운』운모 [io] →『훈몽』운모 [u]

魚韻: 埠부

語韻:

御韻:

(3) 遇攝 3등 합구호 虞韻, 麌韻, 遇韻

:『광운』운모 [iu] →『훈몽』운모 [u]

虞韻: 夫부, 跗부, 膚부, 斧부, 府부, 俯부, 父부, 柎부, 脯포, 輔보, 芙부,
　　　符부, 鳧부, 釜부, 稃부, 筽부, 麩부, 俘부, 郛부, 荂부, 巫무, 誣무,
　　　武무, 舞무, 廡무, 鵡무

麌韻: 腐부, 撫무

遇韻: 傅부, 賦부, 駙부, 鮒부, 務무, 霧무

(4) 蟹攝 1등 합구호 灰韻, 賄韻, 隊韻

:『광운』운모 [uɒi] →『훈몽』운모 [ᆡ], [ɒi], [o]

灰韻: 杯ᄇᆡ, 陪ᄇᆡ, 培ᄇᆡ, 苺ᄆᆡ, 梅ᄆᆡ, 媒ᄆᆡ, 煤ᄆᆡ, 醅ᄇᆡ, 坯ᄇᆡ

賄韻:

隊韻: 背ᄇᆡ, 輩ᄇᆡ, 焙ᄇᆡ, 佩패, 苺ᄆᆡ, 酶ᄆᆡ, 每ᄆᆡ, 妹ᄆᆡ, 昧ᄆᆡ, 蝐모

(5) 蟹攝 3등 개구호 祭韻

:『광운』운모 [iɒi] →『훈몽』운모 [iəi]

祭韻: 袂몌

(6) 蟹攝 3등 합구호 廢韻

:『광운』운모 [iuɑi] →『훈몽』운모 [iəi]

廢韻: 吠폐, 肺폐

(7) 蟹攝 4등 개구호 齊韻, 薺韻, 霽韻

:『광운』운모 [iei] →『훈몽』운모 [i], [iəi]

齊韻: 尸비, 箟비, 蜱비, 鼙비, 迷미, 麛미, 鎞비, 鈚피, 批피

薺韻: 陛폐, 米미

霽韻: 箅비, 嬖폐

(8) 止攝 3등 개구호 支韻, 紙韻, 寘韻

:『광운』운모 [iɪ] →『훈몽』운모 [i], [ɒi]

支韻: 卑비, 碑비, 羆비, 陂피, 脾비, 皮피, 疲피, 糜미, 獼미, 鈹피

紙韻: 髀비, 貏패, 彼피, 婢비, 被피, 瀰미, 弭미

寘韻: 臂비, 鼻비, 鞁피, 髲피

(9) 止攝 3등 개구호 脂韻, 旨韻, 至韻

:『광운』운모 [ji] →『훈몽』운모 [i], [ii], [ᆡ]

脂韻: 毗비, 琵비, 膍비, 眉미, 湄미, 麋미

旨韻: 匕비, 妣비, 鄙비, 秕피, 圮븨

至韻: 轡비, 寐미, 糒비, 屁피

(10) 止攝 3등 합구호 微韻, 尾韻, 未韻

:『광운』운모 [ɪuəɪ] →『훈몽』운모 [i]

微韻: 緋비, 非비, 飛비, 扉비, 肥비, 腓비, 妃비, 薇미

尾韻: 榧비, 篚비, 尾미

未韻: 沸비, 翡비, 剕비, 味미

(11) 效攝 3등 개구호 宵韻, 小韻, 笑韻

:『광운』 운모 [iɑu] →『훈몽』 운모 [io]

宵韻: 穮표, 鑣표, 瓢표, 藨표, 苗묘, 描묘

小韻: 表표, 鰾표

笑韻: 廟묘

(12) 流攝 3등 개구호 尤韻, 有韻, 宥韻

:『광운』 운모 [iu] →『훈몽』 운모 [u], [o]

尤韻: 梑부, 茶부, 蜉부, 矛모, 眸모, 麰모, 鍪모

有韻: 缶부, 否부, 罘부, 阜부, 負부, 婦부, 蜉부

宥韻: 富부, 副부

(13) 咸攝 3등 합구호 凡韻, 范韻, 梵韻, 乏韻

:『광운』 운모 [iwɐm]/[iwɐp] →『훈몽』 운모 [əp]

凡韻: 帆범

范韻: (『훈몽자회』의 한자가 없음.)

梵韻: (『훈몽자회』의 한자가 없음.)

乏韻: 法법

(14) 山攝 1등 합구호 桓韻, 緩韻, 換韻, 末韻

:『광운』 운모 [uɑn]/[uɑt] →『훈몽』 운모 [an]/[al]

桓韻: 盤쌘, 瘢반, 蟠반, 鞍만, 饅만, 鰻만

緩韻: 伴반

換韻: 幔만, 漫만, 鏝만, 泮반

末韻: 鉢발, 鈸발, 抹말, 沫말, 靺말, 醱발

(15) 山攝 2등 합구호 刪韻, 潸韻, 諫韻, 鎋韻

: 『광운』 운모 [uan]/[uat] →『훈몽』 운모 [ɑn]

刪韻: 彎만

潸韻: (『훈몽자회』의 한자가 없음.)

諫韻:

鎋韻:

(16) 山攝 3등 개구호 仙韻, 獮韻, 線韻, 薛韻

: 『광운』 운모 [iɛn]/[iɛt] →『훈몽』 운모 [nə], [lə], [iək]

仙韻: 鞭편, 便편, 篇편

獮韻: 辯변, 冕면

線韻: 弁변, 面면, 麵면, 騗편

薛韻: 蠥별, 搣멸, 滅멸, 薛벽

(17) 山攝 3등 개구호 元韻, 阮韻, 願韻, 月韻

: 『광운』 운모 [iɐn]/[iɐt] →『훈몽』 운모 [nə], [nə]

元韻: 藩번, 旛번, 燔번, 蘩번, 礬번, 旛번, 轓번, 潘번

阮韻: 娩면

願韻:

月韻:

(18) 山攝 3등 합구호 元韻, 阮韻, 願韻, 月韻

: 『광운』 운모 [iwen]/[iwet] → 『훈몽』 운모 [ɑn]/[ɑl], [əl]

元韻:

阮韻: 飯반, 晩만

願韻: 畈판, 販판, 奮번, 蔓만, 萬만

月韻: 髮발, 筏벌, 罰벌, 戚벌, 韈말

(19) 山攝 4등 개구호 先韻, 銑韻, 霰韻, 屑韻

: 『광운』 운모 [ien]/[iet] → 『훈몽』 운모 [iən], [in]

先韻: 邊변, 獱빈, 蝙편, 眠면

銑韻: 艑편

霰韻:

屑韻: 蔑멸, 蠛멸

(20) 臻攝 1등 합구호 魂韻, 混韻, 慁韻, 沒韻

: 『광운』 운모 [uən]/[uət] → 『훈몽』 운모 [un], [ɑn], [을]

魂韻: 錛분, 盆분, 門문, 門문, 噴분

混韻: 瞞만

慁韻: 坌분

沒韻: 頯블, 脖블, 鶻블

(21) 臻攝 3등 개구호 眞韻, 軫韻, 震韻, 質韻

: 『광운』 운모 [ien]/[iet] → 『훈몽』 운모 [in]/[il], [iŋ]

眞韻: 賓빙, 嬪빙, 蘋빙, 玭변, 貧빈, 獭빈, 民민, 罠민

軫韻: 牝빙, 泯민

震韻: 鬢빙, 殯빈

質韻: 柲필, 筆필, 觱필, 蜜밀, 匹필

(22) 臻攝 3등 합구호 文韻, 吻韻, 問韻, 物韻

: 『광운』 운모 [iuən]/[iuət] → 『훈몽』 운모 [un]/[ul], [in]/[il]

文韻: 分분, 饋분, 枌분, 焚분, 黺분, 豶분, 墳분, 濆분, 文문, 蚊문, 紋문,

　　　聞문

吻韻: 粉분, 幡분, 吻믄

問韻: 糞분, 問문, 釁문

物韻: 佛불, 拂불, 物믈

(23) 宕攝 3등 개구호 陽韻, 养韻, 漾韻, 葯韻

: 『광운』 운모 [iaŋ]/[iak] → 『훈몽』 운모 [ɑŋ]

陽韻: 魴방, 鋩망

养韻: 紡방, 網망, 輞망

漾韻: 舫방, 望망

葯韻:

(24) 曾攝 3등 개구호 蒸韻, 拯韻, 証韻, 职韻

: 『광운』 운모 [iəŋ]/[iək] → 『훈몽』 운모 [iŋ]

蒸韻: 氷빙

拯韻: (『훈몽자회』의 한자가 없음.)

証韻:

职韻:

(25) 梗攝 3등 개구호 庚韻, 梗韻, 映韻, 陌韻

: 『광운』 운모 [iæŋ]/[iæk] → 『훈몽』 운모 [iəŋ], [ㅕ]

庚韻: 盟밍, 明명, 鳴명, 坪평, 枰평

梗韻: 皿명

映韻: 柄병, 病병, 命명

陌韻:

(26) 梗攝 3등 개구호 淸韻, 靜韻, 勁韻, 昔韻

: 『광운』 운모 [iæŋ]/[iæk] → 『훈몽』 운모 [iəŋ]/[iək], [iŋ]

淸韻: 名명, 槙명

靜韻: 餠병, 樗빙

勁韻:

昔韻: 碧벽, 璧벽, 襞벽, 闢벽, 辟벽

(27) 梗攝 4등 개구호 靑韻, 逈韻, 徑韻, 錫韻

: 『광운』 운모 [ieŋ]/[iek] → 『훈몽』 운모 [iəŋ]/[iək]

靑韻: 軿병, 屛병, 甁병, 萍평, 瞑명, 瞑명

逈韻: 茗명

徑韻:

錫韻: 壁벽, 甓벽, 霹벽

(28) 通攝 3등 합구호 東韻, 送韻, 屋韻

: 『광운』 운모 [iuŋ]/[iuk] → 『훈몽』 운모 [uŋ], [oŋ]

東韻: 風풍, 楓풍, 豊풍

送韻: 諷풍, 鳳봉, 夢몽

屋韻:

(29) 通攝 3등 합구호 鍾韻, 腫韻, 用韻, 燭韻
:『광운』운모 [ioŋ]/[iok] →『훈몽』운모 [oŋ]/[ok]

鍾韻: 縫봉, 丰봉, 峯봉, 烽봉, 蜂봉, 鋒봉

腫韻: 捧봉, 捧봉

用韻:

燭韻: 㗇복

위에서 조사한 글자의 총수가 321자이다. 그 가운데에서 개음이 소실된 글자가 259자로 글자 총수의 80.07%를 차지하고 개음을 유지한 글자가 61자로 글자 총수의 20.93%를 차지한다.

이 사실은 한국 한자음에서 확실히 개음 [i], [u]/[w]가 탈락되는 현상이 존재해 있었음을 말해준다. 그 가운데에서 개음 [i]의 탈락이 다수이고 [u]/[w]의 탈락이 소수이다.

그렇다면 이러한 현상이 한국어에서 생겨난 것인가 아니면 중국어에서 생겨난 현상의 영향인가 하는 문제가 제기된다.

『광운』이후 중국어에서 순음 뒤의 개음 [i], [u]/[w]가 탈락되는 현상이 존재해 있었다. 예를 들면 아래와 같다.

순음 뒤의 개음 [u]가 탈락된 한자들의 예를 들면 아래와 같다.

(1) 운모 [uaŋ]이 [aŋ]으로 변한 한자
『중원음운』'江陽' 운부의 운모 [uaŋ]이 현대 중국어에서 [aŋ]으로 되었다.

① 宕攝陽韻(3등 合口) [iwaŋ]→[uaŋ]→[aŋ]

  : 房, 方, 坊, 枋, 肪, 防, 房, 芳, 妨

② 宕攝漾韻(3등 合口) [iwaŋ]→[uaŋ]→[aŋ]: 舫, 放, 訪, 昉

(2) 운모 [uan]이 [an]으로 변한 한자

『중원음운』'寒山' 운부의 운모 [uan]이 현대 중국어에서 [an]으로 되었다.

① 山攝元韻(3등 合口) [īwan]→[uan]→[an]

  : 番, 翻, 轓, 藩, 蕃, 膰, 礬, 樊, 繁, 煩, 鬖

② 山攝阮韻(3등 合口) [iwen]→[uan]→[an]: 飯, 反, 返, 挽

③ 山攝願韻(3등 合口) [iwen]→[uan]→[an]: 畈, 販, 万, 曼, 蔓

④ 咸攝凡韻(3등 合口) [iwam]→[uan]→[an]: 凡

⑤ 咸攝範韻(3등 合口) [iwam]→[uan]→[an]: 犯, 範, 范

⑥ 咸攝梵韻(3등 合口) [iwam]→[uan]→[an]: 帆

⑦ 山攝桓韻(1등 合口) [uɑn]→[uan]→[an]

  : 瞞, 謾, 鞔, 饅, 搬, 槃, 瘢, 盤, 磐, 磻, 般, 蟠, 媻, 胖, 弁, 幋, 鞶

⑧ 山攝緩韻(1등 合口) [uɑn]→[uan]→[an]: 澲, 滿, 伴

⑨ 山攝換韻(1등 合口) [uɑn]→[uan]→[an]

  : 漫, 墁, 幔, 縵, 鏝, 泮, 判, 沜, 畔, 半, 絆

(3) 운모 [ui]가 [i]로 변한 한자

『중원음운』'齊微' 운부의 운모 [ui]가 현대 중국어에서 [i]로 되었다.

① 止攝支韻(3등 개구) [ɪəi]→[ui]→[i]: 麋, 醾, 披, 皮

② 止攝寘韻(3등 개구) [rəi]→[ui]→[i]: 避, 臂, 髮, 譬, 诐

③ 止攝旨韻(3등 개구) [jui]→[ui]→[i]: 鄙

④ 臻攝質韻(3등 개구) [iet]→[ui]→[i]: 毕, 蹕, 苹, 密

⑤ 梗攝昔韻(3등 개구) [iwæk]→[ui]→[i]: 碧, 璧, 辟

⑥ 梗攝錫韻(4등 개구) [iek]→[ui]→[i]: 壁, 甓

순음 뒤의 개음 [i]가 탈락된 한자들의 예를 들면 아래와 같다.

(1) 운모 [ia]가 [a]로 변한 한자

『중원음운』'家麻' 운부의 운모 [ia]가 현대 중국어에서 [a]로 되었다.

① 咸攝乏韻(3등 合口) [iwɐp]→[ia]→[a]: 法, 乏

② 山攝月韻(3등 개구) [iɐt]→[ia]→[a]: 髮, 伐, 罰, 筏

(2) 운모 [iu]가 [u]로 변한 한자

『중원음운』'魚模' 운부의 운모 [iu]가 현대 중국어에서 [u]로 되었다.

① 遇攝虞韻(3등 合口) [iu]→[iu]→[u]: [f]扶, 父, 符, 芙, 釜, 蚨, 凫, 輔, 孚,
   敷, 莩, 拊, 桴, 抚, 郛, 郙, 麸, 黼, 俯, 夫, 府, 斧, 父, 腑, 膚, 趺, 鈇, 脯,
   脯, [v]侮, 巫, 无, 武, 舞, 廡, 鹉, 芜, 诬

② 遇攝遇韻(3등 合口) [iu]→[iu]→[u]: [f]賻, 附, 鮒, 赴, 仆, 訃, 付, 傅, 賦,
   [v]务, 雾, 鹜

③ 流攝尤韻(3등 개구) [iu]→[iu]→[u]: [f]浮, 枹

④ 流攝有韻(3등 개구) [iu]→[iu]→[u]: [f]阜, 婦, 負, 富, 否

⑤ 臻攝物韻(3등 合口) [iuɐt]→[iu]→[u]: [f]佛, 拂, 不, [v]勿, 物

⑥ 通攝屋韻(3등 합구) [iok]→[iu]→[u]: [f]伏, 復, 服, 鵩, 覆, 福, 腹, 蝠, 幅

　상술한 상황은 중국어에서 순음 성모 뒤 개음 [i], [u]/[w]의 탈락 현상이 존재해 있었음을 의미한다. 순음 성모 뒤 개음의 탈락은 순음의 발음과 개음 [i], [u]/[w]의 발음이 모두 입술의 동작과 관계되기 때문에 나타나는 동화현상이다. 이 같은 동화 현상은 중국어와 한국어에서 공동으로 존재했던 것으로 보인다.

　중국어에서 나타난 개음의 탈락 현상의 다수가 순음 성모 뒤에서 나타났으나 이 같은 변화가 한국어에서는 다른 성모에도 파급되었다. 이는 한국어의 음절 결합이 중국어보다 자유로웠기 때문인 것으로 보인다.

7. 아후음 성모 뒤 개음 [i]의 탈락

　주지하다시피 중국어 『광운』 3등과 4등 한자에는 개음 [i]가 첨가되어 있다. 그런데 한국 한자음에서 아후음 성모 뒤의 개음 [i]가 탈락되는 현상이 존재하였다. 우리는 이변화의 실태를 조사하기 위하여 『훈몽자회』에 수록된 아후음 성모 뒤의 『광운』 3등과 4등 한자 전부를 조사하였는데 그 결과는 아래와 같다.

1) 3등 한자

(1) 果攝 3등 개구호 戈韻
: 『광운』 운모 [iɑ] → 『훈몽』 운모 [ɑ]

戈韻: 茄가

(2) 果攝 3등 합구호 戈韻

: 『광운』 운모 [iuɑ] → 『훈몽』 운모 [ɑ], [uɑ]

戈韻: 癍가, 靴화

(3) 遇攝 3등 합구호 魚韻, 語韻, 御韻

: 『광운』 운모 [io] → 『훈몽』 운모 [ə], [iə]

魚韻: 嶮여, 車거, 居거, 蘧거, 渠거, 蕖거, 臞구, 衢구, 袪거, 魚어, 漁어,
　　　輿여, 予여, 譽예

語韻: 筥게, 苣거, 炬거, 距거, 圄어, 語어

御韻: 鋸거, 馭어, 御어, 蕷여, 鸒여, 飫어

(4) 遇攝 3등 합구호 虞韻, 麌韻, 遇韻

: 『광운』 운모 [iu] → 『훈몽』 운모 [u], [iu]

虞韻: 駒구, 斛규, 蠼구, 軀구, 驅구, 蓲구, 愚우, 楡유, 諛유, 盂우, 宇우,
　　　羽우, 雨우

麌韻: 栩우

遇韻: 句구, 酗후, 諭유, 嫗구, 芋우

(5) 蟹攝 3등 개구호 祭韻

: 『광운』 운모 [iɒi] → 『훈몽』 운모 [iəi]

祭韻: 藝예

(6) 蟹攝 3등 개구호 廢韻

: 『광운』 운모 [iɑi] → 『훈몽』 운모 [ɑi], [iəi]

廢韻: 刈애, 乂예

(7) 蟹攝 3등 합구호 祭韻

: 『광운』 운모 [iuɒi] → 『훈몽』 운모 [ui]

祭韻: 衛위

(8) 蟹攝 3등 합구호 廢韻

: 『광운』 운모 [iuɑi] → 『훈몽』 운모 [uəi]

廢韻: 喙훼

(9) 止攝 3등 개구호 支韻, 紙韻, 寘韻

: 『광운』 운모 [iɿ] → 『훈몽』 운모 [i], [ii]

支韻: 騎긔, 錡긔, 歧기, 敧긔, 踦긔, 儀의, 義의, 匜이, 廖이, 椸이

紙韻: 庋기, 技기, 妓기, 蟻예, 弛이, 綺긔, 蟻의, 枳기, 椅의

寘韻: 徛긔, 芰기, 戱희

(10) 止攝 3등 개구호 脂韻, 旨韻, 至韻

: 『광운』 운모 [ji] → 『훈몽』 운모 [i], [ii], [əi], [iəi], [uəi]

脂韻: 肌긔, 耆기, 夷이, 姨이, 伊이, 蛜이

旨韻: 机궤, 骽긔

至韻: 嗜기, 器긔, 劓의, 臮예, 餧에

(11) 止攝 3등 개구호 之韻, 止韻, 志韻

: 『광운』 운모 [ii] → 『훈몽』 운모 [i], [ii]

之韻: 基긔, 箕긔, 錤긔, 姬희, 菜긔, 旗긔, 麒긔, 貽이, 飴이, 頤이, 醫의

止韻: 起긔, 嬉희, 苡이, 莒이

志韻: 意의

(12) 止攝 3등 개구호 微韻, 尾韻, 未韻

: 『광운』 운모 [ɪəi] → 『훈몽』 운모 [ii]

微韻: 璣긔, 機긔, 譏긔, 饑긔, 畿긔, 祈긔, 稀희, 衣의

尾韻: 蟣긔, 展의

未韻: 氣긔

(13) 止攝 3등 합구호 支韻, 紙韻, 寘韻

: 『광운』 운모 [iuɪ] → 『훈몽』 운모 [iu], [uəi], [uiəi], [ui]

支韻: 吹츄, 鵙규, 窺규, 觿휴

紙韻: 跂궤, 嘴췌, 跪궤, 蹉규, 毀훼, 燬훼

寘韻: 餧위

(14) 止攝 3등 합구호 脂韻, 旨韻, 至韻

: 『광운』 운모 [jui] → 『훈몽』 운모 [iu], [uəi], [ui], [u]

脂韻: 龜귀, 逵규, 葵규, 帷유

旨韻: 晷구, 壝유

至韻: 瞶궤, 樻궤, 位위

(15) 止攝 3등 합구호 微韻, 尾韻, 未韻

: 『광운』 운모 [ɪuəi] → 『훈몽』 운모 [ui], [uəi]

微韻: 楎휘, 暉휘, 威위, 蝛위, 韋위, 幃위, 闈위

尾韻: 鬼귀, 颫훼, 葦위

未韻: 貴귀, 卉훼, 緯위, 胃위, 蝟위, 彙휘

(16) 效攝 3등 개구호 宵韻, 小韻, 笑韻

:『광운』운모 [iɑu] →『훈몽』운모 [io], [o]

宵韻: 嬌교, 蕎교, 蟯요, 蹺교, 轎교, 枵오, 軺요, 瑤요, 謠요, 夭요, 腰요,
     鴞효

小韻: 橋교, 舀요

笑韻: 轎교, 鷂요, 曜요

(17) 流攝 3등 개구호 尤韻, 有韻, 宥韻

:『광운』운모 [iu] →『훈몽』운모 [u], [iu], [uk]

尤韻: 鳩구, 䳒구, 斿유, 仇구, 梂구, 毬구, 裘구, 丘구, 蚯구, 鵂亭, 牛우,
     油유, 蚰유, 游유, 蝣유, 麀우, 優우, 檽우, 疣우

有韻: 九구, 臼구, 舅구, 糗구, 莠유, 牖유, 誘유, 友우, 椰욱

宥韻: 柩구, 柚유, 右우, 祐우, 囿유

(18) 咸攝 3등 개구호 鹽韻, 琰韻, 艶語, 葉韻

:『광운』운모 [iɛm]/[iɛp] →『훈몽』운모 [iəm], [əm], [iəp]

鹽韻: 鎌겸, 鉗겸, 閻염, 鹽염, 淹엄, 醃엄, 閹엄, 炎염

琰韻: 檢검, 瞼검, 薟험, 芡감, 儉검, 焰염, 襜염, 魘염, 黶염

艶韻: 燄염, 艶염

葉韻: 葉엽

(19) 咸攝 3등 개구호 嚴韻, 儼韻, 釅韻, 業韻

: 『광운』 운모 [iɐm]/[iɐp] → 『훈몽』 운모 [əm], [əp], [iəp], [im]

嚴韻: 枕홈, 嚴엄

儼韻: (『훈몽자회』의 한자가 없음.)

釅韻: 釅엄

業韻: 刧겁, 業업, 脇협

(20) 咸攝 3등 합구호 凡韻, 范韻, 梵韻, 乏韻

: 『광운』 운모 [iwɐm]/[iwɐp] → 『훈몽』 운모 [əm], [əp], [im]

凡韻: 劍검, 欠흠

范韻: (『훈몽자회』의 한자가 없음.)

梵韻: (『훈몽자회』의 한자가 없음.)

乏韻: 法법

(21) 深攝 3등 개구호 侵韻, 寢韻, 沁韻, 緝韻

: 『광운』 운모 [iəm]/[iəp] → 『훈몽』 운모 [im], [ip], [am]

侵韻: 今금, 金금, 襟금, 琴금, 禽금, 檎금, 衾금, 歆흠, 吟음, 瘖암, 音음, 陰음

寢韻: 錦금, 飲음

沁韻: 妗금, 審음

緝韻: 給급, 汲급, 級급, 泣읍, 吸흡, 揖읍, 邑읍, 挹읍, 浥읍

(22) 山攝 3등 개구호 仙韻, 狝韻, 線韻, 薛韻

: 『광운』 운모 [iɛn]/[iɛt] → 『훈몽』 운모 [ən]/[əl], [iən], [ɑl]

仙韻: 攘건, 涎연, 鈆연, 蜒연, 筵연, 鳶연

獮韻: 謇건, 囝견

線韻: 絹견, 譴견, 堰언

薛韻: 碣갈, 傑걸, 闌얼, 蘖얼

(23) 山攝 3등 개구호 元韻, 阮韻, 願韻, 月韻

: 『광운』 운모 [iɐn]/[iet] → 『훈몽』 운모 [ən]/[əl], [ɑl]

元韻: 犍건, 鞬건, 圈권, 軒헌, 言언

阮韻: 鍵건, 鰋언

願韻: 獻헌

月韻: 羯갈, 訐알, 蠍헐

(24) 山攝 3등 합구호 仙韻, 獮韻, 線韻, 薛韻

: 『광운』 운모 [iwɛn]/[iwɛt] → 『훈몽』 운모 [uən]

仙韻: 拳권, 權권

獮韻: 卷권

線韻: 眷권, 院원, 衒원

薛韻:

(25) 山攝 3등 합구호 元韻, 阮韻, 願韻, 月韻

: 『광운』 운모 [iwɐn]/[iwɐt] → 『훈몽』 운모 [uən], [uɑn], [əl], [uəl]

元韻: 萱훤, 暄훤, 芫원, 原원, 蚖원, 黿원, 鳶원, 寃원, 垣원, 園원, 猿원,
      楥원, 轅원

阮韻: 畹완, 踠완, 苑원, 遠원

願韻:

月韻: 蕨궐, 瘚궐, 蹶궐, 橛궐, 鱖궐, 闕궐, 月월, 刖월, 噦얼, 鉞월

(26) 臻攝 3등 개구호 眞韻, 軫韻, 震韻, 質韻

: 『광운』 운모 [ien]/[iet] → 『훈몽』 운모 [ən], [in]/[il], [iun], [in]/[il]

眞韻: 巾건, 莙군, 囷균, 銀은, 茵인, 姻인, 筠균

軫韻: 引인, 蚓인, 菌균

震韻: 釁흔, 垽은, 印인

質韻: 溢일, 虼을, 一일, 壹일

(27) 臻攝 3등 개구호 臻韻, 軫韻, 震韻, 櫛韻

: 『광운』 운모 [ien]/[iet] → 『훈몽』 운모 [in], [il]

臻韻: 榛진

軫韻: (『훈몽자회』의 한자가 없음.)

震韻: (『훈몽자회』의 한자가 없음.)

櫛韻: 瑟슬, 蝨슬, 櫛즐

(28) 臻攝 3등 개구호 欣韻, 隱韻, 焮韻, 迄韻

: 『광운』 운모 [iən]/[iət] → 『훈몽』 운모 [əl], [in]

欣韻: 斤근, 筋근, 芹근, 昕흔, 靳은

隱韻: 槿근, 謹근, 癮은

焮韻: 靳근, 近근, 脪흔

迄韻: 乞걸, 肐걸

(29) 臻攝 3등 합구호 諄韻, 準韻, 稕韻, 術韻

: 『광운』 운모 [iuen]/[iuet] → 『훈몽』 운모 [iən]/[iul]

諄韻: (『훈몽자회』의 한자가 없음.)

準韻: 吮연

稕韻: (『훈몽자회』의 한자가 없음.)

術韻: 橘귤, 恤휼, 繘휼, 鷸휼

(30) 臻攝 3등 합구호 文韻, 吻韻, 問韻, 物韻

:『광운』 운모 [iuən]/[iuət] →『훈몽』 운모 [un]/[ul], [uən], [on]

文韻: 君군, 軍군, 皸군, 裙군, 葷훈, 勳훈, 纁훈, 耘운, 雲운, 員원

吻韻: 縕온

問韻: 郡군, 訓훈, 醞온, 暈운, 餫운

物韻: 橛굴, 窟굴, 熨울, 蔚울

(31) 宕攝 3등 개구호 陽韻, 養韻, 漾韻, 藥韻

:『광운』 운모 [iaŋ]/[iak] →『훈몽』 운모 [aŋ]/[ak], [iaŋ]/[iak]

陽韻: 嘗샹, 姜강, 礓강, 疆강, 韁강, 强강, 薑썅, 襄양, 禳양, 瓤양, 羌강,
　　　蜣강, 香향, 鄉향, 驤양, 羊양, 洋양, 烊양, 陽양, 楊양

養韻: 襁강, 饗향, 養양

漾韻: 釀양, 糧강, 餉향

藥韻: 脚각, 弱약, 瘧학, 藥약, 躍약, 爚약, 籥약, 籰약, 鑰약

(32) 宕攝 3등 합구호 陽韻, 養韻, 漾韻, 藥韻

:『광운』 운모 [iwaŋ]/[iwak] →『훈몽』 운모 [uaŋ]/[uak]

陽韻: 狂광, 誆광, 眶광, 筐광, 王왕

養韻: 枉왕

漾韻: 誑광

藥韻: 钁홱

(33) 曾攝 3등 개구호 蒸韻, 拯韻, 証韻, 职韻
: 『광운』 운모 [iəŋ]/[iək] →『훈몽』 운모 [iŋ]/[ik], [iŋ]/[ik], [[ii], [ək], [iək]

蒸韻: 矜궁, 膺응

拯韻: (『훈몽자회』의 한자가 없음.)

証韻: 孕잉

职韻: 棘극, 極극, 翼익, 臆억, 襋극, 弋익, 杙익, 翼익, 億억, 薏의, 域역, 閾역

(34) 梗攝 3등 개구호 庚韻, 梗韻, 映韻, 陌韻
: 『광운』 운모 [iæŋ]/[iæk] →『훈몽』 운모 [iəŋ]/[iək]

庚韻: 京경, 鯨경, 卿경, 擎경, 黥경, 英영

梗韻: 景경, 螢경, 境경, 影영

映韻: 敬경, 鏡경, 暎영

陌韻: 綌격, 嚇역

(35) 梗攝 3등 개구호 清韻, 静韻, 勁韻, 昔韻
: 『광운』 운모 [iæŋ]/[iæk] →『훈몽』 운모 [iəŋ]/[iək]

清韻: 楹영, 贏영, 瓔영, 瓔영, 纓영

静韻: 頸경, 㵾경, 癭영

勁韻:

昔韻: 易역, 繹역, 驛역, 弈혁

(36) 梗攝 3등 합구호 庚韻, 梗韻, 映韻, 陌韻
: 『광운』 운모 [iuæŋ]/[iuæk] →『훈몽』 운모 [iəŋ]

庚韻: 榮영, 兄형

梗韻: (『훈몽자회』의 한자가 없음.)

映韻: 泳영

陌韻: (『훈몽자회』의 한자가 없음.)

(37) 梗攝 3등 합구호 清韻, 静韻, 昔韻

: 『광운』 운모 [iuæŋ]/[iuæk] → 『훈몽』 운모 [iəŋ]/[iək]

清韻: 瓊경, 傾경, 營영

静韻: 穎영

昔韻: 役역, 疫역, 莈역

(38) 通攝 3등 합구호 東韻, 送韻, 屋韻

: 『광운』 운모 [iuŋ]/[iuk] → 『훈몽』 운모 [uŋ]/[uk], [iuk]

東韻: 穹궁, 熊웅, 雄웅, 弓궁, 躬궁, 宮궁

送韻:

屋韻: 掬국, 鞠국, 菊국, 鵴국, 麴국, 育육, 毓육, 鬻육

(39) 通攝 3등 합구호 鍾韻, 腫韻, 用韻, 燭韻

: 『광운』 운모 [ioŋ]/[iok] → 『훈몽』 운모 [oŋ]/[ok], [ioŋ]/[iok], [uk]

鍾韻: 恭공, 笻공, 蛩공, 胸흉, 容용, 鎔용, 備용, 墉용, 壅옹, 饗옹, 癰옹

腫韻: 拱공, 勇용, 埇용, 涌용, 蛹용, 踴용

用韻:

燭韻: 局국, 曲곡, 蛐곡, 玉옥, 獄옥, 浴욕, 旭욱

이상의 3등 한자가 모두 513개이다. 그 가운데에서 개음 [i]가 탈락
된 한자가 357개로 한자 전체의 69.6%를 차지한다. 개음 [i]를 보존하

고 있는 한자가 모두 156개로 한자 전체의 30.4%를 차지한다. 이는 3등 한자의 다수에서 개음 [i]가 탈락되었음을 의미한다.

2) 4등 한자

(1) 蟹攝 4등 개구호 齊韻, 薺韻, 霽韻

: 『광운』 운모 [iei] → 『훈몽』 운모 [iəi]

齊韻: 笄계, 稽계, 鷄계, 溪계, 鸂계, 蹊계, 醯혜, 猊예, 鯢예, 霓예

薺韻: 啓계

霽韻: 髻계, 薊계, 隷예, 契계, 系계, 暳예

(2) 蟹攝 4등 합구호 齊韻, 霽韻

: 『광운』 운모 [iuei] → 『훈몽』 운모 [iəi], [iu]

齊韻: 閨규, 畦규

霽韻: 桂계, 惠혜, 慧혜

(3) 效攝 4등 개구호 蕭韻, 篠韻, 嘯韻

: 『광운』 운모 [iau] → 『훈몽』 운모 [io]

蕭韻: 梟효

篠韻: 曉효

嘯韻: 徼교, 때교

(4) 咸攝 4등 개구호 添韻, 忝韻, 㮇韻, 帖韻

: 『광운』 운모 [iem]/[iep] → 『훈몽』 운모 [iəm]/[iəp]

添韻: 兼겸, 歉겸

宵韻:

橋韻:

帖韻: 鋏협, 篋협, 莢협, 蛺협, 頰협

(5) 山攝 4등 개구호 先韻, 銑韻, 霰韻, 屑韻

: 『광운』 운모 [ien]/[iet] → 『훈몽』 운모 [iən]/[iəl]

先韻: 肩견, 舷현, 賢현, 趼견, 姸연, 研연, 烟연, 咽연, 淵연

銑韻: 繭견, 襺견, 筧현, 峴현

霰韻: 甄견, 見견, 衒현, 硯연, 宴연, 嚥연, 鷰연

屑韻: 抉결, 鍥결, 齧혈

(6) 山攝 4등 합구호 先韻, 銑韻, 霰韻, 屑韻

: 『광운』 운모 [iwen]/[iwet] → 『훈몽』 운모 [iən]/[iəl]

先韻: 鵑견, 弦현, 縣현, 玄현

銑韻: 畎견, 犬견

霰韻: (『훈몽자회』의 한자가 없음.)

屑韻: 穴혈, 血혈

(7) 梗攝 4등 개구호 靑韻, 迥韻, 徑韻, 錫韻

: 『광운』 운모 [ieŋ]/[iek] → 『훈몽』 운모 [iəŋ]/[iək], [ㅕ]

靑韻: 經경, 形형, 型형, 硎형, 刑형, 馨형

迥韻:

徑韻: 徑경, 磬경, 罄경, 脛형

錫韻: 擊격, 覡혁, 鷁익

(8) 梗攝 4등 합구호 青韻, 迥韻, 錫韻

: 『광운』 운모 [iuɛŋ]/[iuɛk] →『훈몽』 운모 [iəŋ]

青韻: 扃경, 螢형

迥韻: (『훈몽자회』의 한자가 없음.)

錫韻: (『훈몽자회』의 한자가 없음.)

이상의 4등 한자가 모두 80개이다. 그 가운데에서 개음 [i]가 탈락된 한자가 1개로 전체 한자의 0%를 차지한다. 개음 [i]를 보존하고 있는 한자가 79개로 전체 한자의 100%를 차지한다. 이는 4등 한자 모두가 개음 [i]를 보존하고 있음을 의미한다.

위의 자료는 아래의 두 가지 문제에 대한 해명을 요구한다.

(1) 왜 3등 한자가 개음 [i]를 상실하고 4등 한자가 개음 [i]를 보존하는가?

(2) 왜 경섭과 가섭 3등 한자가 개음 [i]를 보존하는 비율이 높은가?

지금 이 문제에 대해 명확히 해답하기는 어려우나 아래의 두 가지 면에서 고려해 보아야 할 것으로 보인다.

첫째, 개구도의 차이이다.

중국어 음운학에서 이르는 등(等)의 차이는 개구도의 차이이다. 즉 1등의 개구도가 제일 크고, 4등의 개구도가 제일 작다. 그러니 3등의 개구도가 4등의 개구도보다 더 크다.

우리가 보건대 개구도의 크고 작음은 개음과 주요 모음의 결합 정도의 긴밀 여부를 결정한다. 즉 개구도가 작을수록 결합 정도가 긴밀하고 개구도가 클수록 결합 정도가 느슨해진다. 그러니 4등 운모에서 개음과 주요 모음의 결합이 3등 운모에서 개음과 주요 모음의 결합보다 더 긴밀하다고 보아야 할 것이다.

이는 주요 모음의 발음 위치와 관계된다. 『광운』 3등 운모 주요 모음의 발음 위치의 다수가 가운데 모음이거나 뒤 모음이고, 4등 운모 주요 모음의 발음 위치 모두가 앞 모음이다. 그러니 개음과 주요 모음의 결합에서 개음과 앞 모음의 결합이 개음과 가운데 모음이나 뒤 모음의 결합보다 더 긴밀하다. 이는 개음 [i]가 앞 모음이기 때문이다. 예를 들어 4등 운모 [ie]와 3등 운모 [iə]의 결합에서 운모 [ie]의 결합이 운모 [iə]의 결합보다 더 긴밀하다. 이는 개음 [i]와 모음 [e], [ə]의 위치가 다르기 때문이다.

둘째, 결합의 긴밀 여부가 이탈의 가능 여부를 결정한다. 이는 매우 쉽게 이해될 수 있는 도리이다. 두 물체의 결합이 긴밀할수록 이탈의 가능성이 적어지고 두 물체의 결합이 느슨할수록 이탈의 가능성이 많아짐은 매우 자연스러운 결과이다.

바로 상술한 원인으로 하여 3등 운모의 개음이 4등 운모의 개음보다 더 쉽게 탈락된다.

또한 상기의 원인으로 하여 경섭, 가섭, 함섭, 탕섭 3등 개구호에서 개음 [i]를 보존하고 있는 비율이 높다. 즉 이들 운모의 주요 모음이 앞 모음이기 때문이다.

총적으로 한국 한자음에서 성모 아후음 뒤의 개음 [i]가 탈락되는 법칙이 존재해 있었고, 이 법칙이 중국어 3등 개구호 한자음 운모에서 일어나는 법칙이었다는 결론을 내릴 수 있으리라 믿어진다.

8. 『훈몽자회』 운모가 지칭하는 『광운』 운모

한국 한자음 운모가 비록 중국어 『광운』 운모를 기준으로 규범하였으나 두 언어 사이의 차이로 하여 완전 대응이 이루어지는 것이 아니다. 『훈몽자회』 한자음은 주로 전통 한국 한자음을 정리해 놓았다. 그러므로 우리가 『훈몽자회』 한자음을 통하여 그들이 지칭하는 중국어 어음을 알 수 있다. 아래의 대비에서는 『훈몽자회』 모음들이 중국어의 어떤 음들을 가리키는가를 밝히게 된다.

1) 한국어 모음 ‘ㆍ’가 지칭하는 중국어 모음

중국어 『광운』 운모	[ㄱ]	[uə]	[ai]	[ɒi]
한국어 『훈몽』 운모	[ㆍ]	[ㆍ]	[ㆍㅣ]	[ㆍㅣ]

비교 1에서는 한글 자모 ‘ㆍ’가 중국어의 어떤 모음들을 지칭하였는가에 대한 고찰이다.

대비에서 볼 수 있듯이 한글 자모 ‘ㆍ’가 중국어 운모 [ㄱ], [uə]의 표기에 사용되고 ‘ㆍㅣ’가 중국어 운모 [ai], [ɒi]의 표기에 사용되었다.

위의 대비에서 주목되는 것은 한국어의 ‘ㆍ’가 중국어의 [ㄱ], [uə] 표기에 사용되었다는 사실이다. 중국어 모음 [ㄱ], [uə]는 『중원음운』 이후에 생겨난 음이다. 특히 『광운』 지섭(止攝)의 글자들이 『광운』 이후에 [i]로 변하고, [i]가 그 이후의 『중원음운』에서 운모 [ㄱ], [ㄴ], [i]로 분화되어 『중원음운』의 ‘지사(支思)’와 ‘제미(齊微)’ 두 운부(韻部)에 귀속되었다.

중국어 운모 [ㄱ]는 精母 계열 성모 [ts], [tsʰ], [s] 뒤에 쓰이어 혀끝(舌

尖) 앞소리를 나타내고, 운모 [ʅ]는 照系 계열 성모 [tʂ], [tʂʻ], [ʂ] 뒤에 쓰이어 혀끝 뒤 소리를 나타내었으며, 운모 [i]는 非精母와 照系 계열 성모 [p], [pʻ], [m], [t], [tʻ], [n], [l], [k], [kʻ], [x] 뒤에 쓰이어 설면(舌面) 앞소리 [i]를 나타내었다.

『훈몽자회』의 운모 ‘ㆍ’가 나타내는 중국어 모음 [uə]는 ‘쥼튼’자의 중국어 발음 표기에서이다. ‘쥼튼’자의 중국어 운모 [uən]은 14세기 『중원음운』이후에 생겨나 현대에 이른다.

위의 분석에서 한국어 자모 ‘ㆍ’가 중국어 모음 [ʅ], [uə], [a], [ɒ] 네 가지 모음을 지칭하였음을 보아낼 수 있다.

이로부터 우리는 『훈민정음』의 자모 ‘ㆍ’가 과연 어떤 어음 표기를 위하여 만들어진 자모인가 하는 의문을 제기하지 않을 수 없다.

2) 한국어 모음 ‘ㅏ’가 지칭하는 중국어 모음

중국어 『광운』 운모: [ɑ], [ɒ], [ai], [ɑi], [ɐ], [ɔ], [uɑ], [ia]
한국어 『훈몽』 운모: [a], [a], [ai], [ai], [a], [a], [a], [a]

비교 2에서는 한글 자모 ‘ㅏ’가 중국어 운모의 어떤 모음들을 지칭 하였는가에 대해 고찰하게 된다.

대비에서 볼 수 있듯이 한글 자모 ‘ㅏ’가 중국어 『광운』 운모 [ɑ], [ɒ], [ɐ], [ɔ]의 표기에 쓰이고 ‘ㅐ’가 중국어 운모 [ai], [ɑi]의 표기에 쓰이었다.

중국어 『광운』 모음 [ɑ], [ɒ], [ɔ] 등이 뒤 모음이고 [ɐ]가 가운데 모음임을 고려하면 고대 한국어 모음 ‘ㅏ’가 후설 모음이었다는 사실 을 보게 된다.

위의 대비에서 중국어 모음 [ua], [ia]가 한국어에서 [a]로 표기된 것은 개음 [u], [i]의 탈락으로 하여 생겨난 변화이다.

3) 한국어 모음 'ㅓ'가 지칭하는 중국어 모음

중국어 『광운』 운모: [iɐi], [iei], [ə], [ie], [iə], [iɛ], [iɐ], [ua], [uə], [io], [iə], [iwɛ], [iæ]

한국어 『훈몽』 운모: [iəi], [iəi], [ə], [iəi], [iə], [iə], [iə], [uə], [uə], [iə], [ə], [iə], [iə]

비교 3에서는 주로 한글 자모 'ㅓ'가 중국어 운모의 어떤 음들을 지칭하였는가에 대해 고찰하게 된다.

대비에서 볼 수 있듯이 한글 자모 'ㅓ'가 주로 중국어 모음 [ɐ], [e], [ə], [ɛ], [a], [o], [æ]의 표기에 사용되었다. 한국어 모음 'ㅓ'는 가운데 모음 [ə]이다. 앞 모음 [e], [ɛ], [a], [æ]가 한국어에서 모음 [ə]로의 표기는 고대 한국어에 앞 모음이 없었기 때문이다.

한국어 모음 [ə]가 중국어 모음 [ɐ], [o]의 표기에 쓰인 것은 [ə]와 [ɐ], [o]의 발음 위치가 가깝기 때문이다.

중국어의 운모 [iə], [iwɛ]가 한국어에서 [ə], [iə]로 변한 것은 개음 [i], [w]의 탈락으로 하여 나타난 변화이다.

4) 한국어 모음 'ㅗ'가 지칭하는 중국어 모음

중국어 『광운』 운모: [au], [ɑu], [u], [uai], [uɐi], [uai], [uən], [o], [ɔ], [io]
한국어 『훈몽』 운모: [o], [o], [o], [oi], [oi], [oi], [on], [o], [o], [o]

비교 4에서는 주로 한글 자모 'ㅗ'가 중국어 운모의 어떤 음들을 지칭하는가에 대해 고찰하게 된다.

대비에서 볼 수 있듯이 한글 자모 'ㅗ'가 주로 중국어 모음 [au], [ɑu], [u], [ua], [uɐ], [uɑ], [uə], [o], [ɔ]의 지칭에 사용되었다. 한국어 모음 'ㅗ'는 뒤 모음 [o]이다. 중국어 모음 [au], [ɑu]가 한국어에서 모음 [o]로의 표기는 한국어에 겹모음 [au], [ɑu]가 없었기 때문에 그것과 발음이 비슷한 [o]로 표기한 것이다.

한국어 모음 [oi]로 중국어 모음 [uai], [uɐi], [uɑi]의 표기는 고대 한국어에 중국어와 같은 3중 모음이 없었기 때문인 것으로 보인다.

한국어 모음 [o]로 중국어 모음 [u], [ɔ]의 표기는 이들 발음의 유사성에서 생겨난 것으로 보인다.

한국어 모음 [o]로 중국어 모음 [io]의 표기는 개음 [i]의 탈락으로 하여 나타난 변화이다.

5) 한국어 모음 'ㅛ'가 지칭하는 중국어 모음

중국어 『광운』 운모: [iau], [iɑu], [io], [iu]
한국어 『훈몽』 운모: [io], [io], [io], [io]

비교 5에서는 주로 한글 자모 'ㅛ'가 중국어 운모의 어떤 음들을 지칭하는가에 대해 고찰하게 된다.

대비에서 볼 수 있듯이 한글 자모 'ㅛ'가 주로 중국어 모음 [iau], [iɑu], [iu], [io]의 표기에 사용되었다. 한국어 모음 'ㅛ'는 겹모음이다. 중국어 모음 [iau], [iɑu]가 한국어에서 모음 [io]로의 표기는 고대 한국어에 모음 [iau], [iɑu]가 없었기 때문에 그것과 발음이 비슷한 [io]로 표기한 것이다.

한국어 모음 [io]로 중국어 모음 [iu]의 표기는 이들 발음의 유사성에서 생긴 것으로 보인다.

6) 한국어 모음 'ㅜ'가 지칭하는 중국어 모음

중국어 『광운』 운모: [u], [iuɪ], [jui], [ua], [o], [wɑ], [uə], [iu]
한국어 『훈몽』 운모: [u], [ui], [ui], [ua], [u], [ua], [u], [u]

비교 6에서는 주로 한글 자모 'ㅜ'가 중국어 운모의 어떤 음들을 지칭하는가에 대해 고찰하게 된다.

대비에서 볼 수 있듯이 한글 자모 'ㅜ'가 주로 중국어 모음 [u], [o], [w]의 표기에 사용되었다. 중국어 모음 [o]가 한국어에서 모음 [u]로의 표기는 이 두 모음 발음의 유사성으로 하여 산생된 것이다.

중국어의 [w]는 개음의 표시이다. 개음 [w]와 [u]의 유사성으로 하여 중국어 [w]를 한국어에서 [u]로 표기하였다.

중국어 [iuɪ], [jui], [iu]가 한국어에서의 [ui], [u]는 개음 [i]의 탈락으로 하여 생긴 변화이다.

7) 한국어 모음 'ㅞ'가 지칭하는 중국어 모음

중국어 『광운』 운모: [uai], [iuɐi], [ɪuəi]
한국어 『훈몽』 운모: [uəi], [iuəi], [uəi]

비교 7에서는 주로 한글 자모 'ㅞ'가 중국어 운모의 어떤 음들을 지칭하는가에 대해 고찰하게 된다.

대비에서 볼 수 있듯이 한글 자모 'ᅰ'가 주로 중국어 모음 [uai], [iuɐi], [ɪuɐi]의 표기에 사용되었다.

중국어 모음 [uai]가 한국어에서 모음 [uəi]로의 표기는 한국어에 앞 모음 [a]가 없었기 때문이다.

중국어의 [iuɐi]가 한국어에서 [iuəi]로의 표기는 [ɐ], [ə] 발음 위치의 유사성으로 하여 나타난 변화로 보인다.

중국어의 [ɪuɐi]가 한국어에서 [uəi]로의 표기는 개음 [ɪ]의 탈락으로 하여 생긴 변화이다.

8) 한국어 모음 'ㅠ'가 지칭하는 중국어 모음

중국어『광운』운모: [iu], [jui], [iuen], [iuɪ],

한국어『훈몽』운모: [iu], [iu], [iun], [iui],

비교 8에서는 주로 한글 자모 'ㅠ'가 중국어 운모의 어떤 음들을 지칭하는가에 대해 고찰하게 된다.

대비에서 볼 수 있듯이 한글 자모 'ㅠ'가 주로 중국어 모음 [iu], [jui], [iuen], [iuɪ]의 표기에 사용되었다.

중국어 모음 [iu]가 한국어에서 모음 [iu]로의 표기는 두 언어에 [iu]가 공존해 있었기 때문이다.

중국어의 [jui]가 한국어에서 [iu]로의 표기 원인이 명확하지 않다.

중국어의 [iuen]이 한국어에서 [iun]으로의 표기는 한국어에 앞 모음 [e]가 없기에 탈락되어 생긴 변화로 보인다.

중국어의 [iuɪ]가 한국어에서 [iui]로의 표기는 중국어의 운미 [ɪ]가 한국어에서 [i]로 되면서 생긴 변화이다.

9) 한국어 모음 'ㅡ'가 지칭하는 중국어 모음

중국어 『광운』 운모: [iəi], [iə], [iuə], [ə], [ɪəi]
한국어 『훈몽』 운모: [ɨi], [ɨ], [ɨ], [ɨ], [ɨi]

비교 9에서는 주로 한글 자모 'ㅡ'가 중국어 운모의 어떤 음들을 지칭하는가에 대해 고찰하게 된다.

대비에서 볼 수 있듯이 한글 자모 'ㅡ'가 주로 중국어 모음 [iəi], [iə], [iuə], [ə], [ɪəi]의 표기에 사용되었다. 여기에서 주목되는 것은 중국어 [iə], [iuə], [ɪə]가 한국어에서 [ɨ]로 변하였다는 사실이다. 이는 중국어의 모음 [ə]가 그 앞에 있는 개음 [i], [iu], [ɪ]의 영향으로 하여 발음 위치가 [ɨ]에 가까워지면서 나타난 변화이다. 즉 중국어 [iə], [iuə], [ɪə]가 한국어 [ɨ]로 변한 것이다.

그리고 중국어의 [ə]가 [ɨ]로 변한 것은 [ən], [ət], [əŋ], [ək]과 같이 자음 운미를 갖고 있는 운모들이라는 사실이다. 이는 자음 운미의 발음이 그 앞의 모음의 발음에 영향을 주었을 수 있음을 시사한다.

10) 한국어 모음 'ㅣ'가 지칭하는 중국어 모음

중국어 『광운』 운모: [ʅ], [i], [ji], [ii], [iə], [ie], [ɪuəi], [iei]
한국어 『훈몽』 운모: [i], [i], [i], [i], [i], [i], [i], [i]

비교 10에서는 한글 자모 'ㅣ'가 중국어 운모의 어떤 음들을 지칭하는가에 대해 고찰하게 된다.

대비에서 볼 수 있듯이 한글 자모 'ㅣ'가 중국어 운모 [ɿ], [i], [ji], [ii], [iə], [ie], [ɿuəi], [iei]의 표기에 사용되었다.

위의 표기에서 주목되는 것은 한국어 모음 'ㅣ'가 중국어 운모 [ɿ]의 표기에 사용되었다는 사실이다. 중국어 운모 [ɿ]는 『중원음운』에서 형성되었다. 『광운』지섭(止攝)의 3등 개구호 글자들이 『광운』이후에 [i]로 변하고 그 이후의 『중원음운』에 이르러 운모 [ɿ], [ʅ], [i]로 분화되었다.

『훈몽자회』에서 운모 'ㅣ'가 쓰인 한자 '眵치, 鷈치, 絁시, 赦지, 枝지, 肢지, 梔지, 卮치, 爾ᅀㅣ, 邇ᅀㅣ, 豸시, 呩지, 氏시, 是시, 紙지, 豉시, 翅시' 등의 운모 'ㅣ'[i]는 중국어 운모 [ɿ]의 표기이다. 왜냐하면 이 'ㅣ' 앞의 성모가 『광운』照系 계열의 [tʂ], [tʂ'], [ʂ], [ʐ]이기 때문이다.

『훈몽자회』에서 운모 'ㅣ'가 쓰인 한자 '卑비, 碑비, 羆비, 陂피, 脾비, 皮피, 疲피, 羸리, 璃리, 籬리, 麋미, 獼미, 鈹피, 歧기, 匜이, 廖이, 椸이' 등의 운모 'ㅣ'[i]는 중국어 운모 [i]의 표기이다. 왜냐하면 이 'ㅣ' 앞의 성모가 非精母 계열과 非照系 계열의 성모들이기 때문이다.

그러니 『훈몽자회』의 운모 'ㅣ'는 중국어 운모 [ɿ], [i]의 표기인 것이다.

중국어의 운모 [ji], [ii]가 한국어에서 [i]로의 표기는 개음 [j], [i]의 탈락으로 하여 생긴 변화이다.

중국어의 운모 [iə], [ie], [ɿuəi], [iei]가 한국어에서 [i]로의 표기는 동화에 의해 나타난 변화로 보인다.

9. 『훈민정음』의 자모 'ㆍ'가 한국어 어음이 아니다

『훈민정음』에 자모 'ㆍ'가 있다. 역사적으로 많은 학자들이 이 자모의 음가 추정을 위해 많은 노력을 기울여 왔으나 실패로 끝나고 말았다. 우리는 그 원인이 『훈민정음』 자모 'ㆍ'가 지칭하는 음이 한국어 음이 아닌데 있다고 본다.

그 근거는 아래와 같다.

1) 『훈몽자회』의 자모 'ㆍ'가 지칭하는 음이 이것도 아니고 저것도 아니다.

『훈몽자회』에 자모 'ㆍ'와 'ㆎ' 두 가지가 있다. 이들 두 자모가 『훈몽자회』에서 지칭한 한국어 음과 중국어 음을 밝히면 아래와 같다.

(1) 蟹攝 1등 개구호 咍韻, 海韻, 代韻

咍韻: 才ᄌᆡ, 財ᄌᆡ, 裁ᄌᆡ, 臺ᄃᆡ, 擡ᄃᆡ, 苔ᄐᆡ, 炱ᄐᆡ, 荄ᄒᆡ, 栽ᄌᆡ, 觺ᄅᆡ, 開ᄀᆡ,
　　　 咳ᄒᆡ, 孩ᄒᆡ,

海韻: 怠ᄐᆡ, 頦ᄒᆡ, 穀ᄌᆡ, 宰ᄌᆡ, 綵ᄎᆡ, 鎧개, 海ᄒᆡ, 醢ᄒᆡ

代韻: 代ᄃᆡ, 袋ᄃᆡ, 黛ᄃᆡ, 戴ᄃᆡ, 載ᄌᆡ, 菜ᄎᆡ, 蚨ᄃᆡ, 貸ᄃᆡ, 態ᄐᆡ, 賽ᄉᆡ, 愛ᄋᆡ

여기에서 자모 'ㆎ'가 지칭하는 음은 한국어 모음 [ai]이다.

(2) 蟹攝 1등 개구호 泰韻

泰韻: 帶ᄃᆡ

여기에서 자모 'ㅣ'가 지칭하는 음은 한국어 모음 [ɑi]이다.

(3) 蟹攝 1등 합구호 灰韻, 賄韻, 隊韻
灰韻: 杯빈, 陪빈, 培빈, 莓민, 梅민, 媒민, 煤민, 酶민, 坏빈
賄韻:
隊韻: 背빈, 輩빈, 焙빈, 磓딘, 對딘, 耒린, 苺민, 酶민, 每민, 妹민, 昧민,
　　　內닌

여기에서 자모 'ㅣ'가 지칭하는 음은 한국어 모음 [ɑi]이다.

(4) 蟹攝 2등 개구호 皆韻, 駭韻, 怪韻
皆韻: 排빈, 痎히, 楷기, 霾민, 揩기, 骸히
駭韻:
怪韻: 拜빈

여기에서 자모 'ㅣ'가 지칭하는 음은 한국어 모음 [ɑi]이다.

(5) 蟹攝 4등 개구호 齊韻, 薺韻, 霽韻
齊韻: 臍지
薺韻: 沛ᄌ
霽韻:

여기에서 자모 'ㅡ', 'ㅣ'가 지칭하는 음은 중국어 운모 [iei]이다.

(6) 止攝 3등 개구호 支韻, 紙韻, 寘韻

支韻: 觘ᄌ, 髭ᄌ, 雌ᄌ, 兒ᅀ, 撕ᄉ

紙韻: 壐ᄉ, 紫ᄌ

寘韻: 疵ᄌ, 莉ᄌ, 賜ᄉ

여기에서 자모 'ㆍ'가 지칭하는 음은 중국어 모음 [ɿ]이다.

(7) 止攝 3등 개구호 脂韻, 旨韻, 至韻

脂韻: 睿ᄌ, 瓷ᄌ, 姿ᄌ, 資ᄌ, 師ᄉ, 獅ᄉ, 蝍ᄉ

旨韻: 姉ᄌ, 死ᄉ

至韻: 自ᄌ

여기에서 자모 'ㆍ'가 지칭하는 음은 중국어 모음 [ɿ]이다.

(8) 止攝 3등 개구호 之韻, 止韻, 志韻

之韻: 慈ᄌ, 孶ᄌ, 滋ᄌ, 鼒ᄌ, 鎡ᄌ, 祠ᄉ, 詞ᄉ, 司ᄉ, 絲ᄉ, 蕬ᄉ, 鶿ᄉ

止韻: 士ᄉ, 子ᄌ, 秄ᄌ, 梓지, 史ᄉ, 祀ᄉ, 姒ᄉ, 耛ᄉ, 滓지

志韻: 事ᄽ, 牸ᄌ, 字ᄌ, 寺ᄉ, 飼ᄉ, 笥ᄉ, 鎟ᄉ

여기에서 자모 'ㆍ'가 지칭하는 음은 중국어 모음 [ɿ]이고, 'ㅣ'가 지칭하는 음은 중국어 모음 [ii]이다.

(9) 止攝 3등 합구호 微韻, 尾韻, 未韻

微韻: 緋비

尾韻:

未韻:

여기에서 자모 'ㆎ'는 표기에서의 오기로 보인다.

(10) 咸攝 3등 개구호 鹽韻, 琰韻, 艷語, 葉韻
鹽韻: 潛줌
琰韻:
艷韻:
葉韻:

여기에서 자모 'ㅁ'이 지칭하는 음은 한국어 운모 [ɑm]이다.

(11) 深攝 3등 개구호 侵韻, 寢韻, 沁韻, 緝韻
侵韻: 涔좀, 梣좀
寢韻:
沁韻: 讚춤
緝韻:

여기에서 자모 'ㅁ'이 지칭하는 음은 한국어 운모 [im]이다.

(12) 臻攝 1등 개구호 痕韻, 很韻, 恨韻, 没韻
痕韻: 吞튼
很韻:
恨韻:
没韻:

여기에서 자모 'ㄴ'이 지칭하는 음은 근대 중국어 운모 [uən]이다.

(13) 臻攝 1등 합구호 魂韻, 混韻, 慁韻, 没韻

魂韻:

混韻:

慁韻:

没韻: 頼블, 脖블, 鵓블

여기에서 자모 'ㄹ'이 지칭하는 음은 중국어 운모 [ol]이다.

(14) 宕攝 1등 개구호 覃韻, 感韻, 勘韻, 合韻

覃韻: 蚕좀, 簪좀, 蔘合

感韻:

勘韻:

合韻:

여기에서 자모 'ㅁ'이 지칭하는 음은 한국어 운모 [ɑm]이다.

(15) 江攝 2등 개구호 江韻, 讲韻, 絳韻, 覺韻

讲韻:

絳韻:

覺韻: 學흑, 鷽흑

여기에서 자모 'ㄱ'이 지칭하는 음은 한국어 운모 [ɑk]이다.

(16) 曾攝 1등 개구호 登韻, 等韻, 嶝韻, 德韻

登韻:

等韻:

嶝韻:

德韻: 刻ᄏᆞᆨ, 塞ᄉᆡᆨ

여기에서 자모 'ᆡ'가 지칭하는 음은 중국어 운모 [ai]이고, 'ᆨ'이 지칭하는 음은 중국어 운모 [ək]이다.

(17) 梗攝 2등 개구호 庚韻, 梗韻, 映韻, 陌韻, 耕韻, 耿韻, 諍韻, 麦韻

庚韻: 羹깅, 桁힝, 坑킹, 盲밍, 虻밍, 烹핑, 生싱, 笙싱, 甥싱, 鉎싱, 觪싱,
     行힝

梗韻: 冷링, 猛밍, 杏힝

映韻: 胻힝

陌韻: 栢븪, 百븪, 伯븪, 白븪, 帛븪, 舶븪, 坼틱, 澤틱, 宅틱, 陌믹, 拍븪,
     珀븪, 魄븪, 客긱, 額익, 輒익, 笮칙

耕韻: 氓밍, 萌밍, 甍밍, 莖깅, 櫻잉, 鶯잉, 鸚잉, 箏징

耿韻:

諍韻: 諍징

麦韻: 柵칙, 核획, 覈획, 讀칙, 冊칙, 策칙, 脉믹, 麥믹

여기에서 자모 'ᆼ'이 중국어 운모 [æŋ]이거나 한국어 운모 [əŋ]을 지칭하고, 'ᆨ'은 중국어 운모 [æk]이거나 한국어 운모 [ək]을 지칭한다.

(18) 梗攝 3등 개구호 庚韻, 梗韻, 映韻, 陌韻

庚韻: 撑팅, 盟밍

梗韻:

映韻:

陌韻:

여기에서 자모 'ㅣ'이 한국어 운모 [əŋ]을 지칭한다.

(19) 梗攝 3등 개구호 清韻, 静韻, 勁韻, 昔韻

清韻:

静韻:

勁韻:

昔韻: 液익, 腋익, 袚익

여기에서 자모 'ㅢ'이 지칭하는 음은 한국어 운모 [ək]이다.

(20) 梗攝 4등 개구호 青韻, 迥韻, 徑韻, 錫韻

青韻:

迥韻:

徑韻:

錫韻: 鷉익

여기에서 자모 'ㅢ'이 지칭하는 음은 한국어 운모 [iək]이다.

위의 자료들에서 한국어 자모 'ㆍ'와 'ㅣ'가 지칭한 한국어와 중국어의 모음을 귀납하면 아래와 같다.

첫째, 한국어 어음 표기

한글 자모 'ᆡ'가 표기에서 오기이다.

한글 자모 'ᆡ'가 한국어 운모 [ɑi]의 표기에 쓰이었다.

한글 자모 'ᆷ'이 한국어 운모 [ɑm]의 표기에 쓰이었다.

한글 자모 'ᆷ'이 한국어 운모 [im]의 표기에 쓰이었다.

한글 자모 'ᆨ'이 한국어 운모 [ɑk]의 표기에 쓰이었다.

한글 자모 'ᆼ'이 한국어 운모 [əŋ]의 표기에 쓰이었다.

한글 자모 'ᆨ'이 한국어 운모 [ək]의 표기에 쓰이었다.

한글 자모 'ᆨ'이 한국어 운모 [iək]의 표기에 쓰인 것으로 보인다.

둘째, 중국어 어음 표기

한글 자모 'ᆞ'가 중국어 운모 [ɿ]의 표기에 쓰이었다.

한글 자모 'ᆞ'가 중국어 운모 [iei]의 표기에 쓰이었다.

한글 자모 'ᆡ'가 중국어 운모 [iei]의 표기에 쓰이었다.

한글 자모 'ᆡ'가 중국어 운모 [ii]의 표기에 쓰이었다.

한글 자모 'ᆡ'가 중국어 운모 [ai]의 표기에 쓰이었다.

한글 자모 'ᆫ'이 중국어 운모 [uən]의 표기에 쓰이었다.

한글 자모 'ᆯ'이 중국어 운모 [ol]의 표기에 쓰이었다.

한글 자모 'ᆨ'이 중국어 운모 [ək]의 표기에 쓰이었다.

한글 자모 'ᆼ'이 중국어 운모 [æŋ]의 표기에 쓰이었다.

한글 자모 'ᆨ'이 중국어 운모 [æk]의 표기에 쓰이었다.

상술한 자료들에서 『훈몽자회』의 한글 자모 'ᆞ'가 한국어 모음 [ɑ],

[ə], [iə], [o], [ɨ]를 지칭하고, 중국어 모음 [ɿ], [i], [ie], [iei], [a], [ə], [æ], [uə] 등을 지칭하였음을 알 수 있다. 이 세상에 이 같이 많은 어음을 지칭할 수 있는 문자가 존재할 수 없음은 주지의 사실이다. 그 결과 『훈민정음』의 자모 'ㆍ'는 이 음도 저 음도 지칭하지 못하는 자모라는 결론을 내릴 수밖에 없다.

우리가 느끼건대 『훈민정음』의 자모 'ㆍ'가 중국어 혀끝모음의 표기를 위하여 만들어진 것으로 보인다. 그 근거는 『훈몽자회』 운모 'ㆍ'의 다수가 중국어 혀끝모음 [ɿ]의 표기에 씌었기 때문이다.

중국어 혀끝 앞소리 모음 [ɿ]는 1324년 중국 원나라시기에 편찬된 운서 『중원음운』에서 생겨난 음이다. 이 책이 위로는 『광운』의 어음을 계승하고, 아래로는 현대 중국어 어음에 이어지는 운서로 근대 중국어 어음연구의 귀중한 자료이다.

지금까지의 중국어 어음역사 연구는 사실상 중국어 근대어 어음역사 연구이고, 중국어 근대어 어음 역사 연구란 『중원음운』 이후에 나타난 중국어 어음 변화의 연구라고 할 수도 있다.

현대 중국어의 혀끝 모음 [ɿ], [ʅ], [ɚ]의 산생이 중국어 어음 변화 역사에서 매우 중요한 지위를 차지하므로 이들의 산생과 변화의 역사를 참답게 돌이켜볼 필요가 있다.

현대 중국어 혀끝 모음 [ɿ], [ʅ], [ɚ]의 형성과 발전의 역사는 아래와 같다.

이들 세 모음이 내원은 모두 『광운』 止攝 3등 개구호 支韻, 紙韻, 寘韻의 운모 [iɪ], 脂韻, 旨韻, 至韻의 운모 [ji], 之韻, 止韻, 志韻의 운모 [ii] 등 9개 운모에 있다.

이 세 가시 3등 개구호의 『광운』 운모 [iɪ], [ji], [ii]가 『광운』 이후에 운모 [i]로 통합되었다. [i]로 통합된 운모가 『광운』 이후의 『중원음운』

에 이르러 운모 [ㄱ], [ㄴ], [i]로 분화되었다. 이 가운데의 [ㄱ], [ㄴ]가 『중원음운』에서 '지사(支思)' 운부에 귀속되고 [i]가 '제미(齊微)' 운부에 귀속되었다.

운모 [ㄱ]와 [ㄴ]로의 분화 조건은 운모 [i] 앞에 오는 성모에 있었다. 즉 精母 계열 성모 [ts], [ts'], [s] 뒤의 운모 [i]가 [ㄱ]로 변하고, 照系 계열 성모 [tʂ], [tʂ'], [ʂ], [ʐ] 뒤의 운모 [i]가 [ㄴ]로 변하였으며 성모 [ʐ] 뒤의 부분적 운모 [ㄴ]가 『중원음운』 이후에 [ə]로 변하였다. 예를 들면 아래와 같다.

첫째, 『중원음운』에서 모음 [ㄱ]로 변한 한자

(1) 止攝支韻(3등 개구) [iɪ]→[i]→[ㄱ]: 呰, 雌, 斯, 撕, 髭, 赀, 厮

(2) 止攝紙韻(3등 개구) [iɪ]→[i]→[ㄱ]: 此, 跐, 紫, 泚, 玼

(3) 止攝寘韻(3등 개구) [iɪ]→[i]→[ㄱ]: 疵, 刺, 賜, 澌, 漬, 髊, 莿

(4) 止攝脂韻(3등 개구) [i]→[ㄱ]: 私, 蛳, 咨, 資, 諮, 茨, 餈, 諮

(5) 止攝旨韻(3등 개구) [i]→[ㄱ]: 死, 兕

(6) 止攝至韻(3등 개구) [i]→[ㄱ]: 次, 四, 泗, 駟, 自, 恣, 肆

(7) 止攝之韻(3등 개구) [iɪ]→[i]→[ㄱ]

: 詞, 祠, 辭, 慈, 磁, 司, 絲, 思, 鷥, 孳, 滋, 孜, 偲, 罳, 颸, 淄

(8) 止攝止韻(3등 개구) [iɪ]→[i]→[ㄱ]

: 似, 巳, 祀, 子, 梓, 俟, 涘, 梓, 汜, 姒, 耔

(9) 止攝志韻(3등 개구) [iɪ]→[i]→[ㄱ]: 寺, 嗣, 字, 厠, 牸, 飼, 笥

둘째, 『중원음운』에서 모음 [ㄴ]로 변한 한자

(1) 止攝支韻(3등 개구) [iɪ]→[i]→[ㄴ]: 眵, 匙, 支, 枝, 梔, 兒, 施, 差, 楮

(2) 止攝紙韻(3등 개구) [iɪ]→[i]→[ㄴ]: 尒, 紙, 氏, 是, 迤, 弛, 豕, 眂

(3) 止攝寘韻(3등 개구) [iɪ]→[i]→[ʅ]: 翅, 豉

(4) 止攝脂韻(3등 개구) [i]→[ʅ]: 師, 獅, 屍, 蓍, 脂, 師, 尸, 鳲

(5) 止攝旨韻(3등 개구) [i]→[ʅ]: 旨, 指, 矢, 屎, 砥

(6) 止攝至韻(3등 개구) [i]→[ʅ]: 二, 貳, 示, 視, 嗜, 諡, 謚

(7) 止攝之韻(3등 개구) [ii]→[i]→[ʅ]: 而, 之, 芝, 詩, 时, 蒔, 鰤, 洏

(8) 止攝止韻(3등 개구) [ii]→[i]→[ʅ]: 齒, 史, 使, 始, 士, 仕, 市, 止, 祉, 徵,

恃, 駬, 駛, 沚, 址, 芷, 沘, 趾, 耳

(9) 止攝志韻(3등 개구) [ii]→[i]→[ʅ]: 志, 誌, 事, 侍, 試, 餌

셋째, 현대 중국어에서 모음 [ɚ]로 변한 한자

(1) 止攝支韻(3등 개구) [iɪ]→[i]→[ʅ]→[ɚ]: 兒

(2) 止攝紙韻(3등 개구) [iɪ]→[i]→[ʅ]→[ɚ]: 尔, 迩

(3) 止攝至韻(3등 개구) [i]→[ʅ]→[ɚ]: 二, 貳

(4) 止攝之韻(3등 개구) [ii]→[i]→[ʅ]→[ɚ]: 而, 洏

(5) 止攝止韻(3등 개구) [ii]→[i]→[ʅ]→[ɚ]: 耳

(6) 止攝志韻(3등 개구) [ii]→[i]→[ʅ]→[ɚ]: 餌

『중원음운』에서 모음 [ʅ]로 되었던 照系 계열의 음절 [tʂʅ], [tʂʻʅ], [ʂʅ], [ʐʅ]가 『중원음운』 이후에 다시 음절 [tʂʅ], [tʂʻʅ], [ʂʅ]와 [ɚ] 두 가지로 분화되었다.

그리하여 현대 중국어의 음절 [tʂʅ], [tʂʻʅ], [ʂʅ]는 『중원음운』에서 형성된 모음 [ʅ]를 유지하고, 일모(日母)의 일부분 음절 [ʐʅ]의 성모 [ʐ]가 사라지어 제로 성모 [ø]로 변하고 혀끝 뒤 모음 [ʅ]가 혀끝 가운데 모음 [ɚ]로 변하였다.

이렇게 산생된 현대 중국어 혀끝 모음 [ɿ], [ʅ], [ɚ]의 형성 순서와 발음 위치는 아래와 같다.

첫째, 혀끝 모음 [ɿ], [ʅ], [ɚ]의 형성 순서

현대 중국어 혀끝 모음 [ɿ], [ʅ], [ɚ]의 형성 순서를 보면 [ɿ]가 제일 먼저이고, [ʅ]이 그 다음이며, [ɚ]이 제일 마지막이다.

우리가 현대 중국어 혀끝 모음의 형성 순서를 ① [ɿ], ② [ʅ], ③ [ɚ]로 보는 근거는 아래와 같다.

ㄱ. 중국어 혀끝 모음 [ɿ], [ʅ], [ɚ]는 모두 운모 [i]의 변종이다. 즉 모음 [ɿ], [ʅ], [ɚ]은 『광운』 운모 [iɪ], [ji], [iɪ]가 [i]로 통합된 후 이 [i]에서 새롭게 생성된 모음들이다.

그런데 우리가 『중원음운』 이후에 운모 [i]가 새롭게 모음 [ɿ]로 변한 한자를 거의 발견하지 못하였다. 이는 혀끝 앞소리 [ɿ]가 『중원음운』에서의 형성이 이미 마무리되었음을 의미한다. 즉 성모 [ts], [ts'], [s] 뒤의 운모 [i]가 『중원음운』에서 이미 기본상 모음 [ɿ]로 변하였음을 의미한다.

ㄴ. 중국어 혀끝 뒷소리 [ʅ]가 혀끝 앞소리 [ɿ]와는 달리, 『중원음운』 이후에도 운모 [i]로부터 [ʅ]로의 변화가 지속되었다. 예를 들면 아래 한자들의 운모 [ʅ]가 『중원음운』 이후에 생겨난 것이다.

성모 [tʂ]로 된 한자: 知, 蜘, 直, 值, 姪, 秩, 擲, 炙, 织, 只, 製, 制, 滯, 雉, 致, 治, 智

성모 [tʂ']로 된 한자: 笞, 螭, 鴟, 池, 馳, 遲, 墀, 持, 尺, 赤, 喫, 勅, 叱, 鷀, 耻

성모 [ʂ]로 된 한자: 失, 室, 實, 十, 什, 石, 射, 食, 蝕, 拾, 世, 势, 誓, 适, 飾, 释, 湿

상기의 한자들이『중원음운』에서는 운모 [i]였으나 그 이후에 [ɿ]로 변하였다.

이는『중원음운』시기가 근대 중국어의 운모 [i]가 혀끝 뒤 모음 [ɿ]로 변화되는 역사 시기였음을 의미한다.

ㄷ. 현대 중국어 혀끝소리 [ə]은『중원음운』이후에 생성되었다. 『중원음운』에서는 음절 [tʂ ɿ], [tʂ'ɿ], [ʂ ɿ], [ʐ ɿ]가 공존해 있었다. 예를 들면 일모(日母)에 속하는 아래의 한자들이『중원음운』에서 '지사(支思)' 운부에 속해 있었고 운모가 [ɿ]였다.

음평(陽平): 儿, 而, 洏

상성(上聲): 尔, 迩, 耳, 餌, 駬

거성(去聲): 二, 貳, 餌

이는 우리에게 운모 [i]가 먼저 혀끝 앞 모음 [ʅ]로 분화되고, 그 다음에 혀끝 뒤 모음 [ɿ]로 분화되었음을 말해준다. 그 뒤에 모음 [ɿ]가 다시 [ɿ]와 [ə]로 분화되면서 새로운 혀끝 모음 [ə]이 생겨났다.

둘째, 혀끝 모음 [ʅ], [ɿ], [ə]의 발음 위치

현대 중국어 혀끝 모음 [ɿ], [ʅ], [ə]의 발음 위치는 아래와 같다.

[ʅ]가 혀끝의 제일 앞의 위치에서 발음되고, [ə]가 혀끝의 가운데 위치에서 발음되고, [ɿ]가 혀끝의 제일 뒤의 위치에서 발음된다.

그러니 중국어 혀끝소리는 먼저 혀끝 앞소리 [ʅ]와 혀끝 뒤 소리 [ɿ]로 나뉘고, 그 이후에 혀끝 뒤 소리가 다시 혀끝 뒤 소리 [ɿ]와 혀끝 가운데 소리 [ə]로 분화된 것이다.

이상에서 중국어 혀끝소리 [ʅ], [ɿ], [ə]의 생성 과정과 발음 위치를

살펴보았다.

그렇다면 현대 중국어 운모 [i]는 어떠한 변화 과정을 거쳐 오늘에 이르렀는가 하는 문제가 제기된다. 왜냐하면 현대 중국어의 혀끝소리 [ɿ], [ʅ], [ə]이 모두 중국어 설면 앞 운모 [i]의 변종이므로 [ɿ], [ʅ], [ə]와 [i]가 불가분리의 관계를 갖고 있기 때문이다.

현대 중국어 설면 앞 모음 [i]가 『중원음운』에서는 '제미(齊微)' 운부에 속하였었는데 이들의 『광운』 내원은 아래와 같다.

(1) 止攝支韻(3등 개구) [iɪ]→[i]: 螭, 璃, 弥, 牌, 罴, 奇, 离, 骊, 鹂, 離, 蠡, 骑, 牺, 仪, 宜, 移, 椅, 疲, 羁, 羈, 漓, 篱, 醨, 劙, 岐, 琦, 錡, 歆, 羲, 曦, 猗, 漪, 曦, 池, 馳, 衹, 知, 蜘, 儿, 篪, 蛇

(2) 止攝紙韻(3등 개구) [ji]→[i]: 彼, 技, 妓, 蚁, 倚, 佹, 弭, 旎, 屣, 绮, 玺, 徙, 豕, 迤, 只

(3) 止攝寘韻(3등 개구) [iɪ]→[i]: 鼻, 寄, 戏, 義, 议, 贲, 詈, 誼, 智, 剌

(4) 止攝脂韻(3등 개구) [ji][i]→[i]: 尼, 紕, 蜊, 祁, 伊, 夷, 姨, 彝, 毗, 絺, 郗, 肌, 耆, 鬐, 痍, 胝, 鸱, 迟, 墀

(5) 止攝旨韻(3등 개구) [ji]→[i]: 比, 秕, 鄙, 几, 麂, 痞, 匕, 妣, 圮, 蘁, 雉, 履, 否

(6) 止攝至韻(3등 개구) [ji]→[i]: 庇, 地, 季, 悸, 骥, 利, 痢, 膩, 器, 畀, 秘, 稚, 茝, 弃, 劓, 饐, 懿, 致

(7) 止攝之韻(3등 개구) [ii]→[i]: 箕, 狸, 釐, 期, 欺, 其, 琪, 旗, 麒, 医, 疑, 蚩, 媸, 癡, 姬, 基, 其, 祺, 蕲, 熙, 僖, 嘻, 熹, 圯, 饴, 怡, 贻, 颐, 笞, 持

(8) 止攝止韻(3등 개구) [ii]→[i]: 己, 紀, 李, 里, 娌, 理, 裏, 鲤, 拟, 你, 杞, 起, 喜, 已, 以, 蟢, 枲, 苡, 矣, 耻

(9) 止攝志韻(3등 개구) [iï]→[i]: 記, 忌, 异, 意, 熾, 眙, 置, 值, 治

(10) 止攝微韻(3등 개구) [iəi]→[i]: 讥, 饥, 玑, 机, 矶, 幾, 幾, 祈, 希, 稀, 衣, 依, 旅, 晞, 沂

(11) 止攝尾韻(3등 개구) [iəi]→[i]: 虮, 岂, 顗, 扆

(12) 止攝未韻(3등 개구) [iəi]→[i]: 既, 气, 毅

(13) 蟹攝祭韻(3등 개구) [iɑi]→[i]: 蔽, 际, 祭, 艺, 厉, 例, 獘, 逝, 毳, 鱖, 疠, 砺, 偈, 憩, 曳, 枻, 勩, 裔, 瘞, 世, 勢, 誓, 制, 滞, 製

(14) 蟹攝廢韻(3등 개구) [iɑi]→[i]: 乂, 刈

(15) 蟹攝齊韻(4등 개구) [iei]→[i]: 笓, 鸡, 稽, 犁, 黎, 藜, 迷, 泥, 霓, 批, 妻, 棲, 齊, 脐, 畦, 梯, 提, 啼, 題, 蹄, 西, 犀, 箆, 脐, 绨, 稊, 笄, 菁, 跻, 鹥, 醫, 鈚, 鎞, 凄, 萋, 悽, 溪, 蹊, 兮, 奚, 携, 醯, 嘶, 倪, 猊, 輗, 鲵, 鷖

(16) 蟹攝薺韻(4등 개구) [iei]→[i]: 陛, 底, 濟, 禮, 米, 启, 體, 洗, 礵, 邸, 诋, 弟, 柢, 舫, 醴, 眯, 袮, 醍, 柴, 縈

(17) 蟹攝霽韻(4등 개구) [iei]→[i]: 閉, 弟, 帝, 第, 蒂, 棣, 挤, 計, 继, 髻, 麗, 契, 砌, 剃, 涕, 替, 系, 細, 翳, 嫛, 剂, 娣, 睇, 缔, 谛, 蓟, 係, 霽, 沴, 荔, 谜, 禊, 詣, 缢, 戾

(18) 梗攝陌韻(3등 개구) [iæk]→[ik]→[i]: 戟, 逆, 隙

(19) 梗攝昔韻(3등 개구) [iæk]→[ik]→[i]: 碧, 璧, 辟, 积, 脊, 跡, 鲫, 僻, 夕, 昔, 惜, 席, 译, 易, 驿, 益, 闢, 奭, 腋, 隻, 尺, 赤, 石, 适, 释, 炙, 掷, 场, 射

(20) 梗攝錫韻(4등 개구) [iek]→[ik]→[i]壁, 的, 滴, 荻, 敌, 笛, 击, 激, 绩, 癖, 戚, 剔, 踢, 锡, 沥, 寂, 狄, 滌, 糴, 靮, 嫡, 析, 皪, 逖, 覡, 檄, 淅, 鹢

(21) 臻攝質韻(3등 개구) [iet]→[it]→[i]: 笔, 毕, 跸, 吉, 嫉, 栗, 蜜, 匹, 七,

漆, 日, 一, 乙, 逸, 溢, 镒, 疾, 唧, 佾, 洗, 質, 叱, 失, 實, 室, 姪, 秩

(22) 臻攝迄韻(3등 개구) [iət]→[it]→[i]: 乞, 讫, 喫

(23) 深攝緝韻(3등 개구) [iəp]→[ip]→[i]: 給, 及, 急, 集, 立, 笠, 粒, 袭, 吸, 揖, 汲, 茸, 泣, 翕, 邑, 汁, 什, 湿, 十, 拾, 入

(24) 曾攝職韻(3등 개구) [iək]→[ik]→[i]: 逼, 極, 棘, 稷, 匿, 息, 翼, 力, 臆, 拭, 轼, 嶷, 翊, 忆, 勑, 食, 蚀, 饰, 织, 直

위의 자료에서 우리는 『중원음운』에서 '제미(齊微)' 운부에 속한 운모 [i]가 『광운』의 止攝, 蟹攝, 梗攝, 臻攝, 深攝, 曾攝 등 6개 섭의 24개 운모에서 왔음을 알 수 있다.

이들의 내원에는 아래의 두 가지 특성이 있다.

첫째, 지섭과 해섭에 속한 한자들의 운모가 음성 운모로 되어 있고, 나머지 섭의 한자들은 모두 입성 운모로 되어 있다.

이미 앞에서 한자의 운모가 운미의 성질에 따라 음성 운모, 양성 운모, 입성 운모로 나뉨을 지적하였다. 『광운』의 입성 운미 [-k, -t, -p]가 탈락되면서 입성 운모가 음성 운모로 변하였다. 중국 북부 방언에서 입성 운미의 탈락이 『광운』부터 『중원음운』까지 사이의 700여 년의 시간이 걸리었다. 중국 음운학계에서는 입성 운미의 탈락과정을 대체로 아래와 같이 보고 있다.

[-p], [-t], [-k] → [-t], [-k] → [-k] → [-?] → [-ø]

위의 입성 운미의 소실과정은 우리들에게 입성 운미의 소실이 동시에 진행된 것이 아니라 하나하나씩 점진적으로 진행되었음을 말해준다. 즉 제일 먼저 [-p]가 소실되고 그 다음 [-t]가 소실되고 마지막에

[-k]가 소실된 것으로 보고 있다. 입성 운미 [-p], [-t], [-k]가 제각기
[-p] → [-?] → [- ø], [-t] → [-?] → [- ø], [-k] → [-?] → [- ø]의 변화
과정을 거치었을 수도 있고, 아니면 다른 음으로 변하였다가 소실되
었을 수도 있다고 보인다.

둘째, 『중원음운』에서 운모 [i]로 된 한자들의 성모가 모두 非精母와
非照系 계열의 순음, 설음, 아음, 후음이다. 즉 精母 계열의 성모 [ts],
[ts'], [s]와 照系 계열 성모 [tʂ], [tʂ'], [ʂ], [ʐ] 이외 성모들의 운모가
[i]로 되었다.

이들 한자가 『중원음운』 이후에 아래의 두 가지 변화를 가져왔다.

ㄱ, 이들 한자의 운모 [i]가 『중원음운』 이후에 [i]와 [ɿ]로 분화되었
다. 예를 들면 아래와 같다.

  운모 [i]를 유지한 한자: 螭, 璃, 弥, 脾, 罴, 奇, 离, 骊, 鹂, 離, 蠡, 骑, 牺,
    仪, 宜, 移, 椅, 疲, 羁, 羁, 漓, 篱, 醨, 劙, 岐, 琦, 錡, 㪯, 羲, 曦, 猗
    ……

  운모 [ɿ]로 변한 한자: 知, 蜘, 直, 值, 姪, 秩, 掷, 炙, 织, 只, 製, 制, 滞,
    雉, 致, 治, 智 ……

중국의 학자 이신괴(李新魁)가 그의 논문집 『이신괴 언어학 논집(李
新魁語言學論集)』(中華書局, 1994)에 실린 논문 「보통화의 음절구조를 논
함(論普通話的音節結构)」(420~421쪽)에서 중국어 모음 [ɿ]의 산생 원인
과 과정을 아래와 같이 논술하였다.

  "[i]는 설면 앞의 높은 모음이므로 발음에서 혀끝 뒤 소리 자음 [tʂ] 등과
  모순된다. 그러나 이러한 음절 구조에서는 성모와 뒤의 모음 [i] 앞에 이들

을 격리시키는 유음(流音) [ɭ]가 존재하면서 자음 [tʂ]와 [i]를 합병시킨다. 실제 언어에서도 이러한 언어구조가 존재하고 있다(예를 들면 광동 대포 방언이다). 뿐만 아니라 자세히 탐구해보면 현대 보통화(북경 방언을 가리킴)에서 [tʂ] 계열의 성모와 각종 모음이 결합될 때에 자음 뒤와 모음 앞에 이 유음 [ɭ]가 존재한다. 예를 들면 [tʂa]의 실제 발음은 [tʂɻa]이다. 다만 일반적으로 이 유음을 표시할 필요를 느끼지 않을 뿐이다. …… 이러한 어음구조가 원나라 때부터 명청 시대에 기본상 줄곧 보존되었다. …… 그러나 이러한 음절 구조가 18세기에 이르러 변화가 생겼다. 변화의 기본은 [i]음이 앞에 있는 유음 [ɭ]에 동화되어 [ɭ]로 변하면서 [i]음이 소실된 것이다([i]是一个舌面前高元音，在髮音上与舌尖后的輔音[tʂ]等有一些矛盾；但在這樣的音節結構中，在聲母之后与[i]音之前存在一个中隔流音[ɭ]起調和作用，使[tʂ]与[i]音拼合。實際語言中這樣的語音結構是存在的(如廣東大埔方言)。而事實上，仔細探究起来，現代普通話[tʂ]組聲母与各种元音拼合，在輔音之后、元音之前都存在這个中隔流音[ɭ]。如[tʂa]實際上是[tʂɻa]，只是一般没有必要把這个中隔流音标示出来而已。…… 這樣的語音結構从元代至明清時代基本上都保持着， …… 但是這樣的音節結構到了十八世紀便髮生了變化。變化的基本点是[i]音爲它前面的流音[ɭ]所同化，也變爲[ɭ]，[i]音歸于消失。)."

이신괴의 이 논술에서는 중국어 혀끝모음 [ɭ]의 산생원인과 생성과정을 명확히 밝혀 놓았다.

ㄴ, 운모 [i]를 유지한 한자들에서 새로운 성모 [tɕ], [tɕʻ], [ɕ]가 생겨났다.

『중원음운』 이후에 운모 [ɭ]로 변한 한자들이 성모 [tʂ], [tʂʻ], [ʂ], [ʐ]를 유지하고, 운모 [i]를 유지한 한자들 가운데에서 새로운 구개음 성모 [tɕ], [tɕʻ], [ɕ]가 생겨났다. 즉 精母 계열 성모 [ts], [tsʻ], [s]와 아후음 계열 성모 [k], [kʻ], [x]가 구개음으로 변하였다. 예를 들면 아래와 같다.

　　구개음 [ʨ], [ʨʻ], [ɕ]로 변한 精母 계열 한자: 跡, 脊, 积, 绩, 鲫, 祭, 际,
　　　　稷, 刺, 唧, 挤, 濟, 霽, 齏, 跻, 戚, 葺, 七, 漆, 砌, 凄, 妻, 悽, 萋,
　　　　寂, 集, 嫉, 疾, 剂, 脐, 齊, 惜, 昔, 淅, 锡, 徙, 枲, 玺, 息, 壻, 細,
　　　　棲, 犀, 西, 洗, 嘶, 夕, 席, 袭
　　구개음 [ʨ], [ʨʻ], [ɕ]로 변한 아후음 계열 한자: 骑, 牺, 岐, 琦, 锜, 攲, 羲,
　　　　曦, 技, 妓, 寄, 戏, 肌, 耆, 鬐, 几, 季, 悸, 骥, 器, 箕, 期, 欺, 其,
　　　　琪, 旗, 麒, 姬, 基, 萁, 祺, 熙, 僖, 嘻, 熹, 己, 紀, 杞, 起, 喜, 記,
　　　　忌, 讥, 饥, 玑, 机, 矶, 畿, 幾, 祈, 希, 稀, 既, 气, 鸡, 溪, 蹊, 計,
　　　　継, 髻, 系, 蓟, 係, 戟, 隙, 击, 激, 乞, 讫, 給, 及, 急, 吸, 極

　중국 학계의 다수 학자들이 이 두 성모 가운데에서 아후음 계열
한자의 성모가 精母 계열 한자의 성모보다 먼저 구개음 [ʨ], [ʨʻ], [ɕ]로
변하였다고 한다. 그런데 우리가 한국의 한문 문헌『한청문감(漢淸文
鑒)』과 중국의 만문(滿文) 문헌『음운봉원(音韻逢源)』,『원음정고(元音正
考)』 등에서 精母 계열 한자들이 아후음 계열 한자들보다 먼저 구개음
으로 변하였음을 발견하였다.

　그리고 우리가『훈몽자회』에서 구개음 운모 [iui]의 존재를 발견하
였고 운모 [iui]로된 치음(齒音) 글자 '娶취, 炊취, 醉취, 醜취, 臭취, 儌취'
여섯을 발견하였다. 이들 가운데의 '娶, 儌' 두 글자의 성모가 精母
계열에 속하는 글자로 현대 중국어에서 구개음으로 되었다. 이는 16
세기에 중국어 精母 계열의 구개음화가 시작되었음을 의미한다.

　우리는 이미 앞에서 精母 계열 운모가 照系 계열 운모보다 먼저
[ɻ]로 변하였음을 지적하였다. 이는 精母 계열 성모의 발음 부위가

照系 계열 성모의 발음 부위보다 더 앞에 위치해 있기 때문이다. 마찬가지의 도리로 精母 계열 성모의 발음 부위가 아후음 계열 성모의 발음 부위보다 앞에 있으므로 먼저 구개음 [tɕ], [tɕ'], [ɕ]로 변하였을 것으로 보인다.

중국어 아후음 계열 한자들의 구개음화가 근대 중국어 말기에 일어났음은 『한청문감』, 『음운봉원』, 『원음정고』, 『경음자휘』 등의 자료들이 입증해 주고 있다. 그리고 이미 위에서 지적하였듯이 『훈몽자회』의 자료는 중국어 精母 계열의 구개음화가 16세기에 있었던 것으로 보인다.

우리는 상술한 제 변화들의 근본 원인이 중국어 어음 변화의 총적 추세에 있는 것으로 보고자 한다. 근대 중국어 어음 변화의 총적 추세는 낮은 모음이 높은 모음으로, 뒤의 모음이 앞 모음으로의 이동이다. 왜냐하면 근대 중국어로부터 현대 중국어에로의 어음 변화에서 상술한 이동으로 하여 나타난 변화들이 많기 때문이다. 예를 들면 근대 중국어 운모 [ian]이 [ian]→[iən]→[iæn]으로의 변화, [iu]가 [iu]→[iui]→[y]로의 변화, [iuai]가 [iuai]→[iuei]→[ui]→[əi]→[ei]로의 변화, [ɒp]이 [ɒp]→[ap]→[o]→[ə]으로의 변화, [iep]이 [iep]→[iə]→[iəi]→[iəɹ]→[ie]으로의 변화, [uɒi]가 [uɒi]→[ui]→[ei]으로의 변화, [i]가 [ɿ], [ə], [ʅ]로의 변화 등이다.

『훈민정음』자모 'ㆍ'의 음가는 이 자모가 지칭한 한자음에서 찾을 수 있을 것으로 보인다. 왜냐 하면 자모 'ㆍ'가 한자음 표기에 널리 씌었기 때문이다. 15세기에 편찬한 『동국정운』, 16세기에 편찬한 『훈몽자회』 등에 자모 'ㆍ'로 표기한 한자음들이 나타난다.

주지하다시피 『동국정운』은 지나치게 당시 중국 음운학 체계를 따른 저서로 당시 한자의 중국어 음이 많이 반영되어 있다. 『동국정운』

에서 한글 자모 'ㆍ'를 운모로 한 한자들로는 '資, 紫, 子, 恣, 雌, 此, 刺, 私, 思, 徙, 史, 似, 事' 등이 있다. 이들 가운데에서 '史, 事' 두 글자 이외 한자들의 성모가 모두 精母 계열의 [ts], [ts'], [s]이다. 그러니 『동국정운』의 한글 자모 'ㆍ'가 지칭한 음은 중국어 혀끝 앞소리 [ɿ] 이다.

『훈몽자회』에서 한글 자모 'ㆍ'를 운모로 하는 한자들로는 '慈ᄍᆞ, 孳ᄌᆞ, 滋ᄌᆞ, 鼒ᄌᆞ, 鎡ᄌᆞ, 祠ᄉᆞ, 詞ᄉᆞ, 司ᄉᆞ, 絲ᄉᆞ, 蕬ᄉᆞ, 鷥ᄉᆞ, 事ᄊᆞ, 牸ᄍᆞ, 字ᄍᆞ, 寺ᄊᆞ, 飼ᄊᆞ, 笥ᄊᆞ, 鷫ᄊᆞ, 子ᄌᆞ, 耔ᄌᆞ, 梓ᄌᆡ, 祀ᄊᆞ, 姒ᄊᆞ, 耜ᄊᆞ' 등이 있다. 이들 한자의 성모 역시 精母 계열의 [ts], [ts'], [s]이고, 운모는 중국어 혀끝 앞소리 [ɿ]이다.

이는 『동국정운』과 『훈몽자회』에서 한글 자모 'ㆍ'로 꼭 같이 중국 어 혀끝 앞소리 [ɿ]를 표기하였음을 의미한다. 이로부터 우리는 한글 자모 'ㆍ'가 『동국정운』이나 『훈몽자회』 한자음에서 중국어 혀끝 앞 소리 [ɿ]를 표기한다는 결론을 내리게 되고 더 나아가 자모 'ㆍ'가 한국어 어음 표기를 위해 만들어진 자모가 아니라 중국어 어음 표기 를 위해 만들어진 자모라는 결론을 내리게 된다.

2) 『훈민정음』의 모음 'ㆍ'가 한국어 표기에서 줄곧 한국어 모음 'ㅏ, ㅗ, ㅡ'와 혼란을 빚어 왔다. 예를 들면 'ᄂᆞᆫ호아'와 '난호아', 'ᄎᆞ림'과 '차림', 'ᄑᆞ라코'와 '파란', '아ᄅᆡ'와 '아래', 'ᄀᆞᄆᆞ니'와 'ᄀᆞ마 니', 'ᄃᆞ외야'와 '도외어늘', 'ᄉᆞᆡ'와 '숫' 등이다. 만약 모음 'ㆍ'가 확실한 한국어 음운이라면 이 같은 혼란이 생기지 않았을 것이다.

3) 『훈민정음』의 모음 'ㆍ'가 17세기 말에 소실되고 만다. 만약 모 음 'ㆍ'가 확실한 한국어 음운이었다면 이렇게 쉬이 소실되지 않았

을 것이다.

4) 한국어 학계에서 오랫동안 『훈민정음』 모음 'ㆍ'의 음가를 추정하여 왔으나 지금까지 명확히 밝혀내지 못하고 있으며, 이에 대한 연구도 이미 포기된 상태이다. 그 까닭은 모음 'ㆍ'가 한국어 음운이 아니기 때문이다. 만약 모음 'ㆍ'가 확실한 한국어 음운이라면 그의 음가 추정이 이같이 끝나지 않았을 것이다.

상술한 몇 가지 이유로 하여 우리는 『훈민정음』 자모 'ㆍ'는 한국어 어음 표기를 위해 만들어진 자모가 아니라 중국어 어음 표기를 위해 만들어진 자모라는 결론을 내리게 된다.

한국어학계에 이 결론에 대해 동의하지 않는 학자들이 적지 않을 것으로 본다. 왜냐하면 장기간 한국어 학계에서 자모 'ㆍ'를 한국어 음운으로 보아왔기 때문이다. 그러나 위에서 열거한 사실들은 한글 자모 'ㆍ'가 지칭하는 소리가 이것도 아니고 저것도 아님은 명확하다. 하여 우리는 한글 자모 'ㆍ'가 한국어 음운이 아니라고 보게 된다.

『훈민정음』의 자모 'ㅅ, ㅆ, ㅈ, ㅉ, ㅊ', 'ᅀ, ᄴ, ᅎ, ᅏ, ᅔ' 등이 중국어 성모의 표기를 위해 만들어진 자모임은 주지의 사실이다. 우리가 느끼건대 이외의 초성자에도 중국어 어음 표기를 위하여 만들어진 글자들이 있을 것으로 본다. 예를 들면 『훈민정음』 초성 표기에 쓰인 자모 'ᅀ, ㅸ, ㆁ, ㆆ, ㅇㅇ, ㆅ, ㄴ, ㄲ, ㄸ, ㅃ, ㅆ, ㅉ' 등이 과연 한국어 표기를 위하여 만들어진 글자일까? 이들이 실제 어떤 어음 표기에 쓰였는가는 진일보의 연구가 기대된다.

상술한 사실들은 『훈민정음』 창제자들이 만든 문자에는 한국어 표기를 위한 것도 있고 중국어 표기를 위한 것도 있음을 의미한다. 이에 대해 우리가 당대의 관점으로 분석하고 평가할 것이 아니라 마땅히 역사유물주의 관점으로 정확히 분석하고 인식하여야 한다고 느껴진다.

10. 조계 계열 성모 뒤의 개음 [i]의 탈락 여부에 따른 한자 발음의 차이

『중원음운』 이후 중국어에서 조계(照系) 계열 성모(聲母) 뒤의 개음 [i]가 탈락되는 변화가 나타났다. 성모 [tʂ], [tʂʼ], [ʂ], [ʐ] 뒤에서 개음 [i]가 탈락된 한자들은 아래와 같다.

1) 운모 [iuŋ]이 [uŋ]으로 변한 한자
『중원음운』 이후 "东锺" 운부 조계 계열 한자들의 운모 [iuŋ]이 [uŋ]으로 변하였다.

　　东韵(3등 합구) [iuŋ]→[uŋ]: 崇, 嵩, 融, 戎, 绒, 茙, 駥, 終, 中, 忠, 衷, 虫, 种, 充, 忡

　　送韵(3등 합구) [iuŋ]→[uŋ]: 中, 众, 峒, 仲, 銃

　　锺韵(3등 합구) [iuŋ]→[uŋ]: 松, 茸, 氄, 鐘, 钟, 蹤, 舂, 摏, 從, 从, 艟, 衝, 冲, 稦, 龙, 枞, 供, 恭, 龔

　　腫韵(3등 합구) [iuŋ]→[uŋ]: 竦, 耸, 踵, 种, 肿, 重, 冢, 宠, 冗

　　用韵(3등 합구) [iuŋ]→[uŋ]: 訟, 诵, 颂, 纵, 重, 种

2) 운모 [iaŋ]이 [aŋ]으로 변한 한자
『중원음운』 이후 "강양(江阳)" 운부 조계 계열 한자들의 운모 [iaŋ]이 [aŋ]으로 변하였다.

宕摄阳韵(3등 개구) [iaŋ]→[aŋ]: 尝, 常, 偿, 裳, 昌, 菖, 猖, 阊, 娼, 苌, 肠,
　　　　 场, 长, 疮, 创, 戗, 戕, 瀼, 穰, 瓤, 伤, 殇, 商, 觞, 章, 獐, 彰, 漳,
　　　　 璋, 樟, 张

宕摄养韵(3등 개구) [iaŋ]→[aŋ]: 敞, 氅, 昶, 丈, 仗, 杖, 倣, 壤, 赏, 掌, 长
宕摄漾韵(3등 개구) [iaŋ]→[aŋ]: 上, 尚, 倡, 唱, 怅, 畅, 鬯, 懹, 让, 障, 嶂,
　　　　 瘴, 涨, 帐, 胀

3) 운모 [iu]가 [u]로 변한 한자

『중원음운』 이후 "어모(鱼摸) 운부 조계 계열 한자들의 운모 [iu]가
[u]로 변하였다.

(1) 遇摄鱼韵(3등 합구) [iwo]→[iu]→[u]: 猪, 豬, 诸, 储, 蹰, 樗, 初, 厨, 摅,
　　 滁, 蜍, 锄, 舒, 梳, 蔬, 除, 书, 纾, 疏, 如, 茹, 驾

(2) 遇摄语韵(3등 합구) [iwo]→[iu]→[u]: 竖, 煮, 渚, 贮, 紵, 苎, 杼, 杵, 楮,
　　 楚, 础, 绪, 暑, 黍, 鼠, 所, 汝

(3) 遇摄御韵(3등 합구) [iwo]→[iu]→[u]: 助, 翥, 著, 曙, 诅, 庶, 恕

(4) 遇摄虞韵(3등 합구) [iu]→[iu]→[u]: 殊, 洙, 茱, 铢, 主, 侏, 朱, 珠, 麈,
　　 株, 蛛, 拄, 柱, 诛, 邾, 姝, 雏, 蹰, 枢, 竖, 输, 刍, 甫, 乳, 儒, 濡, 嚅, 薷,
　　 襦

(5) 遇摄遇韵(3등 합구) [iu]→[iu]→[u]: 澍, 注, 炷, 铸, 霔, 註, 驻, 住, 数,
　　 数, 戍, 树, 孺, 孺

(6) 深摄缉韵(3등 개구) [iĕp]→[iu]→[u]: 入

(7) 臻摄術韵(3등 합구) [iuĕt]→[iu]→[u]: 出, 黜, 術, 述, 秫, 术

(8) 通摄屋韵(3등 합구) [iuk]→[iu]→[u]: 竹, 筑, 逐, 轴, 畜, 缩, 谡, 塾, 孰,
　　 淑, 熟, 叔, 菽

(9) 通摄烛韵(3등 합구) [iuok]→[iu]→[u]: 粥, 烛, 触, 束, 蜀, 属, 蠲, 赎, 褥,

辱

4) 운모 [iən]이 [ən]으로 변한 한자

『중원음운』 이후 "진문(真文)" 운부 조계 계열 한자들의 운모 [iən]이 [ən]으로 변하였다.

真韵(3등 개구) [ĭěn]→[ən]: 臣, 辰, 宸, 晨, 嗔, 瞋, 尘, 陈, 神, 申, 伸, 身, 娠, 绅, 真, 甄, 珍, 人, 仁

轸韵(3등 개구) [ĭěn]→[ən]: 肾, 忍, 哂, 诊, 轸, 疹, 稹

震韵(3등 개구) [ĭěn]→[ən]: 蜃, 慎, 阵, 龀, 櫬, 刃, 认, 仞, 讱, 振, 赈, 震, 镇

5) 운모 [ian]이 [an]으로 변한 한자

『중원음운』 "선천(先天)" 운부 조계 계열 한자들의 운모 [ian]이 [an]으로 변하였다.

氈, 鳣, 饘, 邅, 旃, 栴, 羶, 扇, 煽, 然, 燃, 廛, 躔, 纏, 禅, 蝉, 阐, 蕆, 展, 扇, 善, 煽, 鳝, 禅, 饍, 战, 颤, 缠, 檀, 撣, 单

6) 운모 [iuan]이 [uan]으로 변한 한자

『중원음운』 "선천(先天)" 운부 조계 계열 한자들의 운모 [iuan]이 [uan]으로 변하였다.

砖, 专, 砖, 船, 传, 椽, 啭, 转, 喘, 舛, 软, 钏, 穿, 传, 囀, 转, 篆

7) 운모 [iao]가 [ao]로 변한 한자

『중원음운』 "소호(萧豪)" 운부 조계 계열 한자들의 운모 [iao]가 운모 [ao]로 변하였다.

绰, 昭, 招, 朝, 超, 潮, 韶, 沼, 赵, 兆, 照, 旐, 诏, 召, 肇, 着, 芍, 杓, 少, 绍,

邵, 烧, 饶, 荛, 遶, 绕, 娆, 扰

8) 운모 [iə]가 [ə]로 변한 한자

『중원음운』"차차(车遮)" 운부 조계 계열 한자들의 운모 [iə]가 [ə]로
변하였다.

奢, 赊, 车, 遮, 蛇, 余, 折, 舌, 涉, 者, 赭, 捨, 舍, 惹, 喏, 撦, 辙, 撤, 澈, 掣,

哲, 褶, 摺, 折, 浙, 设, 攝, 灄, 舍, 社, 射, 麝, 赦, 柘, 鹧, 热……

9) 운모 [iəŋ]이 [əŋ]으로 변한 한자

『중원음운』"경청(庚青)" 운부 조계 계열 한자들의 운모 [iəŋ]이 [əŋ]
으로 변하였다.

   (1) 曾摄蒸韵(3등 개구) [ĭəŋ]→[iəŋ]→[əŋ]: 丞, 承, 称, 惩, 澄, 塍, 绳, 仍,

       升, 昇, 陞, 胜, 烝, 蒸, 徵

   (2) 曾摄拯韵(3등 개구) [ĭəŋ]→[iəŋ]→[əŋ]: 拯

   (3) 曾摄證韵(3등 개구) [ĭəŋ]→[iəŋ]→[əŋ]: 秤, 乘, 剩, 塍, 证

   (4) 梗摄清韵(3등 개구) [ĭɛŋ]→[iəŋ]→[əŋ]: 成, 诚, 城, 宬, 桯, 蛏, 赪, 呈,

       程, 酲, 聲, 征

   (5) 梗摄静韵(3등 개구) [ĭɛŋ]→[iəŋ]→[əŋ]: 骋, 整, 逞

   (6) 梗摄劲韵(3등 개구) [ĭɛŋ]→[iəŋ]→[əŋ]: 盛

   (7) 梗摄徑韵(4등 개구) [ieŋ]→[iəŋ]→[əŋ]: 盛, 郑, 圣, 正, 政

   上列汉字聲母为照系 [tʂ], [tʂ'], [ʂ], [ʐ]

10) 운모 [iəu]가 [əu]로 변한 한자

『중원음운』 "우후(尤候)" 운부 조계 계열 한자들의 운모 [iəu]가 [əu]
로 변하였다.

酬, 雠, 抽, 瘳, 惆, 紬, 俦, 绸, 畴, 稠, 筹, 踌, 愁, 搊, 篘, 州, 周, 洲, 週, 賙,
辀, 受, 绶, 醜, 丑, 纣, 手, 守, 首, 寿, 授, 售, 臭, 宙, 胄, 酎, 籀, 僽, 骤, 瘦,
飕, 狩, 獸, 晝, 皱, 甃

11) 운모 [iəm]이 [əm]으로 변한 한자

『중원음운』 "침심(侵寻)" 운부의 조계 계열 한자들의 운모 [iəm]이
[əm]으로 변하고 [əm]이 다시 [ən]으로 변하였다.

针, 尌, 箴, 砧, 棋, 鹹, 深, 森, 椮, 参, 琛, 踩, 郴, 壬, 任, 絍, 鵀, 岑, 鏸, 涔,
沉, 鈂, 湛, 忱, 煁, 稔, 衽, 荏, 审, 婶, 沈, 瞫, 碜, 墋, 枕, 朕, 沈, 鸠, 甚, 恁,
渗, 痒

12) 운모 [iam]이 [am]으로 변한 한자

『중원음운』 "염섬(廉纤)" 운부 조계 계열 한자들의 운모 [iɛm]이 먼
저 [iam]으로 변하고 후에 [an]으로 변하였다.

(1) 咸攝鹽韵(3등 개구) [iɛm]→[iɛm]→[iam]→[am]→[an]: 觇, 粘, 髯, 苫,
    苫, 蟾, 詹, 瞻, 占, 沾, 霑, 韂

(2) 咸攝开口琰韵(3등 개구) [iɛm]→[iɛm]→[iam]→[am]→[an]: 諂, 冉, 苒,
    染, 闪, 陕, 颭

(3) 咸攝豔韵(3등 개구) [iɛm]→[iɛm]→[iam]→[am]→[an]: 贍

위의 사실들에서 우리는 아래의 몇 가지 결론을 도출할 수 있다.

① 무릇 조계(照系) 계열 성모(聲母) tʂ, tʂʻ, ʂ, ʐ 뒤의 개음 [i-]는 모두 탈락
   되었다.

② 상술한 변화가 생긴 원인이 조계(照系) 계열 성모(聲母) tʂ, tʂʼ, ʂ, ʐ와 개음 [i-] 사이에 존재한 발음방법의 모순이다. 즉 성모 tʂ, tʂʼ, ʂ, ʐ의 발음 위치가 혀끝의 뒷부분이고 개음 [i-]의 발음 위치가 혀의 앞부분이므로 결합에서 모순이 생긴다. 결과 개음 [i-]가 탈락되었다.

③ 조계(照系) 계열 성모(聲母) tʂ, tʂʼ, ʂ, ʐ 뒤의 개음 [i-]의 탈락은 근대 중국어 어음의 반영이다.

정치음 장조(正齒音章組) 즉 조삼(照三) 다수의 성모가 『중원음운』에서 tʂ, tʂʼ, ʂ, ʐ이다. 그러니 『훈몽자회』에서 조삼(照三) 한자 운모의 발음 여하에 따라 그것이 『중원음운』 이후의 발음인지 아니면 그 이전의 발음인지에 대한 판단을 내릴 수 있다. 즉 『훈몽자회』 한자음 운모에서 개음 [i-]가 탈락되었으면 『중원음운』 이후의 발음이고 보존되어 있으면 『중원음운』 이전의 중국어 발음의 반영으로 보아야 한다 그렇다면 조삼(照三)의 한자들이 『훈몽자회』에서의 발음을 보면 아래와 같다.

(1) 章母[tɕ]:

韓쟝, 章쟝, 獐쟝, 掌쟝, 嶂쟝, 鉦졍, 政졍, 終죵, 鍾죵, 螽죵, 鐘죵, 種죵, 踵죵, 烝증, 證증, 楮쟈, 柘쟈, 炙쟈, 煮쟈, 蔗쟈, 繳쟉, 酌쟉, 渚져, 炙젹, 饘젼, 鸇젼, 戰젼, 甄젼, 鞊졀, 占졈, 隉죠, 詔죠, 照죠, 腫죵, 注주, 炷주, 鑄주, 舟쥬, 州쥬, 洲쥬, 朱쥬, 珠쥬, 主쥬, 蛀쥬, 粥쥭, 稕쥰, 準쥰, 枝지, 砥지, 芝지, 枝지, 肢지, 脂지, 梔지, 揩지, 旨지, 址지, 沚지, 指지, 咫지, 紙지, 趾지, 志지, 痣지, 痣지, 織직, 職직, 賑진, 槢질, 礩질, 斟짐
隻쳑, 瞻쳠, 佳쵸, 錐쵸, 燭쵹, 嶊츄, 帚츄, 呪츅, 捶췌, 簁췌, 贅췌, 卮치, 鍼침, 枕침

貞뎡, 肫둔, 癥딘, 畛딘, 桎딜, 蛭딜, 銍딜

蟾셤, 沼쇼

(2) 昌母[tɕʻ]:

菖챵, 娼챵, 廠챵, 唱챵, 茺츙, 銃츙, 醜취, 臭취, 炊취, 秤칭, 處쳐, 尺척,

蚇척, 斥척, 川쳔, 穿쳔, 喘쳔, 釧쳔, 襜첨, 炒쵸, 觸쵹, 吹츄, 樞츄, 春츈,

蚩치, 眵치, 鴟치, 齒치

杵져, 赤젹, 蠢쥰

啜텰, 弨툐, 冲튱

瘂딜

瀋심

(3) 船母[dz]:

乘승, 繩승, 蛇샤, 麝샤, 射쌰, 抒셔, 船션, 舌셜, 貰셰, 贖쇽, 脣슌, 楯슌,

術술, 食식, 蝕식, 神신, 葚심, 椹심, 舐데

秫튤

吮연

(4) 书母[ɕ]:

商샹, 觴샹, 晌샹, 賞샹, 聲셩, 聖셩, 舂숑, 升승, 勝승, 賒샤, 舍샤, 蠕셔,

書셔, 暑셔, 黍셔, 鼠셔, 恕셔, 螫셕, 扇션, 騸션, 說셜, 苫셤, 韘셥, 攝셥,

世셰, 帨셰, 燒쇼, 收슈, 手슈, 首슈, 狩슈, 獸슈, 輸슈, 水슈, 叔슉, 菽슉,

薛슌, 瞬슌, 戾시, 絁시, 詩시, 鳲시, 豕시, 式식, 拭식, 飾식, 伸신, 身신,

娠신, 紳신, 室실, 嬸심, 翅시, 屍시, 矢시

羶젼, 痁졈

餉향

弛이

(5) 禪母[z]:

赿시, 蒔시, 嘗샹, 償샹, 上샹, 裳샹, 城셩, 筬셩, 誠셩, 盛셩, 芍샥, 簽셔,
噬셔, 署셔, 薯셔, 曙셔, 墅셔, 石셕, 鉐셕, 蟬션, 善션, 蟮션, 饍션, 鱔션,
誓셰, 稅셰, 酬슈, 讎슈, 受슈, 售슈, 壽슈, 樹슈, 脽슈, 誰슈, 睡슈, 淑슉,
孰슉, 塾슉, 熟슉, 醇슌, 鶉슌, 蜃슌, 蕣쓘, 時시, 塒시, 氏시, 市시, 是시,
視시, 匙시, 植식, 殖식, 臣신, 辰신, 宸신, 晨신, 鷐신, 腎신, 十십, 鍉시
杓쟉, 勺쟉, 妁쟉, 辰진

籧쳔, 膞쳔

嗜기

禪단

蜍여

위의 표기에서 우리는 아래의 몇 가지 사실을 보아낼 수 있다.

① 중국어 성모 tʂ, tʂʻ, ʂ, ʐ가 한국어에서 [ts], [tsʻ], [s]로 표기되었다.
② 중국어 개음이 들어간 모음이 한국어에서 겹모음으로 표기되었다.
③ 중국어 운모 [ən]이 한국어에서 [in]으로 변하였다.
④ 한국어에서 개음 [i-]가 탈락된 한자는 章母의 "注주, 炷주, 鑄주" 세
  글자뿐이고 그 외의 한자들은 모두 개음이거나 모음 [i]를 보존하고 있
  다. 여기에서 개음 [i-]를 보존하고 있는 한자는 『중원음운』 이전의 중
  국어 발음의 반영이다. 개음 [i]가 탈락된 "注주, 炷주, 鑄주" 세 글자의
  운모 [u]는 근대 중국어 음의 반영으로 최세진의 소위이다.

11. 『훈몽자회』 한자음 운모 체계

『훈몽자회』 한자음은 16세기 한국 한자음의 휘집이다. 그러므로 『훈몽자회』 한자음 운모를 통하여 16세기 한국 한자음 모음 체계를 고찰할 수도 있다. 우리가 정리한 『훈몽자회』 한자음 모음 체계는 아래와 같다.

홑모음: ㅏ[a], ㅓ[ə], ㅗ[o], ㅜ[u], ㅡ[i], ㅣ[i]

2중 겹모음: ㅑ[ia], ㅕ[iə], ㅛ[io], ㅠ[iu], ㅘ[oa]/[ua], ㅝ[uə], ㅟ[ui], ㅚ[oi], ㅢ[ii], ㅐ[ai], ㅔ[əi]

3중 겹모음: ㅖ[iəi], ㅞ[uəi], ㅙ[oai]/[uai], ㅟ[iui]

4중 겹모음: ㅞ[uiəi]

5중 겹모음: ㅞ[iuiəi]

위에 열거한 것은 『훈몽자회』에 나타난 한국어 한자의 모음 체계이다. 자모 'ㆍ'와 'ㆎ'가 비록 『훈몽자회』에서 중국어 모음 [ɿ]와 [ai] 등을 지칭하기는 하였으나 한글 자모로 보기 어렵고 자모 자체가 나타내는 음가의 불확실성으로 하여 모음 체계에서 삭제한다.

『훈몽자회』 한자음 표기에 쓰인 홑모음과 2중 겹모음은 당시의 한국어 모음과 일치하다. 그러나 3중 겹모음, 4중 겹모음, 5중 겹모음이 표시하는 음은 한국어 음이 아닌 중국어 음이다.

이들이 『광운』 내원은 아래와 같다.

1) 3중 겹모음

(1) 3중 겹모음: ‘ㅖ’[iəi]

3중 겹모음 운모 ‘ㅖ’[iəi]로 된 한자가 모두 98자로 3중 이상 겹모음에서 차지하는 비례가 제일 높다. 그 가운데에서 蟹攝 4등 개구호 齊韻, 薺韻, 霽韻 세 개 운모에 속한 한자가 제일 많아 63개이다.

그리고 이들 한자 다수의 운모가 중국어에서 [iei]였는데 한국어에서 [iəi]로 변하였다. 이러한 변화의 원인은 현대 이전의 한국어에 앞 모음 [e]가 없었기에 중국어 앞 모음 [e]의 다수가 한국어에서 가운데 모음 [ə]로 변하였다.

이들 한자의 『광운』 내원은 아래와 같다.

遇攝 魚韻(3등 합구호) 猪뎨,

御韻(3등 합구호) 譽예

蟹攝 泰韻(1등 합구호) 蛻예, 濊예

皆韻(2등 개구호) 儕졔, 階계

怪韻(2등 개구호) 界계, 犗계, 薤혜

佳韻(2등 개구호) 鞋혜

祭韻(3등 개구호) 誓셰, 貰셰, 彘톄, 祭졔, 穄졔, 例례, 礪례, 袂몌, 世셰, 藝예, 鞢톄, 勩예

廢韻(3등 개구호) 乂예

祭韻(3등 합구호) 帨셰, 歲셰, 稅셰

廢韻(3등 합구호) 吠폐, 肺폐

齊韻(4등 개구호) 臍졔, 蠐졔, 蹄뎨, 荑뎨, 啼뎨, 稊뎨, 綈뎨, 蹄뎨, 鵜뎨, 羝뎨, 堤뎨, 瞪뎨, 笄계, 稽계, 鷄계, 虀졔, 犂례, 蠡례, 藜례, 梯뎨, 溪계,

鸂계, 蹊계, 醯혜, 洗세, 猊예, 鯢예, 霓예

薺韻(4등 개구호) 陛폐, 薺제, 悌데, 邸데, 紙데, 禮례, 醴례, 鱧례, 體톄, 啓
계

霽韻(4등 개구호) 箅비, 嬖폐, 弟데, 娣데, 第데, 踶데, 棣데, 帝데, 蒂톄, 嚔
데, 蝃톄, 髻계, 薊계, 擠졔, 濟졔, 霽졔, 荔례, 棙례, 儷례, 隷예, 砌체,
涕톄, 契계, 系계, 暳예

霽韻(4등 합구호) 桂계, 惠혜, 慧혜

止攝 支韻(3등 개구호) 鸝례

紙韻(3등 개구호) 舐뎨, 薬예

山攝 屑韻(4등 개구호) 蠮예

(2) 3중 겹모음: '궤'[uəi]

3중 겹모음 '궤'[uəi]로 된 한자가 모두 12개로 아래와 같은 공성이 있다.

첫째, 성모가 모두 아후음이다.

둘째, 절대 다수가 3등 합구호의 한자로 개음 [i]가 탈락되었다.

셋째, 이들이 『훈몽자회』의 발음이 꼭 같은 '궤'[uəi]이다. 즉 『중원음운』 '제미(齊微)' 운부 운모 [ui]의 변형 [uəi]가 한국어에로의 전파이다. 그러니 이는 『훈몽자회』에서 근대 중국어음을 수입한 것이다.

이들 한자의 『광운』 내원은 아래와 같다.

蟹攝 怪韻(2등 합구호)의 '聵훼'

廢韻(3등 합구호)의 '喙훼'

止攝 旨韻(3등 개구호)의 '机궤'

紙韻(3등 합구호)의 '庪궤, 跪궤, 毁훼, 燬훼'

至韻(3등 합구호)의 '貴궤, 樻궤'

尾韻(3등 합구호)의 '虺훼'

未韻(3등 합구호)의 '卉훼'

(3) 3중 겹모음: 'ᆔ'[iui]

3중 겹모음 'ᆔ'[iui]로 된 한자는 모두 6개로 아래와 같은 공통점이 있다.

첫째, 성모가 모두 치음 [tsʼ]이다.

둘째, 모두가 3등 운모로 개음 [i]가 있다.

셋째, 이들이 『훈몽자회』의 발음이 꼭 같은 'ᆔ'[iui]이다. 즉 『중원음운』 '어모(魚模)' 운부 운모 [iu]의 변형 [iui]가 한국어에로의 전파이다. 그러니 이는 한국어에서 근대 중국어음을 수입한 것이다. 그리고 운모 'ᆔ'[iui]는 초기의 구개음 운모이니 16세기에 중국어 치음 구개음화가 있었음을 의미한다.

이들 한자의 『광운』 내원은 아래와 같다.

遇攝 遇韻(3등 합구호)의 娶취

止攝 支韻(3등 합구호)의 炊취

　　 至韻(3등 합구호)의 醉취

流攝 有韻(3등 개구호)의 醜취

　　 宥韻(3등 개구호)의 臭취, 僦취

(4) 3중 겹모음: 'ᅫ'[oai]/[uai]

3중 겹모음 'ᅫ'[oai]/[uai]로 된 한자는 모두 2개로 아래와 같은 공성이 있다.

첫째, 성모가 모두 아음 [k]이다.

둘째, 운모 모두 蟹攝 蟹韻(2등 합구호)이다.

셋째, 이들 모두가 『광운』 운모 [uai]의 변형이다. 그러니 『훈몽자회』의 운모 '괘'[oɑi]/[uɑi]는 중국어 중고의 『광운』에서 기원하였다.

이들 한자의 『광운』 내원은 아래와 같다.

蟹攝 蟹韻(2등 합구호) 枴괘, 拐괘

2) 4중 겹모음: '╥'[uiəi]

『훈몽자회』 4중 겹모음 운모는 '╥'[uiəi] 하나뿐이고 이에 속하는 글자도 '嘴쵀'자 하나뿐이다. 그런데 이 한자가 소속되는 止攝 紙韻(3등 합구호)에 '攱궤, 嘴쵀, 跪궤, 踓규, 毀훼, 燬훼, 髓슈, 捶췌, 箠췌' 등 10개 글자가 들어 있다. 여기에는 2중 겹모음 'ㅠ'[iu], 3중 겹모음 '궤'[uəi], 4중 겹모음 '╥'[uiəi], 5중 겹모음 '╥'[iuiəi] 네 종류의 운모가 있다. 여기에서 첫째, 꼭 같은 중국어 운모가 한국어에서 4가지 운모로 분화된다는 것이 믿기지 않는다.

둘째, 『훈몽자회』에서 4중 겹모음에 속하는 글자가 오직 '嘴쵀'자 하나뿐이다.

이 두 가지를 고려할 때 위의 4중 겹모음 운모 '╥'[uiəi]이를 3중 겹모음 운모 '궤'[uəi]거나 5중 겹모음 운모 '╥'[iuiəi]의 오기로 보는 것이 합리할 것으로 느껴진다. 하여 우리는 『훈몽자회』에 4중 겹모음 운모 '╥'[uiəi]가 존재하지 않는 것으로 인정한다.

3) 5중 겹모음: 'ㆊ'[iuiəi]

『훈몽자회』에서 5중 겹모음 운모 'ㆊ'[iuiəi]에 속하는 한자가 네 개다. 이들이 나타내는 음소가 다섯 개다. 중국어에서 이 같이 많은 음소를 하나의 음절로 발음하였다고 보기 어려우므로 이들도 4중 겹모음과 마찬가지로 3중 겹모음 운모 'ㅞ'[uəi]의 오기로 보고자 한다. 하여 우리는 『훈몽자회』에 5중 겹모음 운모 'ㆊ'[iuiəi]가 존재하지 않는 것으로 인정한다.

5중 겹모음 한자들의 『광운』 내원은 아래와 같다.

蟹攝 祭韻(3등 합구호) 贅ㆊ
止攝 紙韻(3등 합구호) 捶ㆊ, 箠ㆊ
　　　至韻(3등 합구호) 悴ㆊ

12. 16세기 한국어 모음 체계

1960년대 이후 한국어 역사 연구가 활발히 전개되었고, 많은 학자들이 연구에 참여하였다. 특히 고대 한국어, 중세 한국어, 근세 한국어 연구가 심화되면서 우수한 연구 성과들이 나왔다. 그 가운데에서 『훈민정음』에 대한 연구가 많은 비중을 차지하였고 연구 업적들도 많다.

그러나 지금까지의 연구에는 새롭게 검토되어야 할 문제들이 한두 가지가 아니다. 거기에는 중세 한국어 어음체계에 대한 분석도 포함된다.

이미 앞에서 지적하였지만 우리는 15세기의 모음 'ㆍ'를 한국어 음운으로 보지 않는다. 그러나 많은 학자들이 『훈민정음』의 자모 'ㆍ'를 한국어 모음으로 인정하면서 중세한국어 모음체계에 넣고 있다. 예를 들면 한국의 김동소가 『한국어 변천사』에서 『훈민정음』의 자모 'ㆍ'를 중세 한국어의 모음으로 인정하였고, 중세 한국어 홑모음 체계를 아래와 같이 추정하였다.

ㅣ [i]

ㅜ [u]

ㆍ [uə]

ㅡ [ə]　　　ㅗ [o]

ㅓ [e]

ㅏ [a]

상기의 체계는 우리에게 아래의 몇 가지 사실을 말해주고 있다.

첫째, 『훈민정음』의 자모 'ㆍ'를 한국어 음운으로 보았고, 중세 한국어 홑모음을 7개로 보았으며, 'ㆍ'의 음가를 '呑'자의 근대 중국어 운모의 음 [uə]로 추정하였다. 여기에서의 모음 [uə]는 겹모음이지 홑모음이 아니다. 그런데 왜 겹모음을 홑모음 체계에 넣었는지가 의문이다.

둘째, 한국어 모음 'ㅡ'의 음가를 [ə]로 추정하고 발음 위치를 가운데 모음으로 보았다.

셋째, 한국어 모음 'ㅓ'의 음가를 [e]로 추정하고 발음 위치를 앞모음으로 보았다.

넷째, 한국어 모음 'ㅏ'의 음가를 [a]로 추정하고 발음 위치를 가운데 모음으로 보았다.

그러나 우리는 『훈몽자회』 한자음에 기초하여 중세 한국어 홑모음을 6개로 보고 그들의 음가와 발음 위치를 아래와 같이 추정하였다.

ㅣ[i]   ㅡ[ɨ]   ㅜ[u]

ㅓ[ə]   ㅗ[o]

ㅏ[a]

위의 도표는 아래와 같이 보았다.

첫째, 『훈민정음』의 자모 'ㆍ'를 한국어 음운으로 보지 않았다.

둘째, 한국어 모음 'ㅡ'의 음가를 [ɨ]로 추정하고 발음 위치를 가운데 모음으로 보았다.

셋째, 한국어 모음 'ㅓ'의 음가를 [ə]로 추정하고 발음 위치를 가운데 모음으로 보았다.

넷째, 한국어 모음 'ㅏ'의 음가를 [a]로 추정하고 발음 위치를 뒤 모음으로 보았다.

김동소의 체계와 우리의 체계를 대비하면 모음 ㅣ[i], ㅜ[u], ㅗ[o]의 음가와 발음 부위가 같고, 모음 ㅡ[ɨ], ㅓ[ə], ㅏ[a]의 음가와 발음 부위가 다름을 쉽게 보아낼 수 있다.

객관 사물에 대한 인식의 차이는 매우 자연스러운 존재이다. 또한 이러한 차이의 존재가 우리의 연구를 심화시키고 인식을 승화시키므로 매우 유익한 것으로 보아야 한다.

제5장 결론

　고대 동아시아 지역에서 중국의 한자가 유일한 문자였다. 그리하여 중국 주변의 지역과 민족들이 한자 문화의 영향을 받게 되었고 이로 말미암아 점차 한자 문화권이 형성되었다. 한자 문화권이란 말 그대로 한자의 문화적 영향을 받은 지역이다. 여기에는 한반도, 일본열도, 베트남 및 중국 경내의 소수민족 지역이 포괄된다.

　한(韓)민족 선조들이 언제부터 한자와 접촉하기 시작했고 한국 한자음이 언제, 어떻게 형성되었는가에 대한 학자들의 견해에는 차이가 많다. 우리민족의 문화발전과 직결되어 있는 한자의 수입, 한자음의 형성, 한자음의 변화와 발전 문제에 대한 명석한 해석을 하지 못하고 있음이 부끄러운 일이다.

　본 연구는 바로 이러한 문제들의 해명을 위하여 전개되었다. 이를 위해서는 아래의 몇 가지에 주목할 필요가 있다.

1. 한자음 연구의 필요성

한자가 기원해서부터 오늘에 이르기까지 주요하게는 중국어를 기록하는 문자의 역할을 하여왔다. 그러나 한자가 주변의 지역과 민족들의 문화와도 깊은 인연을 맺어왔음 역시 부인할 수 없는 사실이다. 특히 한자로 기록해 놓은 주변 지역과 민족들의 고대의 정치, 경제, 문화가 한자의 형, 음, 의를 떠나서는 내용에 대한 이해가 불가능하고, 해석이 불가능하며, 연구가 불가능하다. 그러므로 한자문화권에서의 고대문화 연구가 한자를 떠나서는 이루어지기 어렵게 되어 있다.

한자음은 한자 구성 요소의 주요한 부분으로 한자를 써온 지역의 언어, 역사, 지리 및 중국 음운학의 연구에도 널리 이용되고 있다. 즉 언어학자는 고대 언어의 재구를 위하여, 역사학자는 어원의 연구를 위하여, 지리학자는 지명의 해석을 위하여, 음운학자는 중국어 음운의 역사 연구를 위하여 주변 지역이나 민족들의 한자음에 관심을 가지고 연구하여 왔다.

바로 이러한 객관적 수요로부터 한자음운학이 사회로부터 중시를 받게 되었고 점차 독립적인 학문으로 발전하였다.

중국에서의 음운학(音韻學)은 부동한 역사 시기 한자의 성(聲), 운(韻), 조(調) 및 그것들의 변화와 발전 법칙을 연구하는 전통적인 학문으로서 이미 1000여 년의 역사를 갖고 있다. 음운학은 자체의 이론과 술어를 갖고 있으며, 연구 방법에서는 주로 계열법(系列法), 유추법(類推法), 통계법(統計法), 비교법(比較法) 등이 쓰인다.

2. 한자와의 접촉과 한자음의 형성

한국 한자음의 형성 문제의 해명을 위해서는 우선 한민족 선조들이 언제부터 한자와 접촉하기 시작하였는가를 고증해야 한다.

중국 측의 문헌자료나 한국 측의 문헌 자료에는 중국의 주(周)나라 시기부터 '조선'이란 나라가 있었음이 밝혀지고 있다. 이 조선을 후기의 조선과 구별하기 위하여 '고조선'이라 불러왔다. 지금 우리민족 학자들 가운데의 일부는 고조선의 강역이 한반도에 있었다고 한다. 그러나 이는 역사 사실과 부합되지 않는 주장이다. 왜냐하면 고조선이 지금의 중국 경내에 위치해 있었기 때문이다. 그 근거는 아래와 같다.

1) 한자와의 접촉

(1) 중국 측 역사 문헌의 기록

"武王勝殷, 継父祿父, 釋箕子之囚, 箕子不忍周之釋, 走之朝鮮, 武王聞之, 因以朝鮮封之. ……"(『尚書大傳』)

"殷道衰, 箕子去之朝鮮, 教其民以禮義, 田蠶織作。樂浪朝鮮民犯禁八條; ……"(『漢書』「地理志下」)

"朝鮮在列陽東, 海北, 山南。列陽屬燕。"(『山海經』「海内北經」)

"東夷之國, 朝鮮爲大, 得箕子之化, 其器物猶有禮樂雲。"(『梁書』「東夷傳序」)

여기에서의 무왕(武王)은 1046년, 중국 상나라를 멸망시키고 주나라를 세운 왕이다. 위의 기록에서 우리는 조선이란 나라가 중국 경내에 있었고, 중국 연(燕)나라 동쪽에 위치해 있었음을 알 수 있다.

(2) 중국 서한(西漢) 학자 양웅(楊雄)의 기록

양웅(B.C.58~18)의 『방언(方言)』은 양웅이 27년간의 시간을 들여 수집하고 정리한 중국의 첫 방언 어휘집이다. 그러므로 이 책에서 밝혀 놓은 지명은 신빙성이 강하다. 이 책에는 "燕代朝鮮洌水之間", "燕之東北朝鮮洌水之間", "燕之外郊朝鮮洌水之間", "朝鮮洌水之間"이라는 말들이 나온다. 여기에서의 『燕代朝鮮洌水之間』은 양웅이 방언을 조사한 지역을 가리킨다. 이는 연(燕), 대(代), 조선, 열수가 서로 가까운 지역에 위치해 있었음을 말해준다.

『方言』에서의 연(燕)은 기원전 1046년에 건립된 서주(西周, B.C.1046~770) 시기에 세워진 제후국인 연나라를 가리키는데 지금의 북경 연산 일대이다.

『方言』에서의 대(代)는 동주(東周, B.C.770~221) 전기의 춘추(春秋) 시기에 세워진 제후국인 대(代)나라를 가리키는데 지금의 하북성 서북부에 위치해 있는 울현(蔚縣) 일대로 동쪽은 북경과 인접해있다.

그러니 고조선이 연나라, 대나라와 멀지 않은 지역에 위치해 있었고 열수도 조선에서 멀지 않은 곳에 있은 강임을 말해준다.

『방언』의 기록은 또한 위의 『山海經』「海內北經」의 "朝鮮在列陽東, 海北, 山南. 列陽屬燕"이라 한 기록과도 부합된다.

(3) 중국 당대의 학자 여사면(呂思勉)의 견해

여사면(呂思勉)은 그의 저서 『中國民族史』에서 "朝鮮初地……必不在

今朝鮮境, 度其較大, 當在燕之東北, 與貊雜居, 或竟以貊爲民, 貊文化多同於殷……"이라 하였다. 이 기록에서 여사면도 조선이 연나라 동북쪽에 위치해 있었다고 보았음을 알 수 있다.

(4) 중국 당대의 학자 장정(長征)의 견해

장정(長征)은 『河北大學學報』1979년 4期의 논문 「殷人不北來」에서 朝鮮이란 이름은 朝水와 鮮水라는 두 강 사이에 위치하여 있었기에 생겨진 이름이라고 하면서 조수가 지금의 북경으로 흘러드는 강 潮白河이고, 선수가 지금의 천진 부근에 있는 薊運河라고 하였다.

위의 문헌 자료들은 고조선이 중국 연나라 동쪽에 위치해 있었음을 말해주고 있다.

이같이 연나라 동쪽에 위치해 있던 고조선이 기원전 109년에 서한 (西漢)의 무제(武帝)에 의해 멸망되고 고조선 강역에는 한(漢)나라의 낙랑군(樂浪郡), 진번군(眞番郡), 임둔군(臨屯郡), 현토군(玄菟郡) 4개의 군(郡)이 세워졌다.

상기의 문헌들은 고조선이 중국의 연나라 동쪽에 위치해 있었고, 고조선인들이 중국인, 맥인(貊人)들과 잡거해 있었음을 말해준다. 여러 민족 백성들의 잡거는 필연적으로 언어의 접촉과 문자의 접촉을 가져오게 한다. 때문에 우리의 선조들이 일찍 고조선 시기부터 한자와의 접촉이 이루어지었을 것으로 보아야 할 것이다.

2) 한자음의 형성 시기

고금 중외로 여러 개 민족이 잡거해 있으면 서로가 상대방의 언어나 문자를 배우게 된다. 항차 한자가 상고 시기에는 동북아시아의 유일한 문자였으니 중국인 이외의 민족들도 한자를 배우지 않을 수 없었다.

서주(西周)가 상(商)나라를 멸망시킨 다음 많은 제후국(諸侯國)들이 세워졌는데 고조선도 그 가운데의 하나이다. 고조선은 주무왕(周武王)이 기자조선(箕子朝鮮)을 책봉해서부터 한나라 무제한테 멸망당하기까지 근 1000여 년이란 기간을 생존해 있은 나라이다.

이같이 오랜 역사기간 한자가 고조선 인들에게 수용되었을 것임은 의심의 여지도 없다. 한자의 수용은 한자음의 형성을 의미한다. 왜냐하면 개개의 한자는 형, 음, 의가 구비되어 있는 문자인 것만큼 한자 공부에서 개개 한자의 독음 공부는 필수적인 과업이다. 고조선 시기 조선인들이 배우게 되는 한자의 독음은 의심할 바 없이 그 시기 중국어의 어음이다. 우리가 지금의 한국 한자음에서 중국어 상고음의 잔재를 발견하게 된다. 이는 시초의 한국 한자음이 중국어 상고음을 기초로 하였기 때문이다.

이상의 사실들로부터 우리는 한국 한자음이 이미 기원전에 형성되었고, 그 시기의 한국어 한자 독음이 중국어 상고음에 기초하였다는 결론을 내리게 된다.

3. 한사군(漢四郡) 시기의 한자음

고조선 지역은 기원전 109년 한나라 무제에 의해 멸망당한 이후부터 313년 고구려가 낙랑군(樂浪郡)을 멸망시킬 때까지의 400여 년간 중국인들의 식민지였다. 이 지역에는 한국인과 중국인 외에 맥인들도 잡거해 있었다.

이미 앞에서 고조선 시기에 중국어 상고음에 기초한 고조선 한자음이 형성되었음을 지적하였다. 이 시기 고조선지역의 언어 상황을 밝혀 줄만한 유일한 자료가 한나라 양웅의 『방언』이다. 양웅은 고조선이 멸망된 이후 이 지역의 방언을 조사하였다. 그러니 양웅의 방언에는 고조선 인들이 쓰던 언어의 잔재가 남아 있을 수 있다.

양웅의 방언에는 고조선 지역 방언 단어 26개 항목이 수록되어 있다. 그 가운데에서 우리의 주목을 끄는 것이 아래의 몇 개 항목이다.

(1) "喧、唏、㤾、怚, 痛也。……燕之外鄙, 朝鮮洌水之間, 少儿泣而不止曰喧。"

위의 기록은 조선 열수 사이에서 '어린 아이가 울음을 끊지 않는 것'을 '喧'이라 한다고 하였다.

'喧'자의 상고 시기 중국어 성모가 '曉母'이고 운모가 '元母'이니 발음이 [xiwan]이다. 그런데 우리말에 '훙훙거리다', '훙훙대다'는 단어가 있다. 이 단어의 뜻인즉 '어린 아이가 못마땅하거나 무엇을 달라고 어리광부리며 울다'이다. 양웅 『방언』 '喧'자의 발음과 '훙훙거리다'의 '훙'의 발음이 비슷하고 나타내는 뜻이 같다.

이것을 결코 우연한 일치라고 보기 어렵다. 하여 우리는 지금의 우리말 단어 '훙훙거리다'를 고조선 시기의 단어 '喧'의 잔재로 보고자 한다.

(2) "鳶、䛂、譁、涅, 化也。燕朝鮮洌水之間曰涅。雞伏卵而未孚, 始化之時, 謂之涅。"

위의 기록에서는 연, 조선, 열수 사이에서 '化'를 '涅'이라하고, 닭이 알을 품고 '化'하기 시작할 때를 '涅'이라 한다고 하였다.

먼저 여기에서 이르는 '化'란 무슨 뜻인가를 보기로 하자. 한국어 사전에서는 '일부 명사 밑에 붙어, 그 명사가 뜻하는 대로 됨을 나타냄'이라 해석하고, 중국어 '化'에는 여러 가지 뜻이 있는데 그 가운데에서 '변화, 개변'이 기본 뜻으로 이해된다. '涅'자의 상고중국어 성모가 '泥母'이고 운모가 '質母'이니 발음이 [niet]이다.

그러면 'ㄴ'로 시작되는 우리말 단어 가운데에서 어느 것이 중국어 '化'의 뜻을 나타내는가를 보기로 하자.

① '나'(접두): (일부 동사 앞에 붙어) 밖으로 향하는 움직임을 나타냄.

② '나다': ㄱ. 없던 것이 생겨나다.

　　　　　 ㄴ. 나가다. 나오다.

③ '나다'(접미): 그 말이 뜻하는 바가 생김을 나타냄.

④ '낳다': ㄱ. (사람이나 동물이) 아이 또는 새끼나 알을 몸 밖으로 내놓다.

　　　　　 ㄴ. (솜, 털, 삼껍질 따위로) 실을 만들다.

⑤ '낳이': 피륙을 낳는(짜는) 일.

⑥ '내': (일부 동사 앞에 붙어) '밖으로', '밖을 향하여'의 뜻을 나타냄.

⑦ '-내'(접미): (때를 나타내는 명사 뒤에 붙어) '처음부터 끝까지'의 뜻을 나타냄.

⑧ '내곱다': 바깥쪽으로 조금 굽어 꺾이다.

⑨ '내놓다': 꺼내어 놓거나 밖으로 옮기다.

⑩ '내다': 연기나 불꽃이 아궁이로 되돌아 나오다.

⑪ '내다': 밖(겉)으로 나가게 하다.

⑫ '내다': (동사어미 '아', '어' 아래에 쓰이어) 그 동작이 끝내 이루어짐을

나타냄.

⑬ '내두다': 밖에 내어 두다.

⑭ '내디디다': 발을 앞으로 옮겨놓다.

우리는 위의 단어들에서 한국어 '나', '낳', '내'가 '앞으로', '바깥', '생김', '움직임' 등의 방향과 변화의 뜻을 나타냄을 보아낼 수 있다. 이러한 의미들은 중국어 '化'가 나타내는 '변화, 개변' 의미와 기본상 일치하다. 이로부터 우리는 한국어 '나', '낳', '내' 등이 어원을 같이 하는 단어들로 고조선의 단어 '涅'과 관계가 깊을 것으로 보고자 한다.

위의 양웅의 『방언』의 '涅'에는 두 가지 뜻이 있다. 하나는 고조선 지역에서 '化'의 뜻을 '涅'이라 하고, 다른 하나는 '닭이 알을 품고 부화하는 때'를 '涅'이라 한다고 하였다. 가능하게 고조선 시기에 닭이 부화하는 때를 '낳다'고 하였으나 그 이후에 이 단어의 뜻이 변하여 알을 낳음을 가리키었을 수 있다.

총적으로 현대 한국어 단어 '나', '낳', '내' 등의 어원이 같고 고조선 지역의 단어 '涅'에서 파생된 단어로 보고자 한다.

(3) "斟、恊, 汁也。北燕朝鮮洌水之間曰斟。"

위의 기록에서는 북연, 조선, 열수 사이에서 '汁'을 '斟'이라 한다고 하였다.

여기에서의 단어 '汁'이 중국어나 한국어에서 모두 '모종 물체에 포함되어 있는 액체'를 가리킨다. 그러니 고조선에서 '汁'을 '斟'이라 하였음을 알 수 있다.

'斟'자의 중국어 상고음 성모가 '章母'이고 운모가 '侵母'이니 발음이

[tiəm]이다. 이 '斟'자가 현대 한국어에서 '짐', '침' 두 가지로 발음되나 고조선 시기의 한국어에서 '딤'[tim]으로 발음되다가 후기의 중고 시기에 '짐', '침'으로 변한 것으로 보인다.

주지하다시피 한국어에 '침'이라는 단어가 있다. 이 단어의 뜻은 '입 안에 괴는 끈끈한 액체'이다. 이는 중국어 '汁'이 나타내는 의미와 꼭 같은 뜻으로 '인체에 포함되어 있는 액체'라고 해석할 수도 있다. 이로부터 우리는 고조선에서 중국어 '汁'을 '斟'이라 하였고 고조선의 단어 '斟'에는 인체에서 나오는 액체인 '침'도 포함되어 있었다는 결론을 내리게 된다.

고대 중국어 단어 '汁'에는 아래의 세 가지 사물이 포함되었다.

① 모종 물체에 포함되어 있는 액체.
② 진눈깨비.
③ 눈물.

총적으로 고조선 사람들은 인체에서 나오는 '침'도 '汁'의 일종으로 보았다고 인정하게 된다.

(4) "私、策、纖、葰、稡、杪, 小也。……燕之北鄙朝鮮洌水之間謂之策。"

위의 기록에서는 연의 북쪽 조선, 열수 사이에서 '적다, 작다'를 '策'이라 한다고 하였다.

郭錫良에 의하면 '策'자의 중국어 상고음 성모가 '初母'이고 운모가 '錫母'이니 발음이 [ts'ek]이다. 이 '策'자가 고조선 시기의 한국어에서 [tsək]으로 발음되었다. 왜냐하면 고조선 시기의 한국어에 거센 소리가 없었고 앞 모음 [e]가 없었기에 중국어 [tsʼek]이 한국어에서 [tsək]으로 변하였다.

현대 한국어가 이른바 음양설에 의해 중국어 '小'와 '少'를 '작다'와 '적다'로 구분하여 놓았으나 고조선 시기에는 구별이 없이 [tsək]으로 중국어 '小'와 '少'의 뜻을 나타냈을 것으로 보인다.

총적으로 고조선 시기의 한국어에서 [tsək]이란 단어로 중국어 '小'의 뜻을 표시하였다고 보인다.

(5) "凡草木刺人, 北燕朝鮮洌水之間謂之茦, 或謂之壯。"

위의 기록에서는 북연, 조선, 열수 사이에서 '무릇 초목이 사람을 찌르는 것'을 '茦'이라 하거나 '壯'이라 한다고 하였다.

郭錫良에 의하면 '茦'자의 중국어 상고음 성모가 '初母'이고 운모가 '錫母'이니 발음이 [tsʼek]이고, '壯'자의 중국어 상고음 성모가 '莊母'이고 운모가 '陽母'이니 발음이 [tsiaŋ]이다. 고조선 시기의 한국어에 거센 소리가 없었음을 고려하면 이 두 글자가 모두 성모 [ts]로 발음되었을 것이고 운모도 [i]로 변할 수 있다.

주지하다시피 한국어에 단어 '지르다', '찌르다'가 있다. 이두 단어의 뜻이 중국어 '刺人'의 뜻과 같다. 우리가 느끼건대 현대 한국어 단어 '지르다', '찌르다'의 '르'가 고조선 이후의 어느 한 역사 시기에 첨가된 형태일 가능성이 있을 것으로 보인다.

총적으로 고조선 단어 '茦', '壯'의 성모가 현대 한국어에 단어 '지르다'의 [ts]와 대응됨이 주목된다.

이상에서 중국 양웅 『방언』의 개별단어와 우리말 단어의 대비를 시도하여 보았다.

지금까지 중국 양웅의 방언 자료와 우리말 단어의 대비를 시도한 자료를 본 적이 없다. 이는 많은 사람들이 양웅 방언의 자료를 중국어로 보았기 때문이라고 생각된다. 그러나 우리는 양웅의 방언에 고조선의 단어 흔적도 남아 있을 수 있다고 보기에 대비를 시도해 보았다.

한사군 시기의 한국어 어음 연구가 자료의 제약성을 많이 받게 됨은 주지의 사실이다. 그러나 우리가 묵과할 수 없는 것은 구두어를 통한 언어의 접촉과 영향이다. 중국의 식민지로 전락한 고조선 지역에서 고조선 인들이 중국인, 맥인들과 잡거해 있었던 것만큼 구두어를 통한 중국어의 영향은 지속적으로 받았을 것이다. 구경 중국어의 어떤 어휘들이 얼마나 많이 고조선 언어에 영향 주었겠는가는 밝히기 어려우나 고조선 언어가 중국어의 영향을 받았을 것임은 의심의 여지가 없다고 보아야 할 것이다.

그러므로 한사군 시기의 어음 연구는 사실상 대체적인 추정에 그칠 수밖에 없다. 특히 이시기 고조선 지역에서 쓰인 한자음이 중국어 상고 시기의 음을 위주로 하였을 것임은 의심의 여지가 없다. 그 주요 근거는 이 시기에 중국어 중고음 체계가 아직 확립되지 못하였기 때문이다.

4. 삼국 시기와 고려 시기의 한자음

삼국(三國) 시기와 고려(高麗) 시기는 4세기부터 14세기 말까지 사이의 천여 년 동안이다. 이 시기 한국어 한자 사용의 가장 주요한 특징은 한자의 보급과 활용 및 한자음 표기의 규범으로 보인다.

1) 한자의 보급

중국 사서 『구당서(旧唐書)』「고려전(高麗傳)」에는 아래와 같은 기록이 있다.

"풍속이 서적을 즐긴다. 가난한 집이라 할지라도 각기 길 옆에 큰 집을 지어놓고 경당(扃堂)이라 부르는데 자제들이 혼인하기 전에 밤낮 거기에서 책을 읽고 활쏘기를 배운다. 그들이 읽는 책에는 『오경』 및 『사기』, 『한서』, 범엽의 『후한서』, 『삼국지』, 손성의 『진춘추』, 『옥편』, 『자통』, 『자림』이 있다. 또 『문선』이 있는데, 특히 소중히 여긴다(俗愛書籍, 至于衡门廝养之家, 各於街衢造大屋, 谓之扃堂, 子弟未婚之前, 畫夜於此讀書习射。其書有『五经』及『史記』、『漢書』、范晔『后漢書』、『三國志』、孙盛『晋春秋』、『玉篇』、『字統』、『字林』；又有『文选』, 尤爱重之。)."

위의 역사 기록은 아래의 몇 가지 사실을 말해주고 있다.

첫째, 고구려 사람들이 자녀들의 문화교육을 중시하였다.

둘째, 고구려에서 한자가 일반 백성들에게까지 보급되었다.

셋째, 고구려에서 한자 교육을 위해 각종 자서들을 널리 이용하였다.

이 문헌은 우리들에게 고구려에서의 한자 교육이 일반 백성들에게까지 널리 보급되었음을 말해주고 있다. 또한 한자 공부를 위해 여러 가지 자서(字書)들을 널리 이용하였는데 주로는 『옥편(玉篇)』, 『자통(字統)』, 『자림(字林)』 등이었다. 이 책들을 소개하면 아래와 같다.

『옥편(玉篇)』은 543년에 양(梁)나라의 고야왕(顧野王, 519~581)이 편찬한 자서이다. 이 책은 30권으로 되었는데 한자 16,917자가 수록되어 있다. 이 책은『설문해자』이후에 해서체로 편찬된 중요한 자전이다. 이 책의 편찬 목적은 여러 학자들의 학설을 모아놓고 시비를 가르고 그릇된 것을 바로잡으려는데 있다. 이는 6세기 중엽 중국학자들 사이에 한자를 둘러싸고 쟁론이 많았음을 말해주고 있다.

『자통(字統)』은 북위(北魏)의 양승경(陽承庆)이『설문해자』를 본으로 하여 만든 책이다. 이 책은 20권으로 되었는데 한자 13,734자가 수록되어 있다.

『자림(字林)』은 진(晋)의 여침(吕忱)이『설문해자』를 모방하여 만든 책이다. 이 책은 7권으로 되었는데 한자 12,824자가 수록되어 있다.『자림』은『설문해자』와『옥편』사이의 중요한 자서로 평가받고 있다.

상기의 문헌은 고구려에서 한자가 널리 보급되었고 고구려인들이 한자와 한문 학습을 위해 중국의 자서와 문헌들을 널리 이용하였음을 말해주고 있다.

2) 한자의 활용

한민족의 한자 활용에서 특기해야 할 것이 이두(吏讀) 표기법의 창조이다.

이두는 한자의 음이나 뜻을 이용하여 한국어를 기록하는 특수한 형태의 서사 방법이다. 이두 표기법에는 이두, 향찰(鄕札), 구결(口訣) 세 가지가 있다.

(1) 이두

이두(吏讀)는 한자의 음을 빌어 고대 한국어의 인명(人名), 지명(地

名), 관직명(官職名)을 적은 표기법이다.

그렇다면 누가 이두 표기를 시작하였는가? 의심의 여지도 없이 이는 중국인들이 한자로 고조선이나 고구려의 인명, 지명, 관직명을 적으면서부터 시작되었다.

중국 측 사서에는 "'고로'라는 것은 고구려 말로 '성'이다('溝婁'者, 勾麗名'城'也。)."라는 기록이 많이 나온다. 여기에서 우리는 지금의 '골'을 고구려 시기에는 '고로'라는 두 개 음절로 발음하였음을 알 수 있다.

인명에서 고구려의 시조 주몽(朱蒙)의 이름이 옛 기록에는 주몽(朱蒙), 추모(鄒牟), 동명(東明) 등 세 가지로 되어 있다.

중국문헌 『북사(北史)』 「고려전(高麗傳)」에는 "고구려 속어의 '주몽'은 '활을 잘 쏜다'의 뜻이다(其俗言'朱蒙'者, '善射'也。)."라는 기록이 있다. 이는 주몽의 이름이 활을 잘 쏘는 데서 얻어진 것임을 의미한다. 고구려 단어 주몽은 현대어 '줌통'의 뜻을 나타내는 단어 '줌'(16세기에는 '좀'이라고도 하였다.)의 고구려어 표기이다. 왜냐하면 주몽의 이름에 쓰인 첫 글자 朱, 鄒, 東의 중국어 상고음 성모가 모두 [t]이고 두 번째 글자의 성모가 모두 [m]이다. 그러니 주몽의 이름이 고구려시기에는 '됴모' 또는 '듀무'로 불리던 것이 '돔' 또는 '둠'으로 축약되었다가 성모 [t]가 [ts]로 변하면서 '돔 → 좀', '둠 → 줌'으로의 변화를 거쳐 현대어의 '줌'으로 된 것이다.

또 중국 사서에서는 고구려 관직에 대해 아래와 같이 기록하고 있다. "官有大對盧, 太大兄、大兄、小兄…, 凡十二等, 分掌內外事。"(『北史』「高麗傳」) 이는 중국인들이 일찍부터 한자로 고구려의 관직명도 기록하였음을 의미한다.

중국인들이 한자를 이용하여 고구려, 백제, 신라의 인명, 지명, 관직명을 기록하는 데에서 계발을 받은 우리 민족 선조들이 한자의 음이나 뜻으로 우리말을 기록하는 방법을 고안해 낸 것이 바로 이두 표기법이다.

이두 표기법에는 이두자(吏讀字), 이두음(吏讀音), 이두의(吏讀義) 세 가지가 있다.

① 이두자란 이두에 쓰이는 글자를 가리킨다. 이두자의 절대 다수는 한자이다. 그러나 이두자에는 한자 이외에 한국인들이 한자를 모방하여 만든 한국식 한자도 있다.

② 이두음이란 이두에 쓰이는 한자의 발음이다. 이두음은 당시의 삼국에서 쓰인 한자의 음을 기준으로 하였다. 즉 고구려에서는 고구려의 한자음을 기준으로 하고, 백제에서는 백제의 한자음을 기준으로 하였으며, 신라에서는 신라의 한자음을 기준으로 하였다. 예를 들면 『삼국사기』 권37에 "買忽, 一雲水城。"이라는 기록이 있다. 여기에서의 '買忽'은 고구려에서 이 두 한자의 고구려 음으로 고구려 지명 '물골'의 이름을 표기한 것이다.

③ 이두의란 이두에 쓰인 글자들이 나타내는 뜻이다. 예를 들어 위의 "買忽, 一雲水城。"에서의 '水城'은 고구려 말 '買忽'을 한자의 뜻으로 해석한 것이다.

이같이 이두자로 삼국 시기의 인명, 지명, 관직명을 적은 시기를 초기 이두라고 한다.

삼국 시기에 한자를 이용한 서사 방법에는 아래의 두 가지가 있었다.

그 하나는 한문의 이용이다. 즉 한문은 한자로 중국어의 어법에 맞게 쓴 글이다. 고구려의 광개토왕비문이 고구려에서 한문 사용의 좋은 실례로 된다. 문헌에 의하면 백제에서 『서기(書記)』를 편찬하였고, 신라에서도『국사(國史)』를 편찬하도록 하였다고 한다. 이러한 책들은 의심할 바 없이 한문으로 씌어진 책이다.

다른 하나는 이두의 이용이다. 즉 한자의 음이나 뜻을 이용하여 삼국의 언어를 기록하는 서사체계이다. 이는 중국인들이 한자로 세 나라의 말을 기록하는 데로부터 배워 한자로 자기의 언어를 기록하는 데로 발전시킨 서사 방법이다.

한자를 이용한 이 두 가지 서사 방법은 조선시대까지 지속되었다.

(2) 향찰

향찰(鄕札)은 한자를 이용하여 향가(鄕歌)를 창작하고 기록한 서사 체계의 한 형태이다. 향찰의 서사 도구가 한자라는 면에서는 이두와 다를 바가 없으나 기록한 내용이 다르다.

우선 향찰에서 쓰인 어휘에는 중국어 어휘도 있지만 우리말 어휘가 많다.

그 다음 문법 구조와 형태가 우리말식으로 되어 있다. 예를 들면 한자 '古'가 우리말 토 '고'나 '구'의 표기이고, '矣'가 토 '의'나 '에'의 표기이며, 'ㄹ'가 규정토 '-ㄹ'의 표기이다.

이 같이 향찰이 이두보다 우리말을 더 완벽하게 기록하기는 하였으나 그 서사 방식이 복잡하여 쓰기 어렵고, 읽기 어려운 결함으로 하여 대중적인 서사 방법으로 발전하지 못하고 사멸되었다.

(3) 구결

구결(口訣)은 한문을 읽을 때 단어와 단어 사이에 덧붙이는 토이다. 예를 들면 '동몽선습(童蒙先習)'에는 아래와 같은 구절이 있다.

"父母隐天性之亲是罗 生而育之爲古 愛而教之爲旀 …"

위의 글에서 밑줄을 친 한자들이 구결이다. 그러니 구결은 한문을 읽을 때의 보충적 수단으로 한문의 뜻을 정확히 이해하기 위하여 한문 사이에 써 넣었다. 이 때 한문 원문의 글자와 섞갈리지 않게 하고 눈에 쉬이 띄게 하기 위하여 구결자의 일부분 획만을 따서 쓰기도 하였는데 예를 들면 아래와 같다.

古 → 口, 奴 → 又, 等 → 寸, 尼 → 匕, 多 → 夕, 卧 → 卜

구결은 사실상 현대어에서의 표점부호와 같은 기능을 하는 보조적 수단이었다. 위의 글에서 구결자가 쓰인 위치가 사실상 표점부호를 찍어야 할 곳이다. 즉 표점 부호를 치면 아래와 같이 된다.

"父母, 天性之亲。生而育之, 愛而教之, …"

그러므로 구결은 사실상 한문을 더 잘 이해하고 읽기 위한 보조적 수단이다.

3) 한자음의 규범

중국어의 변화 발전과 함께 중국어를 기록하는 문자인 한자의 독음도 부단히 변화 발전하게 된다. 이는 그 누구도 항거할 수 없는 철의 법칙이다.
중국어가 상고 시기, 중고 시기, 근대 시기, 현대 시기 네 개의 시기를 거쳐 오늘에 이르렀다. 매개 시기마다 자체의 어음, 어휘, 문법의 특성을 지니게 된다. 수천 년간 한자의 형태에는 큰 변화가 없었으나 매개 한자의 독음은 시대에 따라 다르게 되는데 이는 중국어 어음의 변화와 발전의 결과이다.

한국 한자음도 중국어 어음 변화에 따라 변화를 가져오게 되지만 중국어 어음 변화보다는 그 변화가 완만하다. 그 원인은 대량의 어휘 차용에 있다고 느껴진다. 한국어가 중국어로부터 대량의 어휘를 차용하여 쓰게 되었다. 이는 정치, 경제, 문화에서 나타나는 차이의 결과이다. 중국어 차용어는 차용할 때의 중국어 어음에 기초하여 발음하게 된다.

주지하다시피 교제의 도구인 언어의 변화는 매우 완만하다. 왜냐하면 언어의 변화가 빠르면 교제가 이루어지기 어렵기 때문이다. 그러므로 일단 차용어의 형태가 이루어진 다음에는 그 형태가 상대적으로 오래 유지되어야만 교제를 할 수 있다. 바로 이러한 원인으로 하여 한국 한자음의 변화가 중국어 어음의 변화보다 완만해지게 된다.

그러나 종국에는 한국 사람들이 중국어 어음의 변화로 하여 나타나는 한자의 독음과 한국 한자음 사이의 차이를 발견하게 되고, 부득이 한국 한자음의 발음을 변화된 중국어 한자음과 가까워지게 하기 위한 한국 한자음의 규범을 하게 된다. 이러한 한자음의 규범은 아래의 두 가지 조건을 요구하게 된다.

(1) 정치상에서의 통일, 즉 통일된 국가의 확립이다.

삼국시기에는 각자가 정치적으로 독립해 있었으므로 언어의 통일을 이루기 어려웠고 한자음의 통일도 어려웠다. 오직 정치상에서의 통일을 이루어야 만이 언어의 통일과 한자음의 통일을 이룰 수 있다.

한반도에서 정치적으로 통일을 이룩한 시기가 7세기 중엽의 통일 신라시기이다. 신라의 삼국통일 이후 한반도는 제2차 세계대전까지 비록 조대가 교체되기는 하였으나 줄곧 통일된 나라를 유지하였다.

통일 신라 이후 한자음의 통일과 관련된 아래의 두 가지 사실에 주목할 필요가 있다.

첫째는 신라 통일 이후 당(唐)나라와 전개된 문화교류의 증진이다.

둘째는 8세기 중엽 경덕왕 연대에 이루어진 중국식 지명개칭이다.

경덕왕이 왜 재래의 지명을 중국식 지명으로 고치었는가의 원인은 당나라 문화의 영향에 있을 것으로 보인다. 통일 신라는 중국 당나라와의 문화교류에 중시를 돌리었고, 많은 유학생을 당나라에 보내어 중국의 선진문화를 배워오게 하였다. 중국 당나라 시기는 바로 중국어 중고음이 널리 보급되기 시작한 시기이다. 즉 당나라에서 601년에 편찬된 『절운』의 음을 보급하였으므로 신라 유학생들이 배운 한자음이 이미 개변된 중국어 중고 한자음이었음은 의심의 여지가 없다. 이들이 배운 중국어 중고 한자음과 삼국시기에 써오던 한자음과는 차이가 많았을 것이다. 이러한 차이의 극복을 위하여 재래의 지명을 고치었을 것으로 느껴진다.

(2) 중국어 중고 한자음의 수입과 보급이다.

중국어가 이미 오래전에 중고 시대에 진입하였으나 방언의 차이 등으로 하여 『설문해자』이후 오랫동안 통일된 자서가 나오지 못하였다. 이러한 국면이 중국의 중고음을 대표로 하는 운서 『절운』이 나오면서부터 타개되었다.

『절운』은 601년 수(隋)나라 육법언(陸法言) 등이 편찬한 운서(韻書)로 당나라에서는 관운(官韻)으로 제정하였다. 그 후 1008년 송나라 때에

『절운』에 기초한 운서『광운』이 편찬되었다. 그러므로『절운』과『광운』은 중국어 중고 한자음을 대표하는 운서이다.

중국 당나라에서『절운』을 관방의 운서로 제정하였으므로 중국 당나라 시기에『절운』에 기초한 중국어 중고 한자음 보급이 널리 전개되었다. 이리하여 당나라에 진출한 신라 유학생들이 중국어 중고 한자음을 배웠고 또 그것을 신라에 보급하였을 것도 의심의 여지가 없는 사실이다. 이러한 보급이 하루 이틀 사이에 이루어질 수도 없는 일이므로 서서히 장기간 진행되기 마련이다. 이같이 중국어 중고 한자음에 기초한 한자음의 보급과정이 바로 중국어 중고 한자음에 기초한 한국 한자음의 규범 과정이기도 하다. 그러므로 중국어 상고음에 기초하여 형성되고 규범되었던 한국 한자음이 중국어 중고 한자음에 의한 규범이 통일 신라시기에 이루어지기 시작하였을 것으로 보인다. 즉 7세기 중엽부터 중국어 중고 한자음에 기초한 한국 한자음의 규범이 시작되었을 것으로 보인다.

통일 신라시기에 한국 한자음이 비록 중국어 중고음에 기초한 규범이 시작되기는 하였으나 한국 한자음이 중국어 상고음에서 완전히 해탈된 것은 아니다. 즉 통일 신라시기의 한국 한자음에는 중국어 상고 시기 한자음의 잔재가 의연히 남아 있었다.

또한 꼭 같은 중국어 중고음이긴 하지만『절운』과『광운』 사이에는 400여 년의 차이가 있고 이 두 운서의 어음 체계도 완전히 같은 것이 아니므로 초기의 중고음과 후기의 중고음 사이에 차이가 있기 마련이다. 우리말 한자음 연구에서는 마땅히 초기의 중고음과 후기의 중고음에 대해 구별하여 관찰하여야 할 것으로 느껴진다.

그리고 언어의 전파(또는 차용)에서 간과할 수 없는 것이 서로가 영향 주는 두 언어가 부동한 언어라는 사실이다. 중국어와 한국어는 부동한 언어이기에 어음체계가 다르다. 그러므로 한자의 중국어음이 한국어에 전파된 다음 한국어 어음체계의 제약을 받게 되고, 한국어에서 이러저러한 변화를 가져오게 된다. 이는 우리말 한자음 연구에서 마땅히 주의를 돌려야 할 부분이다.

5. 이조 시기의 한자음

이조(李朝) 시기는 15세기부터 20세기 중기까지의 500여 년간을 가리킨다. 이 시기 한국 한자음에서 나타난 가장 주요한 특성은 근대 중국어 한자음의 침투이다.

13세기부터 중국어는 근대어 시기에 진입하게 된다. 근대어 시기의 중국어 어음에는 새로운 변화가 나타났다. 이러한 변화는 한자의 발음에도 반영되어 당시의 한국 한자음과 차이가 많아지었다. 이를 직감한 세종이 한국 한자음을 중국 근대어 한자음과 대응되는 체계로 고치기 위하여 『동국정운』을 편찬하고 보급하였으나 실패로 끝나고 말았다.

그 주요 원인이 아래의 몇 가지에 있다.

첫째, 중국어 중고 한자음에 기초하여 규범된 한국 한자음이 이미 완정한 체계를 이루었고 널리 보급되어 있었다.

둘째, 근대 중국어시기에 『절운』이나 『광운』처럼 영향력이 강한 운서가 나오지 못하였고 중국어에서 근대 중국어 어음 보급이 강력하게 추진되지 못하였다. 1324년 중국 원나라 때에 근대 중국어 어음을 대표하는 주덕청(周德清)의 『중원음운(中原音韻)』이 나오기는 하였으나 당시의 학계에 큰 영향을 주지 못하였고 널리 보급되지 못하였다.

셋째, 근대 중국어 어음 연구가 『절운』이나 『광운』의 체계에서 벗어나지 못하였고, 근대 중국어의 변화된 모습을 정확히 반영하는 연구 성과가 나오지 못하였다.

일례로 명나라 초에 편찬한 『홍무정운(洪武正韻)』을 들 수 있다. 이 책은 명나라 태조 주원장이 악소봉(樂韶凤) 등에게 명하여 편찬되었다. 악소봉 등은 『예부운략(禮部韻略)』, 『절운지장도(切韻指掌圖)』 등 책을 참고로 하여 당송(唐末)시대의 전통을 계승하면서 당시의 북방 어음에서는 이미 사라진 입성 운미 [-p, -t, -k]를 보류하였다. 하여 이 책은 당시의 중국 명나라에서도 별로 환영을 받지 못하였다.

그런데 한국의 세종(世宗)은 흠정(欽定) 『홍무정운』을 최고의 권위서로 보고 신숙주 등에게 명하여 이 책을 한글로 표음하게 하였다. 신숙주 등이 세종 27년(1445)부터 10년간의 노력을 들여 단종(端宗) 3년(1455)에 편찬을 완성하고 『홍무정운역훈(洪武正韻译訓)』을 남기었다.

만약 이 시기에 이 같은 인재와 시간을 투입하여 『중원음운』을 연구하였다면 한국의 한자음 연구는 완전히 다른 면모를 보였을 것이다.

비록 15세기에 한국 한자음이 이미 자체의 체계를 이루기는 하였으나 한자의 중국어 근대 음이 의연히 한국 한자음에 침투되었다. 이러한 작업은 한학(漢學)에 능통한 학자들에 의해 진행되었을 것임은 의심의 여지가 없다. 왜냐하면 이는 한학을 모르고는 할 수 없는 작업이기 때문이다.

이 점은 최세진의 『훈몽자회』 범례에서도 명확히 밝혀놓았다. 범례 제5조와 7조에는 아래와 같은 기록이 있다.

제5조의 기록은 아래와 같다.

"무릇 한자음 가운데에 우리나라에서 잘못 전해온 것을 오늘 많이 바로 잡아놓았다. 뒷날 다른 사람들이 옳게 배우도록 하기 위해서이다(凡字音, 在本國傳呼差误者, 今多正之。以期他日众习之正。)."

여기에서 이르는 '우리나라에서 잘못 전해온' 한자의 음이란 구체적으로 어떤 한자들의 음을 가리키는지를 알 수 없으나 근대 중국어 한자음의 발음과 다른 전통적 한국 한자음을 가리킴은 의심의 여지가 없고, '오늘 많이 바로 잡아놓았다'고 하였는데 구경 얼마나 많은 한자의 음을 바로 잡아놓았는지를 알 수 없다. 이는 최세진이 손수 재래 한국 한자음의 많은 발음을 근대 중국어의 발음으로 고쳐놓았음을 의미한다.

제7조의 기록은 아래와 같다.

"주 안에 '속'이라 표시한 것은 한인(중국인)을 가리키는 말이다. 이는 한국 사람들 가운데에 혹시 중국말을 배우려는 사람이 있으면 겸하여 배우도록 하기 위함이다. 하여 중국어에서 쓰이는 단어를 많이 수록하였다. 그런데 주가 너무 번잡할 것 같아 모두 수록하지 않았다(註内称俗者, 指漢人之谓也。人或有學漢語者, 可使兼通。故多收漢俗称呼之名也。又恐註繁, 亦不仅收。)."

이 기록에서 우리는 『훈몽자회』가 한자 단어 선정에서 당시 중국어에서 쓰이는 단어들을 많이 선택하였음을 알 수 있다. 이는 『훈몽자회』가 겸하여 당시의 중국어 공부에도 상당한 중시를 돌리었음을 의미한다.

상기의 두 범례는 우리들에게 최세진이 『훈몽자회』에 당시의 중국 근대어 한자음을 적지 않게 수록하였을 수 있음을 말해주고 있다.

『훈몽자회』에 수록된 모음 'ㆍ'와 'ㆎ'로 표기된 한자음은 모두가 최세진에 의해 첨가된 근대 중국어 한자음임은 의심의 여지가 없다.

『훈몽자회』에서 자모 'ㆍ'와 'ㆎ'로 표기된 한자음을 조사한 결과 자모 'ㆍ'로 표기한 한자가 62개이고, 자모 'ㆎ'로 표기한 한자가 126개였다. 이들을 합치면 모두 188개로『훈몽자회』한자 총수의 5.595%를 차지한다.

이는 우리에게『훈몽자회』한자음이 당시 한국의 전통적 한자음을 정리한 자료라고 인식해 온 재래의 관념이 그릇되었음을 깨닫게 한다. 최세진이『훈몽자회』에 얼마나 많은 근대 중국어 한자음 자료를 수록하여 넣었는지는 알 수 없으나 대략 20% 좌우의 글자가 잘 될 것으로 보인다.

6. 당대의 한자음

당대(當代)는 제2차 세계대전 이후부터 현재까지의 기간을 가리킨다. 20세기의 한반도는 민족적 재난의 도가니 속에서 헤어 나오지 못하게 되었다. 19세기 말부터 시작된 제국주의 열강들의 침략은 한반도로 하여금 전쟁의 재난에서 벗어나지 못하게 하였고, 결국에는 1910년 일본의 식민지로 전락하고 말았다. 일제의 가혹한 식민 통치로 말미암아 수많은 백성들과 우국지사들이 살길을 찾아, 항일을 위해 중국으로, 러시아로, 일본으로, 미국으로, 세계의 각지로 흩어지게 되었다. 35년간의 일제의 식민통치는 한민족으로 하여금 각종 수난을 겪게 하였다. 이 기간 토지가 약탈당하고, 산업이 침탈당하면서 경제가 파탄되고, 식민 교육과 민족문화 말살 정책으로 하여 민족문화가 파괴당하였다.

1945년 제2차 세계대전의 종료와 일제의 투항으로 한민족은 광복과 함께 민족독립의 새로운 시대를 맞이하는 듯하였으나 1943년 11월의 카이로 회담, 1945년 7의 포츠담 회담, 1945년 12월의 모스크바 회담 등으로 말미암아 3.8선 분계선으로 남과 북이 갈리게 되고 신탁통치가 시작되어 남쪽은 미국의 지배를 받고 북쪽은 소련의 지배를 받게 되었다.

그 뒤 1948년 8월 남쪽 지역에 대한민국이 세워지고, 9월 북쪽 지역에 조선민주주의 인민공화국이 세워지면서 한반도는 남과 북으로 분단되었다.

분단된 남과 북은 제각기 부동한 정책들을 실시하면서 각종 차이가 확대된다. 이러한 차이는 어문정책과 언어 규범에도 반영된다.

한반도가 남북으로 분단된 지 이미 70여 년이 지났다. 분단의 역사가 일제의 식민통치로 말미암아 세계각지에 흩어진 우리민족 동포사회에도 막대한 영향을 미치게 되었다.

우선 명칭에서 세계 각지에 흩어진 우리 민족들이 한국인, 조선인, 조선민족, 고려인 등의 부동한 이름으로 불리게 되었다. 한국, 조선, 중국 등 세 개의 나라에서 자체의 언어 규범을 제정하였고, 세계 각지에 흩어져 있는 동포사회에서 이 세 가지의 규범 가운데의 어느 하나를 선택하여 쓰게 되었다. 세 나라의 어문 규범에는 이러저러한 차이가 있으나 한자음 표기에서만은 모두 우리민족의 전통적인 표기법을 견지해 왔었다.

그런데 후기에 통일된 정책을 유지해오던 세 나라의 한자음 표기에 변화가 생기었다. 이 변화는 1986년 1월 한국에서 새로운 '외래어 표기법'을 제정하면서부터 시작되었다. 새로운 '외래어표기법'에서 제정된 한자음 표기의 핵심은 한자의 발음 표기를 모두 현대 중국어 발음대로 하고, 개별 한자의 발음을 전통적인 우리말 한자음 발음대로 표기할 수 있다는 것이다. 그러나 새로운 표기법에 민간에서 쓰이는 이두식 인명표기에 어떠한 한자음을 써야 한다는 것은 밝혀놓지 않았다.

이리하여 한국, 조선, 중국 세 나라에서 실시하는 한자음 표기 방법이 달라지었다. 한국에서는 중국 현대어의 발음대로 한자의 독음을 표기하고, 조선과 중국 조선어에서는 전통적인 한자음으로 한자의 독음을 표기하게 되었다. 예를 들어 중국의 지명 '北京'을 한국에서는 현대 중국어 발음대로 '베이징'이라 표기하고, 조선과 중국에서는 전통적인 한자음으로 '북경'이라 표기한다.

이러한 변화가 종국적으로 우리민족 문화의 발전에 어떠한 결과를 가져다줄지는 단언하기 어렵다.

이상에서 한국 한자음의 형성과 변화 발전의 역사를 돌이켜보았다.

그 결과 한국 한자음은 중국어 상고음에 기초하여 형성되었고, 중국어 중고음에 기초하여 규범하였으며, 중국어 근대음을 흡수하여 형성된 음이라는 결론을 내리게 된다. 바로 이러한 원인으로 하여 한국 한자음에는 부동한 역사 시기의 중국어 어음들이 깔려 있다.

이와 동시에 한국인들의 한자 이용 역사도 돌이켜보았다.

한국인들은 역사적으로 한자를 이용하여 한문을 지어 썼고, 한자를 이용하여 한국어를 기록하는 표기법인 이두를 썼었다. 한국의 문자 『훈민정음』이 창제된 이후 한자를 이용한 한문 짓기는 점차 폐기되었으나 한자를 이용한 인명 표기 등의 이두식 표기법은 지금도 의연히 쓰이고 있다.

『훈몽자회』 예산문고본(日本京都比叡山延曆寺 影印本).

류렬(1983), 『세 나라시기의 이두에 대한 연구』, 조선과학백과사전출판사.

王力(1985), 『漢語語音史』, 中國社會科學出版社,

漢語大詞典 編纂委員會(1986), 『漢語大詞典』, 漢語大詞典出版社.

郭錫良(1986), 『漢字古音手册』, 北京大學出版社.

俞昌均(1991), 『삼국시대의 漢字音』, 民音社.

俞昌均(1992), 『國語學史』, 螢雪出版社.

李大遂(1993), 『簡明實用漢字學』, 北京大學出版社.

李基文(19930, 『訓蒙字會研究』, 서울대학교 출판부.

北京大學 中國語言文學系語言學教研室 編(1986), 『漢語方音字汇』, 文字改革出
　　　版社.

姜信沆(1994), 『訓民正音研究』, 成均舘大學校 出版部.

李新魁(1994), 『李新魁語言學論集』, 中華書局.

김동소(2005), 『한국어 변천사』, 형설출판사.

向熹(2010), 『簡明漢語史』(上·下), 商务印书館.

欽定四庫全書 影印本(2018), 『中原音韻』, 中國書店.

周有光(2018), 『世界文字髮展史』, 上海教育出版社有限公司.

홍윤표(2022), 『한자학습 문헌자료 연구』, 태학사.